本书由"中央高校基本科研业务费专项资金"资助

《华侨大学哲学社会科学文库》编辑委员会

华侨大学 哲学社会科学文库·文学系列

吴棫陈第古音古韵比较研究

兼评清代古韵学

A COMPARATIVE STUDY ON ANCIENT SOUNDS AND RHYMES
IN WUYU AND CHENDI AND REFLECTION ON THE STUDY OF
ANCIENT RHYMES IN THE QING DYNASTY

陈鸿儒 著

社会科学文献出版社
SOCIAL SCIENCES ACADEMIC PRESS (CHINA)

国家社科基金一般项目（批准号：12BYY066）最终成果

鉴定等级：优秀

打造优秀学术著作
助力建构中国自主知识体系

——《华侨大学哲学社会科学文库》总序

　　习近平总书记在哲学社会科学工作座谈会上指出："哲学社会科学是人们认识世界、改造世界的重要工具，是推动历史发展和社会进步的重要力量，其发展水平反映了一个民族的思维能力、精神品格、文明素质，体现了一个国家的综合国力和国际竞争力。"当前我国已经进入全面建成社会主义现代化强国、实现第二个百年奋斗目标，以中国式现代化全面推进中华民族伟大复兴的新征程，进一步加强哲学社会科学研究，推进哲学社会科学高质量发展，为全面建成社会主义现代化强国、全面推进中华民族伟大复兴贡献智慧和力量，具有突出的意义和价值。

　　2022 年 4 月，习近平总书记在中国人民大学考察时强调：加快构建中国特色哲学社会科学，归根结底是建构中国自主的知识体系。建构中国自主的知识体系，必须坚持马克思主义的指导地位，坚持以习近平新时代中国特色社会主义思想为指引，坚持党对哲学社会科学工作的全面领导，坚持以人民为中心的研究导向，引领广大哲学社会科学工作者以中国为观照、以时代为观照，立足中国实际，解决中国问题，不断推进知识创新、理论创新、方法创新，以回答中国之问、世界之问、人民之问、时代之问为学术己任，以彰显中国之路、中国之治、中国之理为思想追求，在研究解决事关党和国家全局性、根本性、关键性的重大问题上拿出真本事、取得好成果，认真回答好"世界怎么了""人类向何处去"的时代之题，发挥好哲学社会科学传播中国声音、中国理论、中国思想的特殊作用，让世界更好读懂中国，为推动构建人类命运共同体做出积极贡献。

华侨大学作为侨校，以侨而生，因侨而兴，多年来始终坚持走内涵发展、特色发展之路，在为侨服务、传播中华文化的过程中，形成了深厚的人文底蕴和独特的发展模式。新时代新征程，学校积极融入构建中国特色哲学社会科学的伟大事业之中，努力为教师更好发挥学术创造力、打造精品力作提供优质平台，一大批优秀成果得以涌现。依托侨校优势，坚持以侨立校，为侨服务，学校积极组织开展涉侨研究，努力打造具有侨校特色的新型智库，在中华文化传承传播、海外华文教育、侨务理论与政策、侨务公共外交、华商研究、海上丝绸之路研究、东南亚国别与区域研究、海外宗教文化研究等诸多领域形成具有特色的研究方向，先后推出了以《华侨华人蓝皮书：华侨华人研究报告》《世界华文教育年鉴》《泰国蓝皮书：泰国研究报告》《海丝蓝皮书：21世纪海上丝绸之路研究报告》等为代表的一系列研究成果。

《华侨大学哲学社会科学文库》是"华侨大学哲学社会科学学术著作专项资助计划"资助出版的成果，自2013年以来，已资助出版68部学术著作，内容涵盖马克思主义理论、哲学、法学、应用经济学、工商管理、国际政治等基础理论与重大实践研究，选题紧扣时代问题和人民需求，致力于解决新时代面临的新问题、新任务，凝聚着华侨大学教师的心力与智慧，充分体现了他们多年围绕重大理论与现实问题进行的研判和思考。已出版的学术著作，先后获得福建省社会科学优秀成果奖二等奖1项、三等奖9项，获得厦门市社会科学优秀成果奖一等奖1项、二等奖2项、三等奖2项，得到了同行专家和学术共同体的认可与好评，在国内外产生了较大的影响。

在新时代新征程上，围绕党和国家推动高校哲学社会科学高质量发展，加快构建中国特色哲学社会科学学科体系、学术体系、话语体系，加快建构中国自主知识体系的重大历史任务，华侨大学将继续推进《华侨大学哲学社会科学文库》的出版工作，鼓励更多哲学社会科学工作者尤其是青年教师勇攀学术高峰，努力推出更多造福于国家与人民的精品力作。

今后，我们将以更大的决心、更宽广的视野、更有效的措施、更优质的服务，推动华侨大学哲学社会科学高质量发展，不断提高办学质量和水平，为全面建成社会主义现代化强国、全面推进中华民族伟大复兴做出新贡献。

华侨大学党委书记　徐西鹏

2023 年 10 月 8 日

目　录

前　言

　　吴棫是中国古韵学的创始人，陈第是中国古韵学由宋至清发展过程中的重要人物。认真研究吴棫陈第的古音古韵，考察两者的功过及其传承关系，对于了解吴棫陈第的古韵学和中国古韵学史都具有重要的理论意义和学术价值。

　　王力先生在《汉语音韵》中说："陈第以前，讲古韵的人有一个通病，就是从叶音上看问题，从通转上看问题。从叶音上看问题，则字无定音；从通转上看问题，则韵无定类。"又说："陈第的旗帜是鲜明的。他的重要理论是：'时有古今，地有南北，字有更革，音有转移。'有了时间概念和地点概念，古韵的研究才走上了科学的道路。"

　　"从叶音上看问题"的人，主要指朱熹；"从通转上看问题"的人，指的是吴棫。朱熹叶音，学界有过辨正（参见拙文《〈诗集传〉叶音辨》、刘晓南先生《重新认识宋人叶音》等文）。但朱熹的叶音源自吴棫，因此，不了解吴棫也就不能从根本上辨正朱熹。吴棫的通转是什么？通转与叶韵是什么关系？必须认真做个研究。

　　陈第是如何把古韵研究引上科学道路的？光凭"时有古今，地有南北，字有更革，音有转移"十六个字恐怕难以让人信服。因为前人早已说过古今南北，比如"参校古今，折衷南北"（《颜氏家训》），"论南北是非，古今通塞"（《切韵·序》），前人为何就没能步上古韵研究的科学道路？因此，需要对陈第《毛诗古音考》做个全面的研究。

　　应该说，吴棫陈第古音古韵的研究还不是很深入，人们对吴棫陈第的古韵学以及吴棫陈第在中国古韵学史上的功过了解得也不够客观全面。

　　比如《韵补》研究。《韵补》一书材料庞杂，如何认识这些材料？

"通转"是不是古韵通转？补音与叶音是什么关系？叶音到底是什么？这些问题都还没有回答清楚。20世纪80年代，赖江基先生在《吴棫所分古韵考》中认为张世禄、王力、董同龢、史存直等先生根据《韵补》一书中吴氏在《广韵》韵目下的注语，把注云"古通某"的韵和"古转声通某"的韵归为一类，分吴棫古韵为东、支、鱼、真、先、萧、歌、阳、尤九部，"是对吴氏《韵补》一书极大的误解"，并"主要根据《韵补》各部的反切和所引韵语的协韵情况来分析归纳吴氏所划分的古韵部"，得"四十九部""十四组"。这一说法三十年来无异词。孰是孰非，需要作个研究和判断。

再比如《毛诗古音考》及吴棫陈第古韵的比较研究。邵荣芬先生在《陈第对古韵的分部和韵值的假定》中对其前《毛诗古音考》的研究工作有过中肯的评论："过去人们在谈到陈第的古音学时，都喜欢称道他在音变理论方面超越前古的卓识，而对他在古音考订方面的具体成就和独具的特点，则很少提到……因此，至今我们对陈第在古音学上的贡献和失误了解得还很不深入，很不全面。这不能不说是汉语音韵学史研究中的一个缺陷。"有感于此，他作过《陈第对古韵的分部和韵值的假定》（1988、1989）和《陈第评传》（1992）两文。前文系联出陈第的古韵部，再据陈第的家乡话拟测各部读音并与吴棫的古韵作比较。后文阐述了陈第对古韵学的贡献。两文都批评陈第"不以《广韵》而以他的家乡话为出发点来观察古音"，"没能严守以《诗经》本证为主要根据的这一正确原则"。

《毛诗古音考》及吴棫陈第古韵的比较研究，邵荣芬先生无疑处于领先地位。但是，邵荣芬先生的研究还存在一些不足。如：（1）陈第古韵存在的问题。邵荣芬先生没有对陈第的古音作出分析和选择。《毛诗古音考》："遐，音何。《表记》引作瑕，注'瑕之言胡也'，古音胡……两读皆通。"陈第既言遐古音何，又谓遐古音胡，并认为遐字之古音既可读何又可读胡。在邵荣芬先生系联的陈第古韵各部韵字中，遐字同样歌部鱼部两属。这种一字两属的情况大量分布在邵荣芬的陈第古韵中。（2）吴棫古韵也存在问题。上文说过，赖江基先生认为把注云"古通某"的韵和"古转声通某"的韵归为一类是对吴氏《韵补》一书极大的误解，因此赖江基先生研究吴棫古韵的原则是不把"注云'古通某'的韵和'古转声通某’的韵归为一类”的。可是邵荣芬先生一方面“比较同意”赖江基的吴棫古韵，另一方面又摒弃赖江基先生研究吴棫古韵的原则，言“凡吴氏指出‘古转入某部’或‘古转声通某部’的字也归入该部”。把两个针锋相对的意见扭成一堆，所得的结论自然是自相矛盾的。又如，凡吴棫“收入某部而未注明‘转入’或‘转声通’的，暂时都作为例外，不予考虑”。这种割裂材料的做法，文章没有作出任何说明。令邵氏没有想到的是，“作为例外，不予考虑”的材料正是了解吴棫古韵学说的关键。邵荣芬先生的陈第古韵和吴棫古韵都存在问题，那么，比较两个都存在问题的古韵，结论自然也是存在问题的。（3）在批评陈第“没能严守以《诗经》本证为主要根据的这一正确原则”时，邵荣芬先生只是泛泛举例，并未对《毛诗古音考》全书进行穷尽式的研究。

至于吴棫陈第古音的关系，《毛诗古音考》与《韵补》以及《慈湖诗传》所引《毛诗叶韵补音》的关系等研究，前人未曾涉及。

针对以上问题，本书在吴棫陈第古韵古音比较方面主要做了以下几个工作：吴棫古音的确定，吴棫古韵的研究，陈第古韵的研究归纳，吴棫陈第古音音证的比较，吴棫陈第古音的比较研究，陈第古音思想及考音方法检讨，吴棫陈第古韵的比较研究，陈第口语特点的概括，以及阐述吴棫陈第在古韵研究上的功过等。通过这些工作，期盼人们对吴棫陈第在古韵学史上的地位有一个全新的客观的认定。

本书的研究，首先得益于《韵补》的解读。

《韵补》是吴棫古韵学的代表作。过去学者对其中“通（某通某）”“转（某转声通某）”与“补音”之间的关系没有认真研究过。学者往往在同一个平面上看待《韵补》在“通”“转”基础上形成的古韵与书中所收“补音”的矛盾，于是得出吴棫古韵“几乎是无所不通，无所不转”的结论，也因之把“通”“转”看成了“古韵通转”。

本书认为：（1）“通”“转”与“补音”不在同一个层面。“补音”是“考证”的层面，凡《切韵》（《韵补》所谓“《集韵》诸韵书”）不读某韵之音却经考证存在某韵读法的字概收在某韵之下；“通”“转”是立说的层面，“通”指出《切韵》哪些韵在古韵中通，“转”指出“补音”中哪些是古韵，哪些不是古韵。（2）“通”“转”是今韵在古韵中的

"不转声通"与"转声通"。凡注云"古通某"的韵和"古转声通某"的韵与某韵归为古韵一部；凡注"古转声通某"各韵的"补音"是吴棫古韵，凡不注"古转声通某"各韵的"补音"虽收在某韵但不是吴棫古韵。

（3）如果把"考证"混同"立说"，那么《韵补》就有解不开的谜团。王力先生《汉语音韵》根据《韵补》一书吴氏在《切韵》韵目下所注"通""转"分古韵平声九部后说："虽然他把古韵大致分为九部，有些散字仍然是两三部兼收的，几乎是无所不通，无所不转。"根据"通""转""把古韵大致分为九部"是"立说"，"有些散字仍然是两三部兼收"是"考证"。把"考证"也当作"立说"，是把所有"补音"都看作吴棫古韵，结果自然"几乎是无所不通，无所不转"。

"通""转"与"补音"不在同一个层面的分析判断，使《韵补》所反映的吴棫古韵思想得以彰显。

除《韵补》的解读外，本书的研究还得益于《毛诗古音考》音证的考证。

《毛诗古音考》与《韵补》可资音证比较者凡 351 字。笔者逐字对比两书的音证，发现两书音证一模一样者占 10.83%，基本一样者占 9.97%；《韵补》音证被《毛诗古音考》全盘收录者占 53.8%，部分收录者占 20.8%，音证与《韵补》无关者占 4.56%。《毛诗古音考》多出《韵补》的音证全部或部分可以在《慈湖诗传》所引《毛诗叶韵补音》中看到。

抄袭了音证自然也就抄袭了读音。因为陈第疏于反切，所以在抄袭中只好用他的家乡话拼切吴棫的反切，那一个个单字音都是陈第用家乡话拼切吴棫反切所得。吴棫反切多采自《集韵》，所以，两人读音的对比分析，是考察陈第家乡时音的最好材料，也是陈第以家乡方音为古音的最好证据。

陈第抄袭吴棫以及用他的方音拼吴棫的反切作为他的古音，给轻吴重陈的历史评价以相反的事实。

解读《韵补》最大的创获还是吴棫古韵研究的理论方法。

上文说"通""转"与"补音"的关系。举个例子：

《韵补》东韵下收有江韵邦字和登韵登字。因为邦登二字都与东部之字相押，邦读"悲工切"，登读"都笼切"。江韵注"古转声通东"，是吴棫古韵视江与东同部，"悲工切"是邦字的古韵正音；登韵下没有注"古转声通东"，是吴棫古韵视登韵不属古韵东韵，"都笼切"不是登字的古韵正音。登字《切韵》登韵"都滕切"，《韵补》登韵下注"古通真"，说明登字古韵归真部，古韵正音读同今音"都滕切"。

为什么登字有"都滕切"与"都笼切"二音呢？"都滕切"是古韵系统的读音，那么"都笼切"则是古韵之外某个语音系统的读音。登字与古韵东部字相押所读之"都笼切"是古韵系统之外的读音，那么登字与古韵东部字相押就是古韵系统之外的读音与古韵"异质相押"。吴棫通过古韵之外的"补音"，揭示出古人"异质相押"的用韵行为。

《毛诗叶韵补音》是吴棫给《毛诗》"叶韵""补音"的书。"叶韵""补音"后人谓之"叶音"，"叶"言"叶韵"，"音"指"补音"。凡用"补音"入韵者就是"叶韵"，"叶韵"所用的"补音"就是"叶音"。

邦字之"补音""悲工切"是邦字与东部字叶韵所读之叶音，这种叶韵发生在古韵内部，所叶之音带有给古韵譬况古读的成分，所以是古韵正音。登字之"补音""都笼切"是登字与东部字叶韵所读之叶音，这种叶韵不是发生在古韵内部，是古韵与古韵的异质之音"异质相押"，这样的叶音不是古韵正音而是古韵的异质之音。发生在古韵内部的叶韵本书谓之"正叶"，不是发生在古韵内部的叶韵，本书谓之"借叶"。

昔之于《诗》"叶音"，亟亟辨其是古音而非"临时改读""乱读字音"。今读吴棫，始悟"叶韵"原来是古韵研究的一种理论方法，"正叶"说明古读，"借叶"指明"异质相押"，指明《诗》押韵中古韵系统的异质读音。

今天的音韵学教科书，在讲到古韵研究时，总是先批评宋代的通转叶音，然后突显明代陈第"时有古今，地有南北，字有更革，音有转移"的音变思想，接下去就是在陈第思想的指引下顾炎武迈上了古音研究的康庄大道，再就是"前修未密，后出转精"。有因有果有曲折，看上去很完美。

由于没有很好地研究通转叶音，对陈第的话基本上取其"古今"舍其"南北"，如何"转移"也以讹传讹，以致古韵研究中的不少问题至今还没有得到很好的解决。比如处理古今音韵出入的理论方法问题。

《音学五书·音论·古人韵缓不烦改字》："陆德明于《燕燕》诗以南韵心，有读南作尼心切者，陆以为'古人韵缓，不烦改字'，此诚名言……才老《诗》中所叶，如'扬且之颜'为鱼坚反，'鹑之奔奔'为逋民反，凡百余字，皆改古音以就沈约之韵也。不思古韵宽缓，如字读自可协。"顾炎武以"古人韵缓，不烦改字"反对大部分"正叶"。

《音学五书·音论·古诗无叶音》："愚以古《诗》中间有一二与正音不合者。如兴，蒸之属也，而《小戎》末章与音为韵……此或出于方音之不同，今之读者不得不改其本音而合之，虽谓之叶亦可，然特百中之一二耳。"《诗本音·七月》"凌阴"下注云："侵韵字与东同用者三见，此章之阴，《荡》首章之谌，《雲汉》二章之临……若此者，盖出于方音耳。"方音与古韵是不同的语音系统，与古韵异质，兴音相押是古韵与古韵的异质之音相押。顾氏说，这种用韵改读"虽谓之叶亦可"，说明顾氏清楚《诗》中有古韵与古韵的异质之音相押的情况，并认为视这种押韵为叶韵是可以的。他对"特百中之一二"的"借叶"也是以方音看待，排除在他的古韵之外的。但是他又特别强调，《诗》中叶韵"特百中之一二耳"。以"特百中之一二"反对大部分"借叶"。

顾炎武反对"正叶"，江永开始给予了纠正。他在《古韵标准·平声第十二部》南字下针对"古人韵缓，不烦改字"说："陆氏此说亦非确论。古今音相近者不烦改字，稍远者当转音切。顾氏泥此语，凡相通韵皆不注古音。"并给"正叶""改字"立标准。

"特百中之一二耳"以外的大量的"借叶"顾以为非韵（如调同之调），更多的是以为古正音而以本音为"讹"，或正之（如鲜古音犀），或离析之（如支韵类两属歌支），等等。这是叶韵与传统古韵研究最大的分歧。

为了更加深入地研究古韵，笔者不揣浅陋，认真研读了传统古韵学的主要著作，查阅了大量文献资料，在通盘考虑后选择有代表性的几个议题对叶韵与传统古韵研究的分歧进行探讨。

本书第六章的第一节主要讨论《诗》韵是否存在古韵的异质之音。叶韵（本章的叶韵专指不是发生在古韵内部的叶韵）与传统古韵研究最大的分歧在于理论方法。叶韵是《诗》中古韵与古韵的异质之音之间的用韵行为，传统古韵研究把《诗》用韵都看作古韵同质相押。当《诗》用韵与《切韵》有出入时，叶韵认为是《诗》韵用上了古韵的异质之音，传统古韵研究认为是《切韵》收字出现了错误。因此，《诗》韵是否存在古韵的异质之音，是进行具体问题研究之前必须辩正的问题。笔者选择了"调同相押""惨书作懆"两个颇具争议的问题来证明《诗》中确实存在古韵的异质之音。

第六章的第二节第三节，分别举《诗》支歌相押与侯虞二韵古韵归属两个问题，从具体问题的研究上讨论叶韵与传统古韵研究的长短。

《诗》支歌相押问题从顾炎武《唐韵正·五支》所列音证入手，指出顾氏音证不足信。又结合江永"歌韵亦有从支脂之方音""支韵字多与歌戈互通""恐秦汉以前诸家之书亦未必皆如古音，顾氏有分出此韵之字与歌戈韵者，安知其不变歌戈之音而从支之乎"等论说，进一步指出顾氏"入歌"之字与歌戈之字皆有歌支两读。从而认为顾氏"离析"《诗》中与歌相押的支韵字入古韵歌部解决不了歌支两读的问题。

叶韵认为，《诗》歌支相押不是古韵同质相押，而是歌的古韵正音与支韵读似歌的异质之音相押，支的正音仍然读支。此说得到了梵汉对音以及莆田方言的佐证。

侯虞二韵的古韵归属，顾炎武、江永意见不一。顾炎武认为侯韵合鱼虞模为古韵一部，尤幽与此部无关；江永认为古韵侯韵与尤幽为一部，鱼模为一部，虞韵则一部分归鱼模，一部分归尤侯幽。笔者证明了两个事实：（1）侯有读模的方音；（2）虞韵有读尤的方音。

侯有读模的方音，所以《诗》侯与鱼虞模相押，是侯用读模的方音与鱼虞模的正音异质相押，顾氏侯与鱼虞模合为 部，是把方音与正音扭成一体论古韵。虞韵没有二分而有正音与方音两读。江氏之所以把《诗》中与尤侯相押之虞韵字"离析"归尤侯，是不明与尤侯相押之虞韵字用的是方音而非正音。顾炎武、江永在侯虞二韵的古韵归属问题上所犯的错误，是不明叶韵，把古韵与古韵的异质之音相押当作古韵同质相押所致。

第六章第四节第五节分别以段玉裁的"合韵"与孔广森的"通韵"

"转韵",从理论上讨论叶韵与传统古韵研究的长短。

段玉裁《六书音韵表四·诗经韵分十七部表》:"凡与今韵异部者,古本音也。其与古本音有龃龉不合者,古合韵也。"《六书音韵表四·第一部·古合韵》造字下言:"古合韵即音转之权舆也。"

什么是"音转之权舆"?举个例子:

俅字古本音在第三部尤幽,古合韵在第一部之咍,今韵在尤韵。牛字古本音在第一部之咍,古合韵在第三部尤幽,今韵在尤韵。牛字的第一部之音"与今韵异部",是古本音;俅字的第三部之音没有"与今韵异部",其第一部之音与第三部古本音"龃龉不合",与古本音不合的第一部之音就是"合韵"。牛字由之咍转入今韵尤韵,也许可以说牛字的第三部合韵是"音转之权舆";俅字古今都读尤,历史上并不存在音转,哪来的"音转之权舆"?俅字第一部合韵,纯粹就是与第一部异部相押时的"临时转读",即音转伊始尚处于临时状态的读音。

吴棫与段玉裁的不同在于:吴棫叶韵所读之音是实际存在的异质之音,其古与古不合表现为古韵的异质之音与古本音不合,是"南北"的不合;段玉裁的合韵是古韵内部异部合用时的"临时转读",其古与古不合表现为临时转读音与古本音不合,是"古今"的不合。"南北"的不合是某字某义在不同的语音系统中的读音不同,"古今"的不合是某字某义在同一语音系统中的读音有所转变。把"南北"的问题说成"古今",是段氏认识上的偏差,也是段氏"合韵"无法自圆其说的根本原因。

孔广森的"通韵",比如"耕与真通",是《诗》韵中真部字的本音与耕部字读真部的异质之音押韵。孔氏认为,如果把耕部字的真部之读视为正音是"以古通韵为正韵"。

尤韵类字在《诗》以及《易》《楚辞》《老子》《管子》《庄子》《逸周书》《鹖冠子》《黄帝内经》等古籍中都可以与之部字相押。本书认为尤韵类字有之部的异质之音,简单地把《诗》中与之部字相押的尤韵类字古韵归之部正是"以古通韵为正韵"。

《诗声类·卷一》:"分阴分阳,九部之大纲;转阳转阴,五方之殊音。"这个论说是孔广森的创见。本书批评了孔广森"九部对着转""一字可以兼入具有阴阳对转关系的两个韵部"等与其创见相左的主张。本书认为：音转是立体的，不是平面的。音转是古韵与不同方音之间的对转，因方音系统不同有不同的转法。不能把古韵与不同方音系统之间的语音对应关系看作古韵与同一方音系统之间的音转关系。音转是古韵与不同方音之间的对转，并不是古韵内部的音变行为。若把音转当成古韵内部的语音变化，就会把"五方之殊音"当成正音而认为《唐韵》所收有误；若把音转当成古韵内部的变化，古韵研究就难免见仁见智的想象和拟测。

吴棫与孔广森的不同在于：吴棫认识到叶韵是《诗经》押韵的一种方式，孔氏只是试图用"通韵""转韵"来解释《诗经》押韵中"本韵"解决不了的问题。至于"本韵"为什么解决不了《诗》中的押韵问题，是否"本韵"本身有毛病，"本韵"是否有"以古通韵为正韵"、以"五方之殊音"为正韵等情况，孔氏不但没有去追究，还混本韵、通韵、转韵为一谈。

叶韵是不同语音系统的读音"异质相押"，为什么不同语音系统的读音会凑在一起"异质相押"？笔者认为，是"异质共存"给诗文提供了"异质相押"的语音基础。这就是本书第七章探讨的内容。

《切韵》音系是综合读书音系统，不包古今方国之音。因此，《切韵》内部存在异质之音，《切韵》之外还有异质之音。同样的，古韵之外有古韵的异质之音，任何一个语音系统之外都或多或少存在该语音系统的异质之音。异质共存给了异质相押的语音基础，某诗文押韵系统中出现的"出韵字"，其之所以入韵，其实就是用上了该押韵系统的异质之音。研究古韵，如果忽视《切韵》内外的异质之音，那么，当《诗》用韵不合《切韵》韵类时，自然认为《切韵》分类有误并"离析唐韵"；如果顾及《切韵》内外的异质之音，那么，当《诗》用韵不合《切韵》韵类时，就会对《诗》异质之音是否入韵进行考辨并把异质之音排除在古韵之外。

异质共存是汉语研究不可或缺的基础理论。这一理论可以借以分析复杂的语音现象，助力汉语语音史的研究，了解叶韵的用韵机制，还关系到汉语研究的方方面面。

本书讨论的问题，前人多未涉及。研究的结果，都是个人心得。业师陈振寰先生在《音韵学》（湖南人民出版社 1986 年 10 月第 1 版）后记中说:"个人点滴的意见虽很不成熟,提出来,参加讨论,也许能从或一面给同道以参考。谬误的东西也常有存在的价值,那就是它能使大方之家惊讶:'居然有人这样理解问题啊!'从而在驳论中使研究更深入一步。"三十多年前,陈先生已经帮我说出了我今天想说的话。

第一章　宋代叶韵乱象

第一节　宋代音韵乱叶现象

楼钥《攻媿集·跋赵共甫古易补音》云："吴氏好古博洽，始作《诗补音》。虽不能变儒生之习，而读之者始知《诗》无不韵，韵无不叶，祛所未悟，有功于古诗多矣。吾友赵共甫又取其说以补古《易》之音，用志其勤。"

楼钥所云"儒生之习"，我们知之甚少。宋代王质的《诗总闻》给了我们一些信息。

《诗总闻》是一部保留比较完整的解《诗》著作。1188 年写成，1243 年镂刻面世。《四库全书·诗总闻提要》云："此书取《诗》三百篇，每章说其大义，复有闻音、闻训、闻章、闻句、闻字、闻物、闻用、闻迹、闻事、闻人之别，又间为总闻……质自谓覃精研思几三十年始成是书。"《诗总闻·原则》云："闻音者，凡音韵是。"《诗总闻》所言音韵，绝大部分在闻音中。

文渊阁《四库全书·诗总闻》具闻音者有 277 篇。《樛木》《螽斯》《驺虞》《式微》《伯兮》《君子阳阳》《褰裳》《东方之日》《椒聊》《无衣》《防有鹊巢》《隰有苌楚》《鸤鸠》《九罭》《湛露》《菁菁者莪》《六月》《祈父》《鱼藻》《采绿》《黍苗》《行苇》《清庙》《维清》《时迈》《执竞》《小毖》《閟宫》等 28 篇无所闻之字音。其中《六月》《祈父》《清庙》缺页，《行苇》缺卷，《君子阳阳》《鱼藻》但言叶韵而无载所闻之音，《鸤鸠》《菁菁者莪》《时迈》《小毖》《閟宫》之闻音恐漏，其余

17 篇殆无需注音。

下面列举《诗总闻·闻音》（以下简称"闻音"）中音韵乱叶例证。行文时，先举《诗》原文，然后列出"闻音"对该诗音韵的说解，再作简要的评析。

（1）《相鼠》首章：相鼠有皮，人而无仪。人而无仪，不死何为。

闻音：为，于妫切。开元凡经文皆作譌。《说文》譌以为得声，今为皆省文。孔氏以譌作讹，而《楚辞》为叶波罗，则音讹。亦是两读皆可。若此，仪当牛何切。

王质言此章有两种叶法：①为字读平声"于妫切"与皮、仪之今音相押。②为字亦可"音讹"与仪字之牛何切相叶，皮字不入韵。

（2）《我将》：我将我享，维羊维牛，维天其右之。仪式刑文王之典，日靖四方。伊嘏文王，既右飨之。我其夙夜，畏天之威，于时保之。

闻音：牛，鱼其切，与之叶；末威与之叶相似。不尔，用右旁纽夷周切，叶牛。方，披耕切，叶刑。飨旁纽虚良切，叶王。吴氏三之为韵，亦可。

王质言此章有三种叶法：①牛之叶，牛字改读鱼其切；刑方叶，方字改读披耕切；王飨叶，飨字改读虚良切；威之叶。②牛右叶，右字改读夷周切，牛字读今音；刑方叶，方字改读披耕切；王飨叶，飨字改读虚良切；威之叶。③以"右之""飨之""保之"之"之"叶，全章皆读今音。

（3）《臣工》：嗟嗟臣工，敬尔在公。王釐尔成，来咨来茹。嗟嗟保介，维莫之春，亦又何求，如何新畬。於皇来牟，将受厥明。明昭上帝，迄用康年。命我众人，庤乃钱镈，奄观铚艾。

闻音：茹，人余切，叶畬。艾，鱼刈切，叶帝。《集韵》茹如，艾义皆通。年，祢因切，叶人，如"克配彼天"叶"立我烝民"，皆不为韵。然则古诗纵横委曲多叶。余但得叶韵已足，安能尽如古风也。

王质言此篇茹畬叶，帝艾叶，年人叶。年天《广韵》先韵，人民《广韵》真韵，王质以今音衡《诗》韵，所以言"皆不为韵"，于是叶年祢因切以韵人。如此"纵横委曲"，毫无节族可言。

（4）《丰年》：丰年多黍多稌。亦有高廪，万亿及秭。为酒为醴，烝畀祖妣，以洽百礼。降福孔皆。

闻音：年，祢因切。廪旁纽作临，上下相叶。中黍稷相叶。皆，举里切，与上四韵皆叶。

王质言此篇年廪叶，黍稷叶，秭醴妣礼皆叶。年廪相叶，于音于韵都说不过去。

（5）《闵予小子》：闵予小子，遭家不造，嬛嬛在疚。於乎皇考，永世克孝。念兹皇祖，陟降庭止。维予小子，夙夜敬止。於乎皇王，继序思不忘。

闻音：中以止相叶，或用止上一字叶。庭，他定切，旁纽叶敬。

王质言此篇中段"念兹皇祖，陟降庭止。维予小子，夙夜敬止。"有两种叶法：①可用两个止字相叶，庭敬读今音；②可改读庭字为他定切叶敬字之今音，不用止字相叶。

（6）《长发》第五章：受小共大共，为下国骏厖。何天之龙，敷奏其勇，不震不动，不戁不竦，百禄是总。

闻音：共，居容切。厖，莫红切。若欲平叶，则六句皆叶龙；若欲仄叶，则六句皆叶动；三平三仄亦可，但与上不类。

王质言此章有三种叶法：①共读居容切，厖读莫红切，龙读钟韵，勇竦改读为钟韵，动总改读为东韵，共厖龙勇动竦总叶以平声。②共改读肿韵，厖改读董韵，龙读作宠，勇动竦总读原韵，共厖龙勇动竦总叶以仄声。③共读居容切，厖读莫红切，龙读钟韵，共厖龙叶平声；勇动竦总读原韵，叶仄声；共厖龙、勇动竦总平仄换韵。

（7）《葛屦》第一章"纠纠葛屦，可以履霜。掺掺女手，可以缝裳。要之襋之，好人服之。"第二章"好人提提，宛然左辟，佩其象揥。维是褊心，是以为刺。"

闻音：辟，吴氏毗义切叶揥刺，今连上叶襋服。刺，七赐切，当与砌（笔者按，砌字原本缺，据《诗补音》补）相近，如雌为妻，此为泚，今俗读讹。吴氏良是。

吴棫第二章辟揥刺押去声，第一章襋服（蒲北切）押入声。王质辟"连上叶襋服"，则二章之辟与一章之襋服相押，辟读入声。

（8）《南有嘉鱼》第四章：翩翩者雕，烝然来思。君子有酒，嘉宾式燕又思。

闻音：雏，朱惟切。来，里之切。雏与来叶，酒与又叶。吴氏不必以六直、伊昔作切。盖有隔句而叶者，如累绥是也；随句为叶者，如雏来、酒又是也。《诗》如此亦多。

《南有嘉鱼》四章，章四句，每章第三句都是"君子有酒"。一二三章都是偶句相韵，酒字不入韵。所以此章吴棫也以来又相韵，来叶六直，又叶伊昔。王质不顾前三章韵例，此章来个"随句为叶"。

（9）《正月》第十二章：彼有旨酒，又有嘉肴。洽比其邻，昏姻孔云。念我独兮，忧心慇慇。

闻音：吴氏以肴叶云未详。邻连上句，昏连下句，则叶。故古之音律，虽不可尽闻，亦在详推也。

《正月》篇共十三章，余十二章每章偶句皆韵，所以此章肴字吴棫认定当入韵。王质看到邻慇二字可韵，便"邻连上句，昏连下句"，不以肴为韵字。

（10）《抑》第六章：无易由言，无曰苟矣。莫扪朕舌，言不可逝矣。

闻音：言旁纽作虊，苟旁纽作格。《集韵》舌、逝皆食列切，四字无不叶也。以矣相叶亦可。然吴氏以为未详，非也。

舌，《广韵》食列切；逝，《韵补》食列切。"吴氏以为未详"者，殆言苟二字也。王质言此章有两种叶法：①言苟舌逝四字相叶，言改读作虊，苟改读作格；②如果不以言苟舌逝四字相叶，以两个矣字相叶也可以。

（11）《桑柔》末章：民之未戾，职盗为寇。凉曰不可，覆背善詈。虽曰匪予，既作尔歌。

闻音："民之未戾"止"不可"，"覆背善詈"终"尔歌"，可歌相叶。吴氏不得谓之未详也。《集韵》可、歌皆居何切。

《桑柔》十六章，余十五章偶句皆韵脚。依例此章寇詈歌三字亦当是韵脚。但寇詈歌三字如何相叶，吴棫谓之未详。王质以《集韵》可、歌皆居何切，便以可歌相押而不顾寇詈二字，全章一叶。（按，可字作为歌字的古文音居何切，不可之可不音居何切。）

（12）《丝衣》：丝衣其紑，载弁俅俅。自堂徂基，自羊徂牛，鼐鼎及翩。兕觥其觩。旨酒思柔。不吴不敖，胡考之休。

闻音：吴氏以牛为鱼奇切，叶翩津之切，不若以牛附上，以翩附下，自叶。

吴棫紑俅觩柔休一叶；基牛翩一叶，牛改读鱼奇切，翩改读津之切。王质基翩二字读今音不入韵，紑俅牛觩柔休六韵相叶。

（13）《殷武》第四章：天命降监，下民有严。不僭不滥，不敢怠遑。

闻音：《集韵》"严，鱼衔切"，"滥，卢甘切"，此作一叶。吴氏不必以严作庄，避汉讳而改。

吴棫以严作庄以叶遑。王质以为严与滥叶，遑字不作韵脚，"不必以严作庄"以叶遑。

（14）《思齐》第五章：肆成人有德，小子有造。古之人无斁，誉髦斯士。

闻音：德斁相叶。末句单结。

王质一、三两句德斁相叶，第二句造字不入韵，末句士字"单结"。

（15）《生民》末章：卬盛于豆，于豆于登。其香始升，上帝居歆。胡臭亶时，后稷肇祀。庶无罪悔，以迄于今。

闻音：时，上纸切。以今单结。

王质"登升歆"一叶，"时祀悔"一叶，今字"单结"。

（16）《常棣》第四章"兄弟阋于墙，外御其务。每有良朋，烝也无戎。"

闻音："兄弟阋于墙，外御其务"就句取叶，御务是也。盖其歌曲，必御字务字两断。"每有良朋，烝也无戎"，朋作蓬音，今北人多作此呼。于歌曲虽不知其的，于讽咏亦自有微音。其他取叶，随《诗》可见。今略载于此。

王质言此章御务相叶，朋戎相叶。《常棣》八章，余七章偶句皆韵脚，此章务戎如何叶，意见纷纭。或改戎作成以叶务，或读务作蒙以叶戎，或读戎作汝以叶务，皆在务戎之间斟酌。王质以御务可韵，便以御务为一叶，又强以朋戎为一叶。

（17）《宾之初筵》第二章：宾载手仇，室人入又。酌彼康爵，以奏尔时。

闻音：仇又相叶，又旁纽作尤。康旁纽入声作恪叶爵，尔旁纽平声作而叶时。此随句取叶也。大率不叶者，委屈取叶，亦无有不叶者。

王质仇又叶，康爵叶，尔时叶。

（18）《生民》第三章：诞寘之隘巷，牛羊腓字之。诞寘之平林，会伐平林。诞寘之寒冰，鸟覆翼之。

闻音：林自与切林叶。上下四句，中"之"字各与末"之"字相叶，但读句至中"之"字少止。单举隘巷、平林、寒冰，则"之"字自显。

王质言此章一三五句读至"诞寘之"稍停，这样一三五句中间的"之"可与二六句句末的"之"相叶。第三句之"林"又叶第四句之"林"。

（19）《烝民》第二章：仲山甫之德，柔嘉维则。令仪令色，小心翼翼。古训是式，威仪是力。天子是若，明命使赋。

闻音：惟若赋难叶，盖在下字字上作叶也。是、使相叶，读至是、使少止。若、赋作余声可也。古文难执定律，当通方也。（按，"若、赋作余声"之赋字原文误作使。）

王质言"天子是若，明命使赋"，读至是、使稍停，是字与使字相叶；若、赋作余声。

（20）《般》：於皇时周。陟其高山，嶞山乔岳，允犹翕河。敷天之下，裒时之对，时周之命。

闻音：此诗叶音，皆在末语上一字，恐是其音如此。通称三字，单称一字。於皇时者周也，陟其高者山也，嶞山乔者岳也，允犹翕者河也。高与乔叶。翕旁纽作熙，熙与前时后之叶。敷天之者下也，裒时之者对也，时周之者命也，以之相叶。古人皆不徒然，虽其音不可得而闻，然搜辞寻音，未至于害义悖理，特好古之过尔。

王质言此篇韵脚皆在句末第二字，一四五六七句"时翕之之之"相叶，二三句"高乔"相叶。

（21）《烈文》：烈文辟公，锡兹祉福。惠我无疆，子孙保之。无封靡于尔邦，维王其崇之。念兹戎功，继序其皇之。无竞维人，四方其训之。不显维德，百辟其刑之。於乎前王不忘。

闻音：首尾皆以之相叶。疆旁纽跻，保旁纽博，相叶。邦，卜工切，上叶封，下叶崇。皇，胡公切，叶功。训旁纽薰，叶人。刑旁纽橄，叶德。

王质言此篇"保之""崇之""皇之""训之""刑之"之"之"相叶。此外，"保之"之"保"与疆叶，"崇之"之"崇"与邦叶，"皇之"之"皇"与功叶，"训之"之"训"与人叶，"刑之"之"刑"与德叶。

（22）《天作》：天作高山，大王荒之。彼作矣，文王康之。彼徂矣，岐有夷之行。子孙保之。

闻音：上句叶荒、康、行是也；行，户郎切。下句叶矣、之是也；矣，鱼其切。细推皆叶。韩氏《岐山操》"岐有岨，我往独处"，正用此诗。以徂为岨，当有所自来，旁纽亦近胥祖，两韵仍通用。作为做，保为补，皆叶，今西北人犹有此音。

王质言此篇"荒""康"与"行"相叶。"作矣""徂矣""保之"之"作""徂""保"相叶，"矣""矣""之"相叶。

（23）《昊天有成命》：昊天有成命，二后受之。成王不敢康，夙夜基命宥密。於缉熙，单厥心，肆其靖之。

闻音：首尾以之相叶，中基、熙相叶。靖旁纽子盈切，叶心。

王质言此篇"受之""靖之"之"之"字相叶，"靖之"之"靖"又与心字相叶。"夙夜基命宥密"中之"基"与"於缉熙"之"熙"字相叶。

（24）《桓》：绥万邦，娄丰年。天命匪解，桓桓武王。保有厥士，于以四方，克定厥家。於昭于天，皇以间之。

闻音：邦，补耕切；年，弥因切；相叶。家旁纽作甲，间旁纽作甲，叮叶。又，天间一叶别出。

王质言此篇邦年相叶，王方相叶，家间相叶。既言间字读甲叶家，又言"别出"叶"於昭于天"之天，不明间字究竟该作何读。

（25）《赍》：文王既勤止，我应受之。敷时绎思，我徂维求定。时周之命，於绎思。

闻音：两思相叶。前叶止与之，叶止真而切；后叶定与命，叶皆结以思。

王质言此诗一二句止与之叶，三六句思与思叶，四五句定与命叶。"叶皆结以思"一语，令人费解。第一句止字（真而切）、第二句之字、第三句思字皆可叶思，第四句定字、第五句命字如何"叶皆结以思"？

（26）《有杕之杜》：中心好之，曷饮食之。

闻音：以之相叶亦可。若正古音，则好祖似切，以子得音，食象齿切，与好相叶也。大率当随韵以类求之。

王质以为"中心好之，曷饮食之"可作两种叶法：①以之韵之；②以好叶食。好字与食字怎么叶呢？好字从子字得声，读祖似切，止韵；食读象齿切者，读食字作志韵祥吏切之飤，再转志韵为止韵便是。好字何尝从子得声？如此"正古音"，则古音蔑矣。

（27）《桓》：绥万邦，娄丰年。

闻音：邦，土工切。邦本音外又卜工切。《瞻彼洛矣》"君子至止，福禄既同。君子万年，保其家邦"与此同。又披耕切。《桓》"绥万邦，屡丰年"，补因切。凡见《诗》者如此，他所不举。（按，土工切当作卜工切，补因切当作祢因切。）

《桓》"绥万邦，娄丰年"本无韵，王质强叶此韵，读邦披耕切（《桓》篇闻音读补耕切）。"凡见《诗》者如此"，言邦字《诗》中有本音（指今音）博江切、卜工切、披耕切三音。"他所不举"，言《诗》外之音不举。

（28）《谷风》第三章：习习谷风，维山崔嵬。无草不死，无木不萎。忘我大德，思我小怨。

闻音：怨读作德，西北人相怨恨之声。此字以声取。旁纽作越，亦可叶德。

本篇三章，章六句，前两章皆二四六偶句相韵，此章依例亦当嵬萎怨三字相押。怨字今音不和谐，王质取叶有二法：①"怨读作德"叶德。②怨字改读作越以叶德字。以"西北人相怨恨之声"若"德"，怨字便"以声取""读作德"，此说蹊跷。怨读作越，乃阳声转读入声；可是怨越古不同母，阳声转读入声是有困难的，况且德越也不和谐。

（29）《宾之初筵》末二句：三爵不识，矧敢多又。

闻音：醉者阻人劝止之声若"又"。今西北人犹有此声。大率厌却烦聒，虽不醉亦多称"又"……又，夷益切。

王质又字读夷益切，理由是"醉者阻人劝止之声若'又'（夷益切）"。

以阻人劝止之声作为又字之读音，此说与《谷风》以怨恨之声作为怨字之读音叶法同。诚有因动物叫的声音而给某动物安名者，比如鸡鸭鹅马之类。《山海经》也有"其名自叫"（东山经）、"其名自号"（西山经）、"其名自呼"（中山经）的说法。但似不能凡事凡物皆名之以声，不能以哭声呜呜而读哭作呜，也不能因哈哈大笑而音笑为哈。

（30）《大田》首三句：大田多稼，既种既戒，既备乃事。

闻音：稼，读作介。今南人犹作此音。叶戒。

稼，祃韵；介，怪韵；稼戒本无韵。王质言南人稼犹作介音，可叶戒。即便南人稼读作介，也不能不事考辨，径以南宋南人方音为《诗》音。

（31）《思齐》第四章：肆戎疾不殄，烈假不瑕。不闻亦式，不谏亦入。

闻音：瑕从叚，以叚取声叶殄。

殄瑕无韵。但王质说瑕字可以"以叚取声叶殄"。叚，古疋切。叚及从叚得声之字今韵皆在麻韵类。与殄字同声符之字除沴字读霁韵、殄字又读尤幽二韵外，一般不读阴声韵。要使叚叶殄，不是强改瑕字今读以叶殄，就是强改殄字今读以叶瑕。

（32）《访落》：绍庭上下，陟降厥家。休矣皇考，以保明其身。

闻音：家，古胡切。《说文》"身，躬也"，"躬，身也"；从吕，旁纽庐，可以庐取声。《说文》"躯，体也"，《广韵》"体，身也"；从区，亦可以区取声叶家。家读作孤。

王质认为家字与身字相叶，叶法有二：①吕字转声可读庐，躬字从吕亦可读庐，躬身互训，所以可以躬字之"旁纽""庐"读"身"，身家便以庐孤相叶。②躯字从区声，躯身同训，所以可以躯字所从之声符"区"读"身"，身家便以区孤相叶。以王质之法，则凡同义近义之词皆可同音。

（33）《七月》第五章有"嗟我妇子，曰为改岁"二句，第七章有"嗟我农夫，我稼既同，上入执宫功"三句。

闻音：吴氏此诗每句用韵，诚然。有不可叶者惟"曰为改岁""嗟我农夫"。若用许氏之法亦可：岁从示，可以示取音叶子；夫从工，可以工取音叶同。

《七月》八章，唯"曰为改岁""嗟我农夫"二句不入韵。王质认为岁字从示，可读作示音与子字相叶；夫字从工，可读作工音与同功相叶。然岁不从示，夫不从工，王质欲叶其韵，不惜毁"许氏之法"。

（34）《东山》共四章，每章上四句皆为"我徂东山，慆慆不归。我来自东，零雨其濛。"

闻音：上四句每章为起辞。上二句不用韵，下二句乃用韵，吴氏以为未详。山，西人呼曰师又若曰沙，今犹有此音。山归未尝不叶也。

吴棫认为上二句用韵未详，王质却认为西人呼山曰师又若曰沙，可与归叶。师、沙音相若，沙、归可相韵，皆不可信。

王质的"旁纽"，就是转读某字的今音。其中有些是有道可循的，如康旁纽入声作恪（阳转铎）、言旁纽作藑（元转月）、乡旁纽虚良切（上转平）之类。但是，怨越非双声、苟与格古音相去甚远，怨旁纽作越、苟旁纽作格是有困难的；家旁纽作甲，间旁纽作甲，鱼元葉之间的互转更加困难。至于好读作子，岁读作示，夫读作工，身从躬字转声读庐或从躯字转声读区，因西北人相怨恨之声而读怨作德，据醉者阻人劝止之声而读又夷益切等，纯属乱读。

叶韵自有规矩，不能随心所欲。《我将》刑方相叶，《臣工》帝艾相叶，《丰年》年廪相叶，《昊天有成命》基熙相叶，《谷风》德怨相叶，《思齐》珍瑕相叶，《烝民》是使相叶，《访落》家身相叶，《抑》言苟舌逝相叶，《生民》第三章五个之相叶，《棠棣》御务相叶、朋戎相叶，《宾之初筵》康爵相叶、而时相叶，《般》高乔相叶、时禽之之之相叶，《烈文》封邦崇相叶、德刑相叶，《葛屦》下章连上章叶，《桓》间字同时叶家叶天，《思齐》《生民》"单结"等，纯属乱叶。

王质随意用韵和乱读字音的原因，在于他为叶韵而叶韵，追求的不是自然的音韵。《车攻·闻音》云："破作坡音，不惟旁纽当然，古音亦尔。""旁纽"与古音对举，道出了王质"旁纽"之音的实质："旁纽"之音与古音未必是一致的，或"旁纽当然，古音亦尔"，或"旁纽当然"，古音不"亦尔"。类似的叶韵言论还如：

《桃夭》闻音：华，方无切；家，古胡切；古文多用此为叶。然不必拘定律，苟可叶即已。古人声韵，后世亦难尽考也。今如见音。

《鹿鸣》闻音：傲，古交切。《集韵》效傲劾通作交；又孝"谓放效也"，作交。两音皆可用，吴氏不必专用交。大率吴氏多定从一读，去古既远，苟叶则皆可也。

《鹤鸣》闻音：天、渊从今音，不必作铁因、一均。《诗》用天二十三，用渊六，虽无叶他年、萦年二切，既叶亦可。吴氏不必从一读也。

《有杕之杜》闻音：以之相叶亦可。若正古音，则好祖似切，以子得音。食象齿切，与好相叶也。大率当随韵以类求之。

《正月》闻音：吴氏以肴叶云未详。鄰连上句，昏连下句，则叶。故古之音律，虽不可尽闻，亦在详推也。

《宾之初筵》闻音：仇又相叶，又旁纽作尤。康旁纽入声作恪叶爵，尔旁纽平声作而叶时。此随句取叶也。大率不叶者，委曲取叶，亦无有不叶者。

《烝民》闻音：惟若赋难叶，盖在下字字上作叶也。是、使相叶，读至是、使少止。若、赋作余声可也。古文难执定律，当通方也。

《臣工》闻音：茹，人余切，叶畲。艾，鱼刈切，叶帝。《集韵》茹如，艾义皆通。年，祢因切，叶人，如"克配彼天"叶"立我烝民"，皆不为韵。然则古诗纵横委曲多叶。余但得叶韵已足，安能尽如古风也。

"去古既远"，"古人声韵，后世亦难尽考也"，"古之音律，虽不可尽闻"，"古文难执定律"，"安能尽如古风也"，言古韵不可知；"苟可叶即已"，"苟叶则皆可"，"既叶亦可"，"但得叶韵已足"，言韵读能和谐则已；"不惟旁纽当然，古音亦尔"，言其叶音未必是古音；"古诗纵横委曲多叶"，"详推"，"通方"，"不叶者，委曲取叶，亦无有不叶者"，言叶音可纵横委曲以求。

王质闻音的以上言论行为，让我们看到了宋代的叶韵乱象，看到了宋代的"儒生之习"。《朱子语类》卷第八十："盖古人作诗皆押韵，与今人歌曲一般。今人信口读之，全失古人咏歌之意。""今人信口读之"，批评的正是"儒生之习"。

第二节　两种截然不同的叶韵思想

王质闻音中亦有闻《诗补音》者。如：

《柏舟》闻音曰："仪，牛何切。孔氏'古韵不甚要切'引此诗'汎彼柏舟，在彼中河。髧彼两髦，实维我仪'，是未考《易》'鼎耳革，失其义也。覆公餗，信如何也。'"

按，《柏舟》吴棫补音："仪，牛何切"。

《桑中》闻音曰："中，诸良切。《易林》'采唐沫乡，要我桑中'，正用此诗。宋氏'古诗不以字害句，故音韵清简，随时改易。并在束薪入张音，直取顺意而已。'若尔，何所不可。不考颜氏中有章音，又关中呼舅为钟，钟者章之转也。《纠谬》《汉注》皆云：'《释名》兄怂曰兄章，舅怂曰舅章'。中张固自相叶，何谓顺意也。"

按，《桑中》吴棫补音："中，诸良切。《释名》'兄怂亦曰兄章，舅怂亦曰舅章'。颜师古《纠谬正俗》既言中有章音。《汉书》'背尊章'，师古注亦云：'今关中俗呼舅为钟，钟者章之转也。'"

《南山有臺》第一章：南山有臺，北山有莱。乐只君子，邦家之基。乐只君子，万寿无期。第五章：南山有枸，北山有楰。乐只君子，遐不黄耇。乐只君子，保艾尔後。《南山有臺》闻音曰："吴氏臺田怡切，莱陵之切，与基期相叶；耇果羽切，後下五切，与枸楰相叶……但薄俗可畏，苟可叶即当已。故臺莱耇後如今音，一章作两叶。臺莱一叶，基期一叶；枸楰一叶，耇後一叶。《诗》此类亦多。所以护持古风，少避薄俗也。好古者用心如此，良亦可叹。"

《柏舟》闻音批评孔氏认为"河仪""古韵不甚要切"是未考《易》音所致；《桑中》闻音批评宋氏"随时改易""直取顺意而已"的意见，认为"若尔，何所不可"；《南山有臺》闻音批评薄俗"苟可叶即当已"，所以"臺莱耇後如今音"。这几条根据《诗补音》的言论与"今人信口读之"者水火不相容。水火不相容的言论集于王质《诗·闻音》，这又是宋代《诗》韵的一个乱象。

《四库全书·韵补提要》云："盖棫音《诗》音《楚辞》，皆据其本文推求古读，尚能互相比较，粗得大凡，故朱子有取焉。"

"据其本文推求古读"，其古读是真实存在的。在真实存在的古读中分清古韵与非古韵，追求的是押韵的本真。而"儒生之习"的随意用韵、乱读字音，追求的仅仅是音韵临时的和谐，不管真伪。面对两种截然不同的叶韵思想，终因吴棫新出，旧习未艾，所闻纷杂，是非难断，于是听信仿效"儒生之习"，甚或以"儒生之习"批评吴棫，使《诗总闻》闻音成了南宋的"儒生之习"。

延续到南宋的"儒生之习"，让我们看到旧习所积之深重，看到《诗》韵探讨的曲折历史，也看到了吴棫所处的时代背景及其在中国古韵学史上艰难的历程。

第二章 吴棫的《韵补》

第一节 后人对《韵补》的评价

《韵补》是保留完整的古音著作，通过《韵补》，我们可以了解吴棫的古韵学说。

《韵补》一书，历来评价不一。但是，其开古韵研究之先则是公认的。

《四库全书·韵补提要》："然自宋以来著一书以明古音者，实自棫始……棫书虽抵牾百端，而后来言古音者皆从此而推阐加密。"

顾炎武《韵补正》："念考古之功实始于宋吴才老。"

江永《古韵标准·例言》："宋吴棫才老始作《韵补》，搜群书之韵异乎今音者，别之为古音。明杨慎用修又增益之，为《转注古音》。音韵学者谓二家为古韵权舆，而《韵补》尤《毛诗》功臣。"

钱大昕《潜研堂文集·韵部跋》："才老博考古音以补今音之阙，虽未能尽得六书谐声之原本，而后儒因是知援《诗》《易》《楚辞》以求古音之正，其功已不细。古人依声寓义，唐宋久失其传，而才老独知之，可谓好学深思者矣。"

周祖谟《问学集·吴棫的古音学》："由诗文的用韵以求古韵的系统，在历史上是别开生面的。""这正是明清人研究古韵之先声……事实上陈第顾炎武所用的方法也都如此，不过后者格外精密而已。"

在肯定吴棫开古韵研究之先的同时，对《韵补》的批评也从未间断。

顾炎武《韵补正》："然才老多学，而识矣未能一以贯之，故一字而数叶，若是之纷纷也。"

江永《古韵标准·例言》："（吴棫杨慎）二家惟事征引，殊少抉择。古韵亦茫无界畔，似诸韵皆可混通，此识断之难也。"

王力《汉语音韵》："跟叶音说相似的，则有通转说。宋吴棫（字才老）著《韵补》，他就是主张通转说的。……虽然他把古韵大致分为九部，有些散字仍然是两三部兼收的，几乎是无所不通，无所不转。"

应该说，《韵补》不是很完善的。但，"一字而数叶""古韵亦茫无界畔，似诸韵皆可混通""几乎是无所不通，无所不转"这样的批评则是误解《韵补》所致。

第二节 赖江基《韵补》研究的失误

20世纪80年代，赖江基全面误读了《韵补》。

赖江基《吴棫所分古韵考》批评王力等先生"根据《韵补》一书吴氏在《广韵》韵目下的注语，把注云'古通某'的韵和'古转声通某'的韵归为一类"的意见，并说"认为吴棫将古韵分为九部，这差不多已经是音韵学界的定论了……其实，这是对吴氏《韵补》一书极大的误解"。笔者认为，王力先生虽然也有过"从叶音上看问题，则字无定音；从通转上看问题，则韵无定类"等论说，但"把注云'古通某'的韵和'古转声通某'的韵归为一类"，"认为吴棫将古韵分为九部"的意见却是正确的。赖氏对王力等先生"根据《韵补》一书吴氏在《广韵》韵目下的注语，把注云'古通某'的韵和'古转声通某'的韵归为一类"的意见提出了两个大问题：一是"四声所得的结果是不一致的"；二是"注明转声入东的只有江韵，但实际上转声入东部的除江韵字之外还有阳韵字……"。赖氏的问题都是误解。

赖文说："按张王董史等先生的做法，并'古通某'的韵和'古转声通某'的韵为一类，四声所得的结果是不一致的。"

这一毛病不是"张王董史等先生的做法"所致，而皆出自吴棫的错误。比如去声比平声上声的九部多出翰祃二部的问题，我们拿翰部做个简单的分析。《韵补》翰韵下收有18字（不计2个异体字）：串雁赝彦媛慢缦巽晏宴怨婉患宦豢县环澜。这些字为什么收在翰韵下呢？因为它们与翰韵（包括"古通翰"的韵）字相押。比如，雁与汉相押，赝与贯相押，晏与判乱相押，豢与汉相押；汉贯判乱，翰韵（换"古通翰"），所以雁赝晏豢也读翰韵了。雁赝晏豢，谏韵字。《韵补》谏韵注："古转声通霰"，也就是说雁赝晏豢等字的古音读霰韵，这些字《韵补》也已经"转声"在霰韵了。不拿雁赝晏豢等字的古音来证明汉贯判乱等字古音读霰韵，却拿汉贯判乱等字的今音来证明雁赝晏豢等字也读翰韵，似乎把既定的古音反过来证成了今音。串与焕相押，彦与赞叹相押，媛与汉相押，慢与算相押，缦与烂旦相押，宴与观相押，怨与换汉相押，婉与玩相押，宦与玩相押，县与汉相押，环与馆相押，澜与翰玩相押；焕赞叹汉算烂旦观换玩馆翰等字《韵补》皆收在霰韵，串彦媛慢缦宴怨婉宦县环澜等字与霰韵字相押为何不读霰韵而读翰韵？患与慢相押，慢谏韵字，谏"古转声通霰"；巽，《释名》训散，散字《韵补》收在霰韵；患巽二字又为何不读霰韵而读翰韵？原来，这些收在翰韵的字都是吴棫用今音韵类把它们证到翰韵的。翰韵下所收字都应该改收在霰韵之下，翰韵下也应当如寒韵注"古转声通先"、旱韵注"古转声通铣"那样注上"古转声通霰"。实际上，翰韵的幹看岸骭旦叹炭弹难谵赞粲散案汉翰汗烂等字《韵补》已经"转声"在霰韵。

赖文又说：《韵补》中注明转声入东的只有江韵，但实际上转声入东部的除江韵字之外，还有阳唐送肿用绛遇文萧魂耕蒸登侵咸诸韵的字。这话想告诉人们：如果"古通某"的韵和"古转声通某"的韵归为一类的话，那么古韵东部除今韵东冬钟江外，还应包括今韵阳唐送肿用绛遇文萧魂耕蒸登侵咸诸韵。反过来，古韵东部不可能包括今韵东冬钟江阳唐送肿用绛遇文萧魂耕蒸登侵咸诸韵，所以"古通某"的韵和"古转声通某"的韵归为一类就是错误的。

赖氏没能了解《韵补》的结构，平面地看待"补音"与"通转"，混"补音"与"通转"为一谈，才有了《韵补》转声入东部的除江韵字之外还有阳唐送肿用绛遇文萧魂耕蒸登侵咸诸韵的字的错误结论。下节"《韵补》解读"对这个问题有详细分析。

赖江基关于吴棫古韵学的几篇文章，包括《〈韵补〉释例》（1985）、

《吴棫所分古韵考》（1986）、《吴棫的古音观》（1989）等，发表至今鲜有异议，当今关于吴棫古韵学的说辞也大多是在演绎赖说。以下就赖氏《韵补》研究中的几个主要问题谈谈个人看法。

一 关于"通例"和"转例"

《〈韵补〉释例》归纳了《韵补》的通转条例。"通例有三条"："第一条，凡注云'古通某'的韵以及某韵，其字除了下列三种，一律不见于某部的单字表。（1）通假音或别义音也归于某部的字；（2）需要补充义项的字；（3）今音与某部不协的字。""第二条，凡注云'古通某'的韵以及某韵，其字都可充当某部反切的下字。""第三条，凡注云'古通某'的韵以及某韵，其字在某部所引的韵语中充当韵脚时，都按本音读。"

"转例也有三条，内容与通例正好相反"："第一条，凡注云'古转声通某'或'古转入某'的韵，其字或多或少地见于某部的单字表。""第二条，凡注云'古转声通某'或'古转入某'的韵，其字无充当某部反切下字的。""第三条，凡注云'古转声通某'或'古转入某'的韵，其字在某部所引的韵语中充当韵脚时，都不能按本音读，而应读转声。"

笔者按：《吴棫的古音观》一文中说，根据《韵补》的收字条例，"字在古书中的读音（如果是多音多义字，则是它用作某一意义时的读音）凡是已见《广韵》《集韵》，且与今音相同的，一般都不载入。"吴棫的"通"即"不转声通"，"通"与"转声通"的区别不在于是否通而在于怎么通，在于今韵读音在古韵中的"不转"与"转"。"凡注云'古通某'的韵以及某韵"是那些今音同古音的韵，这些韵的韵字《广韵》《集韵》的今音在古韵中"不转"就是古音，所以这些韵字的古音一般已见《广韵》《集韵》而不收入某部的单字表；又因为"凡注云'古通某'的韵以及某韵"的今音即古韵某部的古音，所以可以充当古韵某部的反切下字，作韵脚时也可按"本音"读。相反，因为"凡注云'古转声通某'或'古转入某'的韵"是那些今音不同于古音的韵，所以这些韵字的古音不见于《广韵》《集韵》而要把已见《广韵》《集韵》的今音转为古音入某部的单字表；又因为"凡注云'古转声通某'或'古转入某'

的韵"的今音不是古韵某部的古音，所以不能充当古韵某部的反切下字，作韵脚时也不能按"本音"读，而要改"本音"为某部的古音。

赖文"通例"与"转例"的不同，是那些"注云'古通某'的韵以及某韵"与那些"注云'古转声通某'或'古转入某'的韵"在《韵补》中收字和读音上的不同表现，即是那些在古韵中"不转声"的今韵与那些在古韵中需"转声"的今韵在《韵补》中收字和读音上的不同表现，所以赖文所谓"通例"与"转例"的不同其实是"不转声例"与"转声例"的不同。"转例也有三条，内容与通例正好相反"，确切的说法应该是"转例也有三条，内容与不转例正好相反"，对立的是"不转"与"转"而不是"通"与"转"。赖文把"不转声通"换成"通"，又把"转声通"换成"转"，"不转"与"转"的对立也就换成了"通"和"转"的对立，误解了"通"和"转"的关系。

二　关于"通"与"转声通"

《〈韵补〉释例》："通例和转例的不同，反映出吴氏对于'古通某'的韵和'古转声通某'的韵是严格地区分开来的。可是后世研究《韵补》的学者，大都未能察知通例和转例的不同，因而往往将'古通某'的韵和'古转声通某'的韵混为一谈。"

笔者按：赖文批评的"往往将'古通某'的韵和'古转声通某'的韵混为一谈"，说的是将"古通某"的韵和"古转声通某"的韵合为一部。"通"与"转声通"有同又有不同，同的是两者都是通，即"古通某"的韵和"古转声通某"的韵都在古韵中"通"某；不同的是在"通"的情况下要不要转声，即"古通某"的韵在古韵中不转声即"通"，"古转声通某"的韵在古韵中需转声才"通"。《〈韵补〉释例》所归纳的《韵补》通转条例，实际上是不转声与转声的条例。按照这一条例，吴棫"古通某"的韵和"古转声通某"的韵在是否转声上确实是严格地区分开来的，但"通"却是一致的。赖文指责"后世研究《韵补》的学者""未能察知通例和转例的不同"而"将'古通某'的韵和'古转声通某'的韵混为一谈"，实际上是赖氏未能察知"通例"和"转例"的不同在"不转"与"转"而不在"通"与"转"，混"通"与

"转"为一谈。

三　关于"转声"与"本音"

《〈韵补〉释例》："转声是吴氏为求协韵，主要根据韵语考求出来的。他看到古人韵语中某字本来的读音与其他韵脚不协韵，便认为是古人将某字转读为与其他韵脚相协的音。例如晋童谣：'五马浮渡江，一马化为龙。''阿童复阿童，衔马浮渡江。'吴氏觉得江字若依本音古双切读，则与另一韵脚'龙''童'不相谐协，因此认为古人在这里将江字转声入东韵，读沽红切。……转声与本音在《韵补》中必不同部，如江字的转声归东部，本音却属阳部。'转声者，改此之声以就彼之韵。'顾炎武此语深得吴氏转声之真谛。"

笔者按：转声是"吴氏为求协韵""根据韵语考求出来的"吗？如果仅仅是"吴氏为求协韵"，那么江与龙、童不相协，为什么将江字转声入东韵，读沽红切；而不将龙字童字转声入江韵，读吕江切宅江切？东边可以转，西边也可以转，哪里需要"根据韵语考求"？

转声是吴氏"看到古人韵语中某字本来的读音与其他韵脚不协韵，便认为是古人将某字转读为与其他韵脚相协的音"吗？从下文"江字若依本音古双切读"看，这里所说的"某字本来的读音"指某字的今音。"古人韵语中某字本来的读音与其他韵脚不协韵"，既然是"古人韵语"，那就是说韵语中"某字"的古音与"其他韵脚"古人是协韵的。由于"某字本来的读音"不同于"某字"的古音，所以用"某字本来的读音"去读"古人韵语"，自然就"与其他韵脚不协韵"。要使"古人韵语"读来和谐，就得把"某字本来的读音"改读为"某字"的古音，这改读的音就是"转声"。看到"古人韵语中某字本来的读音与其他韵脚不协韵"的只能是今人，把"某字本来的读音"改为"某字"古音的也是今人，古人怎么知道自己的韵语中的"某字"上千年后会变得"与其他韵脚不协韵"并预先"将某字转读为与其他韵脚相协的音"？这确实是吴棫"认为"的呢，还是谁在做无端的猜测并把这无端的猜测强加给吴棫？

"转声"是"本音"的转音，某个字的"转声"根本不在"本音"的语音系统中，不在"本音"语音系统中的"转声"怎么可能与"本音""同部"呢？"转声与本音在《韵补》中必不同部"，不知道在哪一部书中"转声"与"本音"能同部？

"江字的转声归东部"，说的是江字的古音归古韵东部。转声把那些"古转声通某"的韵转读作某部的音，意味着某韵在古韵中归某部。江字今音古双切，转声沽红切读作东部的音，所以江字在古韵中归东部。可是《吴棫所分古韵考》明明说"凡注云'古转声通某'（或'古转入某'、'古转声入某'）的韵，就不属于某部。例如江韵下注云'……或转入东'，这就是说，江韵不归东部"，怎么这里又说"江字的转声归东部"？

江字"本音却属阳部"，即《吴棫所分古韵考》所说的："就江韵的本音而言，吴氏认为它是'古通阳'的，即入阳部。""本音"指今音，"今音"进"古韵"是什么缘故？上文说过，"凡注云'古通某'的韵以及某韵"的今音即古韵某部的古音。江韵"古通阳"，江字的今音就是古音，"本音却属阳部"的"本音"其实也是江字的古音。

按照"古通阳或转入东"的注语，江字的古音是既"归东部"又"属阳部"的，王力先生忠实于《韵补》的注语，所以江韵两属古韵东阳两部。顾炎武《韵补正》在"四江'古通阳或转入东'"之下批评曰："此韵古通东不入阳"，认为这个注语是错误的，江韵在古韵中与东通而与阳无涉。江韵古音与东冬钟相押，赵宋以后与阳唐合用，"江字的转声归东部，本音却属阳部"听来似乎在理。问题是《韵补》中"本音却属阳部"的"阳部"指古韵阳部而不是赵宋以后的阳部，"本音"也是指江字的古音而不是赵宋以后的读音。

"'转声者，改此之声以就彼之韵。'顾炎武此语深得吴氏转声之真谛。"《韵补》平声十三佳注"古转声通支"。《韵补正》在该注语下云："转声者，改此之声以就彼之韵。如才老所注，佳为坚奚切，来为陵之切之类是也。古人韵缓，不必改字。""改此之声以就彼之韵"，就是改此韵之音为彼韵之音以就古韵。佳，《广韵》古膎切，吴棫转声坚奚切，改佳韵为齐韵；来，《广韵》落哀切，吴棫转声陵之切，改咍韵为之韵。之韵齐韵吴棫"古通支"，所以佳来分别转声为齐之以就古韵支。佳来为什么要转声就支韵？因为佳韵咍韵吴棫"古转声通支"。吴棫认为，佳韵咍韵的今音不是古正音，佳韵咍韵要转声后才在古韵中通支。赖文说"顾炎武此语深得吴氏转声之真谛"，遗憾的是赖氏不得顾炎武此语之真谛。所以在说"顾炎武此语深得吴氏转声之真谛"的同时，又说："顾炎武在《韵补正》中，虽然对'转声'作了非常正确的解释，但是又将'古通某'的韵和'古转声通某'的韵等同起来。他看见《韵补》五支单字表收了佳韵字'钗厓街佳娃'，皆韵字'皆阶喈偕乖排俳斋侪淮怀谐湝霾埋'，咍韵字'垓该陔开硙灾烖哉猜才财材裁台孩哀埃胎来莱'，三韵一共四十一个字（笔者按：赖文漏了皆韵之礦字），并都注转声（如'皆阶喈偕街佳垓该陔'读为'坚奚切'之类），便加按语批评说：'按佳皆灰咍四韵既注云"古通支"，则全韵皆通，此注（指吴氏给这四十一个字所注之转声）不必更赘。'"这三韵四十一字《韵补正》认为是"古音同用不必注者"，这是顾炎武对吴棫佳皆咍三韵"古转声通支"有不同看法，认为不必改此三韵之声以就支之韵。也就是说，顾炎武对吴棫佳皆咍三韵要不要"转"有不同看法，并不是对吴棫佳皆咍在古韵中"通"支有什么意见。

四 关于"古韵系统"与"今韵系统"

《吴棫所分古韵考》一文的结论是："总而言之，《韵补》一书的古韵系统，基本上是吴棫音的今韵系统，只是某些字的归类古今有所不同。"

笔者按：《四库全书·韵补提要》："自宋以来，著一书以明古音者实自棫始。"《古韵标准·例言》："宋吴棫才老始作《韵补》，搜群书之韵异乎今者，别之为古音。"《韵补》明明是言古音之作，可是赖氏《韵补》的古韵系统基本上成了吴棫音的今韵系统。

《古韵标准·例言》："古韵既无书，不得不借今韵离合以求古音。"古韵没有韵书，传统古韵学家只好观察今韵在古韵文中的分合来求得古音古韵并辅以文字谐声、古注声训、方言读音等材料证明。今韵东韵在古韵文中与冬钟江合而与其他韵分，传统古韵学家便认为今韵东冬钟江古韵合为一部。在这一古韵部中，今音东冬钟三韵合，经过论证，认为东冬钟三韵的今音同古音；今音东冬钟三韵与江韵不合，经过论证，认为江韵的今音不是古正音，当改江韵的今音为能与东冬钟三韵相合的古音，东冬钟江在古韵文中才和谐。所以，着眼于古韵，注云"古通某"的韵和"古转声通某"的韵则是一类；着眼于今韵，注云"古通某"的韵和"古转声通某"的韵则是两类。如果忠实于《韵补》的注语，那么：冬钟"古通东"，江"……转入东"；东冬钟江古韵合，东冬钟与江今韵分。脂之微齐灰"古通支"，佳皆咍"古转声通支"；支脂之微齐灰佳皆咍古韵合，支脂之微齐灰与佳皆咍今韵分。谆臻殷痕青蒸登侵"古通真"，庚耕清"古通真……"，文元魂"古转声通真"；真谆臻殷痕庚耕清青蒸登侵文元魂古韵合，真谆臻殷痕庚耕清青蒸登侵与文元魂今韵分。添"古通盐"，凡"古通严"，仙盐严"古通先"；谈"古通覃"，覃咸衔"古通删"，寒桓删山"古转声通先"；先仙盐添严凡寒桓删山覃谈咸衔古韵合，先仙盐添严凡与寒桓删山覃谈咸衔今韵分。戈"古通歌"，麻"古转声通歌"；歌戈麻古韵合，歌戈与麻今韵分。唐"古通阳"，江"古通阳……"，庚耕清"……转入阳"；阳唐江庚耕清古韵合，阳唐江与庚耕清今韵分。虞模"古通鱼"，宵肴豪"古通萧"，侯幽"古通尤"，则鱼虞模古今同部，萧宵肴豪古今同部，尤侯幽古今同部。

《吴棫所分古韵考》考得古韵四十九部、十四组，说是"主要根据《韵补》各部的反切和所引韵语的协韵情况"分析归纳出来的。赖氏《〈韵补〉释例》"转例"说："凡注云'古转声通某'或'古转入某'的韵，其字无充当某部反切下字的。""凡注云'古转声通某'或'古转入某'的韵，其字在某部所引的韵语中充当韵脚时，都不能按本音读，而应读转声。"根据这一"转例"，"古转声通某"的韵，其韵字既无充当某部反切下字，又不能在某部所引的韵语中按"本音"读。这些韵，如第三组佳蟹卦（平声"包括佳、皆、咍三韵"）是不可能"根据《韵补》各部的反切和所引韵语的协韵情况"分析归纳出来的。

那么，第三组佳蟹卦是怎么生产出来的呢？《吴棫所分古韵考》说："这三韵的字都是转声入支部的……《韵补》本身只能告诉我们佳皆咍三韵不归支部（举平赅上去），却不能直接证明它们合为一部。我们可以从朱熹的《诗集传》中找到旁证。《诗集传》的叶音，据朱熹自己说，'多用吴才老本，或自以意补入'……看《诗集传》的叶音，皆咍（去声加上夬韵和泰韵合口字）是同用的。例如：①《邶·终风》第二章：霾_{亡皆反} ［皆］ 来叶如字 ［咍］ 来思叶新才反 ［咍］；②《邶·泉水》第三章：辖_{胡瞎反，叶下介反} ［怪］ 迈 ［夬］ 卫_{此字本与迈害叶，今读误害} ［泰开］。据此，我们认为吴氏以平声佳皆咍三韵为一部，上声蟹骇海三韵为一部，去声卦怪代夬四韵以及泰韵开口字为一部。"

可是，《慈湖诗传》卷三于《邶·终风》注：《补音》霾，陵之切……来，陵之切……思，息慈切（慈，子之切）……可见所举皆咍同用之例非用"吴才老本"。又，《慈湖诗传》卷三于《邶·泉水》注：害，《补音》瑕憩切，朱熹害字读泰亦非用"吴才老本"。

实际上，赖江基研究吴棫古韵的原则是《吴棫所分古韵考》中所说的"凡注云'古通某'的各韵，与某韵并为某部；凡注云'古转声通某'的韵则不属于某部"。《韵补》佳皆咍三韵有共同的注语"古转声通支"，所以佳皆咍三韵不归支部而自合为一部。这是赖氏第三组佳蟹卦赖以成组的唯一原因。第六组魂混魂去骨，第八组寒旱翰合，第九组删潸谏洽，第十二组麻马祃其实也是这一原则的产物。

上文说过，吴棫注"转声通"的是今音异古音的韵，这些韵要转声才在古韵中通。佳皆咍三韵注"古转声通支"，说的是佳皆咍三韵之今音异于古音，今音不通支而"转声"后的古音通支。支之今音同古音，在古韵中是古韵，在今韵中是今韵。着眼于今韵，佳皆咍不通支；着眼于古韵，佳皆咍与支通韵。所以，就古韵讲，注云"古转声通某"的韵与某韵并为某部；就今韵讲，注云"古转声通某"的韵则不属于某部。遵循"凡注云'古转声通某'的韵则不属于某部"这一原则，得出的是吴棫今韵而非吴棫古韵。第三组佳蟹卦（平声"包括佳、皆、咍三韵"）是赖氏用考今韵的办法所得的韵部。

《吴棫所分古韵考》一文的结论是："总而言之，《韵补》一书的古韵系统，基本上是吴棫音的今韵系统，只是某些字的归类古今有所不同。"把"古通某"的韵和"古转声通某"的韵分为两类，考出来的韵部本来就是今音韵部。赖氏把自己考出来的今音韵部说是《韵补》一书的古韵系统，倒过来又说《韵补》一书的古韵系统，基本上是吴棫音的今韵系统。再拿这个系统对比《学宋斋词韵》和《中原音韵》，说："吴械所分的古韵系统与《学宋斋词韵》和《中原音韵》相同或相近的事实，有力地说明了它是以今律古的产物，是吴棫在今音韵系基础上搞出来的。"（《吴棫所分古韵考》）其实，搞这个今音韵系的不是吴棫，而是赖江基误解了吴棫"通"与"转声通"的关系搞出来的。

五　关于"古音"与"今音"

《吴棫的古韵观》："《韵补》究竟收载了多少个单字和字音呢？据统计，单字 2074 个（包括异体字和通用字在内）……总计载入 2686 个字音，只及《广韵》26194 个字音的 1/10，《集韵》53525 个字音的 1/20。这就意味着数以万计的汉字中的大部分，在吴氏的心目中，它们的古音与《广韵》《集韵》和今音都是相同的……我们再来对《韵补》所收的 2074 个单字做一番考察。吴氏在注文中言明古本音不同于今音的，计有：止摄开口精组字……止摄开口照组二等字……（参见拙文《吴棫所分古韵考》）……合计 65 个字，占《韵补》所收单字的 3%。其余二千来个字，吴氏则认为它的古本音与今音是相同的，因已见于《广韵》《集韵》，故不必再载入《韵补》；《韵补》所载的都是它们的转声（个别是通假音或别义音），因为转声为韵书所不载或为今音所无，所以吴氏将它们载入书中，并且一一为之引用古韵语来加以证明。"

笔者按：数以万计的汉字中的大部分"古音与《广韵》《集韵》和今音都是相同的"，反过来说，这 2074 个单字的古音与《广韵》《集韵》和今音是不相同的。2074 个单字中，65 个"吴氏在注文中言明古本音不同于今音"，其余 2009 个"吴氏则认为它的古本音与今音是相同的"，"《韵补》所载的都是它们的转声"。又是古音，又是今音，又是古本音，又是转声，实在是玄而又玄。

什么是赖氏的"转声"呢？《吴棫的古韵观》说："吴氏根据 50 种古书考证字之古音作成《韵补》一书……"赖氏所谓"转声"就是他的"吴氏根据 50 种古书""一一为之引用古韵语来加以证明"的"字之古音"。

什么是赖氏的"古本音"呢？《吴棫所分古韵考》是这样说的："但我们也不能因此说，吴棫所定的古音系统就等于吴棫音韵系，因为吴棫在注中已指出某些字古音的归部与今音不同。这些字分别属于如下几个音类：止摄精组字（……）照组二等字（……），依吴氏所注，这些字的古本音归支部，今音则归鱼部……"原来赖氏所谓"古本音"也就是他的"古音"。

"这些字的古本音归支部，今音则归鱼部"吗？资，《广韵》即夷切，止摄开口三等平声脂韵精母。《韵补》平声五支注曰："津私切，声如赍……今读讹。"又平声九鱼注曰："如今读，叶鱼韵……古资雌疵思词一类多与今鱼虞等韵叶用。"《韵补》所收都是吴棫的古音，支韵所收之资字"声如赍"，鱼韵所收之资字"叶鱼韵"，声如赍和叶鱼韵之今读都是吴棫资字的古音。所以，《韵补》的这两个注说的是：（1）支韵之资字古读当如赍，不能读作能与鱼韵相押的今读；（2）资字古音读如赍之外，又读作能与今鱼虞等韵叶用的今读。《韵补》上声四纸子字注曰："奖礼切……古子有二读，与纸叶者声近济水之济，与语叶者如今读，秄梓一类皆仿此。"叶纸叶语二读都是吴棫子字的古音，与资字一样，并没有古本音与今音之分。

《吴棫的古韵观》接着说："下面我们拿'忧'字作示例，说明它的古本音和转声。'忧'字的古本音，在吴氏看来就是《广韵》《集韵》所载、今音所读的'於求切'……'忧'字是《韵补》中载入字音最多的一个字……一是支部的'於希切'……二是鱼部的'衣虚切'……三是有部的'於有切'……四是啸部的'一笑切'……五是宥部的'於救切'……既然吴氏已视'於求切'为'忧'字的古本音，那么上述五个音当然属于转声之列了。"上文说过，赖氏所谓"古本音"就是他的"古音"，赖氏所谓"转声"也就是他的"字之古音"。那么，一个"古本音"加上五个"当然属丁转声之列"的音，《韵补》"忧"字有六个"古音"。其实，"凡注云'古通某'的韵以及某韵"是那些今音同古音的韵，《韵补》侯"古通尤"，幽"古通尤"，尤侯幽的今音就是古音，也就是说"忧"字的古音就是今音"於求切"。那么另外五个音呢？《韵补正》五支九鱼"不合者"收忧字，四十四有四十九宥"四声转用不必注者"收忧字。三十四啸"合者"收忧字，因为顾炎武尤萧古韵同部；可是既然四十四有四十九宥所收忧字认为是"四声转用不必注者"，那么啸韵所收之忧字应当同样归入"四声转用不必注者"类。在顾炎武看来，赖氏所谓忧字另外五个音都"转"得不对。"转声"是"字之古音"，"转"得不对，所转古音也自然不对了。在吴棫看来，"忧"字的古正音就是今音"於求切"，其余五个音都是吴棫古韵的异质之音，不可混为一谈。

六　关于"今音拼古音"

《吴棫的古韵观》说："《韵补》虽然也像《广韵》《集韵》那样用反切注音，但吴氏在本书首次使用反切时却作了一个说明：'凡反切皆用今音。后仿此。'（见'一东'江字下的注语）这个说明究竟是什么意思呢？就是说，按反切上下字的今音去拼切（即取反切上字今音的声母，取反切下字今音的韵母和声调），便得出被切字的古音。"于是作出了吴棫"将古今语音纳于同一个反切公式之中"的批评。

笔者按："凡反切皆用今音"说的是什么呢？说的是某字的反切，切上字切下字用今音，所切之音也是今音，而某字的古音就读所切出的今音。传统古音韵学家皆用今音说明古音，无一例外。《唐韵正》入声二沃鹄字注："去声则音皓。"顾炎武说鹄字的古音读去声时则音"皓"。"皓"字是《广韵》上声韵目，因为是个全浊声母字，顾炎武的时音读去声。顾炎武用时音去说明古音，莫非是把古音今音时音纳入同一个公式？

赖氏对《韵补》一书是下了功夫的。但概念不清，似是而非的观点，是需要我们加以纠正的。

第三节　《韵补》解读

一　补音

吴棫于《韵补》引用书目后说："右《韵补》凡书五十种，其用韵已见《集韵》诸韵书者皆不载，虽其（笔者按，其字似当作见）韵书而训义不同或诸书当作此读而注释未收者载之。"这话概括起来是，《韵补》某韵下所收的字，其某种意义的读音出现于所列五十种书的韵文中而不见于韵书(为阅读方便,"《集韵》诸韵书"简称"韵书",下同),《韵补》载以补其音。比如《韵补》支韵下收有《切韵》支脂之佳皆咍纸荠海真至志末霁队泰怪鱼真谆殷魂问先豪歌戈哿果麻马祃登尤幽有 36 韵计119 字。除支脂之三韵资斯私兹几个字因"今读讹"注韵书之音外,其余的字某种意义的读音五十种书的韵文中可与《韵补》支韵相押而在韵书中没有《韵补》支韵的读法,《韵补》便据五十种书中的韵文押韵实际收到《韵补》支韵之下以补这些字某种意义支韵的读音。给某字某义补上不见于韵书的读音就是"补音"。"补音"读某韵,就"补"在某韵之下,所以吴棫把书名叫作《韵补》。

"补音"来自五十种书,有书名,如《尚书》;有人名代该人著作,如《蔡邕》。所列五十种书下都做了说明。如:

《左氏春秋传》:鲁左丘明所作。繇辞歌谚皆韵。

《阮籍》:魏人。有文集十卷。间用古韵。

《玉台新咏》:陈徐陵所编。词虽淫艳,以其多古韵,故取之。

《欧阳参政》:宋朝人,名修。有文集三十卷,多用古韵。

这五十种书是吴棫认真挑选出来的,"补音"使用的语料又是从这五十种书中认真挑选出来的。这些语料是古人押韵的语料,所以"补音"是古音。

二 通转

《韵补》按四声分卷,平声又分上平声下平声,全书共五卷。每卷按韵书次序分韵。

有些韵下收字,有些韵下无收字,无收字的韵下注明与收有韵字的某韵在古韵中的关系。比如一东收有韵书未载于东韵而吴棫认为古音有东韵一读的字并列举音证;二冬注"古通东",三钟注"古通东",四江注"古通阳或转入东",二冬三钟四江都无收字。"转入"又叫"转声入""转声通",如上声三十五马注"古转声入哿"、去声四绛注"古通漾或转声通送"。吴棫的"通"与"转声通"("转入""转声入"),后人谓之通转。

（一）什么是"转声"

顾炎武《韵补正》在《韵补》十三佳"古转声通支"下注曰："转声者，改此之声以就彼之韵，如才老所注佳为坚奚切，来为陵之切之类是也。古人韵缓，不必改字。"吴棫的"转声"顾炎武认为就是"改字"。什么是"改字"？《经典释文·邶风·燕燕》三章"于南"下陆德明注云："如字。沈云协句，宜乃林反。今谓古人韵缓，不烦改字。"《燕燕》"燕燕于飞，下上其音。之子于归，远送于南。瞻望弗及，实劳我心。"音南心三字相押。南，覃韵；音心，侵韵；乃林反，侵韵。沈重认为今韵覃侵在古韵中相押，当改覃韵之今音为侵韵之音。可见"改字"说的是把某韵之今音改读为能在古韵中和协之音，"转声"说的是把某韵之今音转读为能在古韵中和协之音。顾炎武所谓"改此之声以就彼之韵"也就是改今之音以就古之韵的意思，如佳字转读为坚奚切、来字转读为陵之切之类，皆改今之音以就古之韵。

转某韵之今音以就古之韵，所转之音不是恣意乱改的。正如江永《古韵标准·例言》所说："宋吴棫才老始作《韵补》，搜群书之韵异乎今者，别之为古音。"

（二）什么是"转声通"

《韵补》四江"古通阳或转入东"，《韵补正》在"古通阳或转入东"下注："此韵古通东不入阳"，把吴棫的"转入"说成通。《韵补》十三佳十四皆十六咍注"古转声通支"，十五灰注"古通支"，《韵补正》在《韵补》五支"古音同用不必注者"项下曰："佳皆灰咍四韵既注云'古通支'，则全韵皆通，此注不必更赘。"把吴棫的"古转声通支"与"古通支"都叫"古通支"。可见吴棫的"通"与"转声通"顾炎武认为都是通。《韵补》上平声二十文二十二元二十三魂注"古转声通真"，二十一殷二十四痕注"古通真"，二十五寒二十六桓二十七删二十八山注"古转声通先"，《四库全书·韵补提要》谓"至于韵部之上平注文殷元魂痕通真，寒桓删山通先……"同样把吴棫的"通"和"转声通"都叫通。

（三）"通"与"转声通"的关系

《韵补正》与《四库提要》认为吴棫的"转声通"也是通，这是对的。"通"与"转声通"是相对的概念，相对于"转声通"，那么"通"

就是"不转声通"。显然，"转声通"中的"转声"是"通"的一个条件。也就是说，"转声通"是要"转声"后才"通"，即转某韵之今音后才"通"古之韵。

为什么今韵在古韵中有"不转声通"与"转声通"两类通呢？《古韵标准·例言》："三百篇者，古韵之丛，亦百世用韵之准。稽其入韵之字，凡千九百有奇，同今音者十七，异今音者十三。"古韵字之读音有"同今音者"和"异今音者"两类，那么今韵在古韵中的通也就有"不转声通"与"转声通"两类：今音同古音者不转声即通，今音异古音者转今音为古音才通。吴棫注"通"的是今音同古音的韵，这些韵不转声即在古韵中通；注"转声通"的是今音异古音的韵，这些韵要转声才在古韵中通。

《韵补》东冬钟江四韵只有东韵收字，二冬三钟四江都无收字。在《韵补》东韵所收字中，也没有冬钟二韵转为东韵的字。[1] 江韵之江杠^{床前}横橦^{帐柱}幢^{旛幢}撞邦庞窗摐双降泽等字则转为东韵之音收在东韵。为什么呢？因为在吴棫看来，冬钟二韵的今音就是古音，二冬三钟之今音在古韵中不转为东韵之音就能与东通，所以东韵无收冬钟二韵的字。在古韵中冬钟二韵不转为东韵之音就能与东通，吴棫注曰"古通东"。四江的今音与古音不同，四江之今音在古韵中转为东韵之音才通东，所以江韵的字转为东韵之音收在东韵。在古韵中江韵转为东韵之音才通东，吴棫注曰"古转入（转声通）东"。

原来，"通"与"转声通"都是通，"通"与"转声通"的区别不在于是否通而在于怎么通，在于今韵读音在古韵中的"不转声"与"转声"。A"古通B"，是说A韵的今音即古音，在古韵中不需"转声"即能与B韵通。A"古转声通B"，是说A韵的今音不是古音，在古韵中必须把A韵的今音转为古音才能与B韵通。冬钟二韵"古通东"，所以冬钟二韵的字《韵补》"不转"为东韵之音；江韵古"转入（转声通）

---

① 《韵补》东韵下收有雍童二字：雍，於容切，"塞也"；童，诸容切，"夫童，地名"。雍字《广韵》於容切，"雍，塞"；又於陇切，"雍，雍塙。亦塞也，障也。"童字《广韵》徒红切，"童，童独也"。这是"虽其韵书而训义不同或诸书当作此读而注释未收"之属。

东"，所以江韵的字《韵补》"转"为东韵之音收在东韵。

通转说的不是"古韵通转"，而是今韵在古韵中的"通"和"转"。"通"与"转声通"都是"通"，不同的是要不要"转声"。"通"说明今韵哪些韵在古韵中通用，即说明古韵；"转"说明古韵通用的那些韵，哪些需转今音为古音，即说明古读。

三　立说与考证

"通"与"转声通"都是通，所以吴棫所注"古通某""古转声通某"的韵与某韵在吴棫古韵中合为一部。王力先生正是这样做的。他在《汉语音韵》中说："我们依照他的书（笔者按，指吴棫的《韵补》）来分析一下，按平声说，古韵大致可以分为九部。"

《韵补》中注明转声入东的只有江韵，但实际上转声入东部的除江韵字之外，还有阳唐送肿用绛遇文萧魂耕蒸登侵咸诸韵的字。

"实际上转声入东"的字包含16个韵，"注明转声入东"却只有江韵，这是为什么？《韵补》的写作，一是根据实际语言材料推考"补音"，是"考证"，所谓"实际上转声入东"者是；二是通过"通转"对"考证"结果作出的甄别与判断，是"立说"，所谓"注明转声入东"者是。吴棫在"立说"中告诉人们：今韵哪些韵在古韵中是可以通韵的，古韵可以通韵的那些韵中哪些韵不须转声即能通韵、哪些韵必须转声才能通韵。王力先生"根据《韵补》一书吴氏在《广韵》韵目下的注语，把注云'古通某'的韵和'古转声通某'的韵归为一类"是站在吴棫"立说"的层面所得的结论。"考证"得"补音"，"立说"明古韵。如果混淆"考证"与"立说"两个层面，就会引发把东韵下所收的江阳唐送肿用绛遇文萧魂耕蒸登侵咸16韵的字统统归为东部的错误认识。王力先生《汉语音韵》根据《韵补》一书吴氏在《广韵》韵目下所注通转分古韵平声九部后说："虽然他把古韵大致分为九部，有些散字仍然是两三部兼收的，几乎是无所不通，无所不转。"根据通转"把古韵大致分为九部"是"立说"，"有些散字仍然是两三部兼收"是"考证"。把"考证"也当作"立说"，结果自然是"几乎是无所不通，无所不转"。

四　正音与方音

"实际上转声入东"的字包含 16 个韵，为什么"立说"时只有江韵入东部，其他 15 韵的字有东韵之读却古韵不入东？

顾炎武《唐韵正》于侵韵下说："韵中禽字旧音巨今反，与琴同，本无可疑。而夫子传《易》三用此字，并入东韵……则并深字而入之东韵矣……又并心字而入之东韵矣……或疑侵韵在古可入东者。"接着在证明谌读为戎，深读为春，谗读为丛，音阴读为雍，临林读为隆，沈湛读为蟲等后说："此盖出于土俗之殊，要不得以为正音耳"。顾氏根据实际语言材料考证侵韵字有读东者，但立说时侵是侵、东是东，并认为侵韵字读东是"出于土俗之殊，要不得以为正音"。我们不能因为顾炎武侵韵有转声读东韵者，便说顾炎武的第一部除了东冬钟江诸韵外还要包括侵韵。

江永在《古韵标准》平声第一部总论中说："此部东冬钟三韵本分明，而方言唇吻稍转则音随而变……吾徽郡六邑有呼东韵似阳唐者，有呼东冬钟似真蒸侵者，皆水土风气伸然，《诗》韵固已有之。"江氏根据自己的方音和《诗》韵证明东韵有似阳唐真蒸侵者，但他认识到东韵似阳唐真蒸侵之读是方音，是"水土风气使然"。我们同样不能因为江永东韵有似阳唐真蒸侵之读便把东阳唐真蒸侵捏为一团。

吴棫东韵下收有江阳唐送肿用绛遇文萧魂耕蒸登侵咸 16 韵的字，是这些字经过考证有读东韵的音；只有江韵注云"古转入东"，又何尝不是认为江韵"古转入东"是"正音"。阳唐送肿用绛遇文萧魂耕蒸登侵咸 15 韵的字没有注云"古转入东"，又何尝不是认为这些字读东韵是各自"土俗之殊""水土风气使然"的方音？

"古音"有"古正音"与"古方音"，吴棫是有严格区分的。吴棫的"补音"有古正音，也有"土俗之殊""水土风气使然"的古方音，这是《韵补》收字纷繁的主要原因之一。

《韵补》注"古转声通某"以外各韵的"补音"虽"补"在某韵之下，但不与某韵合成古韵。"补音""补"在某韵之下却不与某韵合成古韵，这就是说这些字虽与某韵相押而收在某韵，但用以相押的读音与古韵不是同一语音系统，是古韵系统以外的读音，即上文所说的"土俗之殊""水土风气使然"的方音，与古韵"异质"。

比如登韵登字因与东部之字相押，《韵补》收在东韵之下，但没有注其"古转声通东"，所以不属古韵东韵。登字《切韵》登韵"都縢切"，《韵补》登韵下注"古通真"，说明登字古韵归真部，古音读同今音"都縢切"。"都縢切"与"都笼切"，来自不同的语音系统。"都縢切"是古韵系统的读音，"都笼切"则是古韵之外某个语音系统的读音。登字与古韵东部字相押，用的是古韵系统之外的读音。

五 异质相押

不同语音系统之间的读音互相押韵的方式，我们称之为"异质相押"。吴棫通过古韵之外的"补音"，揭示出古人"异质相押"的用韵行为。借某音系之外的字音参与某音系押韵（即不同语音系统的读音互相押韵），是汉民族韵文用韵，特别是歌谣曲艺用韵的自然形态。比如莆田谚语歌谣：

"钱空人平安。"空安相押。

文读音与白读音来自不同的语音系统。莆田方音空字文读 khɒŋ，白读 khaŋ；安字文读 aŋ，白读 ua。空安相押，空字读的是白读音而安字读的是文读音。

"十三十四，担来担去。"① 四去相押。

莆田方音与闽南方音是不同的语音系统。四字文读 ɬo，白读 ɬi；去字不分文白皆读 khy。闽南方言去字文读 khu，白读 khi。莆田的白读 ɬi 与闽南的白读 khi 相押。

空安相押，四去相押，叶韵之音皆出自不同的语音系统。

民间如此，文人也如此。刘克庄《哨遍》上半阕：

> 胜处可宫，平处可田，泉土尤甘美。深复深，路绝住人稀，有人分盘旋于此。送子归，是他隐居求志，是要明主媒当世。嗟此意谁论，其言甚壮，孔颜犹有遗旨。大丈夫之被遇于时，入则坐庙朝

---

① 此两句描写农历七月十五祭祖前两天，出嫁女子办祭品回娘家的繁忙景象。

出旗麾，列屋名姬，夹道武夫，满前才子。

莆田方音美字文读 pi，志字文读 tsi，旨字文读 tsi，此字文读 tsho、白读 tshi，世字文读 ɬe、白读 ɬi，子字文读 tso、白读 tsi。此世子三字的白读音与美志旨三字的文读音相押。

六　叶韵

《韵补》之外，吴棫还写有《毛诗叶韵补音》。"叶韵补音"是诗文"叶韵"的"补音"，人们习惯上称之"叶音"。凡用"补音"入韵者就是"叶韵"，"叶韵"所用的"补音"就是"叶音"。"补音"中有古正音也有古韵的异质之音，所以"叶音"中同样有古正音也有古韵的异质之音。

《韵补》东韵下收有邦字，注云："悲工切。国也。《释名》'邦，封也，有功于是故封之也。'《周易》'小人勿用，必乱邦也。'韦孟诗'至于有周，历世会同。王赧听政，实绝我邦。'"韵书邦字江韵博江切，以其训封以及韵用韵同，"补音"收在东韵之下读悲工切。吴棫东冬钟江合为古韵一部，江韵之邦读东韵悲工切是邦与用与同叶韵所读之叶音，这种叶韵发生在古韵某部内部，这样的叶音带有给古韵譬况古读的成分，所以是古韵正音。发生在古韵内部的叶韵我们拟称其为"正叶"。

《韵补》东韵下收有临字，注云："良中切。涖也。《毛诗》'临衝'《韩诗》作'隆'，假借。司马相如《长门赋》'奉虚言而望诚兮，期城南之离宫。修薄具而自设兮，君不肯兮幸临。'"韵书临字侵韵力寻切，以其借作隆以及与宫字相押，"补音"收在东韵之下读良中切。吴棫东冬钟江合为古韵一部，侵韵不与之，侵韵之临读东韵良中切是临与宫叶韵所读之叶音，这种叶韵不是发生在古韵内部，也不是古韵正音而是古韵的异质之音。不是发生在古韵某部内部的叶韵我们拟称其为"借叶"。"借叶"是古韵与古韵的异质之音"异质相押"。

"叶韵"是古韵研究的一种理论方法。"正叶"说明古读；"借叶"指明"异质相押"，指明《诗》押韵中古韵系统的异质读音。

"叶韵"的形式是多样的。或叫"叶"：《经典释文·毛诗音义·长发》"厖"字下注"莫邦反，厚也。徐云郑音武讲反，是叶拱及宠韵也。"或叫"取韵"：《经典释文·毛诗音义·行露》"我讼"下注"如字。徐取韵，音才容反。"或叫"协韵"：《经典释文·毛诗音义·蟋蟀》"其居"下注"义如字，协韵，音據"。或叫"协句"：《经典释文·毛诗音义·燕燕》"于野"下注"如字。协韵，羊汝反。沈云：协句，宜音时预反。"或叫"合韵"：《汉书·礼乐志》"象载瑜，白集西。食甘露，饮荣泉。"颜师古注："西，合韵，音先。"

这些"叶韵"在韵书之前，说明当时的文士对读书音系统、读书音系统的异质之音以及韵文异质相押的押韵方式是谙熟的。吴棫吸收了取韵、协韵、合韵中反映出的古韵研究思想，立"通转"明古韵，明古韵的异质之音；搜群书明"补音"，明异质相押。其于古韵研究，功莫大焉。

第四节　陈第顾炎武眼中的"叶韵"

一　陈第对"叶韵"的误解

陈第不明白什么是"叶韵"。《读诗拙言》批评"叶音""以今之读为正而以古之正为叶"。不是所有的"叶音"都是"古之正"，因为"叶音"中有"正叶"也有"借叶"。"正叶"可谓"古之正"，吴棫已经通过"古转音通某"给予指明。"借叶"不可谓之"古之正"，以其与古韵"异质相押"，谓之古韵的"叶音"非常贴切。

陈第批评叶音，却不明叶音中有"借叶"。《毛诗古音考·自序》说："作之非一人，采之非一国，何母必读米，非韵杞韵止则韵祉韵喜矣……"，认为母字古正音读米。

《蝃蝀》"朝隮于西，崇朝其雨。女子有行，远兄弟父母。"陈第列为"母音米"的本证。雨麌韵，米荠韵，麌荠古韵合吗？陈第以《白渠之歌》"郑国在前，白渠起後。举臿为云，决渠为雨。"证"後音虎"。母後同是厚韵字，同是与雨字相押，为何後音虎不音喜？陈第垢音古、口音苦、斗音堵、耇音古、侯音胡等都是侯韵类字读模韵类之音，为何母字"必读米"而不可如朱熹叶满补反？侯韵类有读模韵类之方音（母字麻果《切韵》作美浯反，见第七章第二节），若"满补反"是母字之方音，正说明其收入韵书厚韵无误。

《葛覃》"害澣害否，归宁父母。"陈第也列为"母音米"的本证。否字《集韵》有旨韵普鄙部鄙二切，前者训"恶也"，后者训"塞也"。又有有韵俯九一切，"《说文》不也。一曰口不许也。"害，何也。澣，濯也。"害澣害否，归宁父母"朱熹串讲云："何者当澣而何者可以未澣乎，我将服之以归宁於父母矣。"否字训"不也"，当读有韵。陈第读否字旨韵以证"母音米"，但训"不也"的否字没有旨韵的读法。否字训"不也"且读旨韵，是吴棫"虽其（笔者按，其字似当作见）韵书而训义不同"之属，《韵补》已收在纸韵之下。因此"害澣害否"读旨韵是"借叶"，怎么用"借叶"来证古正音呢？母字读厚韵与否字有厚相押，有什么不可？

《唐韵正》母字下云："五支部婴下注曰'齐人呼母'，音彌。十一荠部妳下注曰'楚人呼母'，音奴礼切。皆即母之异音而后人续造之字。"齐人呼母彌，楚人呼母奴礼切，说明齐楚大地母字不音米，所以为这个"母之异音"续造婴字妳字。与"满补反"一样，母字音米之"异音"亦是方音。

《韵补》侯韵下注"古通尤"，厚韵下注"古通有"，候韵下注"古通宥"。《韵补》注"古通某"的韵与某韵在韵书的读音是古正音。母字之厚韵读，否不也之有韵读，是古正音；母之音米，母之音满补，否不也之旨韵读，都非古正音。母字在《诗》中，有读古正音的，如《南山》三章亩母相押，《思齐》一章母妇相押，母字与亩妇古韵"同质相押"；有读古韵异质之音的，如《将仲子》一章里杞母相押，《陟岵》二章屺母相押，《四牡》四章止杞母相押，母字以异质之音与里杞屺止之正音"异质相押"。

陈第古音大量出自吴棫（见第三章第三节）。由于不了解吴棫的理论方法，陈第在袭用吴棫叶音的时候把"借叶"也以为是古正音。他的《毛诗》古音，此类错误比比皆是。比如："临音隆""东音当""歌音箕""侯音胡""水音准""近音记""平音骈""西音先""旐音斤""中音蒸""终音真"等。朋字下注："朋有二音。与东韵者以逸诗为据，与蒸韵者以《椒聊》《菁莪》《閟宫》为据，安得谓沈前独一音耶？"不知与蒸韵者是古正音，与东韵者是"借叶"，以为朋字古正音有二。

二　顾炎武不认同"叶韵"

顾炎武明白叶韵，但不认同"叶韵"这一理论方法。他以"古人韵缓，不烦改字"，反对大部分"正叶"，又以"特百中之一二"反对大部分"借叶"。

《音学五书·音论·古人韵缓不烦改字》："陆德明于《燕燕》诗以南韵心，有读南作尼心切者，陆以为'古人韵缓，不烦改字'，此诚名言……才老《诗》中所叶，如'扬且之颜'为鱼坚反，'鹑之奔奔'为逋民反，凡百余字，皆改古音以就沈约之韵也。不思古韵宽缓，如字读自可协。"此顾炎武知"正叶"而以"古人韵缓，不烦改字"反对"正叶"者。

《音论·古诗无叶音》："愚以古《诗》中间有一二与正音不合者。如兴，蒸之属也，而《小戎》末章与音为韵……此或出于方音之不同，今之读者不得不改其本音而合之，虽谓之叶亦可，然特百中之一二耳。"《诗本音·七月》"凌阴"下注云："侵韵字与东同用者三见，此章之阴，《荡》首章之谌，《云汉》二章之临……若此者，盖出于方音耳。"方音与古韵是不同的语音系统，与古韵异质，兴音相押是古韵与古韵的异质之音相押。顾氏说，这种用韵改读"虽谓之叶亦可"，说明顾氏清楚《诗》中有古韵与古韵的异质之音相押的情况，并认为视这种押韵为叶韵是可以的。他对"特百中之一二"的"借叶"也是以方音看待，并排除在他的古韵之外。但是他又特别强调，《诗》中叶韵"特百中之一二耳"。以"特百中之一二"反对大部分"借叶"。

《关雎》"参差荇菜，左右采之。窈窕淑女，琴瑟友之。"《诗本音》采字注"十五海"，认为海与纸旨止尾荠贿蟹骇诸韵"如字读自可协"，不必叶采此礼切。友字注："古音以。考友字《诗》凡十见，《楚辞》一见，并同。后人混入四十四有韵"。认为有韵友字与海韵采字相押是古韵"同质相押"。既然是古韵"同质相押"，那么友字的古音便与海韵采字古韵同部，所以友字的古音读以（海与纸旨止尾荠贿蟹骇诸韵吴顾古韵皆同部）；今音读有韵是后人混入的。

吴棫与顾炎武理论方法之不同，打个比方，我们今天根据韵文分析归纳某个用韵系统的时候，某个韵部常常有所谓"出韵字"。如何看待这个"出韵字"呢？吴棫认为："出韵字"本来就不属某部；"出韵字""入韵"，是"出韵字"使用了异质之音与某部"叶韵"。顾炎武认为：能"入韵"与某部相押的韵字就与某部同部。如果"入韵字""出韵"，那就说明所归纳的用韵系统有误。

　　"借叶"与传统古韵研究之间的是是非非，笔者在第六章有粗浅的阐述，本节不赘。

第三章　陈第的《毛诗古音考》

《毛诗古音考》四卷，明福建连江陈第撰。《毛诗古音考》总目按照《诗经》篇章出现的先后次序共列505字次，其中“相鼠”二字释义，“疷”字正误，“青”字读破，乐敦子夜牙發谋历好愆载出集祀平15字两出，反字三出，来字四出，计考古音481字。又，正文中有些总目未列的韵字也注明古音。如喈字所列本证“鼓钟喈喈，淮水湝湝”，湝字下注“音希”。又如北字下注：“音必，背亦以此得声。《行苇》‘黄耇台背’、《桑柔》‘职凉善背’皆此读。”湝背二字虽总目未列，但陈第已经指明湝古音希、背古音必。这种字还有“否煅蒲式栩治荞檀祥漕远佸歃罦鹊渝踖图破犹狩轴貆洧寝选蹶掃骖望僚慅衣穉吪杝革疚识原戊哕馀虐克湑萎空撮没欲嶷醹鼪蹻烬番吐庬抽苞仇溥”63个，陈第实列毛诗古音546字。除“卫百皆水葭乐（音療）不西威姒契雅覃平（音骈）避江吴”等17个字外，其余529个字都是陈第的《诗经》韵字。

陈第对总目所列字，是先注音，再列本证和旁证。注音下一般还有说解的文字。《四库全书提要》言其考音“排比经文，参以群籍，定为本证旁证二条。本证者，诗自相证以探古音之原；旁证者，他经所载以及秦汉以下去风雅未远者以竟古音之委。钩稽参验，本末秩然，其用力可谓笃至。”“顾炎武作《诗本音》，江永作《古韵标准》，以经证经，始廓清妄论。而开除先路，则此书实为首功。”

陈第《毛诗古音考自序》之“时有古今，地有南北，字有更革，音有转移”，阐明了语音因时因地有所变化的思想。这一思想和“以经证经”的考音方法使其在古韵学史上备受推重。可是，在推重陈第思想方法的同时，却鲜有《毛诗古音考》内容的研究与检讨，这使得对陈第古韵学的认识始终简单地停留在推重其思想方法的人云亦云的层面。

邵荣芬在《陈第对古韵的分部和韵值的假定》中说："过去人们在谈到陈第的古音学时，都喜欢称道他在音变理论方面超越前古的卓识，而对他在古音考订方面的具体成就和独具的特点，则很少提到……因此至今我们对陈第在古音学上的贡献和失误了解得还很不深入，很不全面。这不能不说是汉语音韵学史研究中的一个缺陷。"邵荣芬的《陈第对古韵的分部和韵值的假定》（1988、1989）和《陈第评传》（1992）两文都指出了陈第"不以《广韵》而以他的家乡话为出发点来观察古音"，"没能严守以《诗经》本证为主要根据的这一正确原则"的不足。

为了更好地了解《毛诗古音考》，我们得检讨检讨其所考字音的说解文字和本证旁证。

第一节　《毛诗古音考》所考字音的说解文字检讨

《毛诗古音考》总目 501 字次（不计相鼠痕青 4 字）中，注音之下无说解之文字者 94，如："渊，音因。"注音之下有说解之文字者 407，如："服，音逼。徐蒇曰：'服见于《诗》者凡十有六，皆当为蒲北切，而无与房六叶者。'愚按，不特《诗》，凡《易》、古辞皆此音。"徐蒇曰以下即说解文字。

说解文字提及的人名有 70 多个，出现的典籍诗文有 150 多种，是《毛诗古音考》一书中最有价值的部分。本文全面检讨这部分文字，以客观评价陈第古韵学。

一　说解的内容

1. 释义。如："献，音轩。进也。"
2. 说形。如："亩，音米。亩亦作晦，《汉书》'馌彼南晦'。"
3. 辨音。如："妇，音喜。旧以此音缶，乃以母音牡。愚按，母见于《诗》悉为米音，何独于此异邪？且妇古音喜，后转为缶。故古诗云：'昔为倡家女，今为荡子妇。荡子行不归，空床难独守。'亦古音之变也。再变则音负矣。"

4. 辨韵例。如："君，音均。与音协，三句一韵。"（按，此言《皇矣》之"维此王季，帝度其心，貊其德音。其德克明，克明克类，克长克君。"）

5. 明转音。如："车，音姑。后转韵歌。程晓诗：'平生三伏日，道路无行车。闭车避暑卧，出入不相过。'再转而韵麻韵鱼，后世音也。"

6. 证古音。

（1）以文字谐声为证。如："皮，音婆。《说文》波坡颇跛皆以皮得声。徐藏曰：'当为蒲禾切，不当为蒲糜音。'此古今之别也。"

（2）以声训材料为证。如："怀，音回。《释名》'怀，回也。本有去意，回来就已。'今音淮，少异矣。"

（3）以古籍韵文为证。如："雅，音伍。《乐记》'始奏以文，复乱以武，治乱以相，讯疾以雅。'皆此音。"

（4）以方音为证。如："中，音蒸。刘贡父《诗话》云：'关中以中为蒸。'"

（5）以古籍注释为证。如："昔，音错。《考工记》'老牛之角纱而昔'，郑司农云：'昔读为交错之错。'"

（6）以前贤时俊之读为证。如："诵，音宗。徐邈读。""三，音森。'摽有梅，其实三兮。求我庶士，迨其今兮。'吴棫读。"

（7）以古籍异文为证。如："覃，音剡。《尔雅注》引《大田》'以我覃耜'作'剡耜'。覃剡音义同。"

二　说解的可贵之处

注意南北古今字音的不同：

乐，音捞。北方至今有此音。

尾，音倚。北方皆倚音，南方皆委音。

觉，音教。北有此音。

饗，音乡。《说文》：从食，从乡，乡声。今读上声，古读平声。大都北人之音，平多于仄，古今皆然。

注意字音的变化：

母，音米。凡父母之母，《诗》皆音米，无有如今读者。岂音随世变邪？

行，音杭。《释名》"行，伉也，伉足而前也。"伉，古平声。今有杭形两音，古则绝无形音也。

违，音怡。违古音怡，今音韦。遗古音韦，今音怡。世有古今，声有交错，亦势之必然也。

發，音歇。古通屑韵，今叶辖韵。

双，音菘。古与东韵，今与江韵。

华，音敷。郭璞曰："江东读华为敷。"陆德明曰："古读华为敷，不特江东也。"至魏晋转为和音。嵇康《赠秀才入军》诗："虽有好音，谁与清歌？虽有姝颜，谁与发华。"陆机《吴趋行》亦以华与波罗为韵。岂敷转为和，和转为今音邪？

家，音姑。汉曹大家读作姑，后转而音歌。……今乃音加，声之递变也。

马，音姥。……后马转为母果音。……

车，音姑。后转韵歌。……再转而韵麻韵鱼，后世音也。

邪，音徐。……及魏晋转而为梭。……又转则斜矣。

瓜，音孤。……后转音歌。……

葭，音孤。后音蓑。……

瑕，音胡。……后转为蓑音。……

寡，音古。……后转音可。……再转而今音。

牙，音吾。……六朝转音俄。

华，由敷转和；家，由姑转歌；马，由姥转母果反；车，由姑转歌；邪，由徐转梭；瓜，由孤转歌；葭，由孤转蓑；瑕，由胡转蓑；寡，由古转可；牙，由吾转俄。世以华、家、马、车、邪、瓜、葭、瑕、寡、牙等鱼部，和、歌、果、梭、蓑、可、俄等歌部。王力先生《汉语语音史》说，"根据张衡及其同时代的作家（如马融）的韵文分析"汉代的韵部，"先秦鱼部'家华牙邪车葭瑕瓜芽野马下夏者雅寡'等字转入歌部。"家华牙邪车葭瑕瓜芽野马下夏者雅寡等字是否先秦鱼部字还有待考察，但陈第对字音变化的重视是应当肯定的。

三 存在的主要问题

（一）音证材料不足为证

言，音延。魏晋之时皆与先韵，似甚顺也。沈约置之元部。

按，单凭魏晋之韵，不足以证《毛诗》。

泳，如字。《说文》"潜行水中也，从水永声。"永，《说文》"长也，象水巠理之长。《诗》曰'江之永矣'。"方，《说文》"併船也。《礼》'大夫方舟'"。据此，则"汉之广矣，不可泳思；江之永矣，不可方思"皆如字读。此章以思为韵。休息之息《韩诗外传》作思。

按，说解与音无涉，不足为据。

偕，音几。《说文》"从人皆声，"皆古读几。故《颂》"降福孔皆"荀勖《东西厢歌》作"降福孔偕"，以音之同也。

按，"皆古读几"无以证，如何借以证偕？

负，音恃上声。《说文》"恃也，从人守贝，有所恃也。"或音恃或音负。恃，古多读上声。曹植《杂诗》"时谷薄朱颜，谁为发皓齿？俯仰岁将暮，荣曜难久恃。"以与《小宛》《生民》韵似安。古今所谓因义得声也，然无可引证。

按，别无可引证，仅仅因为负训恃便音负为恃，如此"因义得声"，近义词不是都得同音？

（二）无音证而强为之音

鲜，音洗。洁也。"新台有泚，河水瀰瀰。燕婉之求，籧篨不鲜。"吴才老读。虽无可证，音韵良是。

按，洗，《广韵》有铣韵苏典切和荠韵先礼切二音。以其与瀰（纸韵）相押，吴棫鲜字读洗之心母荠韵先礼一切。《诗·瓠叶》"有兔斯首"笺云："斯，白也。今俗语斯白之字作鲜，齐鲁之间声近斯。"《说文》霹，"从雨，鲜声。读若斯。"癣从鲜声。《释名·释疾病》"癣，徙也。浸淫移徙，处日广也。故青齐谓癣为徙也。"字或作瘫。《汉书·匈奴传》"黄金犀毗一"，师古注曰：犀毗，胡带之钩也，亦曰鲜卑，亦谓师比，总一物也。鲜与斯犀异文，鲜声读斯读徙，洗与斯徙犀等字声同韵近，是鲜可读洗之证。

陈第谓"虽无可证"，只是不事细考之病；谓"音韵良是"，却有强为字音之嫌。读鲜为洗与瀰叶"音韵良是"，那么读瀰为洒与鲜叶不也"音韵良是"？

与"音韵良是"类似的还有：

嘒，音意。旧音会，则韵不谐。

按，《小弁》《采菽》嘒与淠相押，陈第淠音譬，言要"韵谐"则嘒当读作意。若要"韵谐"，也可改淠之音以叶嘒，并不是非读嘒作意不可。不能没有证据，单凭"韵谐"便说嘒古音意。

怨，似宜音威。与嵬、萎为韵。然考《献玉歌》以怨与汶分叶；蔡邕《逐贫赋》引"忘我大德，思我小怨"，以怨与焉仙韵；陈琳《悼龟赋》以怨与云叶，皆平声也。诸如此类尚多，读者或宜以韵为主乎？本证：《谷风》"习习谷风，维山崔嵬。无草不死，无木不萎（平声）。忘我大德，思我小怨。"

按，《谷风》嵬萎怨三字相押，陈第不顾其所举怨与汶分云焉仙相押的音证，而"以韵为主"，读怨为威以韵嵬萎。"以韵为主"，为何不读嵬萎为阳声韵以韵怨？

（三）音证错误

京，音疆。古皆此读。亦音原。晋献文子曰："是全要领以从先大夫于九京。"读原。

按，《文选·傅亮〈为宋公修张良庙教〉》"游九京者"旧校："五臣作原。"《经籍籑诂·庚韵》引《国语·晋语》"赵文子与叔向游于九京"注："京当为原。"《礼记·檀弓下》"是全要领以从先大夫于九京也。"郑注："京，盖字之误，当为原。"

京原形似而误。陈第不经细辨，以为九原书作九京是京原音同所致，得出"京亦音原"这一错误的结论。

水，音準。《白虎通》"水之为言準也。"《释名》"水，準也。準，準平物也。"《考工记》："辀注则利準，利準则久。"郑司农读準为水，谓利水也。《敝笱》"其从如水"与"其鱼唯唯"为韵，与今读不殊。兹因《扬之水》而附之，所以备古音也。

按，陈第音水为準，其因有二：《白虎通》和《释名》皆以準训水，

《考工记》郑司农读準为水。训水为準、读準为水，可以是水音準，也可以是準音水。《说文》"水，準也。"段注："準古音追上声，此以叠韵为训……。"又，《说文》"準，平也。从水，隼声。"段注："隼即雕字，雕从佳声。準古音在十五部，读之壘切，《考工记》故书準作水。"《集韵》準字一读旨韵数轨切，与水同音，正保存古时阴声韵的读法。

《敝笱》水唯为韵，是水之《诗》音读阴声韵不读準的明证。陈第考《毛诗》古音却不以《毛诗》押韵为据，反说《诗》的水与唯相押读阴声韵是今读，这叫"以经证经"吗？

严，音莊。汉明帝讳莊，故莊助为严助，以其音之同也。古人改易名姓，如陈田、马莽之类，皆字异音同。

本证《殷武》天命降监，下民有严。不僭不滥，不敢怠遑。

按，古人避讳改易名姓，未必"皆字异音同"。《古代礼制风俗漫谈》（中华书局，1983）载崔统华《避讳浅说》云："反对王安石变法者之一的文彦博，其先人本姓'敬'，后晋时，因避高祖石敬瑭讳，其曾祖父改姓'文'，至后汉，复姓'敬'。当进入赵宋时代，因避赵匡胤的祖父赵敬讳，其祖父又不得不改姓'文'。"文、敬并不同音。王力先生主编《古代汉语》云："由于避讳，甚至改变别人的名或姓。汉文帝名恒，春秋时的田恒被改称田常；汉景帝名启，微子启被改称微子开；汉武帝名彻，蒯彻被改称蒯通；汉明帝名莊，莊助被改称严助。"恒与常、启与开、彻与通、莊与严，都是近义词。

《楚辞·天问》"勋阖梦生，少离散亡。何壮武厉，能流厥严？"朱熹注："严，叶五郎反。《诗·殷武》篇有此例。"《楚辞辩证下·天问》："余始读《诗》，得吴氏《补音》，见其疑于《殷武》三章严、遑之韵，亦不能晓。及读此篇，见其以严叶亡，乃得其例。余于吴氏书多所补刊，皆此类。今见《诗集传》。"

《朱子语类》卷第八十云："《商颂》'天命降监，下民有严。不僭不滥，不敢怠遑。'吴氏云：'严字恐是莊字，汉人避讳，改作严字。'某后来因读《楚辞·天问》，见严字都押入刚字方字去，又此间乡音严作户刚反，乃知严字自与皇字叶。"

《商颂·殷武》严遑相押，吴棫疑严字是莊字因避讳所改。陈第变吴械的不定之辞为自己的结论，并加以武断说解。朱熹不盲从吴棫，而是根据韵文、方音，叶严为五郎反。

（四）一字两音

牙，音翁。牙见于《诗》者二，在《祈父》者音吾，有可引证。此以角、屋韵例之，虽无证也，当读为翁音，韵和谐亦其证也。若以墉、讼相韵，此不必拘，则当读为吾矣。吾证见后。

按，《行露》二章"谁谓雀无角，何以穿我屋。谁谓女无家，何以速我狱。虽速我狱，室家不足。"三章"谁谓鼠无牙，何以穿我墉。谁谓女无家，何以速我讼。虽速我讼，亦不女从。"又，《祈父》一章"祈父，予王之爪牙。胡转予于恤，靡所止居。"陈谓《行露》以二章角屋相韵例之，三章牙字当读翁以韵墉。若不拘二章角屋相韵之例，则牙自读吾不入韵，以讼韵墉。《祈父》牙读吾与居韵。

（1）"韵和谐亦其证也"与上文的"韵谐""音韵良是""以韵为主"同病。

（2）焦竑《笔乘》卷三六："诗有古韵今韵。古韵久不传，学者于《毛诗》《离骚》皆以今韵读之，其有不合，则强为之音，曰此叶也。予意不然。如，'驺虞'，一虞也，既音牙而叶葭与豝，又音五红反而叶蓬与豵；'好仇'，一仇也，既音求而叶鸠与洲，又音渠之反而叶逑。如此，则东亦可音西，南亦可音北，上亦可音下，前亦可音后，凡字皆无正呼，凡诗皆无正字矣。"

陈第虽不言"叶"，然一牙也，既音翁而韵墉，又音吾而韵居；想入韵则音翁，不想入韵则音吾；有可引证可读吾，无可引证当读翁；较之"叶"不更是"强为之音"吗？

《毛诗古音考·跋》云，万历甲辰岁秋末，陈第过金陵焦竑，"谈及古音，欣然相契。假以诸韵书故本所忆记，复加编辑。太史又为补其未备，正其音切。于是书成可缮写。"陈第所考之《毛诗》古音既经焦竑审正，那么焦竑何躬自薄而厚责于人若是。

朋，音鹏，如今读。杨用修曰："音与蓬同。沈约韵朋在蒸韵……疑编次之误。考之约以前韵语，无有以朋叶蒸韵者。《毛诗》'每有良朋，烝也无戎。'《左传》引逸诗'翘翘车乘，招我以弓。岂不欲往，畏我友朋'。……则古音朋与弓、戎相叶无疑。且《毛诗》为诗词之祖,其韵亦韵之祖也,舍圣经不宗而泥守沈约偏方之音,其固甚矣。此所当首辨也。"云云。愚按,朋有两音,与东韵者以逸诗为据,与蒸韵者以《椒聊》《菁莪》《閟宫》为据,安得谓沈前独一音耶?

按,《常棣》四章"兄弟阋于墙,外御其务。每有良朋,烝也无戎。"此章朱熹、顾炎武、江永,乃至今人王力,皆务戎相韵,朋字不入韵。《常棣》陈第亦以务戎相韵(见下文务字说解),朋字不入韵,为何此处又反己见而袭杨说、轻言朋古有二音呢?

嚣,音螯。嚣有枵、螯二音,此则读螯。《韩诗》作"谗口螯螯",刘向作"螯螯"。

又《汉·五行志》"莫敖"作"莫嚣。"在《板》则读枵。要承上文为韵耳。

按,《十月之交》"谗口嚣嚣",嚣与劳韵音螯;《板》"听我嚣嚣",嚣与僚韵音枵。这不是随韵取叶吗?

(五) 一韵两叶

《山有枢》一章"山有枢,隰有榆。子有衣裳,弗曳弗娄。子有车马,弗驰弗驱。宛其死矣,他人是愉。"陈第云:愉,音偷……读偷于娄顺,读餘以娄为间,然皆古音也,并存其证,唯人所读。枢,音邱。……榆,音由。……娄,音闾。……读闾,则枢、榆可如今音。

陈第与朱熹一样,叶尤侯或叶虞韵,唯人所读。又,陈第谓愉"读偷""读餘""皆古音也",又谓"读闾,则枢、榆可如今音"。今音榆愉读餘,则愉读餘忽而今音忽而古音,任由其说。

这种例子不少。

昴,音留。西方之宿。汉志作留,言阳气之稽留也。"嘒彼小星,维参与昴。肃肃宵征,抱衾与裯。寔命不犹。"音义皆顺。杨用修依徐邈,昴读庖,裯读条,犹读谣,引《檀弓》"陶斯咏,咏斯犹"为证,又是一说。

按,"昴裯犹"三字,陈第叶尤韵,又依杨用修叶豪萧宵。

平,音旁。上羹音冈,下争音侧羊切。

争,音真。若平如字读,则以真读争亦可。

按，《烈祖》"亦有和羹，既戒既平。鬷假无言，时靡有争。"陈第言羹、平、争可分别读冈、旁、侧羊切叶阳唐，亦可羹平读如字、争读真叶庚真。

（六）古音概念模糊

遐，《表记》引作瑕，注"瑕之言胡也"，古音胡。《太玄》"缺船拔车，其害不遐。"后转为何音。两读皆通。姑引魏、晋之音以证。

陈第遐音何以读《隰桑》"心乎爱矣，遐不谓矣"。又引嵇康《赠秀才入军》"怨彼幽絷，邈尔路遐。虽有好音，谁与清歌。"与陆机《从军行》"苦哉远征人，飘飘穷四遐。南至五岭巅，北戍长城阿。"证遐之音何。

按，《隰桑》之遐音何，则遐音何《毛诗》古音也。说解谓遐"古音胡，后转为何音"，又说遐音何音胡"两读皆通"。搞不清遐之古音是何是胡。

庆，音羌。萧该《汉书音义》曰"庆音羌"。今《汉书》亦有作羌者。《诗》与《易》凡庆皆当读如羌。古亦音卿，故庆雲读卿雪。班固《白雉》诗"彰皇德兮侔周成，永延长兮膺天庆。"卿亦可读羌，故《楚辞·大招》"诸侯毕极立久卿只，昭质既没大侯张只。"

按，《诗》《易》庆读羌，《楚辞》卿读羌。班固之诗庆读卿以韵成。言"庆，音羌"，又言"古亦音卿"，到底读《诗》《易》《楚辞》之羌还是读班固之卿？

（七）说解自相矛盾

怒，上声。颜师古《匡缪正俗》曰：怒，古读有二音，但知有去声者，失其真也。今除"逢彼之怒""将子无怒""畏此谴怒""宜无悔怒"皆去声，不录，录其上声。愚谓颜氏之言固善，然四声之说，起于后世，古人之诗取其可歌可诵，岂屑屑毫釐若经生为耶？且上去二音，亦轻重之间耳。

隅，鱼侯切。旧音偶，隅亦上声，与避逅为韵，声音殊叶，然无所据。愚按，隅音邹。韩愈《驽骥》诗"力小若易制，价微良易酬。渴饮一斗水，饥食一束刍。"隅音鱼侯切，杨雄、梁鸿诗赋可证也。或问二平而接以去声可乎？中原音韵，声多此类，其音节未尝不和畅也。

　　罗常培《汉语音韵学导论》论及"古今声调之异"言"陈第《毛诗古音考》倡古无四声之说",注云:"参阅《毛诗古音考》卷一页二十七《谷风》怒字注及卷二页三十三《绸缪》隅字注。"

　　言陈第倡古无四声之说,是个误解。陈第古音,敉音约音妒,久音纠音几,發音废音歇,右音以音意,员音云音运,圃音补音布,夜音裕音亦,集音雥音杂,祀音乙音以,怠音以音怡,来音釐力利。云雥釐怡,平声;以纠几补,上声;妒废意运布裕利,去声;约歇亦杂乙力,入声。是陈第平上去入四声备也。

　　陈第《读诗拙言》云:"四声之辨,古人未有,中原音韵,此类实多。旧说必以平叶平、仄叶仄也,无亦以今而泥古乎?"中原音韵,无四声分押之拘,非无四声也。陈第之意,殆谓古人作诗,无四声分押之拘,不必非平叶平、仄叶仄也。可是在考古音的时候陈第却反其道而行。

　　颜,音研。《说文》以彦得声,彦古音平。陆云《陆公诔》"和音嗣世,不誓硕彦。明监在下,降命上元。"今读彦为去声,与古稍异矣。

　　依陈第的理论,古人作诗,无四声分押之拘,不必非平叶平、仄叶仄。这就是说,彦字与元字去平相押是很正常的。可是以彦字与平声字元相押证彦字读平声,所依者却又是四声分押。这种现象在《毛诗古音考》在在可见。举例如下。

　　忧,音要。又《商鼎铭》"嗛嗛之德,不足就也,不可以矜而只取忧也。"忧亦去声读。

　　岁,音试。后转音泄。曹植《平原公主诔》"城阙之诗,以日喻岁。况我爱子,神光长灭。"

　　皁,音否。杨用修曰:音覆。旧音与否同,沈约谬音也。汉梁鸿诗:"惟季春兮华皁,麦含英兮方秀。哀茂时兮逾迈,愍芳香兮日臭"可证古韵宜置之宥韵。愚谓皁字可上可去,论韵必祖之《诗》,《诗》悉音否矣,况汉人之音具在,似未可执鸿诗遽病沈也。

　　按,以与去声字就相押证忧读去声,以与入声字灭相押证岁转音读入声。皁字梁鸿与去声字秀臭相押,《诗》悉与上声字相押,所以"可上可去"。

　　实际上,在怒字的说解中,陈第一边说"古人之诗取其可歌可咏",

对四声"岂屑屑毫釐若经生为";一边又对师古依所押韵之声调定怒字有上去二音的"岂屑屑毫釐若经生为"的行为称善。

陈第自相矛盾的说解,使顾炎武很伤脑筋。《音论·古人四声一贯》言:"陈氏之书……至末卷乃曰'四声之辨,古人未有,中原音韵,此类实多。旧说必以平叶平、仄叶仄也,无亦以今而泥古乎?'斯言切中肯綮。不知季立既发此论,而何以犹扞格于四声,一一为之引证,亦所谓劳唇吻而费简册者也"。"斯言切中肯綮"下顾注云:"季立《毛诗古音考》《邶·谷风》怒字下注曰'四声之说,起于后世,古人之诗取其可歌可咏,岂屑屑毫釐若经生为耶?且上去二音,亦轻重之间耳。'《绸缪》隅字下注曰:'或问二平而接以去声可乎?中原音韵,声多此类,其音节未尝不和畅也。'二条所论至当。但全书之中,隔阂四声,多为注释,琐碎殊甚。"

(八)改经就韵

来,音釐。已见上。旧以此音力,乃以赠韵,则古无可考。愚疑赠是贻字之误。"贻我彤管",贻亦赠也;"赠之以芍药",赠亦贻也。然读赠则义顺而音终乖,读贻则音谐而义不悖。唯读者详之。

按,《女曰鸡鸣》第三章"知子之来之,杂佩以赠之。"朱熹《诗集传》来字"叶六直反",赠字"叶音则",以赠韵来。陈第以为此说古无可考,疑赠是贻字之误,言赠读作贻义顺音谐。

曾字古常读作则:

《管子·大匡》"曾若是乎",尹知章注:"曾,则也。"

《论语·为政》"曾是以为孝乎",《经典释文》引马云:"曾,则也。"

《论语·八佾》"曾谓泰山不如林放乎",《经典释文》:"曾,则也。"邢昺疏:"曾之言则也。"

《论语·先进》"曾由与求之问",皇侃疏:"曾犹则也。"

《战国策·魏策二》"唯己之曾安",鲍彪注:"曾,则也。"

《淮南子·脩务》"我曾无有闾里之闻",高诱注:"曾,则也。"

陆机《赠贾长渊》"曾不可振",吕向注:"曾,则也。"

张衡《思玄赋》"曾烦毒以迷惑兮",刘良注:"曾,则也。"

江淹《杂体诗三十首》"曾是迫桑榆",吕延济注:"曾,则也。"

《说文》"赠，玩好相送也。从贝，曾声。"曾字可读作则，何言来、赠以入声相韵古无可考而欲改赠作贻？

務，音侮。以《左传》引《诗》作侮也，与戎字不叶。吴棫读務为蒙以叶戎，亦无可据。愚疑或武字之误。盖戊字古武字也，戎武相近，安保无讹读？武于《常棣》《常武》意义俱顺。姑存之以俟达者。

《常棣》"兄弟阋于墙，外御其務。每有良朋，烝也无戎。"務与戎押韵。《常武》"南仲大祖，太师皇父。整我六师，以修我戎。"父与戎押韵。吴棫務音蒙以与戎叶，陈第以为"亦无可据"。

按，雺，《广韵》莫红切，《集韵》亡遇切。霚，《广韵》亡遇切，《集韵》谟蓬切。霿，《广韵》莫红切，《玉篇》武赋切。務与雺霚霿皆从矛得声，今雺霚霿等字还有務蒙两读。

又，《说文》："鹲，水鸟也。从鸟，蒙声。"段注："《史记·上林赋》说，水鸟有烦鹜。徐广曰，烦鹜一作番鹲。按，矛声敄声之字音转多读如蒙。"

吴棫读務为蒙，并非"亦无可据"。只是《常棣》虽可叶戎，《常武》却不可叶父。陈第便改戎作武以叶務父。

《朱子语类》卷第八十："吴才老《补韵》甚详，然亦有推不去者。某煞寻得，当时不曾记，今皆忘之矣。如'外御其務'叶'烝也无戎'，才老无寻处，却云務字古人读作蒙。不知戎，汝也。汝戎二字古人通用，是叶音汝也。"

戎音汝到底对不对，我们且不加评论。对才老读務为蒙不认同的情况下，朱熹与陈第的处理方法是不同的。朱熹推寻以求，陈第改经迁就。

《读诗拙言》云："所贵诵诗读书，尚论其当世之音而已矣……自周至后汉，音已转移……"按陈第的意思，考《毛诗》古音，当论《毛诗》当世之音。论《毛诗》当世之音，就不能以距《毛诗》数百年的韵文材料作证，但陈第的说解中常常以后汉魏晋证《毛诗》。"自周至后汉，音已转移"，转移之音就不是《毛诗》当世之音。可是陈第常常把后汉转移之音也说成《毛诗》古音。"一字两音""一韵两叶"叫人无所适从。音证错误、说解自相矛盾也许可以说陈第豪放过之而严谨不足，那么无音证而强为之音、改经为说就不能不说是稽考《毛诗》古音方法上的严重失误。

第二节 《毛诗古音考》所考字音的本证旁证检讨

除所考字音的说解文字外，《毛诗古音考》另一重要内容是给所考字音开列的本证和旁证。本节拟述评这部分内容，从另一个侧面继续深入检讨陈第的古音思想及其考古音的方法。

陈第对总目所列字，先注所考之音，后列本证旁证。注音下大多还有说解的文字。如：

服，音逼。徐葳曰："服见于《诗》者凡十有六，皆当为蒲北切而无与房六叶者。"愚按，不特《诗》，凡《易》、古辞皆此音。

本证：《关雎》"求之不得，寤寐思服。悠哉悠哉，辗转反侧。"《有狐》"有狐绥绥，在彼淇侧。心之忧矣，之子无服。"《葛屦》"要之襋之，好人服之。"……

旁证：《易·谦·二三》"鸣谦贞吉，中心得也。劳谦君子，万民服也。"《豫象》"天地以顺动，故日月不过而四时不忒。圣人以顺动，则刑罚清而民服。"成王《冠颂》"令月吉日，王始加元服。去王幼志，心衮职。"……

《毛诗古音考自序》云："本证者，《诗》自相证也。旁证者，采之他书也。"所谓《诗》自相证，即以《毛诗》韵自证《毛诗》音；所谓采之他书，即采他书之韵旁证《毛诗》之音。"服，音逼"者，言服字《毛诗》读作逼。服字《毛诗》读作逼，其在《毛诗》与得侧襋……为韵是本证，在他书与得忒职……为韵是旁证。本证旁证，钩稽参验，方得《毛诗》古音。

我们考察了《毛诗古音考》所列本证旁证，觉得与陈第所言颇有出入。

一 赘引诗句

孝，音臭。本证：《文王有声》"筑城伊淢（音洫），作丰伊匹。匪棘其欲，遹追来孝。"

按，该条说解云，"欲，今读育，古读宥。……此以孝韵欲，其淢匹自为韵。"既然"筑城伊淢（音洫），作丰伊匹。"不与孝相韵，那就不能引以证明"孝，音臭"。

赘引与证音无关的诗句，若又不作说明，会让读者误解。如：

爱，音纬。本证：《隰桑》"心乎爱矣，遐不谓矣。中心藏之，何日忘之？"

以《诗》爱字与谓字相韵证明爱字《诗》音读纬。藏忘不与爱字为韵，与证明爱字《诗》音读纬无关。赘引"中心藏之，何日忘之？"使人误以为陈第爱谓藏忘四字相押。

二　不引与所考字相韵的诗句

国，音役。本证：《大明》"厥德不回，以受方国。"

按，《大明》三章"维此文王，小心翼翼。昭事上帝，聿怀多福。厥德不回，以受方国。"以国字与翼福（福字陈第古音逼）相押考知国字古音役。不引"维此文王，小心翼翼。昭事上帝，聿怀多福。"无以证国音役。

硕，音苟。本证：《崧高》"吉甫作诵，其诗孔硕。"

伯，音博。本证：《崧高》"其风肆好，以赠申伯。"

按，《崧高》"吉甫作诵，其诗孔硕。其风肆好，以赠申伯。"不引"吉甫作诵，其诗孔硕。"无以证伯音博；不引"其风肆好，以赠申伯。"无以证硕音苟。

予，音与。本证：《正月》"载输尔载，将伯助予。"

予，音与。本证：《四月》"先祖匪人，胡宁忍予。"

按，《正月》九章"终其永怀，又窘阴雨。其车既载，乃弃尔辅。载输尔载，将伯助予。"《四月》一章"四月维夏，六月徂暑。先祖匪人，胡宁忍予。"以予字与雨辅暑相韵才能考知予字古读与不读余（读上声不读平声）。《正月》不引"终其永怀，又窘阴雨。其车既载，乃弃尔辅。"《四月》不引"四月维夏，六月徂暑。"则无以证予音与。

不引与所考字相韵的诗句，"本证"也就成了摆设。此种"本证"不少，举例如下。

马，音姥。本证：《十月之交》"聚子内史，蹶维趣马。"

按，《十月之交》四章"聚子内史，蹶维趣马。楀维师氏，艳妻煽方处。"

野，音暑。本证：《东山》"蜎蜎者蠋，烝在桑野。"

按，《东山》一章"蜎蜎者蠋，烝在桑野。敦彼独宿，亦在车下。"（下字陈第古音虎）

迈，音厉。本证：《菀柳》"俾予靖之，後予迈焉。"

按，《菀柳》二章"有菀者柳，不尚愒焉。上帝甚蹈，无自瘵焉。俾予靖之，後予迈焉。"（瘵，《集韵》祭韵字）

裘，音箕。本证：《大东》"舟人之子，熊罴是裘。"

按，《大东》四章"舟人之子，熊罴是裘。私人之子，百僚是试。"（试字陈第古音西）

年，音宁。本证：《江汉》"虎拜稽首，天子万年。"

按，《江汉》五章"于周受命，自召祖命。虎拜稽首，天子万年。"（命字陈第古音名）

饗，音乡。本证：《彤弓》"钟鼓既设，一朝饗之。"

按，《彤弓》一章"彤弓弨兮，受言藏之。我有嘉宾，中心贶之。钟鼓既设，一朝饗之。"（贶字陈第古音荒）

厚，音甫。本证：《卷阿》"尔土宇畈章，亦孔之厚矣。"

主，音祖。本证：《卷阿》"岂弟君子，俾尔弥尔性，百神尔主矣。"

按，《卷阿》三章"尔土宇畈章，亦孔之厚矣。岂弟君子，俾尔弥尔性，百神尔主矣。"

柏，音博。本证：《閟宫》"徂徕之松，新甫之柏。"

按，《閟宫》九章"徂徕之松，新甫之柏。是断是度，是寻是尺。松桷有舄，路寝孔硕。新庙奕奕，奚斯所作。孔曼且硕，万民是若。"（陈第古音：尺音绰，舄音鹊，硕音芍）

福，音逼。本证：《楚茨》"以妥以侑，以介景福。"

按，《楚茨》一章"楚楚者茨，言抽其棘。自昔何为，我蓺黍稷。我黍与与，我稷翼翼。我仓既盈，我庾维億。以为酒食，以飨以祀。以妥以侑，以介景福。"（祀字陈第古音乙）

發，音废。本证：《七月》"一之日觱發。"

按,《七月》一章"一之日觱發,二之日栗烈。无衣无褐,何以卒岁。"(陈第古音:烈音厉,岁音试)

保,音剖。本证:《山有枢》"宛其死矣,他人是保。"

按,《山有枢》二章"山有栲,隰有杻。子有廷内,弗洒弗埽。子有钟鼓,弗鼓弗考。宛其死矣,他人是保"。(陈第古音:栲考音糗,埽音叟)

三 所引诗句无韵可证

(一) 所考字不入韵

發,音废。本证:《驺虞》"彼茁者葭,壹發五豝。"……《吉日》"發彼小豝,殪此大兕。"《宾之初筵》"射夫既同,献尔發功。"

百,音博。本证:《载驰》"百尔所思"。《黄鸟》"人百其身"。《思齐》"则百斯男"。

西,音先。本证:《斯干》"西南其户。"

地,音沱。本证:《正月》"谓地盖厚,不敢不蹐。"

幅,音逼。本证:《采菽》"赤芾在股,邪幅在下(音虎)。"

平,音骈。本证:《采菽》"平平左右,亦是率从。"

吴,如字。本证:《丝衣》"不吴不敖,胡考之休?"《泮水》"不吴不扬,不告于讻。"

诵,音宗。本证:《崧高》"吉甫作诵。"

哉,音资。本证:《黍离》"悠悠苍天,此何人哉。"

遗,音韦。本证:《角弓》"雨雪瀌瀌,见晛曰消。莫肯下遗,或居屡骄。"

按,《黍离》天人相押,陈第以此诗句为"天,音汀"的本证。《角弓》遗字虽在句末,却不入韵;这样引诗,既无法证明遗字音韦,反而使人误以为陈第微宵之间有什么关系。

(二) 所考字自韵

遗,音韦。本证:《云汉》"周餘黎民,靡有孑遗。昊天上帝,则不我遗。"

命,音名。本证:《江汉》"于周受命,自召祖命。"

《云汉》遗与遗自韵,《江汉》命与命自韵,自韵之字无论读何音都和谐，无法证遗音韦、命音名。

（三）所考字无与相押者

瑕，音胡。本证：《思齐》"肆戎疾不殄，烈假不瑕。"

按，殄，铣韵；胡，模韵。瑕字不知与何字相押（此章朱熹"用韵未详"，王力《诗经韵读》于瑕字下注"无韵"）。

乐，音捞。本证：《溱洧》"且往观乎。洧之外，洵讦且乐。维士与女，伊其相谑，赠之以芍药。"

按，《溱洧》一章"溱与洧，方涣涣兮。士与女，方秉蕳兮。女曰观乎，士曰既且。且往观乎。洧之外，洵讦且乐。维士与女，伊其相谑，赠之以芍药。""且往观乎"与上文乎且押鱼模韵，不与乐为韵。陈第四声分押（平上去偶尔相押都做了说明），本文通篇所引皆可为证。乐音捞，捞，豪韵；谑药，药韵。舒入陈第是不相韵的。如是，乐字谁与相押？

不入韵的字、自韵的字、无与相押的字，无法据韵以考其音，这些字的古音自然就不是考出来的。

四　以所考音为证据

居，音倨。本证：《鱼藻》"鱼在在藻，依于其蒲（去声）。王在在镐，有那其居。"

许，音甫。与蒲为韵。蒲，《说文》"从草浦声"。本证：《扬之水》"扬之水，不流束蒲。彼其之子，不与我戍许。"

按，蒲，模韵。《鱼藻》以居音倨而改读蒲字为去声，《扬之水》以许音甫而改读蒲字为上声。陈第不是以蒲字之读音去证居许，而是让蒲字随所考字居许的去上而去上。

务，音侮。以《左传》引诗作侮也。与戎字不叶。吴棫读务为蒙以叶戎，亦无可据。愚疑或武字之误。盖戊字古武字也，戎戊相近，安保无讹读？……本证：《常棣》"兄弟阋于墙，外御其务。每有良朋，烝也无戎。"《常武》"南仲大祖，太师皇父。整我六师，以修我戎。"

《常武》不是在证"务音侮"，而是在证戎字要改作武。《常棣》反以"务音侮"作为改戎为武的证据。

五　证音随意

来，音釐。……愚疑赠是贻字之误。……本证：《女曰鸡鸣》"知子之来之，杂佩以赠之。"

来，音利。本证：《南有嘉鱼》"翩翩者雏，烝然来思。君子有酒，嘉宾式燕又思。"（又字陈第古音意）

贻，去声。本证：《静女》"自牧归荑，洵美且异。匪女之为美，美人之贻。"

按，以来字与又字押韵证明来字读利，以贻字与异字押韵证明贻字读去声；来贻既然皆可读去声，为什么《女曰鸡鸣》改赠作贻后，来、贻不以去声相韵而要以与平声之贻字相韵证明来音釐呢？一来也，忽而读利而叶又，忽而读釐而叶贻；一贻也，忽而去声而叶异，忽而平声而叶来。陈第在这里随意了。

集，音雧。愚按，《韩诗》集作就，因以犹为去声。今以《河上歌》证之，犹自如字。……本证：《小旻》"我龟既厌，不我告犹。谋夫孔多，是用不集。"旁证：《吴越春秋·河上歌》"同病相怜，同忧相捄（平声）。惊翔之鸟，相随而集。濑下之水，因复俱流。"

孝，音臭。……欲，今读育，古读宥。《礼记》引作"匪革其犹"，犹读去声，其音正同。……本证：《文王有声》"筑城伊淢（音洫），作丰伊匹。匪棘其欲，遹追来孝。"

按，《小旻》为证集字音雧，犹读平声；《文王有声》为证孝字音臭，犹读去声。《韩诗》集字作就不作雧，以犹字韵平声而音雧不音就；《礼记》欲字作犹不作宥，以与孝字韵去声而音宥不音犹。犹可读去，为何不依《韩诗》与就字韵而要据《河上歌》证集读平声又反过来证犹读平声？犹可读平，为何不以为据证孝字读平声而要以孝读去声反过来证犹字读去声？这种随意，与其说是在考古音不如说是在强古人。

六　以方言土语证所考字音

仪，音俄。旁证：刘向《九叹》"举霓旌之墆翳兮，建黄昏之总旄。躬纯粹而罔愆兮，承皇考之妙仪。"

宜，音俄。旁证：《后汉·太常箴》"匪惢匪忒，公尸攸宜。弗忮弗求，惟德之报（平声）。"

按，俄，歌韵。旄，豪韵。报，号韵，平声即豪韵。刘向《九叹》"……杖玉策与柘旗兮，垂明月之玄珠。举霓旌之墆翳兮，建黄昏之总旄。躬纯粹而罔惢兮，承皇考之妙仪。惜往事之不合兮，横汨罗而下历。……"旄仪未必相押。《太常箴》"……匪惢匪忒，公尸攸宜。弗祈弗求，惟德之报。不矫不诬，庶无罪悔。昔在成汤，葛为不吊。……"宜报未必相押。殆陈第所操方言土语豪歌读音相似（今闽语豪歌读音多相似），便以旄仪相押、宜报相押，并据以作为仪宜古音读俄之旁证。

南，音宁。本证：《泮水》"桓桓于征，狄彼东南。"

渊，音因。本证：《小旻》"战战兢兢，如临深渊。"《商颂·那》"鞉鼓渊渊，嘒嘒管声。"

血，音絜。本证：《雨无正》"鼠思泣血，无言不疾。昔尔出居，谁从作尔室。"

按，以南与征相韵证南音宁，-m、-ŋ 不分；以渊与兢声相韵证渊音因，-n、-ŋ 不分；以血与疾室相韵证血字古音絜，-t、-k 不分。殆陈第所操方言土语鼻音韵尾、塞音韵尾不分（今福州方言鼻音韵尾、塞音韵尾不分），以他的方言土语考古音便常常鼻音韵尾、塞音韵尾混杂。

厚，音甫。本证：《卷阿》"尔土宇昄章，亦孔之厚矣。"

主，音祖。本证：《卷阿》"岂弟君子，俾尔弥尔性，百神尔主矣。"

按，厚，厚韵匣母；甫，麌韵非母；主，麌韵章母；祖，姥韵精母。厚改音甫，匣非不分；主改音祖，章精不分；皆陈第方音。《卷阿》三章"尔土宇昄章，亦孔之厚矣。岂弟君子，俾尔弥尔性，百神尔主矣。"厚既改音甫，与主叶麌韵已和谐，为什么又要改主音祖，读成姥韵？麌姥诗韵就已同用，麌韵改姥韵有什么意义？殆陈第方音中，轻唇的甫不叶麌韵的主而叶姥韵的祖。据其方音，主字要与音甫的厚字相押就得改音祖。

《读诗拙言》云："以一地概四方，以一时概千古，将使文字声律涣判支离而靡有画一，岂所贵于诵读哉！"其此之谓乎！

七　以今音证所考字音

罹，音罗。旁证：卢谌诗："五臣奚与，契阔百罹。身经险阻，足蹈幽遐。"

按，"遐，音何"下说解云："……古音胡。……後转为何音。……""遐，音何"，陈第以为是以魏晋之转音。以与遐字相韵证"罹音罗"，是以遐字魏晋之转音证罹字之《诗》音。

裼，音旹。本证：《斯干》"乃生女子，载寝之地，载衣之裼。"

按，地字陈第古音沱，《广韵》至韵徒四切。以与地字相韵证"裼音旹"，是以地之今音证裼之《诗》音。

又，陈第："地，音沱。……在《斯干》者韵裼，与今音同。"又似以裼音旹证地之古音除"音沱"外，亦有"与今音同"一读。则地字之古音因诗而异。

艾，音义。本证：《鸳鸯》"乘马在厩，摧之秣（音昧）之。君子万年，福禄艾之。"

按，《毛诗古音考·卷三》："秣，音迷去声。吴才老云：'今声浊，叶队；古声清，叶志。'《鸳鸯》诗'乘马在厩，摧之秣之。君子万年，福禄艾之。'艾音义。"

"音迷去声"，迷之去声读霁韵（霁志陈第同韵），秣之古音也。昧，莫佩切，今音队韵，秣之今音也。以与秣（音昧）相韵证艾音义，不免又是以秣之今音证艾之古音。

垢，音古。本证：《桑柔》"维此良人，作为式穀。维彼不顺，征以中垢。"旁证：庄忌《哀时命》"务光自投于深渊兮，不获世之尘垢。执魁催之可久兮，愿退身而穷处。"后汉张超《诮青衣赋》"古之赘婿，尚犹尘垢，况明智者，欲作奴父。"繁钦《远戍劝戒诗》"务在和光，同尘共垢。各竟其心，为国藩辅。"

按，《桑柔》十二章"大风有隧，有空大谷。维此良人，作为式穀。维彼不顺，征以中垢。"垢字与屋韵之谷穀为韵无法证明其音古。言垢音古者，以旁证垢与处父辅相押也。这是以汉魏晋之韵强加给《诗》。

八　古音今音混杂

试，音西。本证：《大东》"舟人之子，熊罴是裘（音箕）。私人之子，百僚是试。"

富，音係。本证：《閟宫》"俾尔昌而燧，俾尔寿而富。黄發台背，寿胥与试。"

按，试字陈第古音西，《广韵》志韵式吏切。《大东》以与裘（音箕）相韵证试之古音，《閟宫》又以试之今音证富之古音。

害，音係。本证：《二子乘舟》"二子乘舟，汎汎其逝。顾言思子，不瑕有害。"

迈，音厉。本证：《蟋蟀》"蟋蟀在堂，岁聿其逝。今我不乐，日月其迈。"《东门之枌》"穀旦于逝，越以鬷迈。"

岁，音试。旁证：屈原《九章》"望孟夏之短夜兮，何晦明之若岁？惟郢路之辽远兮，魂一夕而九逝。"

逝，音折。本证：《抑》"莫扪朕舌，言不可逝矣。"

按，逝字陈第古音折，《广韵》祭韵时制切。《抑》以与舌字相韵证逝之古音，《二子乘舟》《蟋蟀》《东门之枌》和屈原《九章》又以逝之今音证害迈岁之古音。

夜，音裕。本证：《葛生》"夏之日，冬之夜。百岁之后，归于其居。"

牙，音吾。本证：《祈父》"祈父，予王之爪牙。胡转予于恤？靡所止居。"

按，居字陈第古音倨，《广韵》鱼韵九鱼切。《葛生》以居之古音证夜之古音，《祈父》又以居之今音证牙之古音。

败，音备。旁证：荀卿《蚕赋》篇："功立而身废，事成而家败，弃其耆老，收其后世。"贾谊《鹏鸟赋》："彼吴彊大兮，夫差以败。越棲会稽兮，勾践霸世。"

拨，音撇。本证：《荡》"枝叶未有害，本实先拨。殷鉴不远，在夏后之世。"

按，世字陈第古音泄，《广韵》祭韵舒制切。《荡》以世之古音证拨之音撒（"世，音泄"亦以此诗为本证），《蚕赋》《鵩鸟赋》又以世之今音证败之音备。

同一个字的《诗》音，或以今音为之，或就他韵改其今音为之，其《诗》音信乎？以同一个字证他字之音，或以今音证之，或改其今音证之，其所考证之音信乎？

九 音证自相矛盾

柏，音博。后转为必音。潘岳《悼亡》诗："山气冒冈岭，长风鼓松柏。堂虚闻鸟声，室暗如日夕。"再转则今音矣。

本证：《頍弁》《閟宫》。

旁证：《九歌·山鬼》："山中人兮芳杜若，饮石泉兮荫松柏，君思我西然疑作。"《易林·蹇之讼》："土瘠瘦薄，培塿无柏，使我不乐。"何劭《遊仙诗》："青青陵上松，听听高山柏。光色冬夏茂。根柢无彫落。"郭璞《遊仙诗》："寒露拂陵苕，女箩辞松柏。蓐荣不终朝，蜉蝣岂见夕。"

同一柏字，潘岳韵夕则音必，郭璞韵夕则音博。

道，音岛。本证：……《宛丘》"坎其击缶，宛邱之道。"……《泮水》"顺彼长道，屈此群醜。"旁证：《易·复·五上》"敦复无悔，中以自考也。迷复之凶，反君道也。"《易·渐·九三》"夫征不复，离群醜也。妇孕不育，失其道也。"《九章·惜诵》"壹心而不豫兮，羌不可保。疾亲君而无他兮，有招祸之道。"

老，音柳。本证《击鼓》"执子之手，与子偕老。"《女曰鸡鸣》"宜言饮酒，与子偕老。"《小弁》"假寐永叹，惟忧用老。心之忧矣，疢如疾首。"《泮水》"既饮旨酒，永锡难老。"

保，音剖。旁证：《易·渐·九三》"夫征不复，离群醜也。妇孕不育，失其道也。利用御寇，顺相保也。"

按，缶醜考（音糗）保（音剖），有韵。岛，皓韵。以与缶醜考（音糗）保（音剖）相押证"道音岛"，是皓有相合。

手酒首柳，有韵。老，皓韵。以与手酒首相押证老音柳，是皓有不合。

以"顺彼长道，屈此群醜"作"道音岛"的本证，以"既饮旨酒，永锡难老"作"老音柳"的本证，则《泮水》三章"既饮旨酒，永锡难老。顺彼长道，屈此群醜。"有皓是合还是不合？有皓不合，则道字读岛与酒柳醜不韵；有皓若合，则老字如字读已经和谐，不必改音柳。

《易·渐·九三》醜道保相押，道字读皓韵，为何保字不可读皓韵而要改读有韵？

道，音岛。本证：《生民》"诞后稷之穑，有相之道。"

茂，音牡。本证：《生民》"茀厥丰草，种之黄茂。"

祷，音斗。本证：《吉日》"吉日维戊（音牡），既伯既祷。田车既好，四牡孔阜（上声）。"

造，音走。本证：《闵予小子》"闵予小子，遭家不造。嬛嬛在疚，於乎皇考。"《酌》"我龙受之，蹻蹻王之造。"

按，《生民》"诞后稷之穑，有相之道。茀厥丰草，种之黄茂。"（"道，音岛"本证不该不引"茀厥丰草，种之黄茂。"）道草茂押皓厚。皓厚既相押，为何《吉日》祷字改音斗、《闵予小子》《酌》造字改音走，皆改皓作厚？

事，音始。本证：《采蘩》"于以采蘩，于沼于沚。于以用之，公侯之事。"《北山》"偕偕士子，朝夕从事。王事靡盬，忧我父母。"《崧高》"亹亹申伯，王缵之事。于邑于谢，南国是式（上声）。"

旁证：《石鼓诗》"丞徒徨止，其奔我以，阻其乃事。"《韩子》"因而任之，使自事之；因而予之，使自举之。"又，"使鸡司夜，令狸执鼠。皆用其能，上乃无事。"

按，陈第本证以事字与沚母（古音米）式（上声）相韵证事字音始。旁证以事字与止以举鼠相韵验证事字音始。沚式，止韵（式，职韵。其上声殆试之上声）。米，荠韵。举鼠，语韵。"事音始"可叶止（荠）韵，怎么又能叶语韵？

士，音始。本证：《褰裳》"子惠思我，褰裳涉洧（音以）。子不我思，岂他无士。"《祈父》"祈父，予王之爪士。胡转予于恤？靡所底止。"《甫田》"攸介攸止，蒸我髦士。"《既醉》"其僕维何？釐尔女士。釐尔女士，從以孙子。"《卷阿》"蔼蔼王多吉士，维君子使，媚于天子。"《常武》"赫赫明明，王命卿士。南仲大祖，大师皇父。"

按，陈第以士字与洧（音以）止子（古音止）使（古音始）父（古音甫）字相韵证士字音始。甫，麌韵。"士音始"可叶止韵，怎么又能叶麌韵。

陈第于"士，音始。"下注云："古士有二读：一与语韵相叶者，如今读；一与纸韵相叶者，声当如始。仕史使皆仿此。"此话源自吴棫《韵补》。说士字古有"与语韵相叶者""与纸韵相叶者""二读"。"与纸韵相叶者"（陈第纸旨止荠相押，"与纸韵相叶者"当包括旨止荠）"声当如始"，"与语韵相叶者"（陈第鱼虞相押，"与语韵相叶者"当包括麌）"如今读"，则"事音始""士音始"只与纸韵相叶而不与语韵相叶，却为何以与语韵相叶证"事音始""士音始"？

歌，音箕。本证：《桑柔》"虽曰匪予，既作尔歌。"

母，音米。本证：《蝃蝀》"朝隮于西，崇朝其雨。女子有行，远兄弟父母。"

夜，音裕。本证：《雨无正》"正大夫离居，莫知我勩。三事大夫，莫肯夙夜。"

按，声如始者不与语韵相叶，是止语不韵。止语不韵，则其平声之鱼不韵，去声志御亦不韵。可是，予，鱼韵。箕，之韵。《桑柔》何以改歌字音箕而韵予？雨，麌韵。米，荠韵。《蝃蝀》何以改母字音米而韵雨？裕，遇韵。勩，祭韵。陈第志祭相押、御遇相押，《雨无正》又何以改夜字音裕而韵勩？

《毛诗古音考》苴字注：按，《洪武正韵》音阻，与下"止"正叶。

本证：《召旻》"草不溃茂，如彼栖苴。我相此邦，无不溃止。"

按，阻，语韵。说的又是止语相韵。止语既相韵，为何依吴棫而自乱？《诗》韵语止果叶乎？《诗》音语读如止还是止读如语？

赘引诗句、不引与所考字相韵的诗句、所引诗句无韵可证、以所考音为证据等行为以及证音随意、以方言土语证所考字音、以今音证所考字音、古音今音混杂、音证自相矛盾等考音中出现的错误使我们看到，陈第似乎是先有某字的古音再引诗以告人，而不是稽核诗证、排比韵语再考定某字古音的。这不免叫人对他的"《诗》自相证""以经证经"产生疑问。

古今音有别，汉儒已明。戴震《声韵考》说："郑康成笺《毛诗》云：'古声填真尘同'。又注他经，言古者声某某同、古读某为某之类，不一而足。是古音之说，汉儒明知之，非后人创议也。"陈第虽然也有"时有古今，地有南北，字有更革，音有转移"的议论，但上述检讨让我们看到，他的这一议论与他的古音思想南辕北辙。以方言土语为古音，以魏晋以后的转移之音为古音，以致南北杂糅，古今混一，乖舛龃龉，漫无准的。

第三节 陈第袭用吴棫音证考

吴棫与陈第在稽考古音时都列举了音证。比较研究吴棫与陈第的音证，对于了解吴棫陈第的古韵学及其传承关系，对于了解吴棫陈第在中国古韵学史上的历史贡献，都有重要的理论意义和学术价值。笔者穷尽比较了《毛诗古音考》与《韵补》和杨简《慈湖诗传》所引《补音》的音证，比较的情况如下。

《毛诗古音考》总目按照《诗经》篇章出现的先后次序共列 505 字次，为便于阅读，本文依照康瑞琮校点本（中华书局，1988）书后"索引"给重出字编号，把不同编号的重出字列为不同的字。如出字两出，"索引"按《毛诗古音考》总目出现的先后分别编作出$_1$、出$_2$，本文列为两个字。

音证是考辨某字读某音的证据。因此，只有某字的读音吴棫陈第"相同相类"时，比较某字吴棫陈第的音证才有意义。吴棫与陈第，特别是陈第，在读音中常常夹杂着方音，所以本文把读音"相同相类"界定为：①《广韵》读音相同；②《广韵》读音不同但《广韵》同韵，③《广韵》不同韵但这两个不同的韵在《韵补》中注明"通"。如：华，《韵补》芳无切，《毛诗古音考》音敷，"芳无切"与"音敷"同读；救，《韵补》居尤切，《毛诗古音考》音求，"居尤切"与"音求"《广韵》同韵；节，《韵补》子悉切，《毛诗古音考》音即，"子悉切"质韵，"音即"职韵，《韵补》职"古通质"；南，《韵补》尼心切，《毛诗古音考》音宁，"尼心切"侵韵，"音宁"青韵，《韵补》侵青"古通真"。华救节南四字古音"相同相类"。另外，国，《韵补》越逼切，职韵；《毛诗古音考》音役，昔韵；《韵补》职"古通质"，昔"古通陌"、陌"古通月"；按照上述界定，这两个读音非"相同相类"。但是，《韵补》国字的全部音证《毛诗古音考》都袭用了。袭用音证，说明在陈第的口语中，役字读同职韵。这种情况只有"国告彻育"等几个字，本文也认为古音"相同相类"。

《毛诗古音考》所考字中，有些字《韵补》未收，有些字所考古音与《韵补》非"相同相类"。《韵补》无收或虽收但读音不与所考字音"相同相类"的字，第四章第二节表2有详细说明。

音证不包括吴棫的《诗》证和陈第的本证。如：

《毛诗古音考》：訧，音怡。《说文》"从言，尤声。"尤，古音怡。见后。本证：《绿衣》："绿兮丝兮，女所治兮（治音持……）。我思古人，俾无訧兮。"旁证：《太玄·傒首》："傒祸介介，与祸期也。祸不祸，非厥訧也。"《韵补》：訧，盈之切。过也。《毛诗》"俾无訧兮"。《太玄·傒首》："次七，与祸期也。次八，非厥訧也。"陈第吴棫所引《绿衣》诗句皆不作比较。

陈第吴棫所引音证，不事校勘，一依所引原文，必要时加"笔者按"作简略说明。

如《太玄》赞测之辞原文为"次七，后祸介介，凶人之邮。测曰，后祸介介，与祸期也。次八，不祸祸，傒天活我。测曰，祸不祸，非厥訧也。"以上訧字《毛诗古音考》与《韵补》的音证对此辞所引不同，本文只依陈第吴棫所引断句。

一　袭用《韵补》音证情况

《毛诗古音考》所考字《韵补》收录且所考音"相同相类"者共369个次。其中《韵补》"宜驱[?]猗讯炙贻蓆怛慆榆纠垤鐑暇定易藐"等17字、《毛诗古音考》"蟊"字缺音证，《毛诗古音考》与《韵补》可资音证比较的有351字。这351字音证比较的结果如下。

（一）与《韵补》音证全同

萊

《韵补》：萊，陵之切。夫蘋也。陆机《草木疏》："萊，藜也。"《说文》"萊，蔓华"，《尔雅》作釐。郭璞《遊仙诗》："朱门何足荣，未若讬蓬萊。临泉揖清波，陵冈掇丹荑。"

《毛诗古音考》：萊，音藜。陆玑《草木疏》："萊，藜也。"《说文》"萊，蔓华"，《尔雅》作釐。旁证：郭璞《遊仙诗》："朱门何足荣，未若托蓬萊。临源挹清波，凌冈掇丹荑。"

甸

《韵补》：甸，池邻切。丘甸也。《周官》"掌令丘乘田之政令"，注云："四丘为甸，读与'维禹敶之'之敶同。"又，刘劭《瑞龙赋》："有蜿之龙，来遊郊甸。应节合义，象德效仁。"

《毛诗古音考》：甸，音陈。《周官》"掌令邱乘田之政令"，注云："四邱为甸，读与'维禹敶'之敶同。"韩诗"维禹敶之"。旁证：刘劭《瑞龙赋》："有蜿之龙，来游郊甸。应节合义，象德效仁。"

庚

《韵补》：庚，居良切。《说文》："庚位西方，象秋时万物庚庚有实也。"《释名》："庚，刚也，坚强貌也。"武庚，纣之子。汉文帝之占曰："大横庚庚，余为天王，夏启以光。"陆机《管叔鲜赞》："公旦居摄，三监叛亡。或放或殛，并祸武庚。"

《毛诗古音考》：庚，音刚。《说文》："庚位西方，象秋时万物庚庚有实也。"《释名》："庚，刚也，坚强貌也。"旁证：汉文帝之占："大横庚庚，余为天王，夏启以光。"陆机《管叔鲜赞》："公旦居摄，三监叛亡。或放或殛，并祸武庚。"

拨

《韵补》：拨，笔别切。绝也。《礼记》："衣毋拨，足毋躐。先生书策琴瑟在前，坐而迁之，戒毋越。"宋《七庙享神歌》："惟天有命，眷求上哲。赫矣圣武，抚运桓拨。"

《毛诗古音考》：拨，音撤。旁证：《曲礼》："衣毋拨，足毋躐。先生书策琴瑟在前，坐而迁之，戒勿越。"宋《七庙享神歌》："惟天有命，眷求上哲。赫矣圣武，抚运桓拨。"

《毛诗古音考》与《韵补》音证全同的有"霾甲梦飘莱祷煇翩幡甸燔男逑鲜皙括罹麻好₂素苗娄庚愆₁政试彻秣巇昼旧拨疾迪解完骚惊"等38字，约占可资音证比较字的 10.83%。

（二）与《韵补》音证基本相同

姒

《韵补》：姒，养里切。娣姒。《春秋书》"葬我小君定姒"，《公羊》作弋，声之讹也。张衡《东京赋》："宓妃攸馆，神用挺纪，龙图授羲，龟书俾姒。"（笔者按：弋当作弋。）

《毛诗古音考》：姒，音以。褒姒、太姒皆此音。《春秋书》"葬我小君定姒"，《公羊》作弋，声之譌也。张衡《东京赋》："宓妃攸馆，神用挺纪。龙图授羲，龟书界姒。"

溉

《韵补》：溉，居气切，清也。《史记》"溉执中而徧天下"，徐广、刘伯庄皆云："溉，古既字。"杜笃《论都赋》："畎渎润淤，水泉灌溉。渐泽成用，秔稻陶遂。"（笔者按：用当作川。）

《毛诗古音考》：溉，音既。《说文》从既得声。《史记》"溉执中而遍天下"，徐广、刘伯庄皆云："溉，古既字。"旁证：杜笃《论都赋》："畎渎润淤，水泉灌溉，渐泽成川，秔稻陶遂。"

歌

《韵补》：歌，居之切。以声吟咏也。屈原《远遊》："张咸池奏承云兮，二女御九韶歌。使湘灵鼓瑟兮，令海若舞冯夷。"

《毛诗古音考》：歌，音箕。旁证：《九章·远游》："祝融戒而跸御兮，腾告鸾鸟迎宓妃。张咸池奏乘云兮，二女御九韶歌。"

苽

《韵补》：苽，攻乎切。蒹苽。司马相如《子虚赋》："藏苽蒹葭，东蘠雕胡。莲藕觚卢，奄闾轩于。"

《韵补》：苽，居何切。蒹苽。张衡《西京赋》："齐栈女，纵棹歌。发引和，校鸣苽。"

《毛诗古音考》：苽，音孤，後音羲。《子虚赋》："藏苽蒹葭，东蘠雕胡。莲藕觚盧，奄闾轩于。众物居之，不可胜图。"《西京赋》："齐椴女，纵櫂歌。发引和，校鸣葭。奏淮南，度阳阿。"声之渐变也。

《毛诗古音考》与《韵补》音证基本相同的有"皮脩辐巅时贶阋盟愿₂怿三脱訛葛濡闳贯枢栲绣水葭圃稼故姒属瘵臭叟溉昭歌助遗"等35字，占可资音证比较字的9.97%。

（三）袭用《韵补》全部音证

友

《韵补》：友，羽轨切。朋友。汉《天马歌》："体容与，迣万里。今安匹，龙与友。"

《毛诗古音考》：友，音以。徐藏曰："友字见于《诗》者，皆当作羽轨切而无作云九切者。"旁证：《九章·桔颂》："愿岁并谢，与长友兮。淑离不淫，梗有理兮。"汉《天马歌》："体容与，迣万里。今安匹，龙为友。"焦氏《易林·需之损》："曳纶汀洲，钓挂鲂鲤。公孙得利，以享仲友。"后汉崔骃《达旨》："游不伦党，苟以循己。汗血竞时，利合而友。"

瓜

《韵补》：瓜，攻乎切。瓟也。《说文》孤、罛、觚皆以瓜得声。《毛诗》"投我以木瓜"。《左氏传》："登有莘之墟，绵绵生之瓜。余为浑良夫，叫天无辜。"

《韵补》：瓜，古禾切。瓟也。《道藏歌》："仙童掇朱实，神女献王瓜。浴身丹沼池，濯发甘泉波。"

《毛诗古音考》：瓜，音孤。《说文》孤、罛、觚、柧皆以瓜得声，古音可见。后转音歌。《道藏歌》："仙童掇朱实，神女献玉瓜。浴身丹沼池，濯发甘泉波。"旁证：《左传·浑良夫譟》："登此昆吾之虚，绵绵生之瓜。余为浑良大，叫天无辜。"《急就章》："远志续断参土瓜，亭历桔梗龟骨枯。"

闲

《韵补》：闲，何甄切。暇也，习也，止也。潘岳《闲居赋》："明堂辟雍，清穆敞闲。环林萦映，圆海回渊。"曹植《王粲诔》："发言可咏，下笔成篇。何道不洽，何艺不闲。"曹植《吁嗟篇》："吁嗟此转蓬，居世何独然。长去本根逝，夙夜无休闲。"

《毛诗古音考》：闲，瑚涓切。旁证：《易林·益之乾》："下堂出门，东西九山（音仙）。逢福值喜，得其安闲。"扬雄《太仆箴》："我舆云安，我马惟闲。惟驰惟驱，匪逸匪愆。"曹植《吁嗟篇》："吁嗟此转蓬，居世何独然。长去本根逝，夙夜无休闲。"又《王粲诔》："发言可咏，下笔成篇。何道不洽，何艺不闲？"潘岳《闲居赋》："明堂辟雍，清穆敝闲。环林萦映，圆海回渊。"

敏

《韵补》：敏，母鄙切。疾也，《毛诗》"农夫克敏"。《汉书·叙传》："宣之四子，淮阳聪敏。舅氏籧篨，几陷大理。"

《毛诗古音考》：敏，音米。旁证：《汉书·叙传》："宣之四子，淮阳聪敏。舅氏籧篨，几陷大理。"魏《郭辅碑》："笃生七子，钟天之祉。堂堂四俊，硕大婉敏。"何晏《景福殿赋》："克明克哲，克聪克敏。永锡难老，兆民赖止。"嵇康《琴赋》："于是器冷弦调，心闲手敏。触批（音撇）如志，惟意所拟。"

《毛诗古音考》袭用《韵补》全部音证的有"服采友喈致₁怀觥华家有马居降下败夜₁讼蛇昴野渊来₁兵行信轨死救久害门景颜上京千母为反₁邱关耽瓜萧施国英加餐颠亩夕偕闲迈考保隅者硕结發₁寿饗瑕享牧焘後写宪奕舄绎俟寡宅牙₂客池雄殆届诵邦厉₂意在阶舍贤祀₁庆敏柏的牛赫伏才邪陶尺昔子₁革风顾卫叹命尤爽反₂右乾难忧好₁阜士阪佩达茂發₂外愉中戟耜鸣不作哀近兕晰海玉山议具口富厚祸东契夏雅备告白怠地遐献卒孚集₂妇育繁笑世虞逝报射泯往垢临川宰蕃伯宝啤蛮貊业海训造平₂争丸"等189字，占可资音证比较字的53.85%。

（四）袭用《韵补》部分音证

谋₁

《韵补》：谋，谟杯切。计也。《周官·媒氏》郑氏云："媒之言谋也。"荀卿《成相》篇："圣知不用愚者谋，前车已覆后不知。"又曰："主好论议必善谋，莫不理续主执持。"

《毛诗古音考》：谋，音迷。凡《诗》之谋皆读迷，无有与尤韵者。旁证：《左传·莱人歌》："景公死乎，不与埋（音貍）。三军之士乎，不与谋。师乎师乎，何党之乎。"《庄子》披衣："真其实知，不以故自持。

媒媒晦晦，无心而不可与谋。"荀卿《成相篇》："圣知不用愚者谋，前车已覆后未知。"贾谊《鵩赋》："天不可与虑，道不可与谋。迟速有命，乌识其时。"《参同契》："古今道由一，谈对吐所谋。学者加勉力，留念深思惟。"扬雄《廷尉箴》："穆王毛荒，甫侯伊谋。五刑训天，周以阜基。"汉《冀州从事张表碑》："天挺留侯，应期佐治（平声）。与汉龙兴，诞发神谋。"

　侯

《韵补》：侯，洪孤切。公侯也。《史记》"斩卢胡王"，《汉书》作"侯"。张衡《西京赋》："自君作故，何礼之拘。增昭仪于婕妤，贤既公而又侯。"

《毛诗古音考》：侯，一作胡。《史记》"斩卢胡王"，《汉书》作"侯"。《庄子》"窃钩者诛，窃国者为诸侯"，亦此音。故俗呼喉咙为胡咙。此诗侯读胡，则濡渝皆可如今音。张衡赋："增昭仪于婕妤，贤既公而又侯。许赵氏之无上，思致董于有虞。"亦一证。旁证：《易林·师之井》："范子妙材，戮辱伤肤。然后相国，封为应侯。"

　旐

《韵补》：旐，渠巾切。交龙为旐。《说文》"斤声"。徐锴《繁传》曰："斤旐近似。声韵家所以言傍纽也。"《尔雅》焉芹字亦云：以《诗》与《左氏传》验之，合音芹。（笔者按：初当作旐。）

《毛诗古音考》：旐，音斤。《说文》"斤声"。徐锴《繁传》曰："斤旐近似。声韵家所以言旁纽也。"旁证：《左传》灭虢谣："丙之晨，龙尾伏辰。均服振振，取虢之旐。"

　浊

《韵补》：浊，厨玉切。不清也。《史记·律书》："浊者，触也，言万物皆触死也。"《白虎通》："渎者，浊也。"《孺子之歌》："沧浪之水浊兮，可以濯我足。"民歌灌夫曰："颍水浊，灌氏族。"

《毛诗古音考》：浊，音独。《白虎通》："渎者，浊也。"《孺子歌》："沧浪之水浊兮，可以濯我足。"旁证：古《乐府》："独漉独漉，水深泥浊。"《颍川歌》："颍水清，灌氏宁。颍水浊，灌氏族。"郦炎《见志诗》："贤愚岂常类，禀性在清浊。富贵有人籍，贫贱无天录。"刘向《九叹》：“拨诣谀而匡邪兮，切澳涩之流俗。盪湷湷之奸咎兮，夷蠢蠢之溷浊。”张协《杂诗》：“秋夜凉风起，清风荡暄浊。蜻蜩吟阶下，飞蛾拂明烛。”陈张君祖《咏怀》：“风来咏愈清，鳞萃渊不浊。斯乃元中子，所以矫逸足。”

《毛诗古音考》袭用《韵补》部分音证的有“渴伐孙南怒节谋艰仪天兄田艾穴嗟侯明间双鳏姓予惨年火烈福臺衡旂威浊戚格让爱躬泽逆角老干麦百涘畏彭乱獲簋饱斯生来₃戒西血似翰能平₁茅安孝祀₂斗沙大终羹溺瞻江”等73字，约占可资音证比较字的20.8%。

（五）没有袭用《韵补》音证

哉

《韵补》：哉，笺西切，语助也。《龟策传》：“此无他故，其祟在龟。后虽悔之，岂有及哉。”

《毛诗古音考》：哉，音资。《史记》引《诗》“萧鼎及哉”，正义云：“哉音资。”沈约入哈韵。旁证：《曲礼》：“俨若思，安定辞，安民哉。”《楚辞·惜誓》：“黄鹄后时而寄处兮，鸱枭群而制之。神龙失水而陆居兮，为蝼蚁之所裁（音挤）。夫黄鹄神龙犹如此兮，况贤者之逢乱世哉。”汉武《柏梁诗》：“和抚四夷不易哉，刀笔之吏臣执之。”

裘

《韵补》：裘，渠之切。皮衣也。《毛诗》“取彼狐狸，为公子裘。”《易林》：“蔡侯两裘，久若流离。”

《毛诗古音考》：裘，音箕。旁证：《左传》朱儒歌：“臧之狐裘，败我于狐骀（音而）。”列子《逸诗》：“良弓之子，必先为箕。良冶之子，必先为裘。”

载₂

《韵补》：载，子计切。乘也。《周官》“载师”注云：“载之言事也。”《秦琅邪刻石》：“日月所照，舟车所载，皆终其命，莫不得意。”

《毛诗古音考》：载，音祭。《庄子》“福轻乎羽，莫之知载。祸重乎地，莫之知避。”亦此音。旁证：《九章·惜往日》：“情冤见之日明兮，如列宿之错置。乘骐骥而驰骋兮，无辔衔而自载。”韩勃《造庙器碑》：“乾元以来，三九之载。八皇三代，至孔乃备。”

填

《韵补》：填，池邻切，塞也。郑氏《诗》注云："古者声寘填尘同。"陆德明云："依字皆是田字，亦音陈。"故陈公子奔齐以田为氏也。

《毛诗古音考》：填，音真。《说文》从真得声，后则音田。《说文》多谐声，虽若近易而与《诗》叶，后虽巧变而去《诗》远。《说文》所以不可缺也。

《毛诗古音考》没有袭用《韵补》音证的有"哉裘载$_1$载$_2$负抗事德存嘉来$_4$用髮伉填震"等16字，约占可资音证比较字的4.56%。

二　袭用《诗补音》音证情况

吴棫的《诗补音》已亡佚，杨简《慈湖诗传》引有《补音》247字，其中《毛诗古音考》未收或虽收但所考古音与《补音》不"相同相类"的字有"芼泳仇方蒌驹芠汜忡否售漕埽道中宫奔驱$_2$［驱字《毛诗古音考》"音邱"，《韵补》有去尤切与区遇切两读（杨简所引"补音"亦读尤遇一韵），本文效《毛诗古音考》康瑞琮校点本书后"索引"给重出字编号的做法，读尤韵遇韵的驱分别作驱$_1$驱$_2$］宽盼陨带玖噎啸檀狩弓巷溥环沃鹄刍栎枕子$_2$暇珩渊（黼）局椓富又擣先议冥湝祊位渥彧樊设远身禡皆嘏畛多岩"等63个，《毛诗古音考》与《补音》读音"相同相类"的有184字。其中"思蕴哉阕仰泽"6字《补音》缺音证，"疷"字《毛诗古音考》缺音证，"艾间裘讯载$_1$负炙抗邮"9字《补音》与《毛诗古音考》音证不同，其余168字杨简所引《补音》与《毛诗古音考》的音证都有关系，《毛诗古音考》多出《韵补》的音证，全部或部分往往可在《补音》中看到。我们举上述所引"友瓜闲敏谋$_1$俟旂浊载$_2$"9字和《韵补》缺音证的"驱$_1$"字、《韵补》无收的"梓"字为例。

（一）多出《韵补》的音证往往出自《补音》

友

《补音》云：瑟友，羽轨切。朋也。《史记·龟筴传》"与之为友"叶"民众咸有"。《易林·坎之乾》"孝友"与"兴起"叶。《楚辞·九章》"长友"与"有理"叶。汉《天马歌》"友"与"里"叶。崔骃《达旨》"友"与"已"叶。《慈湖诗传》卷一《周南·关雎》友，《补音》羽轨切。《易林·屯之小过》曰："初忧后喜，与福为市。八佾列陈，饮御嘉友。"《需之损》"仲友"与"鲤"叶，或用此诗。(《慈湖诗传》卷十一《小雅一·六月》)

笔者按：《毛诗古音考》多出《韵补》的音证《桔颂》《达旨》《需之损》出自《补音》。

瓜

瓜，《补音》攻乎切。《说文》孤、罛、呱、觚皆以瓜得声。《左氏传·卫侯梦人之谍》曰："登昆吾之虚，绵绵生之瓜。余为浑良夫，叫天无辜。"《易林·渐》之辞曰："穷老独居，莫为种瓜。"《急就章》："远志续断参土瓜，亭历桔梗龟骨枯。"【简按，《豳·七月》："七月食瓜，八月断壶。"】(《慈湖诗传》卷五《卫·木瓜》)

笔者按：《毛诗古音考》多出《韵补》的音证《急就章》出自《补音》。

闲

闲，《补音》何甄切。(按，原本三字脱) 扬雄《太仆箴》"闲"与"愆"叶。曹植《瑟瑟歌》"闲"与"然"叶。(《慈湖诗传》卷七《魏·十亩之间》)

笔者按：《毛诗古音考》多出《韵补》的音证《太仆箴》出自《补音》。

敏

敏，《补音》母鄙切。《说文》从文，每声。《汉书·叙传》："宣之四子，淮阳聪敏。舅氏籧篨，幾陷大理。"(按，原本理字脱) 稽康《琴赋》："器冷绹调，心闲手敏。触批如志，惟意所拟。"何晏《景福殿赋》："其祐伊何，宜尔孙子。克明克哲，克聪克敏。"子，奖里切。(《慈湖诗传》卷十四《小雅四·甫田》)

笔者按：《毛诗古音考》多出《韵补》的音证《琴赋》《景福殿赋》出自《补音》。

谋₁

谋，《补音》谟杯切。《周官·媒氏》郑注云："媒之言谋也。"《老子》："其安易持，其未兆易谋。"荀卿《成相》篇："圣知不用愚者谋，前车已覆后未知。"又曰："主好议论必善谋,莫不理续主执持。"屈原《天问》"爰谋"与"揆之"叶。《哀时命》"深谋"与"逮之"叶。贾谊《鹏赋》"谋"与"时"叶。扬子云《廷尉箴》"谋"与"基"叶。每见人语音,亦有谓媒为眉者,则尤叶也。《氓》诗"谋"与"丝"叶。(《慈湖诗传》卷三《邶·泉水》)

笔者按:《毛诗古音考》多出《韵补》的音证《鹏赋》《廷尉箴》出自《补音》。

侯

侯,《补音》洪姑切。《史记》"斩卢胡王",《汉书》作"侯"。《左氏传》童谣曰:"鸲鹆跦跦,公在乾侯,徵褰与襦。"《易林·师之井》曰:"苑子妙才,戮辱伤肤。然后相国,封为应侯。"张衡《西京赋》"侯"与"拘"叶。扬雄《解嘲》"侯"与"驱"叶。《董仲舒叙传》"侯"与"车"叶。柳宗元《吊长弘辞》"侯"与"图"叶。(《慈湖诗传》卷六《郑·羔裘》)

笔者按:《毛诗古音考》多出《韵补》的音证《师之井》出自《补音》。

旂

旂,《补音》渠斤切。孔武仲云:"旂从斤,以《诗》与《左传》验之,合音芹字。芹、幾声相似,故后人相承,误矣。"《左氏传》晋下阳之谣曰:"丙之晨,龙尾伏辰。均服振振,取虢之旂。"武仲所引即此也。《礼记》"旄期称道",注云:"旄期或为旄勤。"此一音多类此。(《慈湖诗传》卷十一《小雅一·庭燎》)

笔者按:《毛诗古音考》多出《韵补》的音证《左传》"灭虢谣"出自《补音》。

浊

浊,《补音》厨玉切。《孺子之歌》"浊"与"足"叶。民歌灌夫曰:"颍水浊,灌夫族。"刘向《九叹》"浊"与"俗"叶。郦炎诗"浊"与"禄"叶。成公绥《啸赋》"浊"与"木"叶。(《慈湖诗传》卷十三《小雅三·四月》)

笔者按:《毛诗古音考》多出《韵补》的音证《九叹》《见志诗》出

自《补音》。

载₂

《补音》：载，子例切。《秦瑯邪刻石》"载"与"意"叶。（按，原本"意"讹作"旨"）屈原《九章》"载"与"置"叶。崔骃《太尉箴》"载"与"尉"叶。《晋祠庙歌》"载"与"备"叶。（《慈湖诗传》卷十一《小雅·彤弓》）

笔者按：《毛诗古音考》多出《韵补》的音证《惜往日》出自《补音》。

驱₁

《毛诗古音考》：驱，音邱。《说文》"从马，区声"。区古读邱。《曲礼》"礼不讳嫌名"，注：谓若禹与宇，邱与区。禹宇今音叶，邱区则古音叶也。旁证：陆云赋："昶愁心以自迈，肃榜人以曾驱。诏河冯以清川，命湘娥而安流。"

驱，《补音》祛尤切。《释文》駈，音同。陆云《九愍》"駈"与"流"叶。（《慈湖诗传》卷四《鄘·载驰》）

笔者按：驱音邱，《韵补》无证。《毛诗古音考》的音证来自《补音》。

梓

《毛诗古音考》：梓，音滓。《说文》梓从宰省声。宰音滓，见后。旁证：张衡《南都赋》："永世克孝，怀桑梓焉。真人南巡，睹旧里焉。"潘岳《赠陆机》："祁祁大邦，惟桑惟梓。穆穆伊人，南国之纪。"又《赠吴子仲》："吴侯降高质，剖符授千里。垂覆岂他乡，廻光临桑梓。"谢灵运《会吟行》："东方就旅逸，梁鸿去桑梓。牵缀书土风，辞殚意未已。"

梓，【《补音》引张衡《南都赋》"梓"与"里"叶，潘尼《赠陆机》诗"梓"与"纪"叶。然则宜浆理切，而《补音》浆礼切，未安。】（《慈湖诗传》卷十三《小雅三·小弁》）

笔者按：梓字《韵补》附在子字之下。《毛诗古音考》的音证"张衡《南都赋》"和"潘尼《赠陆机》"来自《补音》。

(二) 变相袭用《补音》音证

邱

邱，《补音》祛奇切。《左氏传》史苏之言："为雷为火，为嬴败姬。不利行师，败于宗邱。"齐谣曰："大冠若箕，修剑拄颐。攻狄不能，下垒枯邱。"《楚辞·九章》"邱"与"时"叶。《易林·履之遯》"邱"与"时"叶。(《慈湖诗传》卷五《卫·氓》)

《毛诗古音考》：邱，音欺。旁证：《左传》史苏之占："为雷为火，为嬴败姬。不利行师，败于宗邱。"《九章·哀郢》："曼余目以流观兮，冀一反之何时。鸟飞反故乡兮，狐死必首邱。"田单攻狄婴儿谣："大冠若箕，修剑拄颐。攻狄不能，下垒枯邱。"《易林·履之巽》："蹇驴不材，骏骥失时。筋劳力尽，疲于沙邱。"

萧

萧，《补音》疏鸠切。(按，原本此六字脱)《楚辞·九歌》"萧"与"忧"叶。又《九叹》"萧"与"愁"叶。(《慈湖诗传》卷六《王·采葛》)

《毛诗古音考》：萧，音脩。箫亦此音。《荀子》引逸诗曰："凤皇秋秋，其翼若干，其声若箫。"旁证：《九歌·山鬼》："雷填填兮雨冥冥，猨啾啾兮狖夜鸣。风飒飒兮木萧萧，思公子兮徒离忧。"刘向《九叹》："白露纷纷以涂涂兮，秋风浏浏以萧萧。身永流而不还兮，魂长逝而常愁。"

亩

《补音》：亩，一读满罪切，古作晦。《说文》以每得声。宋玉《高唐赋》"亩"与"止"叶。《楚辞》"亩"与"芷"叶。张衡《东京赋》"亩"与"已"叶。(《慈湖诗传》卷七《齐·南山》)

《毛诗古音考》：亩，音米。亩亦作晦，《汉书》"饁彼南晦"。旁证：《离骚》："余既滋兰之九畹兮，又树蕙之百畝。畦留夷与揭车兮，杂杜蘅与芳芷。"宋玉《高唐赋》："滂洋洋而四施兮，蓊湛湛而不止。长风至而波起兮，若丽山之孤亩。"张衡《东京赋》："躬三推于天田，修帝籍之千亩。供神郊之粢盛，必致思乎勤已。"

偕

《补音》：偕，苟起切。《楚辞·九辩》："四时递来而卒岁兮，阴阳不可与俪偕（按，原本俪误作俨）。白日晼晚其将入兮，明月销铄而减毁。"《太元·亲首》："次三：'失其体也'，次四：'宾主偕也'。"余见《丰年》诗。（《慈湖诗传》卷七《魏·陟岵》）

《毛诗古音考》：偕，音几。《说文》"从人，皆声"，皆古读几。故《颂》"降福孔皆"荀勖《东西厢歌》作"降福孔偕"，以音之同也。旁证：《楚辞·九辩》："四时递来以卒岁兮，阴阳不可与俪偕。白日晼晚其将入兮，明月销铄而减毁（音喜）。"《太玄·亲首》："螟蛉不属，失其体也。宾亲于礼，宾主偕也。"

福

福，《补音》笔力切。（按，原本三字脱）从示，畐声。《汉·贾谊传》"疏者或制大权以福天子"，颜师古曰："福，古逼字。"《周易》："乃徐有说，以中直也。利用祭祀，受福也。"又曰："井渫不食，行恻也。求王明，受福也。"《秦琅邪刻石》："皇帝之德，存定四极。诛乱除害，兴利致福。"汉《房中歌》"福"与"德"叶。班固《明堂诗》"福"与"职"叶。（《慈湖诗传》卷十一《小雅一·天保》）

《毛诗古音考》：福，音逼。《贾谊传》"疏者或制大权以福天子"，颜师古注："福，古逼字。"《说文》"从示，畐声。"旁证：《易·困五象》："劓刖，志未得也。乃徐有说，以中直也。利用祭祀，受福也。"《易·井三象》："井渫不食，行恻也。求王明，受福也。"《仪礼·士冠礼》："弃尔幼志，顺尔成德。寿考维祺，介尔景福。"大夫种《祖道祝》："德销百殃，利受其福。去彼吴庭，来归越国。"《秦琅邪刻石》："皇帝之德，存定四极。诛乱除害，兴利致福。"《安世房中歌》："呜呼孝哉！案抚戎国。蛮夷竭欢，象来致福。"又，"皇皇鸿明，荡侯休德。嘉承天和，伊乐厥福。"《易林·乾之恒》："东山西岳，会合俱食。百家送从，以成恩福。"班固《明堂诗》："普天率土，各以其职。猗欤缉熙，允怀多福。"

奕

《补音》：奕奕，一读夷益切，一读弋灼切。班固《奕旨》："北方之人，谓棋为奕。宏嗣说之，举其大略。"陆机《七徵》："敷延袤之广庑，矫陵宵之高阁。秀清辉兮云表，腾藻荫之奕奕。"陆云《喜霁赋》"奕奕"亦与"阁"叶。又《祖德颂》"奕奕"与"廓"叶。陆冲《风赋》"奕"与"薄"叶。（《慈湖诗传》卷十一《小雅一·车攻》）

《毛诗古音考》：奕，音约。大也，盛也。《尔雅》"奕奕，忧也。"下皆从大。然《尔雅疏》"奕奕梁山"作"弈弈"，下从廾（音拱）。岂古通用耶？今别为博弈之弈。旁证：陆机《七徵》："敷延袤之广庑，矫凌霄之高阁。秀清辉兮云表，腾藻荫之奕奕。"班固《弈旨》："北方之人，谓棋为弈。宏而说之，举其大略。"

鳰

《补音》：金鳰，一读思积切，一读七雀切。《说文》或从佳，或从昔，知岁所在，与"鹊"同。《太元·逃首》："足金鳰，不志沟壑。"陆云《逸民赋》"鳰"与"漠"叶。（《慈湖诗传》卷十一《小雅一·车攻》）

《毛诗古音考》：鳰，音鹊。《说文》与"鹊"同。旁证：《太玄·逃首》："心惕惕（汀药切），足金鳰，不志沟壑。"陆云《逸民赋》："相彼宇宙，方之委鳰，夫岂不休，而好是冲漠。"

蒻

《毛诗古音考》：蒻，音芍。《说文》"广多也。从草，席声。"愚按：蒻席之席亦作蒻。席古皆音芍，聊借以证。旁证：管仲《弟子职》："摄衣共盥，先生乃作。沃盥彻盥，汜拚正席。"又，"振衽扫席，已食者作。抠衣而降，旋而乡席。"《易林》："重茵厚席，循皋采藿。"《太元错》："达思通，穷思索（音朔）。干在朝而内在席。"

《韵补》．席，祥龠切。蒻藉也。《易林》："重茵厚席，循皋采藿。"《太元错》："达思通，穷思索。外在朝而内在席。（索，昔各切）"

笔者按：蒻字《毛诗古音考》没有音证，因"蒻席之席亦作蒻"，便袭用《韵补》席字的音证。

娱

《毛诗古音考》：娱，音吴。《说文》"从女，吴声。"《国语·暇豫歌》借为吾。刘芳《诗义疏》曰："驺虞或作驺吾。"是虞、娱、吴、吾，古皆同音。旁证：《优施歌》："暇豫之吾吾，不如鸟乌。人皆集于菀，已独集于枯。"

《韵补》：吾，牛居切。吾者，我自亲之貌。《国语》优施歌曰："暇豫之吾吾，不如鸟乌。人皆集于苑，已独集于枯。"

笔者按：《毛诗古音考》娱字没有音证。"暇豫之吾吾"，韦昭注："吾吾，不敢自亲之貌也"，《汉语大词典》训"疏远貌"。"娱娱"，欢乐貌。此"吾吾"未必就是"娱娱"。陈第说是"《国语·暇豫歌》借为吾"，便草草袭用《韵补》吾字的音证。

伉 抗

《毛诗古音考》：伉，音冈。《说文》"从人，亢声。"汉《西岳华山庙碑》："玉帛之赟，礼与岱伉。六乐之变，舞以降康。"旁证：张衡《思玄赋》："冀一年之三秀兮，遒白露之为霜。时霭霭而代序兮，礼可与乎比伉。"又《西京赋》："猛毅髟髯（音而），隈目高眶。威慑兕虎，莫之敢伉。"

《毛诗古音考》：抗，音冈。抗、伉古皆亢声。《周礼》"凡宾客之事则抗皮"，郑司农读亢。《论语》有陈亢。扬雄《赵充国颂》："营平守节，屡奏封章。料敌制胜，威谋靡亢。"旁证：蔡邕《释诲》："九河盈溢，非一闬所防。带甲百万，非一勇所抗。"李尤《屏风铭》："雍阏风邪，雾露是抗。奉上蔽下，不失其常。"

《韵补》：伉，丘冈切。抗一作伉。蔡邕《释诲》："九河盈溢，非一曲所防。带甲百万，非一勇所伉。"

《韵补》：抗，丘冈切。拒也。张衡《思玄赋》："冀一年之三秀兮，遒白露之为霜。时霭霭而代序兮，畴可与乎比抗。"

《韵补》：亢，丘冈切。抗又作亢。扬雄《赵充国颂》："营平守节，屡奏封章。料敌制胜，威谋靡亢。"

笔者按：《韵补》"抗一作伉""抗又作亢"，《毛诗古音考》便改"蔡邕《释诲》"的"伉"、"扬雄《赵充国赞》"的"亢"为"抗"作"抗"字的音证，又改"张衡《思玄赋》"的"抗"为"伉"作"伉"字的音证。

三　以讹传讹，张冠李戴

稼

《毛诗古音考》：稼，音姑，去声。《说文》"从禾，家声。"家古读姑，转去声则得嫁音矣。《周礼注》："种穀曰稼，如嫁女以有所生也。"本证《七月》诗见上。旁证：韩愈《送李愿序》："盘之中，维子之宫。盘之土，维子之稼。"

《韵补》：稼，古慕切。种也。《诗》："九月築场圃，十月纳禾稼。"韩愈《送李愿序》："盘之中，维子之宫。盘之土，维子之稼。"

笔者按："本证《七月》诗见上。""上"指《毛诗古音考》圃字："圃，去声。……本证：《七月》'九月築场圃，十月纳禾稼。'"陈第圃稼去声互证。但是土字读上声，《韵补》引韦孟《讽谏》诗"穆穆天子，照临下土。明明群司，执宪靡顾"以证顾字读上声，陈第袭用。《韵补》又引《史记·叙传》"天下已平，亲属既寡。悼惠先壮，实镇东土"以证寡之音古，陈第亦袭用。吴棫与陈第皆四声分押，以稼与土相押只能证稼字读上声而不能证稼字读去声。吴棫的错误，陈第照样袭用，以讹传讹。

暇

《毛诗古音考》：暇，音甫。旁证：贾谊《鵩鸟赋》："止于坐隅兮，貌甚闲暇。异物来萃兮，私怪其故。"张衡《东京赋》："因秦宫室，据其府库。作洛之制，我则未暇。"又张衡《七辩》："弱颜回植，妍夸闲暇。形似削成，腰如束素。"

《韵补》：暇，後五切。闲也。《毛诗》："诎我暇矣，饮此湑矣。"

《补音》：暇，胡故切。贾谊《鵩赋》"闲暇"与"故"叶。张衡《东京赋》"府库"与"未暇"叶。《七辩》"闲暇"与"束素"叶。（《慈湖诗传》卷十四《小雅四·小明》）

笔者按：暇字《韵补》读上声，无音证。《毛诗古音考》"暇，音甫"，读暇上声。可是音证却张冠李戴，袭用了《补音》暇字读去声的音证。

事

《毛诗古音考》：事，音始。古声上，今声去，亦几希之间。旁证：《石鼓诗》："丞徒徨止，其奔我以，阻其乃事。"《韩子》："因而任之，使自事之。因而予之，使自举之。"又，"使鸡司夜，令狸执鼠。皆用其能，上乃无事。"

《韵补》：事，上止切。《释名》："事，伟也；伟，立也，凡所立之功也。"《毛诗》："于以采蘩，于沼于沚。于以用之，公侯之事。"

《韵补》：事，疎士切。《韩子》："因而任之，使自事之。因而予之，使自举之。"又曰，"使鸡司夜，令狸执鼠。皆用其能，上乃无事。"

笔者按：《韵补》士字有语韵一读。事字之"上止切"读止韵，"疎士切"读语韵，《韩子》是《韵补》事字读语韵的音证。《毛诗古音考》事字读止韵，不引《韵补》读止韵的音证，却张冠李戴，袭用了《韵补》事字读语韵的音证。

趣

《毛诗古音考》：趣，音凑，上声。本证：《棫朴》："芃芃棫朴，薪之槱之。济济辟王，左右趣之。"旁证：张衡《东京赋》："奢不及侈，俭而不陋。规遵王度，动中得趣。"

《韵补》：趣，千候切。意也。张衡《东京赋》："奢不及侈，俭而不陋。规遵王度，动中得趣。"李善本作趋，音同。

笔者按：陈第本证根据《棫朴》趣字与上声槱字相押证明趣字读上声，旁证却引吴棫趣读去声的音证，本证旁证龃龉乖盾。

曹学佺叙《音学五书》有"往者吾乡陈君季立依吴才老之书为《毛诗古音》一篇"之说。顾炎武《韵补正》开篇也说："余为《唐韵正》，已成书矣。念考古之功，实始于宋吴才老……后之人如陈季立方子谦之书，不过袭其所引用别为次第而已。今世盛行子谦之书，而不知其出于才老，可叹也。"从吴棫陈第现有音证材料的比较结果看，曹、顾之言不虚。三四百年前的"可叹"之事，今日若还一仍旧贯而扬陈抑吴，实在有愧前人。

李无未（2017：526）说："至于吴棫《毛诗叶韵补音》，金周生说，一般学者只从吴棫《韵补》中去了解。其实，《毛诗叶韵补音》在杨简

《慈湖诗传》中保留了一部分，王质《诗总闻》及朱熹《诗集传》引用更多，可以据此加以辑佚与考订。金周生提到，中国大陆学者张民权《清代前期古音学研究》及《宋代古音学与吴棫〈诗补音〉研究》两部著作，与其研究有许多'重合'，尤其是《吴棫〈诗补音〉汇考校注》部分，更是如此。"

笔者认为，保留《毛诗叶韵补音》最多的可能是《毛诗古音考》所录音证。

第四章　吴棫陈第古音比较

第一节　《补音》《韵补》《集韵》反切比较

《补音》某字的读音与《韵补》多有不同，我们拟拿《韵补》的读音与陈第比较，因为《韵补》的读音后出且更接近《集韵》。下面我们列表做个比较。（见表4－1）

一　《补音》《韵补》《集韵》反切比较表

表4－1是《补音》《韵补》《集韵》反切比较表，按照杨简引有《补音》的篇章前后顺序排列，同一篇中的韵字按照杨简所引顺序排列。

杨简所引韵字不明反切者不录。这些字是：芼、嗜、讼、哉、噎、梦、餐、辐、惨、子、闲、负、祀、庆、格、邮。共16字。

杨简所引韵字缺反切，反切从《韵补》补入者不录。这些字是：夜、萧、艾、嗟、施、国、檀、餐、双、环、服、偕、闲、迈、考、鹄、姓、讯、结、福、牧。共21字。

"补音"栏中是某字杨简《慈湖诗传》中所引吴棫《诗补音》的反切；"韵补"栏中是某字《韵补》的反切；"集韵"栏中是某字《集韵》与《韵补》相同的反切或同《韵补》反切的某小韵切语。《韵补》无收或反切不明者在"韵补"栏中注明。某字《集韵》没有与《韵补》相同的反切或同《韵补》反切的某小韵切语时在"备注"栏中予以注明。"备注"栏中还有个别必要的注语。

反切只写反切上下字。有时某字"补音"有两个读音，或一个今音另一个转音，或两个都是转音，因为《韵补》只收转音，所以前一种情况两音间加顿号隔开，后一种情况两音分作两行以利对比。

表 4 - 1　　《补音》《韵补》《集韵》反切比较表

篇目	韵字	补音	韵补	集韵	备注
《关雎》	服	蒲北	鼻墨	鼻墨	
	采	此礼	此礼	荠韵泚小韵注此礼切	
	友	羽轨	羽轨	旨韵洧小韵注羽轨切	
《葛覃》	斁	弋灼	弋灼	药韵药小韵注弋灼切	
《卷耳》	觥	姑黄	姑黄	唐韵光小韵注姑黄切	
	怀	胡隈	胡隈	灰韵回小韵注胡隈切	
《桃夭》	华	芳无	芳无	虞韵敷小韵注芳无切	敷小韵有荂字，训荣，殆即华字
	家	公胡	攻乎	模韵孤小韵注攻乎切	
《兔罝》	仇	渠之	渠之	之韵其小韵注渠之切	
《芣苢》	有	羽轨	羽轨	旨韵洧小韵注羽轨切	
《汉广》	泳	于诳	下放		1. 漾韵旺小韵注于放切 2. 驹字一读居侯切者，言另一切读《广韵》举朱切
	方	甫妄	甫妄	漾韵放小韵注甫妄切	
	马	满补	满补	满补	
	蒌	力俱、力侯	无收		
	驹	一读居侯	居侯	侯韵鉤小韵注居侯切	
《鹊巢》	居	姬御	车御		御韵居御切有居字
《草虫》	降	胡攻	胡公	东韵洪小韵注胡公切	冬韵又有乎攻一切
《甘棠》	伐	扶废、蒲拨	扶废		1. 伐字房废切 2. 芰字一读蒲昧切者，言另一切读《广韵》蒲拨切
	芰	一读蒲昧	蒲昧	队韵佩小韵注蒲昧切	
	败	蒲昧	蒲昧	队韵佩小韵注蒲昧切	
《羔羊》	皮	蒲禾	蒲波	戈韵婆小韵注蒲波切	
	蛇	唐何	唐何	唐何	
《小星》	昴	力求	力求	力求	
《江有汜》	汜	养里	养里	养里	
《何彼襛矣》	车	斤於	无收		孙字魂韵苏昆切
	孙	须伦	苏昆		

篇目	韵字	补音	韵补	集韵	备注
《燕燕》	野	上与	上与	上与	
	南	尼心	尼心	侵韵恁小韵注尼心切	
	渊	一均	一均	一均	
《终风》	霾	陵之	陵之	之韵釐小韵注陵之切	思字息慈切是《广韵》之音。《韵补》无作字头，言息慈切当用济音以翻
	来	陵之	陵之	陵之	
	思	息慈	不明		
《击鼓》	兵	晡茫	逋旁	唐韵帮小韵注逋旁切	送韵蠹小韵注丑众切
	行	户郎	寒刚	寒刚	
	仲	敕众	敕众		
	马	满补	满补	满补	
	下	後五	後五	後五	
	信	斯人	斯人	斯人	
《凯风》	南	尼心	尼心	侵韵恁小韵注尼心切	
	下	後五	後五	後五	
《匏有苦叶》	轨	举有	己有	有韵九小韵注己有切	
	否	补美	补美	补美	
	友	羽轨	羽轨	旨韵洧小韵注羽轨切	
《谷风》	怒	上声	无收		1. 荠韵洒小韵注小礼切。止韵有想止一语，《韵补》不从 2. 勾字下注"古作救"
	死	想止	少礼		
	救	居尤	居尤	尤韵勼小韵注居尤切	
	售	时周	时流	尤韵雠小韵注时流切	
《旄丘》	节	子悉	子悉	质韵即小韵注子悉切	即小韵又职韵节力切
	久	举里	苟起	之韵己小韵注苟起切	
《泉水》	谋	谟杯	谟杯	灰韵枚小韵注谟杯切	祭韵无匣母小韵
	害	瑕愒	暇愒		
《北门》	门	眉贫	眉贫	真韵珉小韵注眉贫切	艰，《韵补》渠巾切，一读居银切。《集韵》巾，居银切
	艰	居银	居银	居银	
《北风》	行	户郎	寒刚	寒刚	
《二子乘舟》	景	举两	举两	养韵臩小韵注举两切	祭韵无匣母小韵
	害	暇愒	暇愒		

续表

篇目	韵字	补音	韵补	集韵	备注
《柏舟》	仪	牛何	牛何		歌韵莪小韵注牛河切
	天	铁因	铁因	铁因	
《墙有茨》	埽	苏后	苏后	厚韵叟小韵注苏后切	
	道	徒厚	他口	厚韵娂小韵注他口切	
《君子偕老》	宜	牛何	牛何		歌韵莪小韵注牛河切
	颜	鱼坚	闻坚		先韵妍小韵注倪坚切
《桑中》	中	诸良	诸良	阳韵章小韵注诸良切	
	宫	居王	俱王	阳韵忹小韵注俱王切	
	上	辰羊	辰羊	阳韵常小韵注辰羊切	
《鹑之奔奔》	兄	虚王	虚王		阳韵合口无晓母小韵。谆韵无唇音小韵
	奔	逋珉	逋钧		
《定之方中》	京	居良	居良	阳韵薑小韵注居良切	
	田	地因	地因	地因	
	渊	一均	一均	一均	
	千	仓新	雌人	真韵亲小韵注雌人切	
《相鼠》	皮	蒲糜、蒲何	蒲波	戈韵婆小韵注蒲波切	
	仪	鱼奇、牛何	牛何		歌韵莪小韵注牛河切
	为	于妫、吾禾	吾禾	戈韵吪小韵注吾禾切	
《载驰》	驱	祛尤	祛尤		1. 驱字一读祛尤切 2.《韵补》改反字阮韵甫远切为狝韵甫嫩切，然狝韵合口无轻唇小韵
	漕	徂侯	徂侯	徂侯	
	反	浮窗	甫窗		
	罴	谟郎	谟郎	唐韵芒小韵注谟郎切	
	行	户郎	寒刚	寒刚	
《淇奥》	猗	乌何	於何		歌韵阿小韵注於河切
《考槃》	宽	区权	驱圆	仙韵卷小韵注驱圆切	
《硕人》	盼	匹见	匹见	霰韵片小韵注匹见切	
《氓》	丘	祛奇	祛其		之韵欺小韵注丘其切
	关	圭元	圭玄	先韵涓小韵注圭玄切	
	耽	都森	持林	侵韵沈小韵注持林切	
	陨	于贫	无收		
	行	户郎	寒刚	寒刚	

篇目	韵字	补音	韵补	集韵	备注
《芃兰》	甲	古协	吉协	帖韵颊小韵注吉协切	馆臣改《补音》古协为吉协
有狐	带	丁计	丁计	霁韵帝小韵注丁计切	
《木瓜》	瓜	攻乎	攻乎	模韵孤小韵注攻乎切	
	玖	举里	苟起	之韵己小韵注苟起切	
《中谷有蓷》	脩	式竹	式竹	屋韵未小韵注式竹切	
	歊	息六	息六	屋韵肃小韵注息六切	
《大车》	穴	户橘	户橘	户橘	
《丘中有麻》	玖	举里	苟起	之韵己小韵注苟起切	
《叔于田》	狩	始九	始九	有韵首小韵注始九切	
《大叔于田》	弓	姑宏	姑弘	登韵肱小韵注姑弘切	
《清人》	英	於良	於良	阳韵央小韵注於良切	央小韵有英字，训稻初生未移者
《羔裘》	侯	洪姑	洪孤	模韵胡小韵注洪孤切	
《女曰鸡鸣》	加	居之居何	居之居何	之韵姬小韵注居之切 歌韵歌小韵注居何切	
《丰》	巷	胡贡	胡贡	送韵哄小韵注胡贡切	
《野有蔓草》	漙	上兖	上兖		漙字一读狝韵竖兖切
《鸡鸣》	明	谟郎	谟郎	唐韵芒小韵注谟郎切	
《还》	间	居贤	经天	先韵坚小韵注经天切	
《东方未明》	颠	典因	典因	典因	
《南山》	亩	满罪满补	姥罪满补	姥韵姥小韵注满补切	贿韵浼小韵注母罪切
《敝笱》	鳏	姑伦	俱伦	谆韵麇小韵注俱伦切	
《载驱》	夕	祥龠	祥龠		药韵无邪母小韵
《陟岵》	母	满罪	姥罪		贿韵浼小韵注母罪切
《山有枢》	保	补苟	补苟		厚韵有彼口一切语
《扬之水》	沃	鬱缚	鬱缚	鬱缚	
《绸缪》	刍	侧九	楚九	有韵有楚九切一切语	趣小韵注侧九切。易侧九为楚九者，侧字莊母，楚刍同初母字
	隅	语口	语口	厚韵偶小韵注语口切	
	者	掌与	掌与	语韵煮小韵注掌与切	
《采苓》	巅	典因	典因	谆韵颠小韵注典因切	
	信	斯人	斯人	真韵辛小韵注斯人切	
《驷驖》	硕	常约	实若	药韵杓小韵注实若切	

续表

篇目	韵字	补音	韵补	集韵	备注
《小戎》	驱	居懼	区遇	区遇	
《终南》	裘	渠之	渠之	之韵其小韵注渠之切	
《晨风》	栎	历各	历各	铎韵洛小韵注历各切	
《墓门》	予	演女	演女	语韵与小韵注演女切	
《泽陂》	枕	知荤	知荤	狱韵展小韵注知荤切	
《匪风》	飘	匹妙	匹妙	笑韵勡小韵注匹妙切	
《鳲鸠》	年	祢因	祢因	祢因	
《七月》	發	方吷	方吷		废韵废字音放吷切
	烈	力制	力制	祭韵例小韵注力制切	
	火	虎隈	虎猥	贿韵贿小韵注虎猥切	
	寿	殖西	始九	有韵首小韵注始九切	
	饗	虚良	虚良	阳韵香小韵注虚良切	
《狼跋》	瑕	洪孤	洪孤	模韵胡小韵注洪孤切	
《天保》	享	虚良	虚良	阳韵香小韵注虚良切	
《山车》	载	节力	子悉	质韵即小韵注子悉切	即小韵又职韵节力切
《鱼丽》	时	上纸	士纸		纸韵是小韵注上纸切
《南山有台》	臺	田饴	田黎	齐韵题小韵注田黎切	
	莱	陵之	陵之	陵之	
	耆	果羽	果许		麌韵矩小韵注果羽切
	後	下五	後五	姥韵户小韵注後五切	
《蓼萧》	写	赏羽	洗与		语韵胥小韵注写与切
《彤弓》	貺	虚王	虚王		1. 阳韵合口无晓母小韵
	载	子例	子计	霁韵霁小韵注子计切	2. 祭韵祭小韵注子例切
《六月》	宪	虚言	虚言	元韵轩小韵注虚言切	
	友	羽轨	羽轨	旨韵洧小韵注羽轨切	
《采芑》	衡	户郎	寒刚	唐韵航小韵注寒刚切	1. 部郎当是户郎之误
	玶	部郎	寒刚	唐韵航小韵注寒刚切	2. "伐鼓渊渊" 即鼞字
	渊	於巾	一均	一均	
《车攻》	奕	夷益、弋灼	弋灼	药韵药小韵注弋灼切	
	舄	思积、七雀	七约	七约	
	绎	夷益、弋灼	弋灼	药韵药小韵注弋灼切	

续表

篇目	韵字	补音	韵补	集韵	备注
《吉日》	祷	当口	当口	厚韵斗小韵注当口切	
	俟	于纪	羽己	羽己	
《鸿雁》	寡	果五	果五	姥韵古小韵注果五切	
	宅	达各	达各	铎韵铎小韵注达各切	
《庭燎》	煇	许云	许云	许云	1. 煇字许云切，训灼也
	旆	渠斤	渠巾	欣韵勤小韵注渠巾切	2. 谆韵菫小韵亦注渠巾切
《祈父》	牙	讹胡	讹乎		模韵吾小韵注讹胡切
《白驹》	客	克各	克各	铎韵窠小韵注克各切	
《无羊》	池	唐何	唐何	戈韵驼小韵注唐何切	蒸韵于母有矣殈切、筡冰切二切语
	雄	于陵	于陵		
《节南山》	殆	养里	养里	止韵以小韵注养里切	1. 未韵既小韵注居气切
	届	居气	居吏	志韵记小韵注居吏切	2. 卜工原文误作土工。邦字原江韵悲江切。东韵一等韵无帮母小韵
	阅	眭桂	暌桂	暌桂	
	诵	疾容	墙容	钟韵从小韵注墙容切	
	邦	卜工	悲工		
《正月》	局	讫力	讫力	职韵殛小韵注讫力切	职韵億小韵注乙力切，意億异体
	厉	力蘗	力蘗	力蘗	
	意	乙力	乙力	乙力	
	椓	都木	都木	屋韵数小韵注都木切	
《雨无正》	出	尺遂	无收		
《小宛》	富	笔力	笔力	职韵逼小韵注笔力切	
	又	夷益	夷益	昔韵罢小韵注夷益切	
《小弁》	擣	当口	当口	厚韵斗小韵注当口切	1. 荠韵精母有子礼切
	梓	浆礼	奖礼		2. 贿韵浼小韵注母罪切
	母	满罪	姥罪		3. 稕韵信小韵注思晋切
	在	此礼	此礼	荠韵泚小韵注此礼切	
	先	思晋	息各		
《巧言》	威	纡胃	纡胃	未韵尉小韵注纡胃切	
	盟	谟郎	谟郎	唐韵芒小韵注谟郎切	
	阶	居奚	坚奚	齐韵鸡小韵注坚奚切	
《何人斯》	舍	商居	商居	鱼韵书小韵注商居切	

续表

篇目	韵字	补音	韵补	集韵	备注
《巷伯》	翩	纰苓	纰苓		1. 真韵缤小韵注纰民切 2. 仙韵无轻唇小韵
	幡	芬邅	孚焉		
《谷风》	予	演女	演女	演女	予，我也
《四月》	予	演汝	演女	演女	予，我也
	浊	厨玉	厨玉	烛韵躅小韵注厨玉切	
	天	铁因	铁因	铁因	
	渊	一均	一均	一均	
《北山》	贤	下珍	下珍		真韵无匣母小韵。此切语依《广韵》真韵礥小韵
	议	鱼羁	鱼羁	鱼羁	
《无将大车》	疷	眉贫	无收		痻，眉贫切。《补音》读疷作痻
	冥	莫迥	母迥	迥韵茗小韵注母迥切	
《小明》	暇	胡故	胡故	暮韵護小韵注胡故切	《集韵》蹙戚异体
	戚	子六	子六	屋韵蹙小韵注子六切	
《鼓钟》	喈	居奚	坚奚	齐韵鸡小韵注坚奚切	
	湝	弦鸡	弦鸡	齐韵兮小韵注弦鸡切	
《楚茨》	祊	蒲光	蒲光	唐韵旁小韵注蒲光切	药韵櫡小韵注陟略切，灼小韵注职略切。陟略易职略，以陟字知母，炙职同章母
	硕	常约	实若	药韵杓小韵注实若切	
	炙	陟略	职略	药韵灼小韵注职略切	
	愆	起巾	乞鄰	谆韵有乞鄰切一切语	
	位	力入	力入	缉韵立小韵注力入切	
《信南山》	甸	地鄰	池鄰		真韵陈小韵注地邻切
	渥	乌谷	乌谷	屋韵屋小韵注乌谷切	
	彧	於逼	越逼	职韵或小韵注越逼切	
《甫田》	有	羽轨	羽轨	旨韵洧小韵注羽轨切	
	敏	母鄙	母鄙	母鄙	
《頍弁》	柏	逋莫	卜各		铎韵帮母小韵作伯各切
	怿	弋灼	弋灼	药韵药小韵注弋灼切	
《车舝》	仰	五刚	无收		
《青蝇》	樊	汾乾	分沿		仙韵合口无唇音
《宾之初筵》	设	书实	式质	质韵失小韵注式质切	1. 抗，《广韵》苦浪切，《韵补》去改平 2. 药韵精母有即约切
	抗	居郎	丘岡	唐韵穅小韵注丘岡切	
	的	子药	子药		

续表

篇目	韵字	补音	韵补	集韵	备注
《角弓》	远	於圆	于元	元韵袁小韵注于元切	
	让	如阳	如阳	阳韵穰小韵注如阳切	
《黍苗》	牛	鱼其	鱼其	之韵疑小韵注鱼其切	
《隰桑》	爱	许既	许既	未韵歆小韵注许既切	
《瓠叶》	燔	汾乾	汾沿		仙韵合口无唇音
《文王》	躬	姑宏	姑弘	登韵肱小韵注姑弘切	
	天	铁因	铁因	铁因	
《大明》	身	尸羊	尸羊	阳韵商小韵注尸羊切	
《思齐》	男	尼心	尼心	侵韵誔小韵注尼心切	
《皇矣》	赫	黑各	阋各		铎韵鬸小韵注黑各切
	祃	满补	满补	姥韵姆小韵注满补切	
《灵台》	伏	笔力	笔力	职韵逼小韵注笔力切	
《丰年》	皆	举里	苟起	之韵己小韵注苟起切	
《载见》	煆	公土	果五	姥韵古小韵注果五切	
《载芟》	泽	直格、徒各	达各	铎韵铎小韵注达各切	泽，原陌韵直格切与昔韵秦昔切
	畛	之人	无收		
《驷》	才	前西	前西	齐韵齐小韵注前西切	
	邪	祥余	祥余	鱼韵徐小韵注祥余切	
《泮水》	陶	夷周	夷周	尤韵由小韵注夷周切	
	逆	宜脚	逆约	药韵虐小韵注逆约切	
《閟宫》	多	章移、当何	章移	章移	1. 邦字原江韵悲江切。东韵一等韵无帮母小韵 2. 贿韵浼小韵注母罪切 3. 上硕，孔硕之硕；下硕，且硕之硕
	岩	鱼枕	无收		
	邦	卜功	悲工		
	绎	弋灼	弋灼	药韵药小韵注弋灼切	
	宅	达各	达各	铎韵铎小韵注达各切	
	煆	果五	果五	姥韵古小韵注果五切	
	母	满罪	姥罪		
	有	羽轨	羽轨	旨韵洧小韵注羽轨切	
	尺	勑略	勑略	药韵辵小韵注勑略切	
	舄	七约	七约	七约	
	硕	常约	实若	药韵杓小韵注实若切	
	奕	弋灼	弋灼	药韵药小韵注弋灼切	
	硕	常约	实若	药韵杓小韵注实若切	

续表

篇目	韵字	补音	韵补	集韵	备注
《那》	敎	弋灼	弋灼	药韵药小韵注弋灼切	药韵无邪母小韵
	奕	弋灼	弋灼	药韵药小韵注弋灼切	
	怿	弋灼	弋灼	药韵药小韵注弋灼切	
	昔	息约	息约	药韵削小韵注息约切	
	夕	祥龠	祥龠		
《长发》	衡	户郎	寒刚	唐韵航小韵注寒刚切	

二　《韵补》的反切更能代表吴棫古音

表 4-1 共 250 字次 252 个次反切（《女曰鸡鸣》加字和《南山》亩字各 2 个转音反切）。其中：

《汉广》萎字，《何彼襛矣》车字，《谷风》怒字，《氓》陨字，《雨无正》出字，《无将大车》疧字，《车舝》仰字，《载芟》畛字，《閟宫》岩字《韵补》无收；《终风》思字《韵补》反切不明。

《泉水》《二子乘舟》害字，《鹑之奔奔》兄字、奔字，《载驰》反字，《载驱》《那》夕字，《彤弓》觩字，《节南山》《閟宫》邦字，《巷伯》幡字，《北山》贤字，《青蝇》樊字，《瓠叶》燔字《集韵》无与《韵补》相应的小韵。

以上 24 个次反切《韵补》与《集韵》无从比较。

下列 6 个次反切《韵补》有误：

《汉广》泳字下放当是于放之误；

《何彼襛矣》孙字《集韵》魂韵苏昆切，《韵补》"魂转声通真"，此音不转声而误读原韵；

《谷风》死字心母，小字心母而少字书母，少礼当是小礼之误；

《君子偕老》颜字疑母，倪字疑母而阅字晓母，阅坚当是倪坚之误；

《鱼丽》时字禅母，士字崇母，上字《广韵》禅母时掌切，士纸当是上纸之误；

《信南山》甸字池邻当是地邻之误，闽语池地皆读舌头塞音。

下列 19 个次反切《韵补》不同于《集韵》似乎有其缘由：

《柏舟》《相鼠》仪字，《君子偕老》宜字，《淇奥》猗字，切下字《韵补》作何而《集韵》作河，大概是用字的习惯；

《鹊巢》居字，《集韵》一读御韵居御切，《韵补》不作居御而作车御，以切上字与被切字重；

《甘棠》伐字，《集韵》一读废韵房废切，扶废优于房废；

《击鼓》忡字，《集韵》送韵彻母有丑众一切，仅一盅字，《韵补》不作丑众而作敕众，保留忡字敕中切之切上字；

《氓》丘字，《集韵》尤韵袪尤切，《韵补》不作丘其而作袪其，保留原切之切上字且不至于切上字与被切字重；

《野有蔓草》薄字，《集韵》竖兖切，竖字上主切，《韵补》不作竖兖而作上兖，或以上字简于竖；

《山有枢》保字，《集韵》补抱切，《韵补》不作彼口而作补苟，保留原切之切上字；

《七月》發字，《集韵》废韵废字音放吠切，《韵补》不作放吠而作方吠，發字《集韵》月韵方伐切；

《蓼萧》写字，不作《集韵》心母小韵写与切而作洗与，以切上字与被切字重；

《无羊》雄字作于陵，以其优于《集韵》相应之切语；

《小弁》梓字注莽韵之读，因子梓之类字古亦有与语韵相叶一读，不作子礼而作奖礼，子梓同读；

《皇矣》赫字不作黑各而作阋各，因阋各切一音收赫黑二字，阋各不与所切字黑重；

《南山》亩字、《陟岵》《小弁》《閟宫》母字之姥罪切，《集韵》有相应之切语母罪切，《韵补》易母罪为姥罪，以切上字与被切字重，亩母同音。

下列 7 个次反切为何《韵补》与《集韵》参差原因不明：《载驰》驱字，《南山有台》耉字，《祈父》牙字，《小弁》先字，《巷伯》翩字，《頍弁》柏字，《宾之初筵》的字。

以上 56 个次反切以外，其余 196 个次反切《韵补》与《集韵》相同或与《集韵》相应小韵相同。其中《韵补》不同于《补音》却与《集韵》相同或与《集韵》相应小韵相同的反切有：服家降皮2次兵行4次轨售久道宫千宽关耽甲玖2次弓侯间鳏乌硕4次驱小戎火寿载出车臺後载彤弓衡2次珩渊采芑焉车攻侯旐届阕诵阶予四月冥喈炙愆或设抗远躬皆嘏载见泽逆等63个次。显然，《韵补》的反切较之《补音》更接近《集韵》。因为吴棫古韵出自《集韵》诸韵书，所以《韵补》的反切较之《补音》也更能代表吴棫的古音。

第二节　吴棫陈第古音比较

《毛诗古音考》总目共列 505 个字次，除去释义的"相鼠"、正误的"疧"和读破的"菁"，共考字音 501 个字次。其中子₁子₂、夜₁夜₂、来₁来₂、谋₁谋₂读音相同，各算 1 个字次。又，《韵补》外诲二字反切缺。其余 495 个字次中，《韵补》收录且与《毛诗古音考》所考字音"相同相类"者共 367 个字次。此类字列为表 4 - 2，对比吴棫陈第读音的异同。《韵补》无收或虽收但读音不与《毛诗古音考》所考字音"相同相类"者共 128 个次。这些字列为表 4 - 3，说明陈第多出吴棫的原因。

吴棫字音与陈第字音之间的关系比较复杂，比如陈第以其所考之音绝大部分是古正音，吴棫的古音有相当部分不是古正音。表 4 - 2 中，陈第的音基本上来自吴棫；表 4 - 3 中，陈第的音来源不一。为简便计，本节把吴棫陈第的字音统称古音。

一　陈第吴棫字音对比

表 4 - 2 比较《韵补》收录且与《毛诗古音考》所考字音"相同相类"者。

表 4 - 2 韵字按照《毛诗古音考》总目所列顺序自上而下排列。重出而音同者不录，重出而音异者排在首出位置并在字之右下角标上阿拉伯数字以示区别。

"陈第读音"栏是陈第《毛诗古音考》该字的读音。陈第的古音绝大部分是用直音注音，所以陈第古音的标注先写"音某"标其直音，再标上"某"的声韵开合，中间用冒号隔开；若该字的读音用反切，就先写反切上下字，再标上该反切的声韵开合，中间用冒号隔开。"吴棫读音"栏是吴棫《韵补》该字的读音，先写该音反切上下字，再标上该反切的声韵开合，中间用冒号隔开。"陈第吴棫字音声韵对比"栏分"声""韵"两小栏，"声""韵"皆同者注"声韵同"；"声"同"韵"不同者在"声"小栏注"声同"、在"韵"小栏注"某作某"，前"某"是该字吴棫所读之韵，后"某"是该字陈第所读之韵；"韵"同"声"不同者在"韵"小栏注"韵同"、在"声"小栏注"某作某"，前"某"是该字吴棫所读之声，后"某"是该字陈第所读之声；声可疑者"声"小栏空格，韵可疑者"韵"小栏空格。

"备注"栏中还有个别必要的注语。

表 4 - 2　陈第吴棫字音对比

韵字	陈第读音	吴棫读音	陈第吴棫字音声韵对比		备注
			声	韵	
服	音逼：帮职开	鼻墨：並德开	並作帮	德开作职开	
采	音泚：清纸开	此礼：清荠开	声同	荠开作纸开	
友	音以：以止开	羽轨：云旨合	云作以	旨合作止开	
嗜	音基：见之开	坚奚：见齐开	声同	齐开作之开	
敎₁	音约：影药开	弋灼：以药开	以作影	韵同	
母	音米：明荠开	姥罪：明贿合	声同	贿合作荠开	
行	音杭：匣唐开	寒刚：匣唐开	声韵同		
怀	音回：匣灰合	胡隈：匣灰合	声韵同		
舢	音光：见唐合	姑黄：见唐合	声韵同		
华	音敷：敷虞合	芳无：敷虞合	声韵同		
家	音姑：见模合	攻乎：见模合	声韵同		
逑	音求：群尤开	渠尤：群尤开	声韵同		
有	音以：以止开	羽轨：云旨合	云作以	旨合作止开	
马	音姥：明姥合	满补：明姥合	声韵同		
子₁、₂	音止：章止开	奖礼：精荠开	精作章	荠开作止开	
角	音录：来烛合	卢谷：来屋合	声同	屋合作烛合	《韵补》卢字误作虞
居	音倨：见御合	车御：见御合	声韵同		
事	音始：书止开	上止：禅止开	禅作书	韵同	

续表

韵字	陈第读音	吴棫读音	陈第吴棫字音声韵对比		备注
			声	韵	
降	音洪：匣东合	胡公：匣东合	声韵同		
下	音虎：晓姥合	後五：匣姥合	匣作晓	韵同	
败	音备：並至开	蒲昧：並队合	声同	队合作至开	
夜1、2	音裕：以遇合	元具：疑遇合	疑作以	韵同	
牙2	音吾：疑模合	讹乎：疑模合	声韵同		
讼	音公：见东合	墙容：从钟合		钟合作东合	
皮	音婆：並戈合	蒲波：並戈合	声韵同		
蛇	音沱：定歌开	唐何：定歌开	声韵同		
革	音亟：见职开	讫得：见德开	声同	德开作职开	
哉	音资：精脂开	笺西：精齐开	声同	齐开作脂开	
三	音森：生侵开	疏簪：生侵开	声韵同		
昂	音留：来尤开	力求：来尤开	声韵同		
脱	音兑：定泰合	徒对：定队合	声同	队合作泰合	
發1	音废：非废合	方昐·非废合	声韵同		
發2	音歇：晓月开	方月：非月合	非作晓	月合作月开	
訑	音怡：以之开	盈之：以之开	声韵同		
风	孚金：敷侵开	方愔：非侵开	非作敷	韵同	
野	音暑：书语合	上与：禅语合	禅作书	韵同	
南	音宁：泥青开	尼心：泥侵开	声同	侵开作青开	
渊	音因：影真开	一均：影谆合	声同	谆合作真开	
顾	音古：见姥合	果五：见姥合	声韵同		《韵补》五字误作一
霾	音狸：来之开	陵之：来之开	声韵同		
来1、2	音釐：来之开	陵之：来之开	声韵同		
来3	音力：来职开	录直：来职开	声韵同		
来4	音利：来至开	良置：来志开	声同	志开作至开	
兵	音邦：帮江开	逋旁：帮唐开	声同	唐开作江开	
老	音柳：来有开	朗口：来厚开	声同	厚开作有开	
信	音伸：书真开	斯人：心真开	心作书	韵同	
轨	音九：见有开	己有：见有开	声韵同		
怒	上声：泥姥合	暖五：泥姥合	声韵同		
死	音洗：心荠开	少礼：书荠开	书作心	韵同	

续表

韵字	陈第读音	吴棫读音	陈第吴棫字音声韵对比		备注
			声	韵	
救	音求：群尤开	居尤：见尤开	见作群	韵同	
葛	音结：见屑开	吉列：见薛开	声同	薛开作屑开	
节	音即：精职开	子悉：精质开	声同	质开作职开	
久	音几：见旨开	苟起：见止开	声同	止开作旨开	
谋[1、2]	音迷：明齐开	谟杯：明灰合	声同	灰合作齐开	
卫	音越：云月合	于列：云薛开	声同	薛开作月合	
干	音坚：见先开	经天：见先开	声韵同		干字原文误作千
叹	音天：透先开	它涓：透先合	声同	先合作先开	
门	音民：明真开	眉贫：明真开	声韵同		
艰	音斤：见殷开	居银：见真开	声同	真开作殷开	
邪	音徐：邪鱼合	详余：邪鱼合	声韵同		
贻	去声：以志开	羊至：以至开	声同	至开作志开	
鲜	音洗：心荠开	少礼：书荠开	书作心	韵同	
景	音养：以养开	举两：见养开		韵同	
害	音係：匣霁开	暇憩：匣祭开	声同	祭开作霁开	
仪	音俄：疑歌开	牛何：疑歌开	声韵同		
天	音汀：透青开	铁因：透真开	声同	真开作青开	
宜	音俄：疑歌开	牛何：疑歌开	声韵同		
晢	音制：章祭开	征例：章祭开	声韵同		
颜	音研：疑先开	倪坚：疑先开	声韵同		
上	平声：禅阳开	辰羊：禅阳开	声韵同		
麦	音密：明质开	讫力：见职开		职开作质开	
兄	音荒：晓唐合	虚王：晓阳合	声同	阳合作唐合	
京	音疆：见阳开	居良：见阳开	声韵同		
田	音陈：澄真开	地因：定真开	定作澄	韵同	
千	音亲：清真开	雌人：清真开	声韵同		
命	音名：明清开	弥并：明清开	声韵同		
为	音譌：疑戈合	吾禾：疑戈合	声韵同		
俟	音矣：云止开	羽已：云止开	声韵同		
驱	音邱：溪尤开	祛尤：溪尤开	声韵同		
反[1]	音显：晓铣开	甫裔：非狝合	非作晓	狝合作铣开	

续表

韵字	陈第读音	吴棫读音	陈第吴棫字音声韵对比		备注
			声	韵	
反₂	音贩：非愿合	孚绚：敷霰合	敷作非	霰合作愿合	
盎	音盲：明庚开	谟郎：明唐开	声同		
尤	音怡：以之开	盈之：以之开	声韵同		
百	音博：帮铎开	卜各：帮铎开	声韵同		
邱	音欺：溪之开	祛其：溪之开	声韵同		
关	音坚：见先开	圭玄：见先合	声同	先合作先开	
耽	音沈：澄侵开	持林：澄侵开	声韵同		
爽	平声：生阳开	师庄：生阳开	声韵同		
德	音的：端锡开	的革：端麦开	声同	麦开作锡开	
右	音以：以止开	羽轨：云旨合	云作以	旨合作止开	
甲	音结：见屑开	吉协：见帖开	声同	帖开作屑开	
厉₂	音冽：来薛开	力蘖：来薛开	声韵同		
瓜	音孤：见模合	攻乎：见模合	声韵同		
括	音洁：见屑开	纪劣：见薛合	声同	薛合作屑开	
渴	音竭：群薛开	巨列：群薛开	声韵同		
乾	音坚：见先开	经天：见先开	声韵同		
难	音年：泥先开	那沿：泥仙合	声同	仙合作先开	
脩	音束：书烛合	式竹：书屋合	声同	屋合作烛合	
罹	音罗：来歌开	良何：来歌开	声韵同		
忧	音要：影笑开	一笑：影笑开	声韵同		
涘	音矣：云止开	羽已：云止开	声韵同		
萧	音修：心尤开	疏鸠：生尤开	生作心	韵同	
艾	音义：疑寘开	鱼刈：疑废开	声同	废开作寘开	
穴	音绤：溪陌开	户橘：匣术合	匣作溪	术合作陌开	
麻	音磨：明戈合	眉波：明戈合	声韵同		
嗟	音磋：清歌开	遭哥：精歌开	精作清	韵同	
施	音沱：定歌开	诗戈：书戈合		戈合作歌开	
国	音役：以昔合	越逼：云职开	云作以	职开作昔合	
蓆	音芍：禅药开	祥龠：邪药开	邪作禅	韵同	
畏	音威：影微合	於非：影微合	声韵同		
好₁	音丑：彻有开	许厚：晓厚开		厚开作有开	

续表

韵字	陈第读音	吴棫读音	陈第吴棫字音声韵对比		备注
			声	韵	
好₂	音休去声：晓宥开	许候：晓候开	声同	候开作宥开	
阜	音否：非有开	扶缶：奉有开	奉作非	韵同	
彭	音滂：滂唐开	蒲光：并唐合	并作滂	唐合作唐开	
英	音央：影阳开	於良：影阳开	声韵同		
陶	音由：以尤开	夷周：以尤开	声韵同		
濡	音柔：日尤开	而由：日尤开	声韵同		
侯	音胡：匣模合	洪孤：匣模合	声韵同		
加	音歌：见歌开	居何：见歌开	声韵同		
餐	音千：清先开	逡缘：清仙合	声同	仙合作先开	
士	音始：书止开	上止：禅止开	禅作书	韵同	
阪	音显：晓铣开	甫矞：非狝合	非作晓	狝合作铣开	
佩	音皮：并支开	蒲枚：并灰合	声同	灰合作支开	
达	他悦：透薛合	陀悦：定薛合	定作透	韵同	
存	音秦：从真开	从伦：从谆合	声同	谆合作真开	
明	音芒：明唐开	谟郎：明唐开	声韵同		
梦	音民：明真开	莫藤：明登开	声同	登开作真开	
间	音坚：见先开	经天：见先开	声韵同		
茂	音牡：明厚开	莫後：明厚开	声韵同		
素	音苏：心模合	孙租：心模合	声韵同		
阅	他悦：透薛合	它悦：透薛合	声韵同		
颠	音真：章真开	典因：端真开		韵同	
双	音菘：心东合	疏工：生东合	生作心	韵同	
亩	音米：明荠开	姥罪：明贿合	声同	贿合作荠开	
怛	音铁：透屑开	旦悦：端薛合	端作透	薛合作屑开	
鳏	音矜：见蒸开	俱伦：见谆合	声同	谆合作蒸开	
夕	音芍：禅药开	祥龠：邪药开	邪作禅	韵同	
贯	音眷：见线合	扃县：见霰开	声同	霰开作线合	
乱	音恋：来线合	龙眷：来线合	声韵同		
偕	音几：见旨开	苟起：见止开	声同	止开作旨开	

续表

韵字	陈第读音	吴棫读音	陈第吴棫字音声韵对比		备注
			声	韵	
闲	瑚涓：匣先合	何甄：匣仙开	声同	仙开作先合	甄字《广韵》仙韵居延切又章邻切
辐	音逼：帮职开	笔力：帮职开	声韵同		
苗	音毛：明豪开	眉彪：明幽开	声同		
迈	音厉：来祭开	力制：来祭开	声韵同		
愮	音由：以尤开	他侯：透侯开		侯开作尤开	
愉	音偷：透侯开	他侯：透侯开	声韵同		
枢	音邱：溪尤开	乌侯：影侯开		侯开作尤开	
榆	音由：以尤开	夷周：以尤开	声韵同		
娄	音间：来鱼合	凌如：来鱼合	声韵同		
栲	音糗：溪有开	去九：溪有开	声韵同		
考	音糗：溪有开	去九：溪有开	声韵同		
保	音剖：滂厚开	补苟：帮厚开	帮作滂	韵同	
绣	音啸：心啸开	先弔：心啸开	声韵同		
水	音準：章準合	式允：书準合		韵同	
隅	鱼侯：疑侯开	鱼侯：疑侯开	声韵同		
者	音渚：章语合	掌与：章语合	声韵同		
姓	平声：心清开	桑经：心青开	声同	青开作清开	
巅	音真：章真开	典因：端真开		韵同	
硕	音芍：禅药开	实若：船药开	船作禅	韵同	
获	音霍：晓铎合	黄郭：匣铎合	匣作晓	韵同	
中	音蒸：章蒸开	诸仍：章蒸开	声韵同		
莫	音孤：见模合	攻乎：见模合	声韵同		
裘	音箕：见之开	渠之：群之开	群作见	韵同	
泽	音铎：定铎开	达各：定铎开	声韵同		
戟	音角：见觉开	讫约：见药开	声同	药开作觉开	
簋	音九：见有开	己有：见有开	声韵同		
饱	音浮上声：敷麌合	彼五：帮姥合	帮作敷	姥合作麌合	
斯	音其：群之开	相支：心支开		支开作之开	
讯	音谇：心至合	息悴：心至合	声韵同		

韵字	陈第读音	吴棫读音	陈第吴棫字音声韵对比		备注
			声	韵	
予	音与：以语合	演女：以语合	声韵同		
纠	音矫：见小开	巨夭：群小开	群作见	韵同	
憯	音懆：清皓开	采早：清皓开	声韵同		懆字《集韵》又号韵先到七到二切
结	音吉：见质开	激质：见质开	声韵同		
猗	音阿：影歌开	於何：影歌开	声韵同		
飘	音漂：滂笑开	匹妙：滂笑开	声韵同		
年	音宁：泥青开	因：泥真开	声同	真开作青开	
火	音喜：晓止开	虎猥：晓贿合	声同	贿合作止开	
烈	音厉：来祭开	力制：来祭开	声韵同		
耜	音以：以止开	养里：以止开	声韵同		
庚	音刚：见唐开	居良：见阳开	声同	阳开作唐开	
寿	上声：禅有开	始九：书有开	书作禅	韵同	《韵补》始字误作如
圃	去声：帮暮合	博故：帮暮合	声韵同		
稼	音姑去声：见暮合	古慕：见暮合	声韵同		
饗	音乡：晓阳开	虚良：晓阳开	声韵同		
垤	音姪：澄质开	徒吉：定质开	定作澄	韵同	
嘉	音歌：见歌开	居何：见歌开	声韵同		
锜	音阿：影歌开	於何：影歌开	声韵同		
瑕	音胡：匣模合	洪孤：匣模合	声韵同		
鸣	音芒：明唐开	谟郎：明唐开	声韵同		
不	音夫：非虞合	冯无：奉虞合	奉作非	韵同	
生	音星：心青开	桑经：心青开	声韵同		
愆₁	音遣：溪狝开	以浅：以狝开		韵同	
愆₂	音倾：溪清合	乞邻：溪真开	声同	真开作清合	
暇	音甫：非虞合	後五：匣姥合	匣作非	姥合作虞合	
享	音乡：晓阳开	虚良：晓阳开	声韵同		
福	音逼：帮职开	笔力：帮职开	声韵同		
作	音诅：庄御合	宗祚：精暮合	精作庄	暮合作御合	
故	平声：见模合	攻乎：见模合	声韵同		

续表

韵字	陈第读音	吴棫读音	陈第吴棫字音声韵对比		备注
			声	韵	
戒	音急：见缉开	讫力：见职开	声同	职开作缉开	
哀	音噫：影之开	於希：影微开	声同	微开作之开	
牧	音密：明质开	莫笔：明质开	声韵同		
载₁	音即：精职开	子悉：精质开	声同	质作职开	
载₂	音祭：精祭开	子计：精霁开	声同	霁开作祭开	
近	音记：见志开	渠记：群志开	群作见	韵同	
时	音始：书止开	士纸：崇纸开	崇作书	纸开作止开	
臺	音题：定齐开	田黎：定齐开	声韵同		
莱	音黎：来齐开	陵之：来之开	声同	之开作齐开	《毛诗古音考》总目莱字误作菜
耆	音古：见姥合	果许：见语合	声同	语合作姥合	
後	音虎：晓姥合	後五：匣姥合	匣作晓	韵同	
写	音暑：书语合	洗与：心语合	心作书	韵同	
貺	音荒：晓唐合	虚王：晓阳合	声同	阳合作唐合	
宪	虚言：晓元开	虚言：晓元开	声韵同		
衡	音杭：匣唐开	寒刚：匣唐开	声韵同		
祷	音斗：端厚开	当口：端厚开	声韵同		
呪	音豕：书纸开	养里：以止开		止开作纸开	
寡	音古：见姥合	果五：见姥合	声韵同		
宅	音铎：定铎开	达各：定铎开	声韵同		
晰	音制：章祭开	征例：章祭开	声韵同		
煇	音薰：晓文合	许云：晓文合	声韵同		
旂	音斤：见殷开	渠巾：群真开	群作见	真开作殷开	
海	音喜：晓止开	虎猥：晓贿合	声同	贿合作止开	
客	音恪：溪铎开	克各：溪铎开	声韵同		
玉	音珏：见觉开	讫岳：见觉开	声韵同		《韵补》讫字误作说
山	音仙：心仙开	输湔：书仙开	书作心	韵同	
西	音先：心先开	萧前：心先开	声韵同		
议	音俄：疑歌开	牛何：疑歌开	声韵同		
池	音沱：定歌开	唐何：定歌开	声韵同		
具	音臼：群有开	忌救：群有开	声同		

韵字	陈第读音	吴棫读音	陈第吴棫字音声韵对比		备注
			声	韵	
雄	音盈：以清开	于陵：云蒸开	云作以	蒸开作清开	
殆	音以：以止开	养里：以止开	声韵同		
届	音记：见志开	居吏：见志开	声韵同		
阒	音气：溪未开	暌桂：溪霁合	声同	霁合作未开	
定	平声：定青开	唐丁：定青开	声韵同		
政	平声：章清开	诸盈：章清开	声韵同		《韵补》诸字误作储
诵	音宗：精冬合	牆容：从钟合	从作精	钟合作冬合	
邦	音崩：帮登开	悲工：帮东合	声同	东合作登开	
口	音苦：溪姥合	孔五：溪姥合	声韵同		
姒	音以：以止开	养里：以止开	声韵同		
意	音忆：影职开	乙力：影职开	声韵同		
伏	音偪：帮职开	笔力：帮职开	声韵同		
血	音绤：溪陌开	虚屈：晓物合	晓作溪	物合作陌开	
用	音庸：以钟合	馀封：以钟合	声韵同		
集₂	音杂：从合开	徂合：从合开	声韵同		
富	音系：匣霁开	方味：非未合	非作匣	未合作霁开	系字《集韵》胡计切
负	音恃上声：禅止开	簿猥：並贿合		贿合作止开	
似	音以：以止开	养里：以止开	声韵同		
在	音止：章止开	此礼：清荠开	清作章	荠开作止开	在字从母，吴棫口语殆读送气
威	音畏：影未合	纡胃：影未合	声韵同		
盟	音芒：明唐开	谟郎：明唐开	声韵同		
厚	音甫：非麌合	后五：匣姥合	匣作非	姥合作麌合	
阶	音基：见之开	坚奚：见齐开	声同	齐开作之开	
祸	音虎：晓姥合	后五：匣姥合	匣作晓	韵同	
舍	音舒：书鱼合	商居：书鱼合	声韵同		
易	音施：书支开	余支：以支开		韵同	"音施"原文漏，依总目补。
翩	音彬：帮真开	纰苓：帮青开	声同	青开作真开	纰字《集韵》帮母
幡	音掀：晓元开	孚焉：敷仙开	敷作晓	仙开作元开	
东	音当：端唐开	都郎：端唐开	声韵同		

续表

韵字	陈第读音	吴棫读音	陈第吴棫字音声韵对比		备注
			声	韵	
契	音挈：溪屑开	丘傑：溪薛开	声同	薛开作屑开	
试	音西：心齐开	申之：书之开	书作心	之开作齐开	
夏	音虎：晓姥合	後五：匣姥合	匣作晓	韵同	
浊	音独：定屋合	厨玉：澄烛合	澄作定	烛合作屋合	
贤	音刑：匣青开	下珍：匣真开	声同	真开作青开	
戚	音促：清烛合	子六：精屋合	精作清	屋合作烛合	《集韵》一音子六切
雅	音伍：疑姥合	阮古：疑姥合	声韵同		
祀₁	音乙：影质开	逸职：以职开	以作影	职开作质开	
祀₂	音以：以止开	养里：以止开	声韵同		
庆	音羌：溪阳开	墟羊：溪阳开	声韵同		
炙	音灼：章药开	职略：章药开	声韵同		
格	音阁：见铎开	刚鹤：见铎开	声韵同		
孙	音申：书真开	苏昆：心魂合	心作书		
备	音毕：帮质开	鼻墨：並德开	並作帮	德开作质开	
告	音骼：见陌开	讫岳：见觉开	声同	觉开作陌开	《韵补》讫字误作说
彻	音赤：昌昔开	直质：澄质开	彻作昌	质开作昔开	吴棫直字读舌头音
甸	音陈：澄真开	池邻：澄真开	声韵同		
敏	音米：明荠开	母鄙：明旨开	声同	旨开作荠开	
白	音博：帮铎开	僕各：並铎开	並作帮	韵同	
翰	瑚涓：匣先合	胡千：匣先开	声同	先开作先合	
秌	音迷去声：明霁开	莫佩：明队合	声同	队合作霁开	
柏	音博：帮铎开	卜各：帮铎开	声韵同		
奕	音约：影药开	弋灼：以药开	以作影	韵同	
怿	音弱：日药开	弋灼：以药开	以作日	韵同	
抗	音冈：见唐开	丘冈：溪唐开		韵同	
的	音灼：章药开	子药：精药开	精作章	韵同	
能	音泥：泥齐开	年题：泥齐开	声韵同		
怠	音以：以止开	养里：以止开	声韵同		
地	音沱：定歌开	唐佐：定箇开	声同		
平₁	音骈：並先开	频眠：並先开	声韵同		

续表

韵字	陈第读音	吴棫读音	陈第吴棫字音声韵对比		备注
			声	韵	
平₂	音旁：並唐开	皮阳：並阳开	声同	阳开作唐开	
让	平声：日阳开	如阳：日阳开	声韵同		
属	音注：章遇合	朱戍：章遇合	声韵同		
瘵	音祭：精祭开	子例：精祭开	声韵同		
髪	方结：非屑开	方月：非月合	声同	月合作屑开	
牛	音疑：疑之开	鱼其：疑之开	声韵同		
爱	音纬：云未合	许既：晓未开		未开作未合	
遐	音何：匣歌开	寒歌：匣歌开	声韵同		
茅	音侔：明尤开	迷侯：明侯开	声同	侯开作尤开	
燔	瑚涓：匣先合	汾沿：奉仙合	奉作匣	仙合作先合	
献	音轩：晓元开	虚言：晓元开	声韵同		
卒	音萃：从至合	将遂：精至合	精作从	韵同	
躬	音金：见侵开	姑弘：见登合	声同	登合作侵开	
臭	平声：昌尤开	丑鸠：彻尤开	彻作昌	韵同	
孚	音浮：奉尤开	芳尤：敷尤开	敷作奉	韵同	
亢	音冈：见唐开	丘冈：溪唐开		韵同	
妇	音喜：晓止开	房诡：奉纸合	奉作晓	纸合作止开	
男	音宁：泥青开	尼心：泥侵开	声同	侵开作青开	
安	音烟：影先开	於虔：影仙开	声同	仙开作先开	
孝	音臭：晓宥开	许候：晓候开	声同	候开作宥开	
育	音益：影昔开	余律：以术合	以作影	术合作昔开	
叟	音搜：生尤开	先侯：心侯开	心作生	侯开作尤开	
斗	音堵：端姥合	肿庚：章麌合		麌合作姥合	肿庚原文误作腠庚
沙	音娑：心歌开	桑何：心歌开	声韵同		
繁	音轩：晓元开	汾沿：奉仙合	奉作晓	仙合作元开	
嘘	音掀：晓元开	鱼轩：疑元开		韵同	
溉	音既：见未开	居气：见未开	声韵同		
大	音地：定至开	徒帝：定霁开	声同	霁开作至开	
笑	音消：心宵开	思邀：心宵开	声韵同		
终	音真：章真开	诸仍：章蒸开	声同	蒸开作真开	
昼	音注：章遇合	株遇：知遇合	知作章	韵同	

续表

韵字	陈第读音	吴棫读音	陈第吴棫字音声韵对比		备注
			声	韵	
鬻	音冈：见唐开	卢当：来唐开		韵同	
旧	音几：见旨开	暨几：群旨开	群作见	韵同	
拨	音撇：滂屑开	笔别：帮薛开	帮作滂	薛开作屑开	
世	音泄：心薛开	私列：心薛开	声韵同		
疾	音祭：精祭开	秦二：从至开	从作精	至开作祭开	
虞	音豫：以御合	元具：疑遇合	疑作以	遇合作御合	
逝	音折：章薛开	食列：船薛开	船作章	韵同	
报	音澎去声：並幼开	敷救：敷宥开	敷作並	宥开作幼开	
射	音约：影药开	弋灼：以药开	以作影	韵同	
昭	音照：章笑开	之笑：章笑开	声韵同		《韵补》之字误作三
藐	音貌：明效开	眉教：明效开	声韵同		
填	音真：章真开	池邻：澄真开		韵同	《广韵》徒年切。吴棫定澄不分
泯	音民：明真开	弥邻：明真开	声韵同		
往	音汪：影唐合	於王：影阳合	声同	阳合作唐合	
溺	音弱：日药开	昵角：泥觉开	泥作日	觉开作药开	
瞻	音章：章阳开	诸良：章阳开	声韵同		
迪	音铎：定铎开	毒药：定药开	声同	药开作铎开	
垢	音古：见姥合	果许：见语合	声同	语合作姥合	
赫	音壑：晓铎开	阅各：晓铎开	声韵同		
歌	音箕：见之开	居之：见之开	声韵同		
临	音隆：来东合	良中：来东合	声韵同		
助	音祖：精姥合	床举：崇语合	崇作精	语合作姥合	
川	音春：昌谆合	枢伦：昌谆合	声韵同		
遁	平声：定魂合	徒钧：定谆合	声同	谆合作魂合	
宰	音滓：庄止开	奖礼：精荠开	精作庄	荠开作止开	
蕃	音轩：晓元开	汾沿：奉仙合	奉作晓	仙合作元开	
伯	音博：帮铎开	卜各：帮铎开	声韵同		
宝	音补：帮姥合	彼五：帮姥合	声韵同		
嗶	音颠：端先开	它涓：透先合	透作端	先合作先开	

续表

韵字	陈第读音	吴棫读音	陈第吴棫字音声韵对比		备注
			声	韵	
解	音系：见霁开	居缢：见霁开	声韵同		
完	音延：以仙开	胡勤：匣仙合	胡作以	仙合作仙开	
蛮	音眠：明先开	民坚：明先开	声韵同		
貊	音莫：明铎开	末各：明铎开	声韵同		
江	音工：见东合	沽红：见东合	声韵同		
业	音岳：疑觉开	逆约：疑药开	声同	药开作觉开	
骚	音搜：生尤开	先侯：心侯开	心作生	侯开作尤开	
鷩	音姜：见阳开	居良：见阳开	声韵同		
训	音驯：邪谆合	许云：晓文合		文合作谆合	
震	平声：章真开	之人：章真开	声韵同		
造	音走：精厚开	此苟：清厚开	清作精	韵同	
才	音嗤：昌之开	前西：从齐开	从作昌	齐开作之开	
绎	音约：影药开	弋约：以药开	以作影	韵同	
逆	音博：帮铎开	逆约：疑药开		药开作铎开	
尺	音绰：昌药开	勑略：彻药开	彻作昌	韵同	
舄	音鹊：清药开	七约：清药开	声韵同		
昔	音错：清铎开	七约：清药开	声同	药开作铎开	
争	音真：章真开	甾陉：庄青开	庄作章	青开作真开	
伐	音歇：晓月开	房月：奉月合	奉作晓	月合作月开	
丸	音延：以仙开	胡勤：匣仙合	胡作以	仙合作仙开	

二 《韵补》无收或虽收但读音与所考字音不同之比较

表4-3分类列出《韵补》无收或虽收但读音不与所考字音"相同相类"者的比较结果。"陈第"栏是陈第《毛诗古音考》该字的古音。

（A）韵书已收。此类共37个次。

表4-3 《韵补》无收或虽收但读音与所考字音不同之比较（A）

韵字	陈第	备注
乐$_2$	音疗	《集韵》笑韵力照切："癆癆乐，《说文》治也。或从寮，亦省"

韵字	陈第	备注
致₂	音妒	《广韵》暮韵徒故切："致，猒也，一曰终也。" *妒，当故切。徒故、当故陈读同
振	音真	《集韵》真韵之人切（真小韵）："振振，盛也，奋也，厚也"
其	音记	《集韵》志韵居吏切（记小韵）："其，语已词"
觉	音教	《集韵》效韵居效切（教小韵）："觉，寤也"
馆	音贯	《广韵》换韵古玩切（贯小韵）："馆，舍也。" *《集韵》有换缓二韵
还	音旋	《广韵》仙韵似宣切（旋小韵）："还，还返也" *陈第谓"音周旋之旋"
令	平声	《广韵》清韵吕贞切："令，使也。" *"不宁不令"训善，本读去声劲韵
正	音征	《广韵》清韵诸盈切（征小韵）："正，正朔。本音政"
除	音宁	《广韵》御韵迟倨切："除，去也，见《诗》。" *宁字语韵澄母，陈第读同御韵
汤	音伤	《广韵》阳韵式羊切："汤，汤汤，流皃。本他郎切。" *"子之汤兮"当读作荡，但陈谓"《书》'汤汤洪水方割'亦此音"
鷮	音逆	"邛有旨鷮"，毛传"鷮，绶草也"，读鷮作蒻。蒻《集韵》皆锡韵疑母倪历切与麦韵疑母逆革切。*逆，《集韵》陌韵疑母仡载切。陈混
懰	音柳	《广韵》有韵力久切（柳小韵）："懰，好也"
卷	音权	《广韵》仙韵巨员切（权小韵）："卷，曲也。又九免、九院二切"
膏	音告	膏，《集韵》号韵居号切（与告同小韵）："润也。《诗》阴雨膏之"
傩	音那	傩那，《集韵》囊何切
泥	音瀰	泥字《集韵》有荠韵乃礼切一读（与瀰瀰同小韵），训露浓
喜	去声	"中心喜之"训乐，《广韵》止韵："喜，乐。……虚里切，又香忌切。"《集韵》志韵许记切："憙喜憘，《说文》说也。亦省，或作憘"
裼	音禘	《斯干》"载衣之裼"，《集韵》读霁韵他计切。*禘，丁计切。陈混
威	音血	《集韵》薛韵翾劣切："威，《说文》灭也……引《诗》'赫赫宗周，褒姒威之'。" *血，《集韵》屑韵呼决切。陈混
沼	音召	《集韵》笑韵之笑切："沼，池也。" *召，直笑切。陈混
嚣	枵嗷二音	陈第嚣有枵、嗷二音。《集韵》有虚娇、牛刀二切，分别读同枵、嗷
出₁	音吹去声	《集韵》至韵尺类切："出，自内而外也"；敕类切："出，自中而外"。又真韵尺伪切（吹小韵）："出，出也，《诗》"杲杲出日"
底	音脂	陈第读底作厎（砥），言师古"音纸，又音脂"。*《集韵》有纸、脂之音
僭	音侵	《集韵》侵韵千寻切（侵小韵）："僭，侵也，《诗》'以篖不僭'"
覃	音剡	覃，《集韵》琰韵以冉切（与剡同小韵）："利耜也。" *"以我覃耜"非韵字。此殆读覃作剡

续表

韵字	陈第	备注
屏	音丙	《广韵》静韵必郢切："屏，蔽也。" ＊"万邦之屏"，朱熹注"蔽也"。丙，梗韵兵永切。陈混
幅	音逼	《广韵》职韵彼侧切（逼小韵）："幅，行縢名。" ＊"邪幅在下"非韵，陈第谓"音逼，行縢也"
丧	平声	《广韵》唐韵息郎切（桑小韵）："丧，亡也，死丧也……又息浪切"
副	音腷	《广韵》职韵芳逼切："副，析也。《礼》云，为天子削瓜者副之巾以缔。" ＊腷，昔韵房益切。陈混
匐	音必	《广韵》德韵蒲北切："匐，匍匐。" ＊必，质韵卑吉切。陈混
句	音彀	"敦弓既句"，陈读句作彀。＊句彀皆《广韵》候韵古候切
茹	音汝	《广韵》有鱼语御三韵。语韵人渚切（汝小韵）："茹，干菜也，臭也，贪也，杂糅也"
誉	如字	誉字有鱼御二韵，皆有称美义
楅	音逼	《集韵》职韵笔力切（逼小韵）："楅，《说文》'以木有所逼束也'，引《诗》'夏而楅衡'。" ＊《閟宫》"夏而楅衡"非韵字
何	如字	何有歌哿二韵，皆有儋何义
疑	音仡	《集韵》迄韵鱼乙切（与仡同小韵）："疑，正立自定皃。《仪礼》'妇疑立于席西'"

＊为解释说明。

（B）韵书已收，但陈第易其开合。此类共22个次。

表4-3　《韵补》无收或虽收但读音与所考字音不同之比较（B）

韵字	陈第	备注
尾	音倚	微尾合改影纸开。本证押熭（音喜）逑几，旁证押幾雉止视（音始）
悔	音喜	晓贿合改晓止开。本证押以祉子止，旁证押莐（音止）醢（音起）再在（音止）。＊再字当注音而未注
违	音怡	云微合改以之开。本证押迟畿夷齐，旁证押迟机时畿湄沂
言	音延	疑元开改以仙开。本证押干（音坚）迁闲（瑚涓切），旁证押然戈连篇天。＊言字今福州话读合口，陈第时音殆亦读合口。又，玄，胡涓切，今福州读xieŋ。"瑚涓切"陈第时音殆亦读开口
泉	音钱	从仙合改从仙开。本证押叹（音天）山（音先）言（音延）垣（音延），旁证押西（音先）山（音先）乾言（音延）。＊乾字当如干字读作坚
遗	音韦	以脂合改云微合。本证押敦（灰韵读）怀（音回），旁证押随肥归绥晖。＊遗字今福州话读开口，陈第时音殆亦读开口
媒	音迷	明灰合改明齐开。本证押期，旁证押疑思辞

续表

韵字	陈第	备注
垣	音延	云元合改以仙开。本证押关（音坚）涟翰（瑚涓切），旁证押言（音延）安（音烟）难（音年）关（音坚）天连宣（音先）
岁	音试	心祭合改书志开。本证押艾（音义），旁证押大（音地）遏（音意）败（音备）逝裔计
园	音延	云元合改以仙开。本证押檀（音田），旁证押山（音先）
晦	音喜	晓队合改晓止开。本证押已，旁证押起。＊晦字亦改去为上
雲	音银	云文合改疑真开。本证押门（音民）存（音秦）巾员（音云），旁证押庭门（音民）麈震（平声）林。＊云殆亦音银
员	音云	云仙合改疑真开（云殆亦音银）。本证押门（音民）雲（音银）存（音秦）
梅	音迷	明灰合改明齐开。本证押裘（音箕）丝尤（音怡），旁证押持滋
祋	音示	端泰合改船至开。本证押芾（音费）。＊费字今福州话读开口，陈第时音殆亦读开口
出₂	音赤	昌术合改昌昔开。本证押福（音逼）德（音的），旁证押失極饰必日质
嘒	音意	晓霁合改影志开。本证押淠（音譬），旁证押逝。＊陈第谓"旧音会，则韵不谐"
龟	音箕	见脂合改见之开。本证押谋（音迷）时兹，旁证押之哉（音跻）著
季	鱼对	见至合改疑队合。本证与对押，旁证与位押。＊季字今福州话读开口，陈第时音殆亦读开口
君	音均	见文合改见谆合。本证与音押（依陈说），旁证押孙（音申）麟人民臣。＊均字今福州话读开口，陈第时音殆亦读开口
宣	音先	心仙合改心先开。本证押原（音延）繁（音轩）叹（音天）翰（瑚涓切），旁证押连言（音延）天然前
围	音怡	云微合改以之开。本证押跻迟祇，旁证押离羁坼

（C）韵书已收，但陈第易其洪细。此类共9个次。

表4-3　《韵补》无收或虽收但读音与所考字音不同之比较（C）

韵字	陈第	备注
车	音姑	见鱼合改见模合。本证押华（音敷）狐乌、旁证押孤塗弧胡酤都。＊敷字韵母同一等
娱	音吴	疑虞合改疑模合。本证押荼且蘧、旁证押乌枯。＊本证《出其东门》陈第或且蘧自一韵
许	音甫	晓语合改非虞合。本证押蒲（音浦），旁证押土。＊甫字韵母同一等
宇	音虎	云麌合改微麌合。本证押户下（音虎）洐鲁许（音甫），旁证押甫楚作（音祖）。＊虎字韵母同一等。非母宇字韵母同一等

续表

韵字	陈第	备注
旅	音鲁	来语合改来姥合。本证押鼓楚父（音甫）马（音姥），旁证押庬
取	音楚	清麌合改初语合，本证押後（音虎），旁证押厚（音虎）。*楚字韵母同一等
主	音祖	章麌合改精姥合。本证押醹（音所）考（音古），旁证押部苦所辅（上声）五土。*所字韵母读同一等
去	音库	溪御合改溪暮合。本证押故，旁证押傅度路素
北	音必	帮德开改帮质开。本证押麦（音密）弋食、旁证押服（音逼）式德（音的）极得（音的）

鱼虞模合而必改读者，洪细有别也。*陈第在旅字下说："《诗》旅如字读者多，亦有鲁音者，录之以存古音。"本证旁证皆以洪音证旅之读鲁，可见陈第洪音细音在听觉上还是不甚和谐的。今福州文读音韵母，姑甫庬鲁楚祖库敷所等字皆作 [u]，而车许字旅取主去等字皆作 [y]。也许陈第时洪细就已经是 [u] 与 [y] 的关系。

（D）韵书已收，但陈第浊上改清上。此类共 13 个次。

表 4-3　《韵补》无收或虽收但读音与所考字音不同之比较（D）

韵字	陈第	备注
弟	音底	弟改读底，定荠开改端荠开。弟字陈第读去声
父	音甫	奉麌合改非麌合。父字陈第读去声
户	音虎	匣姥合改晓姥合。户字陈第读去声
怙	音古	匣姥合改见姥合。怙字陈第读去声
稻	音岛	定皓开改端皓开。稻字陈第读去声
舅	音久	群有开改见有开。舅字陈第读去声
咎	音纠	群有开改见黝开。咎字陈第读去声
辅	音甫	奉麌合改非麌合。辅字陈第读去声
视	音始	禅旨开改书止开。视字陈第读去声
尽	上声	《广韵》慈忍、即忍二切，皆上声。慈忍陈第读去，故注上声
祜	音古	匣姥合改见姥合。祜字陈第读去声
绪	音渚	邪语合改章语合。绪字陈第读去声
动	上声	动字《广韵》上声董韵定母徒揔切。注上声者，动字陈第读去声

（E）间接来自《韵补》。此类共 9 个次：

表 4－3　《韵补》无收或虽收但读音与所考字音不同之比较（E）

韵字	陈第	吴棫	备注
思	音西	息兹	《韵补》思字在兹字说解中。＊息兹切，心母之韵；西，齐韵心母先稽切。陈混
仕	音始	上止	《韵补》仕字在士字说解中。＊始，诗止切。上止、诗止陈读同
梓	音滓	奖礼	《韵补》梓字在子字说解中。＊奖礼切，精母荠韵；滓，莊母止韵阻史切。陈混
籽	音只	奖礼	《韵补》籽字在子字说解中。＊奖礼切，精母荠韵；只，章母纸韵诸氏切。陈混
史	音始	上止	《韵补》史字在士字说解中。＊始，诗止切。上止、诗止陈读同
使	音始	上止	《韵补》使字在士字说解中。＊始，诗止切。上止、诗止陈读同
龙	宠平声	痴凶	《韵补》龙字在宠字的说解中，音痴凶切
左	七何	遭哥	《韵补》歌韵遭哥切："佐，助也。"＊陈第云"左古读佐"，又引徐铉言左"今俗别作佐"。并袭用《韵补》佐字音证以证左。读送气者，陈第言"佐又有鄙音"，鄙字从母平声读送气，陈第口语或读如鄙
邮	音杉	盈之	《宾筵》"不知其邮"，邮与尤说同，过也。《韵补》尤说，盈之切，过也

（F）来自他书。此类共 19 字次。

表 4－3　《韵补》无收或虽收但读音与所考字音不同之比较（F）

韵字	陈第	备注
将	音锵	"佩玉将将"鲁作锵。"磬筦将将"齐作锵。"弯声将将"，《释文》："将，本或作锵"
又	音意	陈第云："《说文》又即右也。"又说"又宜音意，如《彤弓》之例。"《彤弓》"一朝右之"作右，朱熹"叶于记反"
驰	音驼	《慧琳音义》卷八十九"驰骛"注引《字书》驰亦作驼。《离骚》"乘骐骥以驰骋兮"朱熹注："驼，一作驰"
仰	音昂	《车舝》"高山仰止"，《说文》引作"高山印止"。印昂《广韵》同音。杨简引《补音》作五刚切
至	音即	《东山》"我征聿至"与垤、室、窒相押，朱熹至字"叶入声"。＊至，章母至韵；即，精母职韵。章精陈混
岂	如字	"如字"言读尾韵不读海韵。《蓼萧》"令德寿岂"与泥（乃礼切）、子、弟（徒礼切）相押，朱熹训乐，"开改反，叶去礼反"，言依义当读开改反，依韵当读去礼反。《鱼藻》"饮酒乐岂"与尾相押，因上文"岂乐饮酒"朱熹读"苦在反"，所以"乐岂"直注"叶去几反"

韵字	陈第	备注
树	音暑	《巧言》"君子树之"与数相押，《行苇》"四鍭如树"与侮相押，朱熹皆"叶上主反"。树字有麌遇二韵，此二处依义当读遇韵，依韵当读麌韵。陈第云"音暑，凡韵书皆有此音"，不明叶音之旨
奏	音族	《楚茨》"乐具入奏"与禄相押，朱熹"叶音族"
骄	音高	《鸿雁》"谓我宣骄"朱熹"叶音高"
刀	音刁	《公刘》"鞞琫容刀"朱熹"叶徒招反"。*陈清浊不分
附	上声	《绵》"予曰有疏附"与後（音虎）相押，《皇矣》"是致是附"与侮相押，朱熹皆"叶上声"
趣	音凑上声	《械朴》"左右趣之"与橚相押，朱熹"叶此苟反"
依	音倚	《公刘》"于京斯依"与济（子礼切）几相押，朱熹"叶於岂反"。岂字《集韵》有隐岂一切，训"譬喻也"，"斯依"之依朱熹训安，音义不合故叶
刑	音杭	《抑》"克共明刑"与王相押，朱熹"叶胡光反"
尚	音常	《抑》"肆皇天弗尚"与亡相押。朱熹谓"弗尚，厌弃之也"，"叶平声"。朱熹之训与《广韵》漾韵时亮切"佐也"相合。《集韵》有阳韵辰羊切（常小韵）一读，无佐义
鞏	音古	《瞻仰》"无不克鞏"与後（音虎）相押，朱熹云"鞏，固也"，"叶音古"
反3	音番	《宾之初筵》"威仪反反"，《释文》"《韩诗》作昄昄，音蒲板反"，陈改上作平。又，反字《集韵》有元韵孚袁一切
愿	上声	《野有蔓草》"适我愿兮"与溥（上兗切）婉相押，朱熹"叶五远反"。愿字《集韵》一读阮韵五远切，训"面短兒"。音义不合
耦	音拟	《噫嘻》"十千维耦"，朱熹"叶音拟"

（G）当辨之音。此类共 19 个次。

表 4 - 3　《韵补》无收或虽收但读音与所考字音不同之比较（G）

韵字	陈第	备注
乐1	音捞	《关雎》"参差荇菜，左右芼之。窈窕淑女，钟鼓乐之。"陈第乐音捞（捞字当读《集韵》号韵）以韵芼。其说解云：乐，音捞。北方至今有此音。按：乐音捞，不见于韵书。说乐音捞即《诗》之读，起码要列出三两个旁证
邑	音匼	《小戎》"温其在邑"与合、軜相押，朱熹训"西鄙之邑"，叶邑乌合反。《集韵》合韵遏合切云"唈邑，鸣唈，短气，或省"。陈第云杨用修音"於合切"。*乌合、遏合、於合皆影母合韵，匼字溪母合韵。陈第殆错读
庶	音鹊	《楚茨》"为豆孔庶"与客相押，陈第客"音恪"、庶"音鹊"，朱熹客"叶克各反"、庶"叶陟略反"。庶字《广韵》御韵商署、章恕二切，《集韵》又语韵掌与切。鹊字送气清母，陟商章掌皆不送气

续表

韵字	陈第	备注
泳	如字	陈第说解云：泳，《说文》"潜行水中也，从水永声。"永，《说文》"长也，象水巠理之长，《诗》曰'江之永矣'"。方，《说文》"併船也"，《礼》"大夫方舟"。据此，则"汉之广矣，不可泳思。江之永矣，不可方思"皆如字读 按：言"据此"，不知何据？引泳永方《说文》释义，不能得出"如字读"的结论。陈第此说是针对《韵补》的。《韵补》漾韵有羕泳方三字，羕字注："《说文》羕，水长也。从永羊声。《诗》曰'江之羕矣'，今作永。"泳字注"下放切"，方字注"甫妄切"。陈第引《说文》"江之永矣"而不引"江之羕矣"，从而认为泳方二字不当从羕韵读而皆当读如字。又按："江之永矣"，《韩诗》作"羕"。又，《说文》"从永羊声"《韵补》误作"从羊永声"
牙₁	音翁	陈第说解云：牙，音翁。牙见于《诗》者二，在《祈父》者音吾，有可引证。此以角、屋韵例之，虽无证也，当读为翁音。韵和谐亦其证也。若以埤、讼相韵，此不必拘，则当读为吾矣 按："此"指《行露》篇
道	音岛	陈第本证有五：《墙有茨》"墙有茨，不可扫也。中冓之言，不可道也。"《宛丘》"坎其击缶，宛丘之道。"《何草不黄》"有芃者狐，率彼幽草。有栈之车，行彼周道。"《生民》"诞后稷之穑，有相之道。"《泮水》"顺彼长道，屈此群丑。" 按：吴棫读道"他口切" 依陈所引，《墙有茨》《何草不黄》扫道草押皓韵，《宛丘》《泮水》缶道丑有皓相押，有皓二韵于《诗》果通了？《生民》所引，删去了"茀厥丰草，种之黄茂。实方实苞，实种实褎，实发实秀，实坚实好"等句子，不但不能证明道字的读音，而且让人误以为稷与道之间有什么瓜葛
朋	音鹏	陈第说解云：朋，音鹏，如今读。杨用修曰："音与蓬同。沈约韵朋在蒸韵，疑编次之误。考之约以前韵语，无有以朋叶蒸韵者。《毛诗》'每有良朋，烝也无戎。'《左传》引逸诗'翘翘车乘，招我以弓。岂不欲往，畏我友朋。'则古音朋与弓、戎相叶无疑。且《毛诗》为诗词之祖，其韵亦诗之祖也。舍圣经而不宗而泥守沈约偏方之音，其固甚矣。此所当首辨也。"云云。愚按，朋有两音，与东韵者以逸诗为据，与蒸韵者以椒聊、菁莪、閟宫为据，安得谓沈前独一音耶？ 按：朋鹏皆竝登开步崩切。本证与升陵相押。《常棣》"每有良朋，烝也无戎"未必相韵，逸诗亦非诗词之祖，安得谓朋字于《诗》有东韵一音？
务	音侮	陈第说解云：务，音侮，以《左传》引《诗》作侮也，与戎字不叶。吴棫读务为蒙以叶戎，亦无可据，愚疑或武字之误，盖戊字古武字也，戎戊相近，安保无讹读？武于《常棣》、《常武》音义具顺 按：吴棫读务为蒙未必无据。雺，《广韵》莫红切，《集韵》亡遇切。霧，《广韵》亡遇切，《集韵》谟蓬切。霿，《广韵》莫红切，《玉篇》武赋切。務与雺霧霿皆从矛得声，今雺霧霿等字还有務蒙两读。《说文》"鹜，水鸟也。从鸟，敄声。"段注："《史记·上林赋》说，水鸟有烦鹜。徐广曰，烦鹜一作番鹜。按，矛声孜声之字音转多读如蒙。"《左传》務作侮，侮亦有似蒙之音，我的家乡莆田话母（丈母）梅（杨梅）音即近蒙。即便"读務为蒙以叶戎，亦无可据"，也不能就韵改经

韵字	陈第	备注
集₁	音雧	陈第说解云：集，音雧。愚按，《韩诗》集作就，因以犹为去声。今以《河上歌》证之，犹自如字。"发言盈庭"下又转韵。本证：《小旻》"我龟既厌，不我告犹。谋夫孔多，是用不集。"
		按：《毛诗古音考》："孝，音臭。……欲，今读育，古读宥。《礼记》引作'匪革其犹'，犹读去声，其音正同。……"本证："《文王有声》筑城伊淢（音洫），作丰伊匹。匪棘其欲，遹追来孝。"
		《小旻》为证集字音雧，犹读平声；《文王有声》为证孝字音臭，犹读去声。《韩诗》集字作就不作雧，以与犹字韵平声而音雧不音就；《礼记》欲字作犹不作宥，以与孝字韵去声而音宥不音犹。犹可读去，为何不顾《韩诗》作就而要据《河上歌》证集读平声又反过来证犹读平声？犹可读平，为何不以为据证孝读平声而要以孝读去声反过来证犹字读去声？考音之随意，可见一斑
怨	音威	陈第说解云：怨，似宜音威，与鬼、葽为韵。然考《献玉歌》以怨与汶、分叶，蔡邕《逐贫赋》引"忘我大德，思我小怨"以怨与焉、仙韵，陈琳《悼龟赋》以怨与云叶，皆平声也。诸如此类尚多，读者或宜以韵为主乎？
		按：《谷风》"习习谷风，维山崔嵬。无草不死，无木不葽。忘我大德，思我小怨。"嵬葽怨三字相押，朱熹《诗集传》于怨字下注"叶韵未祥"。怨字愿韵，陈第举怨与汶分云焉仙相押之例以证怨字"皆平声"，即所举音证中的怨字皆不读去声愿韵而读平声元韵。可是又出尔反尔，"以韵为主"，强读怨为威以韵嵬葽。"以韵为主"，为何不读嵬葽为阳声韵以韵怨？
怲	音方	陈第说解云：怲，音方。愚按，《说文》"仿，相似也。从人，方声。"又作?，云"籀文仿从丙。"是方、丙古音通也。《周礼》枋亦音柄，非其证乎？今读方，与"松上"、"有臧"正叶。上，平声，已见上矣。旧以上为如字，以怲音棒，以臧音臟，似未考之《说文》也
		按：《頍弁》"茑与女萝，施于松上。未见君子，忧心怲怲。既见君子，庶几有臧。"陈第言怲读方，上怲臧三字押平声。陈第认为"方、丙古音通"，怲字从丙字得声，因此怲字古音读方。"方、丙古音通"，为什么丙字要如方字读平声而方字不与丙字读上声，仿从方声不是读上声吗？又，"方、丙古音通"，为什么丙字要如方字读轻唇而方字不与丙字读重唇？
臻	音秦	陈第说解云：臻，音秦。《说文》以秦得声
		按：《广韵》臻，臻韵；秦，真韵；臻真二韵同用。《韵补》臻"古通真"。陈第改臻读秦，因其方音臻真有别
詹	音儋	陈第说解云：詹，音儋。愚按，《说文》儋何之儋、儋耳之儋皆云詹声，是詹有儋声也。今"儋篸甔甎"犹有此读。旧以为叶，过矣
		按：陈第詹音儋或无大碍，然其说解却毛病重重。1.《说文》有儋何之儋，没有儋耳之儋。2. 儋从詹声，或者儋读詹，或者詹读儋，非必詹读儋。3.《采绿》"终朝采蓝，不盈一襜。五日为期，六日不詹。"襜从詹声，襜詹皆盐韵，詹音儋改读为谈韵，襜字为何不改读？4. 言"儋篸甔甎"犹有此读，于詹音儋何涉？5. 朱熹詹"叶多甘反"，亦改读为谈韵。叶是叶，言押韵；音是音，言古音；詹字何过之有？非要把"叶"与"音"连起来叫"叶音"又倒回来言古诗无叶者何？

续表

韵字	陈第	备注
酒	才笑反	陈第说解云：酒，才笑反，读若噍。《诗》酒如今音多，独此少异 按：《抑》"颠覆厥德，荒湛于酒。女虽湛乐从，弗念厥绍。"朱熹叶酒子小反韵绍。绍，《广韵》小韵禅母市沼切，陈第以其方音读去声，于是读酒笑韵与之相押
苴	音阻	《召旻》"草不溃茂，如彼栖苴。我相此邦，无不溃止。"陈第云，《洪武正韵》苴音阻，与下止正叶 按：阻字侧吕切，语韵庄母合口；止字诸市切，止韵章母开口；阻止如何相押？朱熹于"止"下注"叶韵未详"
吴	如字	陈第吴读如字，举《丝衣》"不吴不敖，胡考之休。"《泮水》"不吴不扬，不告于讻。"两例作本证。吴非韵字，无韵语可证
严	音庄	《殷武》"天命降监，下民有严。不僭不滥，不敢怠遑。"陈第严音庄以韵遑。说解云：汉明帝讳庄，故庄助为严助，以其音之同也。古人改易名姓，如陈田、马莽之类，皆字异音同 按：古人避讳改易名姓，未必"皆字异音同"。王力主编《古代汉语》于古汉语通论（二十一）云："由于避讳，甚至改变别人的名或姓。汉文帝名恒，春秋时的田恒被改称田常；汉景帝名启，微子启被改称微子开；汉武帝名彻，蒯彻被改称蒯通；汉明帝名庄，庄助被改称严助。"恒与常、启与开、彻与通、庄与严，都是近义词，并不同音
厉₁	音赖	陈第厉音赖，举《有狐》"有狐绥绥，在彼淇厉。心之忧矣，之子无带。"与《都人士》"彼都人士，垂带而厉。彼君子女，卷发如虿。"作本证，说解云：厉，音赖。《说文》"从虿省"。又，蛎，"从虫厉声，读若赖"。庄子"厉之人方夜半生子"亦此读 按：《都人士》章六句，末两句"我不见兮，言从之迈"陈第未引，全章厉虿迈相押。《集韵》力制切："厉，《说文》旱石也，或从虿，通作砺。厉，一曰严也，恶也，危也，大带垂也。"厉字《集韵》亦有落盖切一读，训地名。《有狐》、《都人士》之厉，依义都得读力制切。《韵补》带字音丁计切；迈字音力制切，言《说文》以虿得声，许慎读虿如厉。如是，厉字读《集韵》力制切，《有狐》厉带叶，《都人士》厉虿迈亦叶
旁	音滂	《清人》"清人在彭，驷介旁旁。二矛重英，河上乎翱翔。"陈第说解云：旁，音滂。《说文》"滂，从水旁声。"徐铉曰"今俗别作霶霈之霶，非是。"此古音之证 按：旁旁或作骈骈，依义当读庚韵。《集韵》庚韵晡横切"骈旁：骈骈，马盛貌，或省。"押韵需改庚韵为唐韵。所以朱熹在此句"旁旁"下注："补彭反，叶补冈反。"陈第旁音滂，说是因为《说文》滂从旁声。傍榜膀谤搒塝等皆《说文》旁声之字，为何音滂而不音傍榜膀谤搒塝？此证不力。所引徐铉辨滂霶是非之语，与证明旁音滂也没有任何意义

第三节　从陈第古音看陈第口语的声韵特征

曹学佺叙《音学五书》说："往者吾乡陈君季立依吴才老之书为《毛诗古音》一篇。"顾炎武《韵补正》开篇也说："后之人如陈季立方子谦之书，不过袭其所引用别为次第而已。"这些我们在第二章"陈第袭用吴棫音证考"一节中已作了证实。音证来自吴棫，其古音自然来自吴棫，只不过把吴棫的反切用他的口语拼成某音又以读该音的字来表示罢了。本章第二节《补音》《韵补》《集韵》反切的比较又揭示《韵补》的反切基本上与《集韵》相同或与《集韵》相应小韵相同。因此，我们可以通过吴棫反切与陈第拼吴棫反切所得之字音的参差来观察陈第口语的特征。

一　陈第吴棫古音比较统计

（1）声韵皆同的字计 160 个：

行怀觖华家逵马居降牙$_2$皮蛇三昴發$_1$說顾霾来$_{1,2,3}$轨怒干门邪仪宜皙颜上京千命为俟驱尤百邱耽爽厉$_2$瓜渴乾罹忧浇麻畏英陶濡侯加明间茂素闳乱辐迈愉榆娄栲考绣隅者中葭泽篁讯予惨结猗飘烈粗圃稼饗嘉锜瑕鸣生享福故牧臺宪衡祷寡宅晣煇客玉西议池殆届定政口姒意伏用集$_2$似威盟舍东雅祀$_2$庆炙格甸柏能怠平$_1$让属瘵牛退献沙溉笑世昭薮泯瞻赫歌临川伯宝解蛮貊江驚震舄。

（2）声同韵不同的字计 84 个。

采喈母角败革哉脱南渊来$_4$兵老葛节久谋$_{1,2}$卫叹艰贻害天兄薑关德甲括难脩艾好$_2$餐存梦亩鳏贯偕闲苗姓戬年火庚愆$_2$戒哀载$_{1,2}$莱耆觊海具阕邦阶翩契贤告敏翰秣地平$_2$髮茅躬男安孝大终往迪垢遯业昔。

（3）韵同声不同的字计 58 个。

致$_1$事下夜$_{1,2}$风野信死救鲜景田萧嗟蒵阜士达颠双夕保水巅硕獲裘纠寿垤不愆$_2$近後写山祸易夏白奕怿抗的卒臭孚伉蠣昼羹旧逝射填造绎尺。

（4）声韵皆不同的字计 65 个。

服友有子$_{1,2}$讼發$_2$麦反$_{1,2}$右穴施国好$_1$彭阪怛慆枢饱斯暇作时觥旟雄诵血富负在厚幡试浊戚祀$_1$孙备彻爱燔妇育叟斗繁拨疾虞报溺助宰蕃嘽完骚训才逆争伐丸。

二　声不同考察

（一）声不同分析

吴棫与陈第声母的不同者有 123 个。其中 28 个是转音的依据不同所致。

讼：吴棫墙容切，读《集韵》之音。陈第"音公"，读其声符。

景：吴棫读举两切，转《广韵》梗韵居影切为养韵。陈第"音养"，读景作影再改《广韵》梗韵於丙切为养韵（影以混）。

麦：吴棫讫力切，读《集韵》之音。陈第"音密"，从《广韵》麦韵莫获切转质韵（质职合用）。

嗟：吴棫遭哥切，读《集韵》戈韵之音。陈第"音磋"，以嗟磋皆从差字得声。

施：吴棫诗戈切，从《广韵》支韵式支切转戈韵。陈第"音沱"，以其从也得声。《毛诗古音考》"地，音沱……《说文》'地，万物所陈列也，从土也声。'也，古通沱，故池驰蚾沲皆读沱。"按，沱沲、驼驰、陀陁、拖拕等皆异体，《集韵》唐何切。

好₁：吴棫许厚切，从《广韵》皓韵呼皓切转厚韵。陈第言好字《说文》丑声，"音丑"读其声符。按，《韵补》有韵："好，许厚切。善也。《说文》从女丑声。"陈第从之。

颠巅：吴棫典因切，从《广韵》先韵都年切转真韵。陈第"音真"，读其声符。

慆：吴棫他侯切，从《广韵》豪韵土刀切转侯韵。陈第"音由"，以慆从舀声。舀，以沼切；由，以周切；陈第音近。

枢：吴棫乌侯切，读枢作櫙（《集韵》以枢为櫙之异体）。陈第音邱，读其声符（区字《集韵》有祛尤切一音）。

水：吴棫式允切，从《广韵》旨韵式轨切转準韵。陈第"音準"，读水作準（水之为言準也）。

斯：吴棫相支切，即《广韵》之息移切（《集韵》易以相支切），以斯字今读讹（今读与鱼韵相押）。陈第"音其"，读斯字之声符。按，段注曰其字"断非声也"。朱骏声曰"从其会意"。又按，吴棫云："斯，相支切。声当如西。"陈第云："其、西皆可读。"

愻₁：吴棫以浅切，读其声符。陈第"音遣"，从《广韵》仙韵去乾切改狝韵。

负：吴棫簿猥切，从负背之背（《广韵》队韵蒲昧切）转贿韵。陈第"音恃上声"，云："《说文》'恃也，从人守贝，有所恃也。'或音恃，亦音乎。恃，古多读上声……古人所谓因义得声也，然无可引证。"按，"音恃上声"，恃字《广韵》时止切，陈第读去。"亦音乎"，陈第 h、f 不分。"因义得声"，言近义词皆可互读。"无可引证"，《韵补》只有《诗》证。

易：吴棫余支切，读施字《集韵》余支切一音。陈第"音施"，云："易，旧音怡。焦弱侯曰：'《韩诗》作"我心施也"，与知、祇更叶。'"从此注可知，陈第施字不读余支切而读《广韵》式支切。按，《何人斯》"我心易也"，《释文》"《韩诗》作施，施，善也。"

戚：吴棫子六切，读《集韵》屋韵之音。陈第"音促"，从《广韵》清韵仓历切改读烛韵。

抗伉：吴棫丘冈切，从广韵宕韵苦浪切转平声。陈第"音冈"读声符亢（《广韵》一读古郎切）。

爱：吴棫许既切，读爱作□。□，《集韵》许既切。陈第"音纬"，从《广韵》代韵乌代切改读。按：纬，云母，陈第混同影母。

斗：吴棫肿庾切，读《集韵》麌韵之音。陈第"音堵"从《广韵》当口切改读。

报：吴棫敷救切，从《集韵》遇韵芳遇切转宥韵。陈第"音滤去声"，从《广韵》号韵博耗切改读。

巘：吴棫鱼轩切，读《集韵》元韵之音（字形作从山甗声之巘）。陈第"音掀"，殆误认献字为声符并从献字之《广韵》愿韵许建切改读平声。

羹：吴棫卢当切，读《集韵》唐韵之音。陈第"音冈"，从《广韵》庚韵古行切改读。按，《韵补》阳韵羹字注："羹，卢当切。臛也。《左氏传》'陈蔡不羹'，《释文》音郎。《正义》曰：'古者羹臛之字亦为郎，故《鲁颂》《楚辞》《急就章》与阳房浆为韵。近世独以为地名。'"

填：吴棫池邻切，从《广韵》先韵徒年切转真韵。陈第"音真"，读其声符。

溺：吴棫昵角切，读《集韵》觉韵之音。陈第"音弱"，读其声符。

嘽：吴棫它涓切，从《广韵》寒韵他干切转先韵。陈第"音颠"，殆从声符单字改读。

逆：吴棫逆约切，从《广韵》陌韵宜戟切转药韵。陈第"音博"，云"逆，音博。《说文》'从辵屰声'。屰，月初生也，读如《书》'哉生魄'之魄。故朔字以此得声。魄古音博。"按，"霸，月始生霸然也……《周书》'哉生霸。'"《集韵》陌韵以屰为霸之异文，此殆陈第"屰，月初生也，读如《书》'哉生魄'之魄"所据。然《说文》"屰，不顺也"，屰与霸音义皆不同，不知《集韵》何据？

兕：吴棫养里切，以母；陈第音豕，书母。兕字《广韵》施是切，《集韵》赏是切，皆书母。吴棫读以母，殆吴棫口语以母有读书母之音。

（二）陈第声母特征

吴棫陈第声母的不同，有 82 个是陈第方音特征所致。

1. 清浊相混 29 个（浊音清化的缘故）。

服备白：并作帮；彭：并作滂；阜不：奉作非；孚：敷作奉；达：定作透；救：见作群；裘纠近旊旧：群作见；下获后祸夏：匣作晓；诵疾：从作精；卒：精作从；助：崇（崇从不分）作精；才：从（从船不分）作昌；逝：船作章；寿：书作禅；事野士：禅作书。

2. 云以影疑相混 14 个（云以影疑合流的缘故）。

友有右国雄：云作以；致$_1$祀$_1$奕育射绎：以作影；夜$_{1,2}$虞：疑作以。

3. 精庄章三组相混 18 个（闽语精庄章三组不分的缘故）：

子$_{1,2}$的：精作章；在：清作章；死鲜山试：书作心；萧双：生作心；蓆夕：邪作禅；作宰：精作庄；信写孙：心作书；叟骚：心作生；争：庄作章。

4. 非敷（奉）晓（匣）相混 14 个（闽语 h、f 不分的缘故）。

發$_2$反$_1$阪：非作晓；风：非作敷；反$_2$：敷作非；暇厚：匣作非；富：非作匣；幡：敷作晓；燔：奉作匣；妇繁蕃伐：奉作晓。

5. 端知二组相混 3 个（闽语端知不分的缘故）：

田垤：定作澄；浊：澄作定。

6. 知章二组相混 4 个（殆陈第方音知章合流的缘故）：

彻臭尺：彻作昌；昼：知作章。

下列 13 个不知所以，大概陈第方音混读者。

穴：吴棫户橘切，匣母；陈第"音绤"，溪母。

血：吴棫虚屈切，晓母；陈第"音绤"，溪母。

怛：吴棫旦悦切，端母；陈第"音铁"，透母。

保：吴棫补苟切，帮母；陈第"音剖"，滂母。，

硕：吴棫实若切，船母；陈第"音芍"，禅母。

饱：吴棫彼五切，帮母；陈第"音浮上声"，敷母。

时：吴棫士纸切，崇母；陈第"音始"，书母。

怿：吴棫弋灼切，以母；陈第"音弱"，日母。

拨：吴棫笔别切，帮母；陈第"音撇"，滂母。

完丸：吴棫胡勸切，匣母；陈第"音延"，以母。

训：吴棫许云切，晓母；陈第"音驯"，邪母。

造：吴棫此苟切，清母；陈第音走，精母。

（三）陈第口语的声母系统

王力先生《汉语音韵》说《切韵》的声母有 36 个。

牙音：见溪群疑

舌头音：端透定泥

舌上音：知彻澄娘

唇音：帮（非）滂（敷）并（奉）明（微）

齿头音：精清从心邪

正齿音：庄初床山照穿神审禅

喉音：影晓匣（喻三）余（喻四）

半舌音：来

半齿音：日

从陈第方音的特征，我们大致可以推出陈第口语的声母系统：

见溪，端透泥，帮滂明，精清心，影，晓，来，日。

三　韵不同分析

吴棫陈第韵不同者计149个。其中孙字吴棫苏昆切。孙，魂韵；苏昆切亦魂韵。"苏昆切"恐有误。陈第错误8例。

兵：吴棫逋旁切，陈第音邦。陈第邦字读阳唐韵。

䍐：吴棫谟郎切，陈第音盲。陈第盲字读阳唐韵。

苗：吴棫眉彪切，陈第音毛。吴棫举韩愈《楚国夫人墓铭》酬苗相押为证，陈第旁证袭用之。吴棫宵肴豪"古通萧"，因为韩愈的用韵又读幽韵。陈第苗音毛与尤韵字相押，则是尤侯幽与萧宵肴豪相混。

具：吴棫忌救切，陈第音臼。陈第臼字（有韵群母）读去声。

邦：吴棫悲工切，陈第音崩。陈第崩字读东韵。

告：吴棫讫岳切，陈第音骼。陈第骼字读同各。

地：吴棫唐佐切，陈第音沱。《毛诗古音考》"地，音沱……及读屈原《橘颂》'闭心自慎终不失过兮，秉心无私参天地兮'，过读平声，与沱正叶。又扬雄《羽猎赋》'鸟不及飞，兽不得过。军惊师骇，刮野扫地。'，与《橘颂》一例。吴才老收地入箇韵，读为堕，则过可如字读也。沱堕亦平去间耳。因并存之以备考。"陈第地字平去两可。按，《广韵》过字去声训误也越也责也度也，平声训经也。《橘颂》《羽猎赋》之过皆当读去声，陈第所证不妥。

遁：吴棫徒钧切，读谆韵；陈第注"平声"，读魂韵。陈第钧字读同魂韵。

其余140字比较如下。

（1）

讼：钟合作东合

诵：钟合作冬合

吴棫舒声第一部内部陈第合用2例。

（2）

喈阶才：齐开作之开

哉：齐开作脂开

斯：支开作之开

哀：微开作之开

莱试：之开作齐开

采：荠开作纸开

子$_{1、2}$在宰：荠开作止开

久偕：止开作旨开

时：纸开作止开

兕：止开作纸开

敏：旨开作荠开

来$_{4}$:、志开作至开

贻：至开作志开

害：祭开作霁开

艾：废开作寘开

载$_{2}$：霁开作祭开

大：霁开作至开

疾：至开作祭开

脱：队合作泰合

吴棫舒声第二部内部陈第合用 25 例。

谋$_{1、2}$：灰合作齐开

友有右：旨合作止开

母亩：贿合作荠开

败：队合作至开

佩：灰合作支开

火海负：贿合作止开

阕：霁合作未开

富：未合作霁开

秣：队合作霁开

爱：未开作未合

妇：纸合作止开

吴棫舒声第二部内部陈第开合分用 16 例。吴棫合口陈第作开口，其中可能另有原因。

（3）

饱暇厚：姥合作麌合

作：暮合作御合

耇垢助：语合作姥合

斗：麌合作姥合

虞：遇合作御合

吴棫舒声第三部内部陈第合用 9 例。

（4）

南男：侵开作青开

渊：谆开作真开

艰旐：真开作殷开

天：真开作青开

梦：登开作真开

姓：青开作清开

年贤：真开作青开

雄：蒸开作清开

翩争：青开作真开

终：蒸开作真开

训：文合作谆合

吴棫舒声第四部内部陈第合用 15 例。

存：谆合作真开

鳏：谆合作蒸开

惥₂：真开作清合

躬：登合作侵开

吴棫舒声第四部内部陈第有开合分用 4 例。

以上 4 例开作合、合作开与押韵无关。鳏字注："鳏，音矜。鳏矜可通用。"陈第不据今音转而读作矜。躬字注："躬，音金。愚按，《表记》引《国风》'我今不阅'，以躬为今。"陈第不据今音转而读作今。存字注："存，音秦。后转而为前音。"殆陈第方音存字读开口。惥₂字注："惥，音倾。"倾，去营切，清韵合口，陈第方音殆读开口。

（5）

幡：仙开作元开

安：仙开作先开

燔：仙合作先合

反₂：霰合作願合

吴棫舒声第五部内部陈第合用 4 例。

叹关啴：先合作先开

难餐：仙合作先开

反₁阪：狝合作铣开

贯：霰开作缐合

闲：仙开作先合

翰：先开作先合

繁蕃：仙合作元开

完丸：仙合作仙开

吴棫舒声第五部内部陈第开合分用 14 例。

（6）

吴棫舒声第六部缺例。

（7）

施：戈合作歌开

吴棫舒声第七部内部陈第合用 1 例。

（8）

兄觊往：阳合作唐合

彭：唐合作唐开

庚平₂：阳开作唐开

吴棫舒声第八部内部陈第合用 6 例。

（9）

慆枢茅叟骚：侯开作尤开

老好₁：厚开作有开

好₂孝：候开作宥开

报：宥开作幼开

吴棫舒声第九部内部陈第合用 10 例。

（10）

角脩戚：屋合作烛合

浊：烛合作屋合

吴棫入声第一部内部陈第合用 4 例。

（11）

服革：德开作职开

节载₁：质开作职开

麦祀₁：职开作质开

德：麦开作锡开

戒：职开作缉开

备：德开作质开

彻：质开作昔开

吴棫入声第二部内部陈第合用 10 例。

穴：术合作陌开

血：物合作陌开

育：术合作昔开

国：职开作昔合

吴棫入声第二部内部陈第合改开 4 例。

国音役，役字陈第殆读开口。穴血育三字合口改开口。吴棫入声第二部陈第似只有开口音。

（12）

葛契拨：薛开作屑开

甲：贴开作屑开

發₂伐：月合作月开

卫：薛开作月合

括怚：薛合作屑开

髪：月合作屑开

吴棫入声第三部内部陈第合用 10 例。

（13）

戟业：药开作觉开

溺：觉开作药开

迪逆昔：药开作铎开

吴棫入声第四部内部陈第合用 6 例。除舒声第二部、第五部开合吴棫陈第有参差外，吴棫陈第的古韵基本一致。

通过吴棫陈第古音的比较，可以说，《毛诗古音考》之"古音"没有真正"考"出来者。

第五章　吴棫陈第用韵比较

王力先生《汉语音韵》云："我们依照他的书（笔者按，指吴棫《韵补》）来分析一下，按平声说，古韵大致可以分为9部：

（1）东部（冬钟通，江或转入）

（2）支部（脂之微齐灰通，佳皆咍转声通）

（3）鱼部（虞模通）

（4）真部（谆臻殷痕庚耕清青蒸登侵通，文元魂转声通）

（5）先部（仙盐添严凡通，寒桓删山覃谈咸衔转声通）

（6）萧部（宵肴豪通）

（7）歌部（戈通，麻转声通）

（8）阳部（江唐通，庚耕清或转入）

（9）尤部（侯幽通）

单就吴棫所注通转分析，王先生的结论是正确的。所分9部虽说是草创，但尤侯幽合为一部不逊于顾炎武侯入鱼虞模、幽入萧宵肴豪。

读入某部的异质之音，与古韵无关。东部（冬钟通，江或转入），是东冬钟江合为一部，其中东冬钟的今音即古正音，江韵的叶音是古正音。东韵下所收阳唐送肿用绛调文萧魂耕蒸登侵咸15韵的字转读东韵之音是异质之音，虽与东韵相叶，但不属于东部。也就是说，古韵某部，应当剔除与某部相押的异质之音。

有人不同意吴棫古韵舒声9部的意见。赖江基《吴棫所分古韵考》说："认为吴棫将古韵分为九部，这差不多已经是音韵学界的定论了。例如张世禄教授的《中国古音学》（1930年版），王力教授的《中国音韵学》（1935年版，1956年重印时改名为《汉语音韵学》）和《汉语音韵

（1963 年版），董同龢教授的《汉语音韵学》（1950 年版），以及史存直教授的《汉语音韵学纲要》（1985 年版），都作如是观。其实，这是对吴氏《韵补》一书极大的误解。"并认为"吴氏所划分的古韵部是分别平上去入四声的，一共四十九部，按四声相承关系可以分为十四组。"赖江基在《韵补》研究上的失误，上文已经做了阐述。

第二章第二节说过，"赖江基关于吴棫古韵学的几篇文章，包括《〈韵补〉释例》（1985），《吴棫所分古韵考》（1986），《吴棫的古音观》（1989）等，发表至今鲜有异议，当今关于吴棫古韵学的说辞也大多是在演绎赖说。"比如张民权《宋代古音学与吴棫〈诗补音〉研究》说："不言而喻，上文所言才老阴阳入三类韵的类别，与《诗经》古韵部是不符的。但我们不妨把它们看作是才老《诗补音》的古今音系。以部目名称就是：①东钟部，②阳唐部，③真侵部，④魂痕部，⑤寒山部，⑥先仙部，⑦支齐部，⑧资思部，⑨皆来部，⑩鱼模部，⑪歌戈部，⑫家麻部，⑬尤侯部，⑭萧豪部，⑮屋烛部，⑯质职部，⑰屑雪部，⑱曷末部，⑲药铎部，⑳麦德部。"

赖江基说："《韵补》一书的古韵系统，基本上是吴棫音的今韵系统"，吴氏古韵部"按四声相承关系可以分为十四组。"（赖江基，1986）张民权说，《诗补音》的"古今音系"舒声 14 部、入声 6 部。

为了弄清事实，接下去拟通过杨简所引《诗补音》的材料，分别归纳吴棫《诗》韵和《诗补音》之《诗》外音证所见吴棫韵部，看看杨简所引《诗补音》韵文材料到底能归纳出几个韵部。

第一节　杨简所引《补音》

杨简（1141—1226），字敬仲，号慈湖，今浙江宁波人。传世著作中有《慈湖诗传》20 卷，原本已佚。《四库全书·〈慈湖诗传〉提要》："今从《永乐大典》所载裒辑成篇，仍勒为二十卷，又从《慈湖遗书》内补录自序一篇、总论四条，而以《攻媿集》所载楼钥与简论《诗》解《书》一通附于卷首，其他论辩若干条各附本解之下，以资考证……昔吴棫作《诗补音》十卷……《补音》久佚，惟此书所引尚存十之六七。"

今据《四库全书·慈湖诗传》，依次录其所载《诗补音》285 条。

其中 24 夜、101 萧、102 艾、104 嗟、105 施、106 国、108 檀、114 餐、121 双、123 环、126 服、129 闲、132 迈、133 考、136 鹄、140 姓、147 讯、151 结、162 福、163 牧等 20 条杨简缺反切，所载反切是馆臣据《韵补》所补；5 喈、25 讼、49 怒、51 救、93 哉、98 噎、116 溥、118 梦、130 餐、131 辐、144 驱、149 惨、173 闲、202 富、204 负、210 威、229 祀、231 庆、234 格、248 的等 20 条杨简缺反切或反切不清，馆臣无补，笔者据《韵补》之反切分别补之于各条末尾。另外，157 子《补音》无反切，《韵补》收在语韵，亦无反切。249 邮《韵补》无收，《补音》无反切，言"《集韵》一音'垂'"。此等皆随文作注。

所引《诗补音》中间有杨简言论，我们在引用时对疑似杨简的言论加【】号志之。

（1）《补音》云：思服，蒲北切。一作匐，又作犕。《士冠礼》"三加祝"皆"服"与"德"叶。《秦泰山刻石》"宾服"与"脩饬"叶，《碣石刻石》"咸服"与"灭息"叶。《诗》一十有六，无用今房六切一读者。【简窃意方言所至不同。匐作蒲北切则可，服作蒲北切则未安。安知服非扶北切，即与今房六切同母？今读当亦有所自，特微讹尔。】（《慈湖诗传》卷一《周南·关雎》）

（2）《补音》云：右采，此礼切。荀卿《赋篇》："此夫文而不采者与，简然易知而致有礼者与？"杜笃《论都赋》"采"与"已"叶。郭璞《客傲》"采"与"里"叶。陆云《赠顾尚书》"采"与"水"叶。（《慈湖诗传》卷一《周南·关雎》）

（3）《补音》云：瑟友，羽轨切。朋也。《史记·龟筴传》"与之为友"叶"民众咸有"。《易林·坎之乾》"孝友"与"兴起"叶。《楚辞·九章》"长友"与"有理"叶。汉《天马歌》"友"与"里"叶。崔骃《达旨》"友"与"已"叶。按，"采"有此苟切，"友"有云九切，宜从两读例。而《诗》用"友"韵凡十有一，无作云九切者，今定从一读。【《补音》专用于叶韵，而于芼、乐亦莫能通。简按，《诗》故不能皆叶，然歌《诗》之时，乐之余音亦颇叶。芼音若，芼、乐二音皆舌居中则尤叶。】（《慈湖诗传》卷一《周南·关雎》）

（4）《补音》云：芼，多读如邈。未详。【简观古用韵亦不拘拘反切，况芼音之转如邈欤？】（《慈湖诗传》卷一《周南·关雎》）

（5）《补音》于"喈喈"引《尚书大传》载乐曰："舟张辟雍，鸧鸽相从。八风回回，凤凰喈喈。"《太元·乐首》："钟鼓喈喈，管弦哜哜，或承之衰。"徐幹《齐都赋》"喈喈"与"所奇"叶。陆云《赠郑虔季》"喈喈"与"芳池"叶。《说文》以皆得声。汉蜀人赵宾好小数，以为气无箕子。箕子者，万物方荄兹也。颜师古曰："荄，音皆。古荄与箕音同。"（《慈湖诗传》卷一《周南·葛覃》）（《韵补》居奚切）

（6）《补音》：无斁，弋灼切。枚叔《七发》"无斁"与"诺"叶，与"石"叶。石，常约切。殷臣《奇布赋》"无斁"与"濯"叶。《礼记》作射，古射亦弋灼切。（《慈湖诗传》卷一《周南·葛覃》）

（7）《补音》：永怀，胡隈切。《释名》："怀，回也。"张衡《东京赋》"允怀"与"来摧"叶。汉《房中歌》"怀"与"归"叶。刘向《九叹》"怀"与"颓"叶。《左氏传》声伯之歌"吾怀"与"瑰""归"叶。扬子云《酒箴》"怀"与"危"叶。（《慈湖诗传》卷一《周南·卷耳》）

（8）觥，《补音》姑黄切（按原本姑误如）。《说文》觥以黄得声，俗从光。刘桢《鲁都赋》"觥"与"觞"叶。郑氏引《诗》皆作觵。（《慈湖诗传》卷一《周南·卷耳》）

（9）《补音》云：其华，芳无切。郭璞云："江东谓华为敷。"陆德明亦云："古读华如敷。"《易》曰："枯杨生敷（笔者按：敷当作华），老妇得其士夫。"《记》曰："不当华而华。"楚大夫屈原《九歌》"瑶华"与"离居"叶。汉《齐房乐章》"华"与"都"叶。扬子《反骚》"重华"与"苍梧"叶。光武曰："仕宦当作执金吾，娶妻当得阴丽华。"《急救章》"芜华"与"藜芦"叶。《易林》云："桃夭少华，季女宜家。君子乐滑，长利止居。"（《慈湖诗传》卷一《周南·桃夭》）

（10）《补音》云：家，公胡切。《左氏传》伯姬之占曰："姪其从姑，六年其逋。逃归其国，而弃其家。"虞人之箴曰："武不可重用，不恢于夏家。兽臣司原，敢告仆夫。"屈原《楚辞》"厥家"与"封狐"叶。《战国策》歌曰："长铗归来乎！食无鱼。"又曰："长铗归来乎！无以为家。"扬子云《酒箴》"家"与"乎"协。《龟策传》："渔者几何家，谁名为豫且。"或曰："家本音姑，为阿家，家即姑也。"未详。按，"华"有胡瓜切，"家"有居牙切，宜从有两读例。而《诗》八用华韵，七用家韵，无叶此二音者，今定从一读。且，子余切。（《慈湖诗传》卷一《周南·桃夭》）

（11）《补音》云：好仇，渠之切。汉赵王之歌曰："为王饿死兮，谁者怜之？吕氏绝理兮，讬天报仇。"《史记·龟策传》："囚而辱之，王难遣之。江河必怒，务求报仇。"（《慈湖诗传》卷一《周南·兔罝》）

（12）《补音》：有，羽轨切。《说文》痏、洧、鲔皆以有得声。《史记·封禅颂》"有"与"祉"叶。《龟策传》"有"与"纪"叶。《司马相如叙传》"有"与"始"叶。班固《西都赋》"有"与"里"叶。傅毅《洛都赋》"有"与"時"叶。按，"采"有此苟切，"有"有云九切，宜从两读例。而《诗》十用有韵，无作云九切者，今定从一读。（《慈湖诗传》卷一《周南·茉苢》）

（13）《补音》云：泳，于迸切。郭璞《江赋》："紫蒬荧晔以蒹被，绿苔鬖影予硱上。帆蒙笼以盖屿，萍实出而漂泳。"正用此读。（《慈湖诗传》卷一《周南·汉广》）

（14）《补音》：方，甫妄切。《尔雅》："舫，泭也"，疏云："水中为泭筏也。《汉广》'不可方思'，舫、方同。"（《慈湖诗传》卷一《周南·汉广》）

（15）《补音》：马，满补切。《秦琅琊刻石》"泽及牛马"，《索隐》音"姥"。《汉书》："仆射莽何罗谋反。"孟康曰："征和三年，通合侯马通，今言莽，明德皇后恶其先人有反，易姓莽。"颜师古："莽，莫户切。"案，必易"马"为"莽"者，以"马"与"莽"皆满补切。《左氏传》辛廖之占曰："震为土，车从马。"又童谣口："鸲鹆之羽，公在外野，往馈之马。"屈原《离骚经》"登阆风而绁马"与"哀高邱之无女"叶韵。《九歌》"絷四马"与"击鸣鼓"叶韵。汉乐章："灵之下，若风马。左苍龙，右白虎。"野，上与切。（《慈湖诗传》卷一《周南·汉广》）

（16）《补音》：其蒌，一读力俱切，一读力侯切。（《慈湖诗传》卷一《周南·汉广》）

（17）《补音》：其驹，一读居侯切。《易林·蹇之豫》曰："川深难遊，水为我忧。多虚少实，命鹿为驹。"（《慈湖诗传》卷一《周南·汉广》）

（18）《补音》云：居，姬御切。《周易》："屯见而不失其居，蒙杂而著。"韦元成《复玷》诗："昔我之队，畏不此居。今我度兹，戚戚其惧。"扬子云《卫尉箴》："茫茫上天，崇高其居。设置山险，昼为防御。"张衡《西京赋》："外有兰台金马，递宿迭居。次有天禄石渠，校文之处。"【《博雅》注云："尻，几声。"今"居"乃"箕倨"字也，居虑切。故《补音》用王肃读鱼据切。简谓居有姬音者，姑慈切，今方言有之，则去声姑自切矣。御即迓之方音。《聘礼》以讶为梧，梧、御同音，特高下不同耳。居，姑自切，庶于迓音通，岂至汉世始转为鱼据切欤？】（《慈湖诗传》卷二《召南·鹊巢》）

（19）降，《补音》胡攻切。《孟子》曰："降水者，洪水也。"《楚辞》四用降韵，徐邈皆胡攻切。扬子云《河东赋》"下降"与"丰隆"叶。马融《笛赋》"五降"与"八风"叶。阮籍《寄怀》"降"与"雄"叶。韩愈《刘统军碑词》："琳后来降，公不有功。"（《慈湖诗传》卷二《召南·草虫》）

（20）《补音》：下，後五切。（《慈湖诗传》卷二《召南·采蘋》）（此条据《击鼓》《凯风》收）

（21）《补音》：伐，一读扶废切。《周官·大司马》"九伐之法"，《考工记》"以象伐也"，刘昌宗皆读扶废切。柳下妻诔惠曰："夫子之不伐兮，三黜终不弊兮，岂弟君子，永能厉兮。"徐幹《西征赋》"西伐"与"旧制"叶。左思《魏都赋》"伐"与"制"叶。一读蒲拨切，字本作"友"。《开元五经文字》："友，音跋，犬走貌。《诗》'勿翦勿伐'，或作'跋'"。（《慈湖诗传》卷二《召南·甘棠》）

（22）《补音》：茇，一读蒲昧切。《周官》："中夏，教茇舍"，郑注云："茇，读如莱沛之沛。"（《慈湖诗传》卷二《召南·甘棠》）

（23）《补音》：败，蒲昧切。荀卿《赋篇》："功立而身废，事成而家败。弃其耆老，收其后世。"贾谊《鵩赋》亦与"世"叶。东方朔《七谏》"灭败"与"留滞"叶。《汉书·叙传》"败"与"制"叶。邵正《释讥》"败"与"义"叶。（《慈湖诗传》卷二《召南·甘棠》）

（24）夜，《补音》允具切（原本脱此六字）。宋玉《招魂》："娱酒不废沉日夜，兰膏明灭华灯错。"陆云《岁暮赋》"夜"与"暮"叶。又《张二侯颂》"夜"与"故"叶。《易林》"被发长夜"与"误"叶，"五日六夜"与"暮"叶，"明月照夜"与"故"叶，"独宿憎夜"与"故"叶，"晨夜"与"露"叶。（《慈湖诗传》卷二《召南·行露》）（允字当依《韵补》作元）

（25）《补音》：《太元·从首》："从不淑，祸不可讼也。从徽徽，后得功也。"挚虞《愍怀太子文》："昔之申生，含枉莫讼。今尔之负，报冤于东。"潘岳《关中诗》"讼"与"空"叶。《易林·井之益》"讼"与"功"叶。（《慈湖诗传》卷二《召南·行露》）（《韵补》墙容切）

（26）《补音》：皮，蒲禾切。《说文》波、坡、颇、跛皆以皮得声。白褒《鲁国记》曰："陈子游为鲁相蕃子也。国人为讳，改番曰皮。"案，国人所以讳者，以"番"与"蕃"字形相类；所以改"番"为"皮"者，以"番"与"皮"同蒲禾切。《左氏》华元谓役者曰："牛则有皮，犀兕尚多，弃甲则那。"役者曰："从其有皮，丹漆若何。"【綻，徒何反。】（《慈湖诗传》卷二《召南·羔羊》）

（27）《补音》：蛇，唐何切。《易林》："长蛇蜲蛇，画地为河。"扬子云《反离骚》"委蛇"与"九歌"叶。张衡《西京赋》"蛇"与"娥"叶。郭璞《流沙赞》"委蛇"与"余波"叶。《东方朔诗》"蛇"与"挼"叶。（《慈湖诗传》卷二《召南·羔羊》）

（28）《补音》：昴，力求反。毛、郑义皆作留。《说文》以卯得声。《集韵》音留，正引此诗。《汉志》二十八舍亦作留，言阳气之稽留也。（《慈湖诗传》卷二《召南·小星》）

（29）汜，音祀，《补音》养里切。《尔雅·释水》："决复入为汜。"汜，已也，如出有所为，毕已复还而入也。《楚辞·天问》："出自汤谷，次于蒙汜。自明及晦，所行几里？（按，原本脱"楚辞"以下二十字，据《韵补》补入。）"《说文》："汜，从水，巳声，《诗》'江有汜'"。又曰："洍，从水，臣声，《诗》'江有洍'。"徐铉曰："汜、洍音义同。"《集韵》皆养里切。【简攷汜，祥里切，其义则已。后人欲别其为水，故读作祀欤？《集韵》于汜、洍又并音祀，象齿切，亦皆以此诗为证。】（《慈湖

诗传》卷二《召南·江有汜》）

（30）《补音》：车，斥於切。刘熙《释名》："车，古者音居，言行所以居人也。今曰车，式遮切。"韦昭谓从汉始有居音，引《易》"载车"、《诗》"王姬之车"为证。不知"华"本音"敷"，而"车"与"塗""孤"叶用，尤显然见其为居。其论疏矣。【简谓居有姬音，乃姑慈切，则车亦有此音，今方言有之，而士大夫则必斥於切。】（《慈湖诗传》卷二《召南·何彼襛矣》）

（31）《补音》：孙，须伦切。荀卿书注云："汉宣帝名询，刘向编录故以荀卿为孙卿。"《五子之歌》"孙"与"君"叶。扬子云《元后诔》"孙"与"新"叶。马融《笛赋》"孙"与"声"叶。崔骃《轙铭》"孙"与"臻"叶。《汉书·叙传》"孙"与"濒"叶，又与"信"叶。师古："信，合韵音新。"案"荀"与"孙"古既皆音询，俱为嫌名。刘向独讳荀而不讳孙者，汉虽不讳嫌名，如以雉为野鸡，不讳治国之治，然偏傍之同者已或讳之，不能尽如三代之时矣。（《慈湖诗传》卷二《召南·何彼襛矣》）

（32）《补音》：于野，上与切。《左氏传》童谣曰："鸲鹆之羽，公在外野。"《穆天子传》王苔谣曰："万民平均，吾顾见汝。比及三年，将复而野。"司马相如赋"潎洌之野"与"浦"叶。扬子云《太仆箴》"野"与"鲁"叶。曹植《闲居赋》"野"与"宇"叶。徐锴亦云："埜，经典只用野。"（《慈湖诗传》卷三《邶·燕燕》）

（33）《补音》：南，尼心切。《白虎通》曰："南之为言任也，任养万物也。"《说文》以羊得声，羊音茬。徐锴《系传》曰："《毛诗》或用南为茬音。"陆云《喜霁赋》"南"与"音"叶。唐柳宗元《贞符》"南"与"心"叶。《淮西》"雅南"与"音"叶。《裴处士墓铭》"南"与"君"叶。（《慈湖诗传》卷三《邶·燕燕》）

（34）《补音》：渊，一均切。《楚辞·招魂》"渊"与"侁"叶。《急就章》："更卒归诚自诣因，司农少府国之渊。"班固《东都赋》"渊"与"珍"叶又与"鳞"叶，与"勤"叶又与"新"叶，两与"根"叶，无非萦年切者。（《慈湖诗传》卷三《邶·燕燕》）

（35）《补音》：霾，陵之切。《说文》以貍得声。颜延年《答谢灵运

诗》"霾"与"睽"叶。(《慈湖诗传》卷三《邶·终风》)

(36)《补音》:来,陵之切。《释文》亦云古音梨。《春秋》:"公会郑伯于时来",杜预曰:"荥阳东有釐城。"釐音来。《汉书·刘向传》引"我釐斄"。如"无说《诗》,匪鼎来。匪说《诗》,解人颐"之类,今人尚能知之。(《慈湖诗传》卷三《邶·终风》)

(37)【《补音》思,息慈切;兹,子之切。《广韵》《集韵》同。】(《慈湖诗传》卷三《邶·终风》)

(38)《补音》:兵,晡茫反。《左氏传》晋赵鞅之占曰:"是谓沈阳,可以兴兵。利以伐姜,不利于商。"荀卿《赋篇》"贰兵"与"疏堂"叶。《秦东观刻石》三句入韵,"戎兵"与"六王"叶。《会稽刻石》"甲兵"与"自彊"叶。《史记·龟筴传》"甲兵"与"元王"叶。扬子云《并州牧箴》"兵"与"荒"叶。(《慈湖诗传》卷三《邶·击鼓》)

(39)《补音》:南行,户郎切。(按,《韵补》尚有:"《左氏传》载《夏书》云:'有此冀方,今失其行。乱其纪纲,乃灭而亡。'曹植《夏桀赞》:'夏道既衰,生此桀王。婉娈是嘉,政违五行。'"云云)荀卿《赋篇》"礼仪之盛行"与"详"叶。《楚辞》"蜷局顾而不行"与"卿"叶,"历吉日兮余将行"与"粮"叶,"命謇謇而不能行"与"将"叶。《史记·龟筴传》"风将而行"与"黄"叶,"百姓莫行"与"详"叶,"荧惑退行"与"亡"叶。古行止之行皆户郎切。《诗》二十有五,无叶何庚切者。(《慈湖诗传》卷三《邶·击鼓》)

(40)忡,《补音》勒众切。潘岳《悼亡诗》"周旋忡惊惕"正用此读。【窃疑方今言心忡,之用切,心忧惕而动也。《广韵》《集韵》不见此字,殆即忡字。】(《慈湖诗传》卷三《邶·击鼓》)

(41)《补音》:马,满补切。说见《汉广》。(《慈湖诗传》卷二《邶·击鼓》)

(42)《补音》:下,後五切。说见《采蘋》。(《慈湖诗传》卷三《邶·击鼓》)

(43)《补音》:信,斯人切。班固《幽通赋》"苟无实其孰信",《叙传》"虔其忠信""包汉举信""欧致越信",张衡《思元赋》"启金縢而乃信",颜师古皆音新。《白虎通》"高辛者,道德大信也。"(《慈湖诗

传》卷三《邶·击鼓》)

（44）《补音》：南，尼心切。说见《燕燕》。（《慈湖诗传》卷三《邶·凯风》)

（45）《补音》：下，後五切。说见《采蘋》。（《慈湖诗传》卷三《邶·凯风》)

（46）《补音》：轨，举有切。车辙也。《说文》以九得声。《太元·锐首》"轨"与"醜"叶，《装首》"轨"与"遒"叶，《永首》"轨"与"後"叶。遒，天口切。（《慈湖诗传》卷三《邶·匏有苦叶》)

（47）《补音》：否，补美切。《秦琅邪议》："各守封域，或朝或否。相侵暴乱，残伐不止。"郤正《释讥》："闻仲尼之赞商，感乡校之益己。彼平仲之和羹，亦献可而替否。"张衡《西京赋》："街谈巷议，弹射臧否。剖析毫釐，擘肌分理。"（按，原本无《西京赋》四句，今从《韵补》增入）（《慈湖诗传》卷三《邶·匏有苦叶》)

（48）《补音》：友，羽轨切。其说见《关雎》。（《慈湖诗传》卷三《邶·匏有苦叶》)

（49）怒，《补音》云：《汉·酷吏传》"无值宁成之怒"，《元后传》"曲阳最怒"，《贾彪传》"伟节最怒"，皆上声。（《慈湖诗传》卷三《邶·谷风》)（《韵补》暖五切）

（50）死，《补音》想止切。（《慈湖诗传》卷三《邶·谷风》)

（51）救，《补音》云：《汉·谷永传》以"救"为"捄"。《集韵》："捄，居尤切。"（《慈湖诗传》卷三《邶·谷风》)（《韵补》居尤切）

（52）售，《补音》时周切。乐府《陇头水歌》："将顿楼兰膝（按，原本膝误滕，今校改），就解郅支裘。勿令如李牧，功多信不售。"韩愈《送刘师服诗》："赍材入市卖，贵者恒难售。岂不畏憔悴，为功忌中休。"（《慈湖诗传》卷三《邶·谷风》)（《韵补》居尤切）

（53）《补音》：节，子悉切。《说文》以即得声。《周易》："失家节"与"失"叶，"以中节""刚柔节"与"实"叶，"亦不知节"与"吉"叶。《太元》"守此节"与"一"叶，"守其节"与"膝"叶，"诎其节"与"术"叶。《季布叙传》"节"与"栗"叶。郭璞《客傲》"节"与"迹"叶。木华《海赋》"节"与"质"叶。（《慈湖诗传》卷三《邶·旄丘》)

（54）《补音》：久，举里切。《秦峄山刻石》三句入韵，"久"与"起"叶。宋玉《招魂》"久"与"里"叶。《史记》语曰："上下合同，可以长久。中外若一，事无表里。"《易林·坎之萃》"长久"与"福祉"叶。（《慈湖诗传》卷三《邶·旄丘》）

（55）谋，《补音》谟杯切。《周官·媒氏》郑注云："媒之言谋也。"《老子》："其安易持，其未兆易谋。"荀卿《成相篇》："知不用，愚者谋，前车已覆后未知。"又曰："主好议论必善谋，莫不理续主执持。"屈原《天问》"爰谋"与"揆之"叶。《哀时命》"深谋"与"逮之"叶。贾谊《鵩赋》"谋"与"时"叶。扬子云《廷尉箴》"谋"与"基"叶。每见人语音，亦有谓媒为眉者，则尤叶也。《氓》诗"谋"与"丝"叶。（《慈湖诗传》卷三《邶·泉水》）

（56）害，《补音》瑕懿切。《二子乘舟》同。《汉·夏侯叙传》"害"与"世"叶。王粲《阮籍诔》"害"与"滞"叶。（《慈湖诗传》卷三《邶·泉水》）

（57）门，《补音》眉贫切。荀卿《成相篇》"门"与"根"叶（按，原本根误作恨）。《赋篇》"门"与"神"叶（按，原本神误作补）。《楚辞·九章》"门"与"贫"叶。司马相如《大人赋》"门"与"垠"叶。扬子云《河东赋》"门"与"频"叶。《张良叙传》"门"与"心"叶。（《慈湖诗传》卷三《邶·北门》）

（58）艰，《补音》居银切。《释名》："艰，觐也。"（按，原本觐误根）《周官》"以恤民之艰阨"，郑注云："故书艰为觐。"崔骃《大理箴》"艰"与"人"叶。冯衍《显志赋》"艰"与"弦"叶。陆机《赠弟诗》"艰"与"辰"叶。柳宗元《闵生赋》"艰"与"陈"叶。（《慈湖诗传》卷三《邶·北门》）

（59）行，《补音》户郎切。说见《击鼓》。（《慈湖诗传》卷三《邶·北风》）

（60）景，《补音》举两切。夏侯湛《抵疑》"惠景"与"清响"叶。陆机《赠弟诗》"绝景"与"攘攘"叶。郭璞《毕方赞》"景"与"炳"与"上"叶。炳，补两切。上，是掌切。而颜师古《纠缪正俗》云，"上"有郢音，"炳"与"景"只如今读。未详。（《慈湖诗传》卷三

《邶·二子乘舟》）

（61）害，《补音》：暇懸切。说见《泉水》。（《慈湖诗传》卷三《邶·二子乘舟》）

（62）仪，《补音》牛何切。《周官注》"仪"作"义"，二字古皆音俄。《太元·争首》："阳气汜施，不偏不颇。物与争讼，各遵其仪。"《周易》："鼎耳革，失其义也。覆公𫗧，信如何也。"《古文尚书》"无偏无陂，遵王之义"，陂音坡。《韩诗》："仪，我也。"《史记》"欐船侍"，徐广：欐音仪，一音俄。《尔雅》𪏮，鱼奇切，字或作 。（《慈湖诗传》卷四《鄘·柏舟》）

（63）《补音》：天，铁因切。《白虎通论》曰："天者，身也。天之为言镇也。"《礼统》曰："天之为言神也（按，原本脱此二字），陈也，珍也。"《周易》："大明始终，六位时成，时乘六龙以御天。"又曰："时乘六龙，以御天也。云行雨施，天下平也。"荀子《成相篇》"参天"与"人人"叶。《赋篇》"天"与"形"与"成"叶。屈原《九歌》"冲天"与"愁人"叶，《九章》"薄天"与"伪名"叶。《汉乐章》："飞龙秋游上天，高贤愉乐民人。"班固《西都赋》"当天"与"顺人"叶。《诗》二十有三，无叶他年切者，下同。（《慈湖诗传》卷四《鄘·柏舟》）

（64）埽，《补音》苏后切。（《慈湖诗传》卷四《鄘·墙有茨》）

（65）《补音》：道，徒厚切。《史记·龟筴传》"道"与"纠"叶。边让《章华赋》"要道"与"素肘"叶。胡广《侍中箴》"周道"与"左右"叶。夏侯湛《抵疑》："奋笔扬文，议制论道，出草苗，起林薮。"班固《幽通赋》"赖道"与"灵茂"叶。颜师古曰："茂，合韵莫口切。"《周易》八，《太玄》五，皆止用此一读，下同。（《慈湖诗传》卷四《鄘·墙有茨》）

（66）宜，牛何切。《说文》"宜"古作宜，又作多，又作𡖂，皆自多而孳。《易林·离之姤》曰："君臣不和，上下失宜，宋子笑歌。"《仪礼·士冠礼》辞曰："爱字孔嘉，髦士攸宜。"（《慈湖诗传》卷四《鄘·君子偕老》）

（67）颜，《补音》鱼坚切。《说文》以彦得声。宋玉《神女赋》"颜"与"言"叶。司马相如《大人赋》"屑颜"与"连卷"叶。陆机

《叹逝赋》"颜"与"然"叶。郭璞《江赋》"颜"与"鲢"叶。陶潜《读山海经》"颜"与"年"叶。(《慈湖诗传》卷四《鄘·君子偕老》)

(68) 中,《补音》诸良切。《释名》"兄忪亦曰兄章,舅忪亦曰舅章",颜师古《纠缪正俗》既言"中"有"章"音。《汉书》"背尊章",师古注亦云:"今关中俗呼舅为钟。钟者,章之转也。"《太元·成首》"次五:'能处中也',次六:'不以让也'"。班固《泗水高祖碑》"中"与"伤"叶。胡综《大牙赋》"中"与"常"叶。(《慈湖诗传》卷四《鄘·桑中》)

(69) 宫,《补音》居王切。屈原《九歌》"朱宫"与"龙堂"叶。班固《泗水张敖铭》"南宫"与"无疆"叶。黄香《九宫赋》"宫"与"纲"叶。(《慈湖诗传》卷四《鄘·桑中》)

(70) 上,《补音》辰羊切。《楚辞》:"临渊兮汪洋,顾林兮忽荒。修余兮袿衣,骑霓兮南上。"下同。【简谓尚犹上也,亦有平声。】(《慈湖诗传》卷四《鄘·桑中》)

(71)《补音》:兄,虚干切。《白虎通》:"兄者,况也。"《释名》:"兄,荒也。"故青徐人谓兄为荒。汉语:"虽有亲兄,安知其不为狼。"《急就章》:"毕稚季,昭小兄。柳尧舜,乐禹汤。"晋谣曰:"后十四年,晋亦不昌,昌乃在其兄。"《楚辞·天问》"兄"与"长"叶。《易林》"以福为兄"与"光"叶,"喜为吾兄"与"觞"叶,"驾迎吾兄"与"黄"叶。(《慈湖诗传》卷四《鄘·鹑之奔奔》)

(72)《补音》:奔奔,逋珉切。崔骃《七依》"奔"与"人"叶。枣据《船赋》"奔"与"宁"叶。(《慈湖诗传》卷四《鄘·鹑之奔奔》)

(73) 京,《补音》居良切。扬子云《交州牧箴》"京"与"荒"叶。班固《东都赋》"汉京"与"永昌"叶。《急就章》:"门户井灶庑困京,榱边薄卢瓦屋梁。"陈琳《武华赋》"镐京"与"大荒"叶。《说文》廘与鱷以置得声,皆或从京。(《慈湖诗传》卷四《鄘·定之方中》)

(74) 田,《补音》地因切。颜师古《急就章》注云:"古者田、陈声相近。"晋舆人之谣曰:"佞之见佞,果丧其田。"汉童谣:"邪径贼良田,谗口害善人。"《易林·噬嗑之未济》曰:"邪径贼田,政恶伤民。"《节之井》曰:"宣发龙身,为王主田。"《太元·失首》"田"与"根"

叶。韩愈《越裳操》"田"与"臣"叶。张衡《南都赋》："开窦灑流，浸彼稻田。沟浍脉通，隄塍相辂。"（《慈湖诗传》卷四《鄘·定之方中》）

（75）《补音》：渊，一均切。说见《燕燕》诗。（《慈湖诗传》卷四《鄘·定之方中》）

（76）千，《补音》仓新切。《楚辞·招魂》"千"与"人"与"侁"叶。班固《西都赋》"千"与"门"叶。刘邵《赵都赋》（按，原本赵都二字脱）"千"与"仁"叶。《易林·观之比》"騄牝龙身，日驭三千。"正用此诗。一曰龙趾龙身。门，眉贫切。（《慈湖诗传》卷四《鄘·定之方中》）

（77）皮，《补音》一读蒲縻切，一读蒲何切。（《慈湖诗传》卷四《鄘·相鼠》）

（78）仪，《补音》一读鱼奇切，一读牛何切。（《慈湖诗传》卷四《鄘·相鼠》）

（79）《补音》：为，一读于妫切，一读吾禾切。"或寝或讹""民之讹言"，《开元五经文字》皆作譌，《说文》以为得声。《史记》引《书》"居南交南为"，正读"为"作"讹"。《楚辞·哀时命》："（按，此严忌作，非屈原楚辞也）知贪饵之近死兮，不如下遊乎清波。宁幽隐以远祸兮，孰侵辱之可为。子胥死而成义兮，屈原沉于汨罗。"《汉书·王莽传》"以劝南伪"，韦昭五戈切。"为"与"伪"皆当有讹音。（《慈湖诗传》卷四《鄘·相鼠》）

（80）驱，《补音》袪尤切。《释文》駈，音同。陆云《九愍》"駈"与"流"叶。（《慈湖诗传》卷四《鄘·载驰》）

（81）漕，《补音》徂侯切。《楚辞·招隐士》："禽兽骇兮亡其曹，王孙兮归来，山中兮不可以久留。（按，原本脱楚辞三句）"【简谓即今曹音之转】（《慈湖诗传》卷四《鄘·载驰》）（《韵补》漕曹皆徂侯切。）（所补三句是《韵补》曹字的音证。漕在曹后，馆臣误抄）

（82）《补音》：反，浮窳切。屈原《离骚经》："相道之不察兮，延伫乎吾将反。回朕车以复路兮，及行迷之未远。"荀卿《赋篇》："忽乎其极之远也，櫽兮其相逐而反也，卬卬兮天下之咸蹇也。"（按，原本脱荀卿赋篇三句）潘岳《西征赋》"不反"与"蓬转"叶。《太元·失首》

"反"亦与"转"叶。(《慈湖诗传》卷四《鄘·载驰》)

（83）薑，《补音》谟郎切。《说文》以亡得声。(《慈湖诗传》卷四《鄘·载驰》)

（84）行，《补音》户郎切。【芃，音蓬。尤，思之反。】(《慈湖诗传》卷四《鄘·载驰》)

（85）猗，《补音》乌何切。东方朔《七谏》："搴元芝兮列树芰荷（按，原本脱此句），橘柚萎枯兮苦李旖旎。"徐邈云："旖旎，《诗》作猗傩，乌可、乃可二切。"【简按，《王叔和脉诀》云："阿阿缓若春阳柳。"阿、猗一通欤？乌可切亦与磋叶。】(《慈湖诗传》卷五《卫·淇奥》)

（86）宽，《补音》区权切。韩愈《闵己赋》"平宽"与"贤"叶。白居易诗"王家庭院宽"与"天"叶。【简谓宽音轻清，宜枯爰切。殆今读宽音之转，自与言叶，亦不必枯爰切也。与《关雎》芼、乐叶，《君子偕老》翟、髢叶之类同。】(《慈湖诗传》卷五《卫·考槃》)

（87）盼，《补音》匹见切。按，《诗》与《论语》作盼，毛与《释文》作盼。《说文》盼从目，分。孙愐匹苋切。又"盼"，恨视也，从目，分声，孙愐止有胡计切一音。毛氏所注，许慎所引，陆德明所释，皆作盼而不作盼。以是知变而为盼者，殆未远也。又有从目从丂，从目从丏，皆眠见切。（按，盼、盼、盻，《韵补》皆匹见切。）陆机《高祖功臣颂》："烈烈黥布，盼盼其盻。名冠彊楚，锋犹骇电。"袁宏《三国名臣赞》"顾盼"与"变"叶，义皆当作"盼"，而字乃用"盼"。此类所见无虑数十，乃无一作"盼"，而其音皆与"倩""绚"相叶，盖不用考矣。【简按《说文》引"美目盼兮"，匹苋切。】(《慈湖诗传》卷五《卫·硕人》)

（88）邱，《补音》祛奇切。《左氏传》史苏之言："为雷为火，为嬴败姬。不利行师，败于宗邱。"齐谣曰："大冠若箕，修剑拄颐。攻狄不能，下垒枯邱。"《楚辞·九章》"邱"与"时"叶。《易林·履之遯》"邱"与"时"叶。(《慈湖诗传》卷五《卫·氓》)(《诗》作丘)

（89）关，《补音》圭元切，横木持门也。《易林·师之兑》"关"与"泉"叶，《大过之师》"关"与"冤"叶。刘歆《遂初赋》"乔关"与"翩翩"叶。卢湛《览古诗》"关"与"贤"叶。郭璞《客傲》"关"与"絃"

叶。刘禹锡《佛衣铭》"关"与"迁"叶。(《慈湖诗传》卷五《卫·氓》)

（90）耽，《补音》都森反。扬子云《兖州牧箴》："牧野之禽，岂能复耽。"张翰《杂诗》"耽"与"金"叶。陆云《赠郑虔季》"耽"与"金"叶。(《慈湖诗传》卷五《卫·氓》)

（91）《补音》：陨，于贫切。《集韵》"坠也"。应场《正情赋》"陨"与"鸣"叶。(《慈湖诗传》卷五《卫·氓》)

（92）行，《补音》户郎反。【简谓古初宜一音，后世欲别其详，故有去声。亦可户浪切，亦叶。】(《慈湖诗传》卷五《卫·氓》)

（93）【《补音》以哉叶思韵。】(《慈湖诗传》卷五《卫·氓》)(《韵补》笺西切)

（94）甲，《补音》吉协反。（按，原本吉误古）《楚辞·山鬼篇》"犀甲"与"接"叶。扬子云《太元赋》"首甲"与"裂"叶。【然则狎宜音协】(《慈湖诗传》卷五《卫·芃蘭》)（疑《补音》作古协反，馆臣据《韵补》改作吉协反）

（95）带，《补音》丁计切。《史记·平准书》"根带"，刘伯庄音"蒂"。《释名》："带，蒂也。著于衣如物之系蒂也。"《楚辞·九歌》"荷衣兮蕙带"与"逝"与"际"叶。汉封爵之誓曰："使黄河如带，泰山如厉。国以永存，爰及苗裔。"《易林·归妹之讼》"带"与"戾"叶。杜笃《论都赋》"衿带"与"滞"叶。陆云《赠郑虔季》"带"与"乂"叶。(《慈湖诗传》卷五《卫·有狐》)

（96）瓜，《补音》攻乎切。《说文》孤、罛、呱、瓠皆以瓜得声。《左氏传·卫侯梦人之谣》曰："登昆吾之虚，绵绵生之瓜。余为浑良夫，叫天无辜。"《易林·渐》之辞曰："穷老独居，莫为种瓜。"《急就章》："远志续断参土瓜，亭历桔梗龟骨枯。"【简按，《豳·七月》："七月食瓜，八月断壶。"】(《慈湖诗传》卷五《卫·木瓜》)

（97）玖，《补音》举里切。《说文》："玖，石之次玉黑色者，读若芑。"(《慈湖诗传》卷五《卫·木瓜》)

（98）噎，《说文》以壹得声。(《慈湖诗传》卷六《王·黍离》)(《韵补》益悉切)

（99）《补音》：脩，式竹切。《释名》："腊脯又名脩，缩也。"《庄

子》"翛然而往""翛然而来"，亦式竹切。《释文》一作"蓨"。（《慈湖诗传》卷六《王·中谷有蓷》）

（100）《补音》：歗，息六切。《集韵》"吹气若歌"。《说文》："啸，从口，肃声。"又云："籀文啸从欠。"（《慈湖诗传》卷六《王·中谷有蓷》）

（101）萧，《补音》疏鸠切。（按，原本此六字脱）《楚辞·九歌》"萧"与"忧"叶。又《九叹》"萧"与"愁"叶。（《慈湖诗传》卷六《王·采葛》）

（102）艾，《补音》鱼刈切。（按，原本此三字脱）《说文》以乂得声。《尚书》："乂用三德"，"从作乂"，"乂时旸若"，《汉书》皆作"艾"，无作牛盖切者。（《慈湖诗传》卷六《王·采葛》）

（103）穴，《补音》户橘切。《说文》鴥以穴得声。《淮南子》："水居窟穴，人民有室（按，原本脱此二句）。"《三略》："主任旧齿，万事乃理。主聘岩穴，士乃得实。"《易林·乾之咸》曰："三人求橘，反得丹穴。"《需之观》曰："河水孔穴，坏败我室。"《震之蹇》曰："蚁封户穴，天雨将集。"孔融诗："猿穴"与"不密"叶。（《慈湖诗传》卷六《王·大车》）

（104）嗟，《补音》遭哥切。（按，此三字原本脱）边让《章华赋》"嗟"与"波"叶。阮籍《咏怀诗》"嗟"与"河"叶。郭璞《江赋》"嗟"与"阿"叶。陆机诗亦然。（《慈湖诗传》卷六《王·丘中有麻》）

（105）《补音》：施，诗戈切。（按，此三字原本脱）《楚辞·天问》"安施"与"伊何"叶。汉高祖《戚夫人歌》"施"与"何"叶。（《慈湖诗传》卷六《王·丘中有麻》）

（106）国，《补音》越逼切。（按，此三字原本脱）《博古图》周南宫鼎"光相南国"，周穆公鼎"南国""东国"皆作"或"。《说文》："或，邦也。"孙愐于逼切。徐锴曰："俗作古获切。"（《慈湖诗传》卷六《王·丘中有麻》）

（107）玖，《补音》举里切。《说文》正引此诗而读如芑。（《慈湖诗传》卷六《王·丘中有麻》）

（108）檀，《补音》徒沿切。（按，此三字原本脱。）《易林·临之蹇》："手挶不便，不能伐檀。"便，毗连切。张衡《南都赋》："楈枒枰桐，棫柘檍檀。结根笁本，垂条婵媛。"（按，《南都赋》以下原本脱）（《慈湖诗传》卷六《郑·将仲子》）

（109）狩，《补音》始九切。《左氏》"天王狩于河阳"，《穀梁》作"守"。班固《荅宾戏》："孔终篇于西狩"，颜师古音守。（《慈湖诗传》卷六《郑·叔于田》）

（110）弓，《补音》姑宏切。《公羊传》书"黑弓"，《左氏》《穀梁传》皆作"黑肱"。《仪礼》"侯道五十弓，弓二寸，以为侯中"，注云："今文改弓为肱。"《左氏传》引古诗曰："翘翘车乘，招我以弓。岂不欲往，畏我友朋。"《楚辞·九歌》"弓"与"惩"叶。枚乘《七发》"弓"与"浔"叶。（《慈湖诗传》卷六《郑·大叔于田》）

（111）英，《补音》於良切。《说文》以央得声。《出车》诗《释文》：央央，本作英英，同於良切。荀卿《赋篇》"世英"与"强"叶。《离骚经》"落英"与"何伤"叶。《九歌》"英"与"央"叶。冯衍赋"英"与"洋"叶。张衡赋"流英"与"朝阳"叶。古英雄之英、英华之英皆为此读。（《慈湖诗传》卷六《郑·清人》）

（112）侯，《补音》洪姑切。《史记》"斩卢胡王"，《汉书》作"侯"。《左氏传》童谣曰："鸲鹆趹趹，公在乾侯，徵褰与襦。"《易林·师之井》曰："苑子妙才，戮辱伤肤。然后相国，封为应侯。"张衡《西京赋》"侯"与"拘"叶。扬雄《解嘲》"侯"与"驱"叶。《董仲舒叙传》"侯"与"车"叶。柳宗元《吊长弘辞》"侯"与"图"叶。（《慈湖诗传》卷六《郑·羔裘》）

（113）加，《补音》一读居之切。《三略》："柔有所设，刚有所施。弱有所用，强有所加。兼此四者，而制其宜。"《楚辞·天问》"加"与"亏"叶。扬雄《长杨赋》"加"与"夷"叶。一读居何切。《楚辞·九怀》"加"与"和"叶。《七谏》"加"与"何"叶。张衡《西京赋》"加"与"过"叶。魏明帝《桐诗》"加"与"柯"叶。（《慈湖诗传》卷六《郑·女曰鸡鸣》）

（114）餐，《补音》逡缘切。（按，原本以上三字脱，今补）古诗："周公下白屋，吐哺不及餐。一沐三握发，后世称圣贤。"挚虞《思遊赋》

"餐"与"乾"叶。韩愈《秋怀》诗"餐"与"前"叶。(《慈湖诗传》卷六《郑·狡童》)

(115) 巷,《补音》胡贡切。《离骚经》:"启九辨与九歌兮,夏康虞以自纵。不顾难以图后兮,五子用失乎家巷。"(《慈湖诗传》卷六《郑·丰》)

(116) 溥,本亦作团。颜师古《纠缪正俗》云:"《郑诗》'零露溥兮',古本有水傍作専,亦有单字者,后人辄为团字。吕氏《字林》雨下作専,训云'露貌',音上兖切。"(《慈湖诗传》卷六《郑·野有蔓草》)(《韵补》上兖切)

(117)《补音》:明,谟郎切。荀卿书"昭昭乎其智之明"与"详"叶,"为天下明"与"忘"叶,"契元王、生昭明"与"商"叶。又引古诗:"如雪霜之将将,日月之光明。"《楚辞》"夜皎兮既明"与"桑"叶,"步列星而极明"与"方"叶。《秦东观刻石》"原道至明"与"阳"叶。《会稽刻石》"追首高明"与"庄"叶。汉《房中歌》"承帝之明"与"彊"叶。唐虞之"元首明哉"与"股肱良哉""庶事康哉"为韵。《周易》"其辨明也"与"长"叶,"不足与有明也"与"刚"叶。徐邈《楚辞释音》"明"音"亡"。《白虎通》:"清明风者,清芒也。"(《慈湖诗传》卷七《齐·鸡鸣》)

(118)《补音》:《正月》诗"视天梦梦",沈重读。扬雄《甘泉赋》"梦"与"绳"叶。《太元·遇首》:"幽遇神,及师梦。"(《慈湖诗传》卷七《齐·鸡鸣》)(《韵补》莫藤切)

(119) 间,《补音》居贤切。《汉书·李广传》:"自以大黄射其裨将。"服虔曰:"黄有,弩也。"晋灼曰:"黄肩即黄间也。"司马相如《上林赋》:"赤瑕驳荦,杂臿其间,晃采琬琰,和氏出焉。"班固《西都赋》:"裛以藻绣,络以纶连。随侯明月,错落其间。"张衡《南都赋》"间"与"颠"叶。曹植《瑟瑟歌》"间"与"阡"叶。韩愈《孟东野失子》诗"间"与"贤"叶。【简观今京语,间之余音亦有肩音。】(《慈湖诗传》卷七《齐·还》)

(120) 颠,《补音》典因切。司马相如《上林赋》:"长啸哀鸣,翩翩互经。夭矫枝格,偃蹇杪颠。"汉童谣:"黄雀巢其颠"与"人"叶。

《易林·贲之丰》曰："采薪得麟，大命陨颠。"《噬嗑之未济》"颠"与"民"叶。扬雄《元后诔》"颠"与"盈"叶。(《慈湖诗传》卷七《齐·东方未明》)

(121)《补音》：双，疏工切。(按，原本三字脱)孔臧《格虎赋》："耳目丧精，值网而冲。局然自缚，或只或双。"《史记·龟筴传》："祸与福因，刑与德双。"扬雄《河东赋》"双"与"东"叶。后汉语："殿中无双丁孝公"；"五经无双许叔重"；"天下无双，江夏黄童""荀氏八龙，慈明无双"；"任文公，智无双"。(《慈湖诗传》卷七《齐·南山》)(因字当是同字之误)

(122)《补音》：亩，一读满罪切，古作晦。《说文》以每得声。宋玉《高唐赋》"亩"与"止"叶。《楚辞》"亩"与"芷"叶。张衡《东京赋》"亩"与"已"叶。一读满补切。《易林·归妹之坤》"亩"与"暑"叶。班固《西京赋》"亩"与"矩"叶。韩愈《元和圣德诗》"亩"与"祖"叶。柳宗元《招海贾文》"亩"与"睹""舞"叶。(《慈湖诗传》卷七《齐·南山》)

(123)环，《补音》胡涓切。(按，原本五字脱)马融《广成颂》"环"与"园"叶。曹植《美女篇》"环"与"翩翩"叶。何晏《景福殿赋》"环"与"源"叶。颜延年《北湖应诏诗》"环"与"天"叶。(《慈湖诗传》卷七《齐·卢令》)

(124)鳏，《补音》姑伦切。《楚辞·天问》："舜闵在家(按，原本脱舜闵二字)，又何以鳏？尧不姚告，二女何亲？"(《慈湖诗传》卷七《齐·敝笱》)

(125)夕，《补音》祥龠切。《淮南子》："施之无穷，而无所朝夕。舒之弥于六合，卷之不盈一握。"李兴《诸葛亮表闾之文》："仁智所处，能无规廓。日居月诸，时隙其夕。"郭璞《江赋》："域之以盘岩，豁之以洞壑。疏之以沱汜，鼓之以朝夕。"陶潜《自祭文》："故人凄其相悲，同祖行于今夕。羞以嘉蔬，荐以清酌。"陆云《夏府君诔》："瞻彼日月，岁聿云夕。寒暑穷化，四辰交错。"(《慈湖诗传》卷七《齐·载驱》)

(126)《补音》：服，鼻墨切。(按，原本三字脱)《易林·困中之孚》曰："丝纻布帛，人所衣服。掺掺女手，纺绩缝织。"《士冠礼》云：

"令月吉日，始加元服。弃尔幼志，顺尔成德。"《秦泰山刻石》："皇帝临位，作制明法，臣下修饰。廿有六年，初并天下，罔不宾服。"三句一韵。（按，《士冠礼》以下从《韵补》补入）（《慈湖诗传》卷七《魏·葛屦》）

（127）母，《补音》满罪切。《易林·泰之否》曰："陟岵望母，役事未已。"《淮南子》："以天为父，以地为母，阴阳为经，四时为纪。"蔡邕《崔夫人诔》："昔在敬姜，陪臣之母。劳谦纺绩，仲尼是纪。"偕，苟起切。（按，《淮南子》以下原本脱去四十四字。）（《慈湖诗传》卷七《魏·陟岵》）

（128）《补音》：偕，苟起切（笔者按，此四字原脱，见上条）。《楚辞·九辩》："四时递来而卒岁兮，阴阳不可与俪偕（按，原本俪误作俨）。白日晼晚其将入兮，明月销铄而减毁。"《太元·亲首》："次三：'失其体也'，次四：'宾主偕也'。"余见《丰年》诗。（《慈湖诗传》卷七《魏·陟岵》）

（129）闲，《补音》何甄切。（按，原本三字脱）扬雄《太仆箴》"闲"与"愆"叶。曹植《瑟瑟歌》"闲"与"然"叶。【简观今京语率如此，盖今京语之余音如轩，而《补音》遂何甄，则又过之矣。】（《慈湖诗传》卷七《魏·十亩之间》）

（130）餐，《补音》：郤正《释讥》"时献一策，偶进一言。释彼官责，慰此素餐。"（《慈湖诗传》卷七《魏·伐檀》）（《韵补》逡缘切）

（131）《补音》：辐，《说文》以畐得声。许慎凡辐皆读如偪。《荀子》引逸诗"涓涓流水，不壅不塞。毂既破碎，乃大其辐。事已败矣，乃重太息。"《易林·蹇之中孚》曰："登山伐辐，虎在我侧。"【简按，《广韵》畐，芒笛反。简疑辐，芳逼切尔，庶与今读不异母。】（《慈湖诗传》卷七《魏·伐檀》）（《韵补》笔力切）

（132）迈，力制切。（按，原本三字脱）《说文》以蠆得声，许慎读蠆如厉。孔臧《格虎赋》："都邑百姓，莫不于迈。陈列路隅，咸称万岁。"魏文帝《述征赋》"迈"与"岁"叶。程晓《赠傅休奕诗》："三光飞景，玉衡代迈。龙集甲子，四时成岁。"皇甫谧《释劝》"迈"与"际"与"会"叶。（《慈湖诗传》卷八《唐·蟋蟀》）

　　（133）《补音》：考，去九切。（按，原本四字脱）《说文》以丂得声，又曰丂音糗。范蠡曰："上帝不考，时变是守。"《易林·困之巽》"皇考"与"饮酒"叶。《萃之井》"考"与"臼"叶。边让《章华赋》"考"与"肘"叶。（《慈湖诗传》卷八《唐·山有枢》）

　　（134）保，《补音》补苟切。汉《房中歌》："加被宠，咸相保。德施大，世曼寿。"韩愈《路常侍墓铭》"保"与"咎"叶。（《慈湖诗传》卷八《唐·山有枢》）

　　（135）沃，《补音》郁缚切。"其叶沃若"，徐邈读。"六辔沃若"，沈重读。郭璞《沃民赞》："爰有大野，厥号曰沃。凤卵是吞，灵膏是酌。"刘向《新序》夏民之歌"沃"与"乐"字"跞"字叶。《易林·震之屯》曰："扬水潜凿，使石洁白。衣素表朱，遊戏皋沃。得君所愿，心志娱乐。"正用此诗。白，仆各切。（《慈湖诗传》卷八《唐·扬之水》）

　　（136）鹄，《补音》居号切。（按，原本此三字脱）《汉·地理志》"鹄泽"，孟康音"告"。《吕氏春秋》"鹄乎其羞用志虑也"，高诱音"浩"。（《慈湖诗传》卷八《唐·扬之水》）

　　（137）刍，《补音》侧九反。【转为平声则侧鸠切。韩愈《驽骥》诗："力小苦易制，价微力易酬。渴饮一斗水，饥食一束刍。"《补音》侧九切无据，当从平声。（按，吴棫《韵补》引韩愈此诗作初尤切，亦从平声读。）】（《慈湖诗传》卷八《唐·绸缪》）

　　（138）隅，《补音》语口切。【转为平声则鱼侯切。《易林》"候伺山隅"与"忧"叶，"家在海隅"与"流"叶。扬雄《反离骚》"或鼻祖于汾隅"与"侯"叶。《补音》语口切无据，当从平声。】（按，吴棫《韵补》隅作鱼侯切，引梁鸿诗"隅"与"休"叶，亦从平声读者。据此，则《补音》与《韵补》亦微有异同，抑必欲以刍、隅协逅字耶。）（《慈湖诗传》卷八《唐·绸缪》）

　　（139）者，《补音》掌与切。《史记》秦琊邪刻石"无不臣者"，《索隐》音"渚"。《楚辞·九歌》："搴芳洲兮杜若，将以遗乎远者。时不可兮骤得，聊逍遥兮容与。"王褒《九怀》："天门兮地户，孰由乎贤者。无正道兮隈侧，怀德兮何睹。"司马相如赋："鼓严簿，纵獠者。江河为阹，泰山为橹。"《易林·离之剥》曰："从乔彭祖，西过王母。道里夷易，无敢难者。"韩愈《元和圣德诗》："并包畜养，无异细钜。亿载万年，敢有违者。"柳宗元《牛赋》："或穿缄縢，或实豆俎。由是观之，物无踰者。"（《慈湖诗传》卷八《唐·绸缪》）

（140）姓，《补音》桑经切。（按，原本三字脱）《说文》以生得声。《左氏传》"公孙生"亦作"姓"。古钟鼎"姓"作"生"。汉童谣："游平卖印自有平，不避高贤及大姓。"（按，原本"印"讹作"卯"，"避"讹作"壁"。）（《慈湖诗传》卷八《唐·杕杜》）

（141）巅，《补音》典因切。《说文》以颠得声。《集韵》："颠，典音切。"王褒《洞箫赋》"颠"与"根"叶。《易林·比之解》曰："耕石山巅，费种家贫。"《随之明夷》曰："日在阜巅，乡昧为昏，小人成群。"（《慈湖诗传》卷八《唐·采苓》）（《集韵》典音当作典因）

（142）信，《补音》斯人切。（《慈湖诗传》卷八《唐·采苓》）

（143）硕，《补音》常约切。大也。《礼记》谚有之曰："人莫知其子之恶，莫知其苗之硕。"《太元·断首》："我心孔硕，乃后有铄。"《说义》以石得声。《汉·石显传》民歌曰："牢耶石耶，五鹿客耶。印何累累，绶若若耶。"（《慈湖诗传》卷九《秦·驷驖》）

（144）《补音》：《周官》"驱逆之车。"萧该《汉书音义》"驱""駈"皆居懼切。班固《东都赋》："举烽伐鼓，申令三驱，轻车霆激，骁骑电骛。"蔡邕《释诲》"驱"与"数"与"路"叶。嵇康赋"驱"与"赴"叶。黄香《九宫赋》"驱"与"御"叶。【简谓轻懼切】（《慈湖诗传》卷九《秦·小戎》）（《韵补》区遇切）

（145）裘，《补音》渠之切。《易林·剥之巽》曰："蔡侯两裘，久苦流离。"《大过之困》曰："送我貂裘，与福载来。"来，陵之切。《说文》以求得声。曹大家《东征赋》："贵贱贫富不可求分，正身履道以俟时分。"古"求"亦渠之切。（《慈湖诗传》卷九《秦·终南》）

（146）栎，《补音》历各切。《说文》以乐得声。《左氏传》"在栎"，《释文》书灼切。"辅栎"，力各切。《汉书》"都栎阳"，苏林音"药"。（《慈湖诗传》卷九《秦·晨风》）

（147）讯，《补音》息悴切。（按，原本三字脱）《释文》又作谇。《开元五经文字》谇音崇，注云：《诗》"歌以谇之。"《龙龛手鑑》虽醉

切，亦引此诗，而以"讯"为"誶"，以"之"为"止"。（《慈湖诗传》卷九《陈·墓门》）

（148）《补音》：思予，演女切。颜师古《纠缪正俗》曰："予当读如与，不当读如余。"《诗》"或敢侮予""将伯助予""女转弃予"，《楚辞》"目眇眇以愁予""何寿夭兮在予"，皆无"余"音。郑康成《曲礼》注云："余、予古今字。"非也。未详。（《慈湖诗传》卷九《陈·墓门》）

（149）《补音》云：古书静躁或作趮。《史记》"摉板檀"，《索隐》音"操"。《吴谷朗碑词》："名枭豹产，勋齐往踪"，又以"参"为"枭"。二字古盖通用。《说文》："懆，愁不安也"；"惨，毒也"。《唐韵》："懆，采老切"；"惨，七感切。"此诗音义皆当作懆，变而为惨者，传写之讹或二字互用，故以惨为懆。《开元五经文字》书"惨"为"懆"，又云："忧而不乐也。"（《慈湖诗传》卷九《陈·月出》）（惨，《韵补》采早切又七到切。吴棫谓"当读如操"。）

（150）枕，《补音》知輂切。《释名》："枕，检也，所以检项也。"《周易》："险以枕，入于坎窞。"亦以"枕"韵"窞"。【《补音》此切未安。《诗》固自有微叶而不切者，纵此切叶，则宜占敛切，乃今音之微转。若知輂切，则差甚矣。】（《慈湖诗传》卷九《陈·泽陂》）

（151）《补音》：结，激质切。（按，原本三字脱）《说文》以吉得声。《荀子·成相篇》："治复一，修之吉，君子执之心如结。"苏秦语："言语相结，天下为一。"（按，原本八字脱）扬雄《解嘲》："周网解结，群鹿争逸。离为十二，合为六七。"皇甫谧《释劝》："春华发萼，夏繁其实。秋风逐暑，冬冰乃结。"古诗："青青陵中草，倾华晞朝日。阳春被惠泽，枝叶可揽结。"陆机《陆抗诔》："经纶至道，终始自结。德与行满，英与言溢。"（《慈湖诗传》卷九《桧·素冠》）

（152）飘，《补音》匹妙切。曹植《感节赋》"远飘"与"笑"字"照"字叶。（《慈湖诗传》卷九《桧·匪风》）

（153）《补音》：万年，祢因切。《太元·务首》"次五：'无益人也'，"次六：'利当年也'"。《楚辞·哀时命》："生天地之若过兮，忽烂漫而无成。愿一见阳春之白日兮，恐不终乎永年。"《汉书·序传》："封禅郊祀，登秩百神。协律改正，飨兹永年（按，原本四字脱）。"又《西都赋》"年"与"麟"叶，又《灵台》诗"年"与"神"叶。《春秋》"公子年夫"，《老氏》《穀梁》皆作"佞"。"佞"，平声。夏侯湛《抵疑》"佞"与"倾"为韵。(《慈湖诗传》卷十《曹·鸤鸠》)

(154)火，《补音》虎隗切。《说文》："火，煅也，物入则皆毁坏也。"《方言》："煤，火也。"呼塊切。郭璞曰："楚转语也，犹齐言'娓'，火也。"《汝坟》："王室如煅"，孙炎曰："方言有轻重，故以火为煅也。"按《易林·同人之渐》曰："魁行摇尾，逐云吹火。"《泰之旅》曰："从风吹火，牵骐骥尾。"《需之大有》曰："乘舟渡济，载冰逢火。"《剥之坤》曰："从风放火，获芝俱死。"《未济之渐》曰："穿靿挹水，篝铁然火。"(《慈湖诗传》卷十《豳·七月》)

(155)發，《补音》方吠切。《说文》废以发得声。"壹發五犰""献尔發功"，徐邈皆读如"废"。刘伯庄《史记音》:《孔子世家》"發中权"，"發"音"废"。《平原君传》"而未發"，亦云："十九人轻笑之，未能即废。"《太元·应首》"次七：'恶败类也'，"次八：'应其發也'"。张衡《东京赋》·"奉车既引，先辂乃發。鸾旗皮轩，通帛葺旆。桓(按，原本桓误作柏)麟《七说》："骑不失踪，满不虚發。弹轻翼于高冥(按，原本讹作真)，穷疾足于方外。"(《慈湖诗传》卷十《豳·七月》)

(156)《补音》：烈，力制切。古"厉山氏"亦作"烈"。扬雄《校猎赋》："元冬季月，天地隆烈。万物权舆于内，徂落于外。"张衡《西京赋》："雨雪飘飘，冰雪惨烈。百卉具零，刚虫搏鸷。"(《慈湖诗传》卷十《豳·七月》)

(157)《补音》读与"户"叶。《易林·师之泰》《随之睽》皆"子"与"女"叶。《夬之萃》"子"与"主"叶，《同人之家人》"子"与"与"叶，《同人之恒》"子"与"所"叶，《太元·去首》"子"与"主"叶。韩非曰："慈母有败子，严家无格虏。"(《慈湖诗传》卷十《豳·七月》)(《补音》《韵补》皆无音切)("读与'户'叶"，《韵补》收在语韵)

(158)寿，《补音》殖酉切。颜师古《纠缪正俗》："或曰：年寿之字，北人读为受音，南人读授音，何者为是？答曰：两音皆通。《南山有台》'遐不眉寿'，此则言受。嵇康诗'颐神养寿'，'散发岩岫'，此则音授也。"按，张衡《东京赋》"三寿"与"国叟"叶。荀卿《蚕赋》："身女好而头马首者与？屡化而不寿者与？有父母而无牝牡者与？"王俭《释奠》诗："咨此含生，跻彼仁寿。淳移雅缺，历兹长久。"梁元帝《元览赋》："惟天纵于副后，踰启诵而为首。既论儒而肃成，复断狱于长寿。"（《慈湖诗传》卷十《豳·七月》）

（159）飨，《补音》虚良切。汉《房中歌》："嘉荐芳矣，告灵飨矣。告灵既飨，德音孔臧。"《郊祀歌》："阘流离，抑不祥。宾百僚，山河飨。"颜师古皆读如乡。（《慈湖诗传》卷十《豳·七月》）

（160）《补音》：不瑕，洪孤切。《史记·龟筴传》："日辰不全，故有孤虚。黄金有疵，白玉有瑕。事有所疾，亦有所徐。"《太元·众首》："军或累车，文人摧挐，内蹈之瑕。"《礼记》引《诗》"瑕不谓矣"，郑云："瑕之为言胡也。"秦晋以前，凡从叚者，在平则读如胡，魏晋之间读如何，齐梁之后读为胡加切。《楚辞·远游》："漱正阳而含朝霞，精神入而粗气除。"司马相如《大人赋》："回车揭来兮会食幽都，呼吸沆瀣兮餐朝霞。"曹植《洛神赋》"升朝霞"与"出渌波"叶，左思《蜀都赋》"霞"与"峨峨"叶，此以"霞"为"何"也。又《魏都赋》"瑕"与"罗"叶。陆机《应嘉赋》"遐"与"波"叶，此以"遐"为"何"也。韩愈《元和圣德诗》"瑕"与"柎"叶，又以"遐"为"古"。白居易《效陶诗》"瑕"与"坐"叶。（《慈湖诗传》卷十《豳·狼跋》）

（161）享，《补音》虚良切。《汉·郊祀歌》："嘉笾列陈，庶几宴享。灭除凶灾，烈腾八荒。"又曰："声气远条，凤凰来翔。神夕奄虞，盖来孔享。"颜师古皆音香。（《慈湖诗传》卷十一《小雅一·天保》）

（162）福，《补音》笔力切（按，原本三字脱）。从示，畐声。《汉·贾谊传》"疏者或制大权以福天子"，颜师古曰："福，古逼字。"《周易》："乃徐有说，以中直也。利用祭祀，受福也。"又曰："井渫不食，行恻也。求王明，受福也。"《秦琅琊刻石》："皇帝之德，存定四极。诛乱除害，兴利致福。"汉《房中歌》"福"与"德"叶。班固《明堂诗》"福"与"职"叶。【简疑孚力切，恐古逼字亦有此切】（《慈湖诗传》卷十一《小雅一·天保》）

（163）牧，《补音》莫笔切。（按，原本三字脱）扬雄《青州牧箴》

"牧"与"极"叶与"石"叶。阮籍《大人先生传》"牧"与"则"叶与"国"叶。(《慈湖诗传》卷十一《小雅一·出车》)

(164)载，《补音》节力切。《易林·蹇之既济》曰："车不利载，请求不得。"郑氏于《诗》"载驰载驱""春日载阳""在宗载考""载起载行"，皆曰："载之言则也。"(《慈湖诗传》卷十一《小雅一·出车》)

(165)《补音》："维其时矣"，上纸切。"播时百谷"，王肃作"是"；"敛时五福"，马融作"是"。"是"亦上纸切。《易林·兑之蹇》曰："心愿所喜，乃今逢时。"《史记·龟筴传》："富有天下，贵为天子。然而大傲，欲无厌时。"王粲《七释》："不以志易道，不以身后时。进德修业，与世同理。"李尤《阳德赋》："协三灵之纯壹兮，正阶衡以统理。参日月以并昭兮，合厚德于四时。"(《慈湖诗传》卷十一《小雅一·鱼丽》)

(166)《补音》：臺，田饴切。《释名》："臺，持也，筑土坚高能自胜持也。"汉《柏梁台七言》卫尉曰"周御交戟禁不时"，光禄勋曰"总领从官柏梁臺"，廷尉曰"平理请谳决嫌疑。"《易林·损之恒》曰："良大孔姬，挟悝登臺。"《汉乐章》："天马徕，龙之媒，遊阊阖，观玉臺。"扬雄作《大匠箴》："春秋刺饥，书彼泉臺。两观雉门，而鲁以不恢。"桓君山《仙赋》"臺"与"芝"叶。陆机《挽歌》"臺"与"騏"叶。徕，陵之切。(《慈湖诗传》卷十一《小雅一·南山有台》)

(167)《补音》：有莱，陵之切。陆玑《草木疏》："莱，藜也。"徐锴《说文系传》曰："此言'莱，蔓华'，《尔雅》作釐，与莱同，娄才切。"锴知同为娄才切，不知同为陵之切也。郭璞《遊仙诗》："京华遊侠窟，山林隐遁栖。朱门何足荣，未若讬蓬莱。临源挹清波，陵阿掇丹荑。"枸，俱羽反；椇，音庾。(《慈湖诗传》卷十一《小雅一·南山有台》)

(168)耇，《补音》：崔骃《慰志赋》"耇"与"举"叶。陆机《愍怀太子文》"耇"与"宇"叶。韩愈《元和圣德诗》"耇"与"午""古"叶，又"下"与"厚"皆後五切，亦叶。【然则耇宜果户切，而《补音》果羽切，失母。】(《慈湖诗传》卷十一《小雅一·南山有台》)

(169)《补音》：後，下五切。《汉·沟洫志》白渠之歌："郑国在前，白渠起後。举臿为云，决渠为雨。"孟韦《讽谏诗》："乡国渐世，垂烈于後。遒及夷王，克承厥绪。"严忌《哀时命》："使枭扬先道兮，白虎为之前後。浮云雾而入冥兮，骑白鹿而容与。"东方朔《客难》"後"与"鼠"叶。扬雄《河东赋》"後"与"叙"叶。又《赵充国赞》"後"与"武"叶。(《慈湖诗传》卷十一《小雅一·南山有台》)

（170）写，《补音》赏羽切。谚云："书三写，鱼成鲁，帝成虎。"韩愈《元和圣德诗》："末乃去闑，骇汗如写。挥刀纷纭，争切脍脯。"【然则宜思羽切，而《补音》赏羽切，何也？】(《慈湖诗传》卷十一《小雅一·蓼萧》)

（171）《补音》：贶，虚王切。《左氏传》伯姬之占曰："士刲羊，亦无衁也。女承筐，亦无贶也。"《楚辞·九章》："茶荠不同亩兮，兰茝幽而自芳。惟佳人之永都兮，更统世以自贶。(按，原本四句脱)"徐邈音："衁，呼光切。"(《慈湖诗传》卷十一《小雅一·彤弓》)

（172）《补音》：载，子例切。《秦琅琊刻石》"载"与"意"叶。(按，原本"意"讹作"旨")屈原《九章》"载"与"置"叶。崔骃《太尉箴》"载"与"尉"叶。《晋祠庙歌》"载"与"备"叶。(《慈湖诗传》卷十一《小雅·彤弓》)

（173）闲，《补音》：应场《驰射赋》"闲"与"仙"叶。今京语闲音之余有虚焉切之音。(《慈湖诗传》卷十一《小雅一·六月》)(《韵补》何甄切)

（174）宪，《补音》虚言切。《礼记》"《武》坐，致右，宪左"，郑氏："宪读如轩，声之误也。"《版》诗"天之方难，无然宪宪"，毛云："宪宪犹欣欣也"，亦如轩。(《慈湖诗传》卷十一《小雅一·六月》)

（175）友，《补音》羽轨切。《易林·屯之小过》曰："初忧后喜，与福为市。八佾列陈，饮御嘉友。"《需之损》"仲友"与"鲤"叶，或用此诗。(《慈湖诗传》卷十一《小雅一·六月》)

（176）《补音》：衡，户郎切。横也。《楚辞·九歌》"衡"与"芳"叶。又《惜誓》"衡"与"藏"叶。《易林·泰之晋》"衡"与"强"叶。《大壮之谦》"衡"与"乡"叶。《急就章》"衡"与"裳"叶。(《慈湖诗传》卷十一《小雅一·采艺》)

（177）珩，《补音》部郎切。张衡《思玄赋》："袭温恭之黻衣兮，

被礼义之绣裳。办贞亮以为鼛兮，杂伎艺以为珩。"（《慈湖诗传》卷十一《小雅一·采芑》）（部郎当是户郎之误）

（178）渊（齾），《补音》於巾切。《开元五经文字》："齾音因。"《诗》："伐鼓齾齾。"《有瞽》诗"鼓咽咽"。《集韵》"齾"与"咽"於巾切，又同一均切。今存一均切。【简谓渊字宜从一均切，咽亦如字。】（《慈湖诗传》卷十一《小雅一·采芑》）

（179）《补音》：奕奕，一读夷益切，一读弋灼切。班固《奕旨》："北方之人，谓棋为奕。宏嗣说之，举其大略。"陆机《七徵》："敷延袤之广庑，矫陵宵之高阁。秀清辉兮云表，腾藻荫之奕奕。"陆云《喜霁赋》"奕奕"亦与"阁"叶。又《祖德颂》"奕奕"与"廓"叶。陆冲《风赋》"奕"与"薄"叶。（《慈湖诗传》卷十一《小雅一·车攻》）

（180）《补音》：金舄，一读思积切，一读七雀切。《说文》或从佳，或从昔，知岁所在，与"鹊"同。《太元·逃首》："足金舄，不忘沟壑。"陆云《逸民赋》"舄"与"漠"叶。（《慈湖诗传》卷十一《小雅一·车攻》）

（181）《补音》：有绎，一读夷益切，一读弋灼切。宋玉《九辨》"绎"与"廓"叶。扬雄《甘泉赋》"绎"与"错"叶。（《慈湖诗传》卷十一《小雅一·车攻》）

（182）《补音》：祷，当口切。《易林·兑之咸》《离之讼》《小畜之坎》"祷"皆与"酒"叶。（《慈湖诗传》卷十一《小雅一·吉日》）

（183）《补音》：俟，于纪切。《开元五经文字》亦云"矣"。（《慈湖诗传》卷十一《小雅一·吉日》）

（184）《补音》：寡，果五切。《三略·军谶》曰："吏多民寡，尊卑相苦。"《吴子》曰："薪刍既寡，大多阴雨。"《易林·人过之泰》曰："当年少寡，独与孤处。"东方朔《七谏》"寡"与"辅"叶。《史记·叙传》："天下已平，亲属既寡。悼惠先壮，实镇东土。"班固《幽通赋》"寡"与"御"叶。《汉书·陈汤传》"斩宛王母鼓之首"，颜师古曰："《西域传》作母寡，而此作母鼓。'寡''鼓'声相近，盖未知此。《韩诗外传》："三升曰觚。觚，寡也。"（《慈湖诗传》卷十一《小雅一·鸿雁》）

（185）《补音》：宅，达各切。《说文》"託也。"《汉书注》臣瓒曰："古文宅、度同"。扬雄《解嘲》："爰清爰静，遊神之廷。惟寂惟寞，守德之宅。"廷，音定。《兖州牧箴》："成汤五徙，卒都于亳。盘庚北渡，牧野是宅。"马融《笛赋》："王孙保其位，隐处安林薄。官夫乐其业，士子世其宅。"班固《泗上樊哙赞》："命惠瞻仰，安全正朔。国师是封，先荣是宅。"李兴《诸葛亮碑辞》："昔尔之隐，卜唯此宅。仁智所处，能无规廓。"张协《七命》："金华启逢，大人有作。继明代照，配天光宅。"《周官·缝人》注"度"音"宅"，正谓此音。而陆德明云："古文宅与度字相近，因此而误。"藉使改宅为度，不知谓度音度者，果何义也？《礼记》引《诗》"宅是镐京"。《周官》注引《书》"宅西曰昧谷"。《史记》引《书》"五流有宅""五宅三居""三危既宅"，皆正书宅为度。汉去古未远，故所读尚如此。（《慈湖诗传》卷十一《小雅一·鸿雁》）

（186）《补音》：煇，许云切。《史记》："断戚夫人手足，去眼煇之。"又"薰粥"，"薰"作"煇"。张衡《西京赋》："金釭玉阶，彤庭煇煇。珊瑚琳碧，瓀珉璘彬（按，原本璘误作璞字）。"向晨之时，东方之明升矣，庭燎之光渐微，而见薰煇烟光相杂。（《慈湖诗传》卷十一《小雅一·庭燎》）

（187）旂，《补音》渠斤切。孔武仲云："旂从斤，以《诗》与《左传》验之，合音芹字。芹、畿声相似，故后人相承，误矣。"《左氏传》晋下阳之谣曰："丙之晨，龙尾伏辰。袀服振振，取虢之旂。"武仲所引即此也。《礼记》"旂期称道"，注云："旂期或为旂勤。"此一音多类此。（《慈湖诗传》卷十一《小雅一·庭燎》）

（188）《补音》：牙，讹胡切。《易林·讼之鼎》曰："虎聚磨牙，以待豚猪。"《太元·夷首》："夷其牙，或饫之徒。"《毅首》："豨毅其牙，发以张狐。"《急就章》："欵冬贝母薑狼牙，亭历桔梗龟骨枯。"韩愈《毛颖传》中山之占："不角不牙，衣褐之徒。"扬雄《豫州牧箴》："陪臣执命，不虑不图。王室陵迟，丧其爪牙。"《汉·地理志》"允吾"，应劭音铅牙。扬雄《长杨赋》"雅"与"祜"叶，班固《东都赋》"雅"与"武"叶，此皆当读如五。牙本如吾，雅亦本如伍也。《周易·大畜》"豶豕之牙"，郑氏读牙如互。《汉书》"宗族盘互"，颜师古曰："盘结而

交互也，字或作牙，若犬牙相入之意。"自吾为互，声之转尔，师古或未知此。（《慈湖诗传》卷十二《小雅二·祈父》）

（189）《补音》：客，克各切。《楚辞·九章》《九辨》"客"皆与"薄"叶。《汉·石显传》："牢耶石耶，五鹿客耶。印何累累，绶若若耶。"《易林·未济之丰》曰："崔嵬北岳，天神贵客。"《师之颐》曰："重门击柝，备不速客。"《太元·童首》："大开帷幕，以引方客。"古诗："人生天地间，忽如远行客。驱车策驽马，遊戏宛与洛。"《左氏传》"以陈备三愙"，徐锴曰："今俗作恪。"按，古客皆读如恪。（《慈湖诗传》卷十二《小雅二·白驹》）

（190）《补音》：于池，唐何切，停水曰池。《前汉书》引《周官》："川曰呼池、呕夷。"《后汉书》"无为山林陂池"，皆徒何切。《集韵》通作沱。《说文》从水，它声。徐铉曰："沱沼之沱通用此字，今别作池，非是。"铉盖以沱为池，不知池本为沱也。《说文》引《诗》"滮池北流"，正作沱。《汉乐章》："泊如四海之池，遍观是耶谓何。"扬雄《羽猎赋》："相与集于靖冥之馆，以临珍池。灌以岐梁，益以江河。"东方朔《七谏》："鸾皇孔凤日以远兮，畜凫驾鹅。鸡鹜满堂坛兮，蛙黾遊乎华池。"刘邵《赵都赋》："北连昭余，南属呼池。西盼大陵，东结潦河。"索靖《草书状》："骐骥暴露偃其骳，海水宛隆扬其波。元熊对踞乎山岳，飞燕相追而差池。"（《慈湖诗传》卷十二《小雅二·无羊》）

（191）雄，《补音》于陵切。《左氏正义》云："'兆如山陵，有夫出征，而丧其雄'，皆是繇辞。繇辞法皆类韵。"又云："古人读雄与陵为韵，《诗·正月》《无羊》皆以雄韵陵韵蒸，是其事也。"又云："张叔皮论曰：'宾爵下华，田鼠上腾。牛哀虎变，鲧化为雄。久血为燐，积灰生蝇。'或疑张叔皮读熊为能。著作郎王邵云：古人读熊与雄者皆于陵切，张叔皮用旧韵。"孔颖达曰："案《诗》中《无羊》与《正月》及《襄公十年》卫卜御寇之繇，皆以雄韵陵，邵言是也。"《楚辞·九歌》："终刚强兮不可凌，身既死兮神以灵，魂魄毅兮为鬼雄。"《汉》沙麓之占："阴为阳雄，水火相承。"《易林·谦之需》曰："翱翔桂林，为众鸟雄。"《蛊之无妄》曰："麋鹿悲鸣，思其大雄。"《兑之节》曰："妻子啼痛，早失其雄。"（《慈湖诗传》卷十二《小雅二·无羊》）

（192）殆，《补音》：《楚辞·天问》"殆"与"止"叶，又《九章》"殆"与"恃"叶。《史记·龟筴传》"殆"与"起"叶。《易林·睽之益》"殆"与"祉"叶，《小畜之大有》"殆"与"齿"叶。【然则宜地里切。《补音》养里切，失母矣】（《慈湖诗传》卷十二《小雅二·节南山》）

（193）届，《补音》居气切。古作曁。何晏《景福殿赋》："鸟企山峙，若翔若滞。峨峨嶵嶵，罔识所届（按，原本识讹作试）。"木华《海赋》："鹬如惊凫之失侣，倏如六龙之所掣。一越三千，不终朝而济所届。"刘邵《赵都赋》："声曜纷纭，泽浸宇内。元正三朝，莫不来届。"王粲《浮海赋》："吐星出日，天与水际。其深不测，其广无臬。章亥所不及，卢敖所不届。"（《慈湖诗传》卷十二《小雅二·节南山》）

（194）阕，《补音》眭桂切。止也。（《慈湖诗传》卷十二《小雅二·节南山》）

（195）《补音》：诵，疾容切。宋玉《九辩》："然中路而迷惑兮，自压按而学诵。性愚陋以褊浅兮，信未达乎从容。"徐邈读。（《慈湖诗传》卷十二《小雅二·节南山》）

（196）《补音》：万邦，卜工切。《说文》以丰得声。《释名》："邦，丰也，封有功于是也。"韦孟诗："至于有周，历世会同。王赧听谮（按，原本赧误赪），实绝在邦。"刘向《九叹》："声哀哀而怀高邱兮，思愁愁而思旧邦。愿承间而自恃兮，径淫曀而道壅。"曹植《责躬诗》："武则肃烈，文则时雍。受禅炎汉，君临万邦。"晋《石举歌》："既宴既喜，翕是万邦。礼仪卒度，物有其容。"又《大预舞歌》："群生属命，奄有庶邦。慎徽五典，元教遐通。"孔子曰："无体之礼，上下和同。无服之丧，以畜万邦。"魏觊《西岳碑词》："赫赫在上，以畜万邦。维岳降神，实生群公。"（《慈湖诗传》卷十二《小雅二·节南山》）

（197）《补音》：局，讫力切。曲也。《集韵》：局，讫力切。字或作焗。《说文》："挶，戟持也。从手，局声。"《鸱鸮》诗以挶为拮，毛氏训拮为撠。《开元五经文字》："挶，亦作撠。局皆当音戟。"（《慈湖诗传》卷十二《小雅二·正月》）

（198）厉，《补音》力蘖切。《礼记》"男鞶革"，注云："鞶革，即磬裂。"《诗》云"垂带如厉",《释文》音列。《礼记·祭法》"厉山氏",《左氏传》作"烈山"。刘邵《赵都赋》"漂厉"与"泊越"叶。左思《蜀都赋》:"大火流,凉风厉。白露凝,微霜结。"又"厉"与"节"叶。颜延年《马赋》"厉"与"悦"叶。(《慈湖诗传》卷十二《小雅二·正月》)

(199)《补音》:意,乙力切。《秦之罘刻石》:"经纬天下,永为法式。宇县之中,承顺帝意。"《周易》:"南狩之志,乃大得也。入于左腹,获心意也。"《楚辞·天问》:"厥萌在初,何所意焉?璜台十成,谁所极焉?"刘向《九叹》"意"与"侧"叶。贾谊《鹏赋》"意"与"息"叶,颜师古读。(《慈湖诗传》卷十二《小雅二·正月》)

(200)椓,《补音》都木切。《集韵》:椓,都木切,字从手。此诗当从手。(《慈湖诗传》卷十二《小雅二·正月》)

(201)《补音》:出,尺遂切。徐锴《说文系传》云:"出又音吹,去声。故《诗》曰'匪舌是出,维躬是瘁'"。(《慈湖诗传》卷十二《小雅二·雨无正》)

(202)富,【《补音》所引唯《易林·坤之萃》"福优重职,乐且日富",而遂音偪。】(《慈湖诗传》卷十三《小雅三·小宛》)(《韵补》笔力切)

(203)《补音》:又,夷益切。【唯曰叶韵,别无证,未安。"富"或有二音,或《易林》字讹,不可知也。】(《慈湖诗传》卷十三《小雅三·小宛》)

(204)负,《补音》:《礼记》"天子负斧",依注,负之言倍也。《史记正义》"负命毁俗""庶士负禄",皆读如"倍"。(《慈湖诗传》卷十三《小雅三·小宛》)(《韵补》簿猥切)

(205)擣,《补音》当口切。今言倾倒之倒犹谓之斗,古之遗音也。(《慈湖诗传》卷十三《小雅三·小弁》)

(206)梓,【《补音》引张衡《南都赋》"梓"与"里"叶,潘尼《赠陆机》诗"梓"与"纪"叶。然则宜浆理切,而《补音》浆礼切,未安。】(《慈湖诗传》卷十三《小雅三·小弁》)

(207)《补音》:母,满罪切。荀卿《赋篇》:"簪以为父,管以为

母，既以缝表，又以缝里。"辞或拟此。（《慈湖诗传》卷十三《小雅三·小弁》）

（208）在，《补音》：《易林·坤之讼》"在"与"起"叶，《鼎之暌》"在"与"礼"叶，《大过之颐》"在"与"喜"叶，《晋之蹇》"在"与"纪"叶。《楚辞·离骚》"在"与"理"叶，《天问》"在"与"子"叶，又"在"与"趾""死""止"叶。【然则音荠，而《补音》此礼切，未安，失母也。】（《慈湖诗传》卷十三《小雅三·小弁》）

（209）先，《补音》思晋切。先后也。《楚辞·九歌》："镞蔽日兮敌若云，矢交坠兮士争先。"《招魂》："郑卫妖玩来杂陈，《激楚》之结独秀先。"韩愈《祭兄文》："奈何于今，又弃而先。生不偕居，疾药不亲。"古"先"平则斯人切，去则思晋切。（《慈湖诗传》卷十三《小雅三·小弁》）

（210）《补音》"威""畏"同。"天威棐忱"，今作"畏"。《礼记》引《书》"德威惟畏"，今《尚书》作"畏"。（《慈湖诗传》卷十三《小雅三·巧言》）（《韵补》纡胃切）

（211）《补音》：盟，谟郎切。《史记·叙传》："杀鲜放度，周公为盟。大任十子，周以宗强。"又曰："不背何盟，桓公以昌。"《易林·解之益》："黄池要盟，越国以昌。"《恒之蛊》"盟"与"梁"叶。《观之泰》"盟"与"强"叶。（《慈湖诗传》卷十三《小雅三·巧言》）

（212）阶，《补音》：班固《幽通赋》："懿前哲之纯淑兮，穷与达其必济。哀孤矇之眇眇兮，将圮绝而罔阶。"颜师古曰："济，合韵子齐切。"扬雄《冀州牧箴》："六国奋矫，乃绝其维。牧臣司冀，敢告在阶。"班固《西都赋》"阶"与"迷"叶。曹植《应诏诗》"阶"与"隈"叶。皇甫谧《释劝》"阶"与"颓"叶。潘尼《乘舆赋箴》"阶"与"恢"叶。阶，居奚切。【简疑音荄。】（《慈湖诗传》卷十三《小雅三·巧言》）

（213）舍，《补音》商居切。息也。《说文》：郤，"从邑，舍声"。又曰："余，语之舒也……舍省声"。《公羊传》书君"舍"，《左氏》《穀梁传》皆作"荼"，音"舒"。自"舒"而挚，又有伤遇切一音。《史记》："舍者，日月所舍；舍者，舒气也。"屈原《离骚经》："余固知謇謇之为患兮，忍而不能舍也。指九天以为正兮，夫惟灵脩之故也。"东方朔《七谏》："哀形骸之离解兮，神罔两而无舍。惟椒兰之不反兮，魂迷惑而不知路。"司马相如《上林赋》："若此辈者，数千百处。嬉遊往来，宫宿馆舍。"《扬之水诗序》毛氏作"屯戍"，韩氏作"屯舍"。(《慈湖诗传》卷十三《小雅三·何人斯》)

(214)《补音》：翩翩，纰苓切。《汉书·叙传》："魏其翩翩，好节慕声。"《晋·载记》京师歌："凉州鸱苕寇贼消，鸱苕翩翩愁杀人。"陆机《大暮赋》："庭树兮华落，墓草兮根陈。松柏兮郁郁，飞鸟兮翩翩。(按，原本四句脱)"(《慈湖诗传》卷十三《小雅三·巷伯》)

(215) 幡，《补音》芬邅切。犹翩翩也。孙绰《天台山赋》："泯色空以合迹，忽即有而得元。释二名之同出，消一无于三幡(按，原本'一无'误作'无一')。恣语乐以终日，等寂然于不言。"《说文》作蟠。蟠，叶韵亦当作此读。案字以番得声者，古皆与先为韵。翻，芬邅切。张衡《西京赋》："建戏车，树脩旃。俟童逞材，上下翩翻"魏文《寡妇赋》："水凝兮成冰，雪落兮翻翻。伤薄命兮寡独，内惆怅兮自怜。"蕃，分愈切。张衡《南都赋》："固灵根于夏叶，终三代而始蕃。非纯德之宏图，孰能揆而处旃。"傅元诗："颙颙兆民，蠢蠢戎亶。率土充庭，万国奉蕃。"藩，分愈切。扬雄《甘泉赋》："雷郁律于岩窔兮，电倏忽于墙藩。鬼魅不能自逮兮，半长塗而下颠。"《晋阳后文》："济济南阳，为屏为藩。本枝菴蔼，四海荫焉。"以致潘尼《赠陆机诗》："今子徂东，何以赠旃？寸晷为宝，岂无玙璠"读璠芬邅反。左思《魏都赋》："琴高沉水而不濡，时乘赤鲤而周旋。师门使火以验术，故将去而林燔。"读燔汾乾切。曹植《名都篇》："归来燕平乐，美酒斗十千。脍鲤腩鰕鱼，炮鳖炙熊蹯。"读蹯汾乾切。陆云《寒蝉赋》："望北林以鸾飞，集樛木而龙蟠。彰信义于严时，禀清诚乎自然。"读蟠频眠切。此音今皆不复见矣。(《慈湖诗传》卷十三《小雅三·巷伯》)

(216)《补音》：予，演女切。《纠谬正俗》读如与。(《慈湖诗传》卷十三《小雅三·谷风》)

(217)《补音》：予，演汝切。曹植《文帝诔》："如何奄忽，摧身后土。俾我茕茕，靡瞻靡顾。嗟嗟皇穹，胡宁忍予。"(《慈湖诗传》卷十三

《小雅三·四月》)

（218）浊，《补音》厨玉切。《孺子之歌》"浊"与"足"叶。民歌灌夫曰："颍水浊，灌夫族。"刘向《九叹》"浊"与"俗"叶。郦炎诗"浊"与"禄"叶。成公绥《啸赋》"浊"与"木"叶。（《慈湖诗传》卷十三《小雅三·四月》)

（219）天，《补音》铁因切。（《慈湖诗传》卷十三《小雅三·四月》)

（220）渊，《补音》一均切。《旱麓》诗："鸢飞戾天，鱼跃于渊。恺悌君子，遐不作人。"《易林·益之小畜》曰："鸿飞戾天，避害于渊。虽有锋门，不能危身。"班固《东都赋》："耻纤靡而不服，贱奇丽而不珍。捐金于山，沈珠于渊。"（《慈湖诗传》卷十三《小雅三·四月》)

（221）《补音》：贤，下珍切。刘向《校列子录》云："字多错误，以贤为形。"荀卿《成相篇》："曷为贤，明君臣。上能尊主爱下民。"又曰："尧让贤，以为民，泛爱兼，德施均。"《赋篇》："或厚或薄，帝不齐均。桀纣以乱，汤武以贤。"《三略·军谶》："群吏朋党，各进所亲。招举奸枉，抑挫仁贤。"《史记·叙传》："庄王之贤，乃复国陈。"又曰："子产之仁，绍世称贤。"《汉书·公孙叙传》："既登爵位，禄赐颐贤。布衾蔬食，用俭饰身。"《何王叙传》："哀平之卿，丁傅莽贤。武嘉戚之，乃丧厥身。"（《慈湖诗传》卷十四《小雅四·北山》)

（222）《补音》：议，鱼羁切，论也。《纠谬正俗》：或问曰："今人读议为宜，得以通否？"答曰："《诗》云'或出入风议，或靡事不为'，故知议有宜音。"东方朔《七谏》："高阳无故而委尘兮，唐虞点灼而毁议。谁使正其真是兮，虽有八师而不可为。"崔骃《达旨》："行有枉径，而我弗随。臧否在予，唯世所议。"今释氏亦有宜音。（《慈湖诗传》卷十四《小雅四·北山》)

（223）痻，《补音》眉贫切。刘氏《七经小传》云："博士读痻为邸，非也。痻当为痻。痻，病也。字误尔。"《桑柔》诗"瘏"武巾切，一音昏。《集韵》"痻"与"珉"同，亦训"病"。字书"民"与"氏"多互用，如"缗"与"緡"皆音"民"。恐此诗本作"瘏"，读如珉。或痻亦自有珉音。（《慈湖诗传》卷十四《小雅四·无将大车》)

（224）《补音》：冥，莫迥切。《集韵》正引此诗。《晋·乐志》地郊飨神歌"冥冥"与"景"叶。至傅咸赋《毛诗》云："无将大车，维尘冥冥。济济多士，文王以宁。"又读为平声。（《慈湖诗传》卷十四《小雅四·无将大车》）

（225）《补音》：暇，胡故切。贾谊《鵩赋》"闲暇"与"故"叶。张衡《东京赋》"府库"与"未暇"叶。《七辩》"闲暇"与"束素"叶。（《慈湖诗传》卷十四《小雅四·小明》）

（226）《补音》：戚，子六反。《左氏传》作蹙。《释名》："戚，蹙也。"《说文》蹙以戚得声。《集韵》"戚""蹙"皆子六反。《太元·亲首》："孚于肉，其志资戚。"（《慈湖诗传》卷十四《小雅四·小明》）

（227）《补音》：喈喈，居奚切。徐幹《齐都赋》："磬管锵锵，钟鼓喈喈。制度之曲，非众所奇。"（《慈湖诗传》卷十四《小雅四·鼓钟》）

（228）湝湝，《补音》弦鸡切。后汉谣："谐不谐，在赤眉。"《周泽传》时人语曰："生世不谐，作太常妻。"（《慈湖诗传》卷十四《小雅四·鼓钟》）（《韵补》谐湝皆弦鸡切）（《韵补》谐字在湝字之上，杨简湝字所引音证皆《韵补》谐字之音证）

（229）祀，《补音》：《周官》"以血祭社稷五祀"，又"保郊祀于社"，郑氏皆云："故书祀作禩。"字书凡有异音者，多以异得声。《易林·巽之蹇》曰："磝碻白石（按，原本讹作磝磝），不生黍稷。无以供祭，灵祇乏祀。"（《慈湖诗传》卷十四《小雅四·楚茨》）（《韵补》逸职切）

（230）祊，《补音》蒲光切。旁也。《说文》：祊，从示，彭声。门内祭。《诗》"祝祭于祊"。又曰："祊或从方。""彭"，与"旁"同。（《慈湖诗传》卷十四《小雅四·楚茨》）

（231）庆，《补音》：萧该《汉书音义》庆音羌。又曰，今《汉书》亦有作羌者。班固《幽通赋》"庆未得其云已"，《汉书》作"庆"，《文选》作"羌"。《周易》"乃终有庆"与"疆"叶，"必有余庆"与"殃"叶，"中正有庆"与"光"叶，"中有庆"与"刚"叶，"大有庆"与"当"叶亦与"光"叶，"往有庆"与"光"叶亦与"亡"叶。《太元》"廷人不庆"与"裳"叶，"于谦有庆"与"疆"叶，"得不庆"与

"明"叶，"体不庆"与"疆"叶。韩愈《刘统军铭》："提将之符，尸我一方。配古公侯，维德不爽。我铭不忘，后人之庆。"明，谟郎切。爽，师庄切。（《慈湖诗传》卷十四《小雅四·楚茨》）（《韵补》墟羊切）

（232）硕，《补音》常约切。《太元·断首》："我心孔硕，乃后有铄。"（《慈湖诗传》卷十四《小雅·楚茨》）

（233）炙，《补音》陟略切。枚叔《七发》"脍炙"与"错"字"帛"字"席"字叶。帛，仆各切。席，祥龠切。（《慈湖诗传》卷十四《小雅四·楚茨》）

（234）格，《补音》：《说文》格，"从木，各声"。《考古图》钟鼎篆"王格大庙"，字皆作"各"。《史记》"沮诽注格""废格明昭""废格沮事"，刘伯庄皆音"各"。《汉书》"太后议格"，颜师古音"各"；"善格五"，孟康音"各"。凡"格"少用今各额切一音者。（《慈湖诗传》卷十四《小雅四·楚茨》）（《韵补》刚鹤切）

（235）愸，《补音》起巾切。韩愈《祭兄文》"愸"与"亲""坟""恩""原""文"叶。原，鱼伦切。柳宗元《闵生赋》"愸"与"闻"叶。（《慈湖诗传》卷十四《小雅四·楚茨》）

（236）《补音》：位，力入切。左思《魏都赋》："量寸旬，涓吉日。陟中坛，即帝位。"江文通诗："英俊著世功，多士济所位。眷顾成绸缪，遹与时髦匹。"曹植《禹赞》："舜将崩殂，告天禅位。虞氏既没，三年礼毕。"（按，原本四句脱）王融《太子文》："辩域展图，扬龟献吉。文物充阶，具僚在位。"《周官》"建国之神位"，故书"位"作"立"，郑司农"立"读为"位"。古者立、位同字。《古文春秋》"公即位"为"公即立"。（《慈湖诗传》卷十四《小雅四·楚茨》）

（237）甸，《补音》地邻切。邱甸也。《周官》"掌令邱乘田之政令"（按，原本脱田字）注云："四邱为甸，读与'维禹敶之'之敶同。"古"陈"作"敶"。刘劭《瑞龙赋》："（按，原本劭误作昭）有蜿之龙，来遊郊甸。应节合义，象德效仁。"（《慈湖诗传》卷十四《小雅四·信南山》）

（238）《补音》：既渥，乌谷切。《说文》：从水，屋声。陆机《汉祖功臣颂》："彤云昼聚，素灵夜哭。金精仍颓，朱光以渥。"左思《吴都赋》："伊兹都之函宏，倾神州而辒楱。仰南斗以斟酌，兼二仪之优渥。"嵇康《琴赋》"优渥"与"属"叶。《易林·临之明夷》"优渥"与"斛"叶。(《慈湖诗传》卷十四《小雅四·信南山》)

(239) 或，《补音》於逼切。盛貌。《说文》作惑，水流也，从川，或声。孙愐于逼切。《玉篇》作彧。隶变惑作或，别音於六切。(《慈湖诗传》卷十四《小雅四·信南山》)

(240) 有，《补音》羽轨切。(《慈湖诗传》卷十四《小雅四·甫田》)

(241) 敏，《补音》母鄙切。《说文》从文，每声。《汉书·叙传》："宣之四子，淮阳聪敏。舅氏籧篨，幾陷大理。"(按，原本理字脱) 嵇康《琴赋》："器冷弦调，心闲手敏。触搣如志，惟意所拟。"何晏《景福殿赋》："其祐伊何，宜尔孙子。克明克哲，克聪克敏。"子，奖里切。(《慈湖诗传》卷十四《小雅四·甫田》)

(242) 《补音》：柏，逋莫切。《楚辞·九歌》"柏"与"若"叶，并"作"字叶。《易林·鼎之泰》"柏"与"落"字"乐"字叶，《塞之讼》"柏"与"薄"字"乐"字叶。何劭《游仙诗》"柏"字与"落"字叶。(《慈湖诗传》卷十五《小雅五·頍弁》)

(243) 《补音》：说怿，弋灼切。孙莫《荣启期赞》："荣心温雅，既夷(按，原本误作怡) 既怿。浊以徐清，寂然淡泊。"陆云《喜霁赋》"怿"与"作"叶。(《慈湖诗传》卷十五《小雅五·頍弁》)

(244) 仰，《补音》五刚切。《说文》作卬。(《慈湖诗传》卷十五《小雅五·车舝》)

(245) 樊，《补音》汾乾切。左思《赠妹诗》"樊"与"篇"叶。《汉书·昌邑王、戾太子传》皆作"藩"，古"藩"亦汾乾切。崔骃《司徒箴》"藩"与"儌"叶。《晋阳后文》"藩"与"贤"叶。张华诗"藩"与"篇"叶。(按，原本七字脱)(《慈湖诗传》卷十五《小雅五·青蝇》)

(246) 设，《补音》书实切。闵鸿《羽扇赋》："暑气云销，献酬乃设。停神静思，且以永日。妍羽详迴，清风盈室。"(按，原本六句脱) 醋，即酬字。(《慈湖诗传》卷十五《小雅五·宾之初筵》)

（247）抗，《补音》居郎切。举也。《既夕礼》"抗席"、"抗衾"，一音"刚"。张衡《思元赋》："冀一年之三秀兮，遒白露之为霜。时霤霤而代谢兮，畴可与乎比抗。"（按，四句从《韵补》补入）（《慈湖诗传》卷十五《小雅五·宾之初筵》）

（248）的，《补音》：或与"爵"为韵，古亦读子药切。潘岳《芙蓉赋》："丹辉拂红，飞须垂的。斐披艳赫，散涣熠爚。"（《慈湖诗传》卷十五《小雅五·宾之初筵》（《韵补》子药切）

（249）《补音》云：《集韵》一音"垂"，卫地。古字多假借，或以"邮"为"谁"。若曰"不知其谁"。笺义假借为尤。《汉书》凡尤皆作邮，然韵不叶。（《慈湖诗传》卷十五《小雅五·宾之初筵》（《韵补》无收）*《补音》之意殆音垂。

（250）《补音》：远，於圆切。《易林·明夷之渐》曰："转行轨轨，行近不远。旦夕入门，与君笑言。"韩愈《闵己赋》远字与贤字、年字、难字、言字叶。【然则远字宜音圆，而《补音》於圆切，失母矣。（按，韩愈《闵己赋》"已远"与"漫漫"叶，"漫"《补音》音緜，则远字音渊，故於元切也。）】（《慈湖诗传》卷十五《小雅五·角弓》）

（251）《补音》：让，如阳切。《礼记》"左右攘辟"，注云："攘，古让字。"《古文尚书》作攘。《六韬》与"阳"、"光"叶。《楚辞·大招》"让"与"张"叶，与"王"叶。《荀子·成相篇》"让"与"王"叶。《急就章》"让"与"庄"叶。【此诗或用韵宜从此读。】（《慈湖诗传》卷十五《小雅五·角弓》）

（252）牛，《补音》鱼其切。《楚辞·天问》："恒秉季德，焉得夫朴牛？何往营班禄，不但还来？"《九章》："吕望屠于朝歌兮，宁戚歌而饭牛。不逢汤武与桓缪兮，世孰云而知之。"《招魂》："敦脄血拇，逐人駓駓。参目虎首，其身若牛。"《易林·履之蛊》曰："齐景惑疑，为孺子牛。"《蛊之同人》曰："伯氏杀牛，行悖天时。"《咸之小畜》曰："许人买牛，三夫争之。"《颐之遯》曰："蹟豕童牛，害伤不来。"来，陵之切。（《慈湖诗传》卷十五《小雅五·黍苗》）

（253）爱，《补音》许既切。《说文》：从心，旡声。徐锴《系传》曰："怃者，惠也。《古文尚书》怃，古爱字。"《集韵》："怃，许既切。"

《周易》："富家大吉，顺在位也。王假有家，交相爱也。"《楚辞·九章》："世溷浊莫吾知，人心不可谓兮。知死不可让，愿勿爱兮。明以告君子，吾将以为类兮。"傅幹《皇后箴》："巨猾是缘，窃弄神器，故祸不出所憎，常出所爱。"袁宏《三国名臣赞》："沧海横流，玉石同碎。达人兼善，废己存爱。"杨戏《赞吴子远》："车骑高劲，惟其泛爱。以弱制强，不陷危坠。"皇甫谧《释劝》："若实可谓习外观之晖，未觌幽人髣髴也。髴，方末反。见俗人之不容，未喻圣王之兼爱也。"若字形则当如《方言》所载扬雄《答刘歆书》与《说文》古篆从恶从攵，其义与音昭然可见。郭璞《方言注》用此字，自是之后不复见矣。（《慈湖诗传》卷十五《小雅五·隰桑》（方末反当作方未反。）

（254）燔，《补音》汾乾切。曹大家《蝉赋》："有翩翩之狡童，运微黏而纷缠。委厥体于膳夫，归炎炭而就燔。"左思《魏都赋》："琴高沉水而不濡，时乘赤鲤以周旋。师门使火以验术，故将去而林燔。"曹植《瑟瑟歌》："愿为中林草，秋随野火燔。灰灭岂不痛，顾与枝叶连。"陶潜《遇火赋》："正夏风长急，林室顿烧燔。　宅无遗宇，舫舟荫门前。"（《慈湖诗传》卷十五《小雅五·瓠叶》）

（255）躬，《补音》姑宏切。《说文》"躬"从吕，或从弓。弓声本如肱。《周易》："震不于其躬，于其邻。"又曰："艮其限，危熏心也。艮其身，止诸躬也。"（按，原本四句脱）班固《东都赋》："登灵台，考休征。俯仰乎乾坤，参象乎圣躬。"又与"棱"字叶。崔瑗《祭和帝文》："元景寝曜，云物见徵。冯相致妖，遂当帝躬。"韩愈《祭嫂文》："苟容躁进，不顾其躬。禄仕而还，以为家荣。"（《慈湖诗传》卷十六《大雅一·文王》）

（256）天，《补音》铁因切。（《慈湖诗传》卷十六《大雅一·文王》）

（257）身，《补音》尸羊切。荀卿《成相篇》："天乙汤，论举当身，让卞随，举牟光，道古贤，圣基必张。"《易林·蒙之垢》曰："足动目瞤，喜未加身。举家蒙欢，吉利无殃。"《涣之兑》曰："昭公失常，季氏悖狂。逊齐处野，丧其庞身。"《蹇之兑》曰："机饵设张，司暴子良。范叔不廉，凶害及身。"（《慈湖诗传》卷十六《大雅一·大明》＊论举当身，依吴棫断。）

（258）男，《补音》尼心切。《释名》："男，任也，典任事也。"《白虎通》："男者，任也，任功业也。"《易林·屯之离》曰："阴化为女，阳化为男。治道得通，君臣相承。"曹植《宜男花颂》："草号宜男，既晔且贞。"（《慈湖诗传》卷十六《大雅一·思齐》）

（259）《补音》：赫，黑各切。《淮南子》"污壑穿陷之中"，高诱云："壑，读如赫赫明明之赫。"荀勖《大会行礼歌》："明明天子，临下有赫。四表宅心，惠浃蛮貊。柔远能迩，孔淑不逆。来格祈祈，邦家是若。"（《慈湖诗传》卷十六《大雅一·皇矣》）

（260）祃，《补音》满补切。野祭也。《说文》以马得声，马本音姥。晋《鼓吹曲》："师执提，工执鼓。坐作从，节有序。盛矣，允文允武，蒐田表祃。"（《慈湖诗传》卷十六《大雅一·皇矣》）

（261）《补音》伏：《周官·考工记》："不伏其辕，必缢其牛。"注云："故书伏作偪。"杜子春云："偪，当为伏，音同而字异也。"贾谊《鵩赋》"伏"与"域"叶。东方朔《七谏》"伏"与"息"叶。扬雄《长杨赋》"伏"与"息"叶。班固《幽通赋》"伏"与"逼"叶。扬雄《上林苑令箴》"伏"与"硕"叶。【《补音》伏，笔力切，未安。《集韵》鼻墨切。偪，笔力切又伯偪反，同音有偪。而《唐韵》堛，茫逼切。简谓伏宜茫逼切，既与逼同韵，又与诸赋箴韵叶，又与今音同母，特声微转尔。服蕌菔若笔力切则异母。】（《慈湖诗传》卷十六《大雅一·灵台》）

（262）《补音》：孔皆，举里切。荀勖《东西厢》："宾之初筵，蔼蔼济济。既朝乃宴，以洽百礼。颂以位叙，或廷或陛。登俟召叟，亦有兄弟。胥于陪寮，宪兹度楷。观颐养正，降幅孔偕。"楷，古读如杞。《后汉·李膺传》："时为语曰：天下模楷李元礼。"（《慈湖诗传》卷十八《周颂·丰年》）

（263）嘏，公土切。韩愈《元和圣德诗》："饮沃饘芗，产祥降嘏。凤凰应奏，舒翼自舞。"字以古得声。《慈湖诗传》卷十八《周颂·载见》）

（264）泽，《补音》一读直格切，一读徒各切。（《慈湖诗传》卷十

八《周颂·载芟》)

（265）畛，《补音》之人切。张衡《东京赋》："殿未出乎城阙，旆已反乎郊畛。盛夏后之致美，爰恭敬于神明。"（《慈湖诗传》卷十八《周颂·载芟》）

（266）才，《柏梁台》七言"才"与"时"叶。《易林·履之巽》曰："蹇驴不才，骏骥失时。"《明夷之观》曰："德积逢时，宜其美才。"舜《南风之歌》曰："南风之时兮，可以阜吾民之财兮。"《史记·龟筴传》："天地合气，以生百材。阴阳有分，不离四时。"（按，《韵补》有陆云诗"恣予顽矇""蕞尔弱才""沈曜元渚""挹庇云淇"四语）【《补音》：才，前西切。简疑前移切。】（《慈湖诗传》卷十九《鲁颂·駉》）（《韵补》才财材皆前西切。）

（267）邪，《补音》祥余切。不正也。《太元·法首》"邪"与"辜"叶，《羡首》"邪"与"夫"叶。班彪《北征赋》"邪"与"图"叶。班固《王汲赞》"邪"与"徒"叶。《急就章》"邪"与"胡"叶。（《慈湖诗传》卷十九《鲁颂·駉》）

（268）陶，《补音》夷周反。《易林·遁之既济》曰："镃基逢时，稷契皋陶。贞良得愿，微子解囚。"颜师古《汉书注》凡"繇"皆读为"由"，独于"皋繇作士，正五刑"乃云"繇，弋昭反"，盖未尽也。先儒谓秦人"犹"、"繇"声相近，云"犹"即"摇"也。古今字尔。（《慈湖诗传》卷十九《鲁颂·泮水》）

（269）逆，《补音》宜脚反。荀勖《正旦大会歌》："明明天子，临下有赫。四表宅心，惠浃蛮貊。柔远能迩，孔淑不逆。来格祁祁，邦家是若。"（《慈湖诗传》卷十九《鲁颂·泮水》）

（270）多，《补音》一读章移切。《广雅》"祇也。"（按，原本祇误多）《周公》"无祇悔"，九家本作"多"。《论语》"多见其不知量"，本亦作"祇"。扬雄《冀州牧箴》："仰观前世，厥用孔多。初安如山，后倾如崖。故治不忘乱，安不忘危。"何晏《景福殿赋》："巍如蜿虹，赫如奔螭。南距荥阳，北极幽厓。任重道远，厥用孔多。"一读当何切。《集韵》亦有章移切。（《慈湖诗传》卷十九《鲁颂·閟宫》）（《周公》当依《韵补》作《周易》。）

（271）岩，《补音》鱼枕切。（《慈湖诗传》卷十九《鲁颂·閟宫》）

（272）邦，《补音》卜功切。（《慈湖诗传》卷十九《鲁颂·閟宫》）

（273）绎，《补音》弋灼切。（《慈湖诗传》卷十九《鲁颂·閟宫》）

（274）宅，《补音》达各切。（《慈湖诗传》卷十九《鲁颂·閟宫》）

（275）嘏，《补音》果五切。（《慈湖诗传》卷十九《鲁颂·閟宫》）

（276）母，《补音》满罪切。（《慈湖诗传》卷十九《鲁颂·閟宫》）

（277）有，《补音》羽轨切。（《慈湖诗传》卷十九《鲁颂·閟宫》）

（278）尺，《补音》勑畧切。十寸也。后汉长安语曰："城中好高髻，四方高一尺。城中好广眉，四方且半额。城中好大袖，四方全疋帛。"额，逆各切。帛，扑各切。王褒《僮约》："读券文讫，穷咋索。仡仡叩头，两手自搏。目泪下落，鼻涕长一尺。审如王大夫言，不如早归黄土陌，蚯蚓穿额。早知当是，为王大夫沽酒，真不敢作恶。"搏，逋莫切。陌，莫各切。额，逆各切。（《慈湖诗传》卷十九《鲁颂·閟宫》）

（279）舄，《补音》七约切。（《慈湖诗传》卷十九《鲁颂·閟宫》）

（280）硕，《补音》常约切。下同……"且硕"，《补音》同上"孔硕"读。（《慈湖诗传》卷十九《鲁颂·閟宫》）

（281）奕，《补音》弋灼切。扬雄《太常箴》："翼翼太常，是为常伯。穆穆灵祇，寝庙奕奕。"陆机《七徵》："敷延袤之广庑，矫凌霄之高阁。秀清辉于云表，腾藻荫之奕奕。"（按，《韵补》有此四句，今补入。）陆云《祖考颂》："远除寻轨，崇基式廓。昭明有家，祖庙奕奕。"【伯，逋莫切。】（《慈湖诗传》卷十九《鲁颂·閟宫》）

（282）斁，《补音》弋灼切。奕怿並同上切。（《慈湖诗传》卷二十《商颂·那》）

（283）昔，《补音》息约切。古也。昔有三音，一如交错之错，《类篇》仓各切，注引《周官》"老牛之角沴而昔"；一如鸟鹊之鹊，《说文》"鹊""舄""昔"三字同音；一如侵削，旁纽削转为昔，故"昔""削"互用。《楚辞·大招》"昔"与"作""泽""客"叶。左思《魏都赋》"昔"与"魄"叶，又《咏史诗》"昔"与"壑"叶。左贵嫔《杨后文》"昔"与"阁"叶。泽，徒各切。客，克各切。魄，白各切。用韵皆与《诗》同，特不知于前三音之中当为何读。《诗》韵多得之旁纽，今定读

为削。(《慈湖诗传》卷二十《商颂·那》)

(284) 夕,《补音》祥龠切。左贵嫔《杨后文》:"思媚黄姑,虔恭朝夕。允釐中馈,执事有恪。"(《慈湖诗传》卷二十《商颂·那》)

(285) 阿衡,《补音》户郎切。《史记·商纪叙传》:"维契作商,爰及成汤。太甲居桐,德盛阿衡。"荀卿《赋篇》:"以能合从,又善连衡。下覆百姓,上饬帝王。"晋乐章:"陟帝位,继天正玉衡。化行象神明,至哉道隆虞唐。"(按,原本无荀卿《赋篇》、晋乐章二段,今从《韵补》增入。)《汉书·霍光叙传》:"遭家不造,立帝发王。权定社稷,中配阿衡。"(《慈湖诗传》卷二十《商颂·长髪》)

第二节　吴棫《诗》韵

根据杨简所引《补音》,我们可以考察吴棫的用韵情况。

本节先把《补音》中看到的《诗》用韵做个考察。285 条就有 285 个《诗》押韵韵段,我们每条写出该押韵韵段的韵字。为便于查阅,本节及第三节罗列韵段时,保留所引《补音》序号。

吴棫四声分押,所以判断押韵的依据是:入声韵相押,同声调的阴声韵相押,同声调的阳声韵相押。碰到一章只一个句韵,与句韵同位置,同是入声韵、或同是阴声韵同声调、或同是阳声韵同声调者与句韵相押。相应的,判断韵字的依据是:句断处与《补音》注音字同位置的是韵字,非句断处与《补音》注音字同位置韵且与某句韵字《广韵》同韵的是韵字。

一　吴棫《诗》韵韵谱

(1)《周南·关雎》服(屋),蒲北切(德)。韵字:得(德)服(德)侧(职)。

(2)《周南·关雎》采(海),此礼切(荠)。韵字:采(荠)友(旨)。

(3)《周南·关雎》友(有),羽轨切(旨)。韵字见上。

(4)《周南·关雎》芼(号),多读如邈(觉)。韵字:芼(觉)乐(铎)。

(5)《周南·葛覃》喈(皆),居奚切(齐)。韵字:萋(齐)喈(齐)。

（6）《周南·葛覃》致（昔），弋灼切（药）。韵字：莫（铎）濩（铎）致（药）。

（7）《周南·卷耳》怀（皆），胡隈切（灰）。韵字：嵬（灰）隤（灰）罍（灰）怀（灰）。

（8）《周南·卷耳》觥（庚），姑黄切（唐）。韵字：冈（唐）黄（唐）觥（唐）伤（阳）。

（9）《周南·桃夭》华（麻），芳无切（虞）。韵字：华（虞）家（模）。

（10）《周南·桃夭》家（麻），公胡切（模）。韵字见上。

（11）《周南·兔罝》仇（尤），渠之切（之）。韵字：逑（脂）仇（之）。

（12）《周南·苤苢》有（有），羽轨切（旨）。韵字：采（荠）有（旨）。
*采字读音承（2）。

（13）《周南·汉广》泳（映），于诳切（漾）。韵字：泳（漾）方（漾）。

（14）《周南·汉广》方（阳），甫妄切（漾）。韵字见上。

（15）《周南·汉广》马（马），满补切（姥）。韵字：楚（语）马（姥）。

（16）《周南·汉广》蒌（虞侯），一读力俱切（虞），一读力侯切（侯）。韵字：（1）蒌（虞）驹（虞）。（2）蒌（侯）驹（侯）。

（17）《周南·汉广》驹（虞），一读居侯切（侯）。韵字见上。

（18）《召南·鹊巢》居（鱼），姬御切（御）。韵字：居（御）御（御）。

（19）《召南·草虫》降（江），胡攻切（东）。韵字：蟲（东）螽（东）忡（东）降（东）。

（20）《召南·采苹》下（马），後五切（姥）。韵字：下（姥）女（语）。

（21）《召南·甘棠》伐（月），一读扶废切（废）。一读蒲拨切（末）。韵字：（1）伐（废）茇（队）。（2）伐（月）茇（末）。*伐字《集韵》有废韵一读。

（22）《召南·甘棠》茇（末），一读蒲昧切（队）。韵字见上。*茇字《集韵》有泰韵一读。

（23）《召南·甘棠》败（夬），蒲寐切（至）。韵字：败（至）憩（祭）。

（24）《召南·行露》夜（祃），元具切（遇）。韵字：露（暮）夜（遇）露（暮）。

（25）《召南·行露》讼（用），墙容切（钟）。韵字：墉（钟）讼（钟）讼（钟）从（钟）。

（26）《召南·羔羊》皮（支），蒲禾切（戈）。韵字：皮（戈）紽（歌）

蛇（歌）。

（27）《召南·羔羊》蛇（支），唐何切（歌）。韵字见上。

（28）《召南·小星》昴（巧），力求反（尤）。昴（尤）裯（尤）犹（尤）。

（29）《召南·江有汜》汜（止），养里切（止）。韵字：汜（止）以（止）以（止）悔（贿）。

（30）《召南·何彼襛矣》车（鱼麻），斤於切（鱼）。韵字：华（虞）车（鱼）。＊华字读音承（9）。

（31）《召南·何彼襛矣》孙（魂），须伦切（谆）。韵字：缗（真）孙（谆）。

（32）《邶·燕燕》野（马），上与切（语）。韵字：羽（麌）野（语）雨（麌）。

（33）《邶·燕燕》南（覃），尼心切（侵）。韵字：音（侵）南（侵）心（侵）。

（34）《邶·燕燕》渊（先），一均切（谆）。韵字：渊（谆）身（真）人（真）。

（35）《邶·终风》霾（皆），陵之切（之）。韵字：霾（之）来（之）思（之）。

（36）《邶·终风》来（咍），陵之切（之）。韵字见上。

（37）《邶·终风》思（之），息慈切（之）。韵字见上。

（38）《邶·击鼓》兵（庚），哺茫反（唐）。韵字：镗（唐）兵（唐）行（唐）。

（39）《邶·击鼓》行（庚），户郎切（唐）。韵字见上。

（40）《邶·击鼓》忡（东），勒众切（送）。韵字：仲（送）宋（宋）忡（送）。

（41）《邶·击鼓》马（马），满补切（姥）。韵字：马（姥）下（姥）。

（42）《邶·击鼓》下（马），後五切（姥）。韵字见上。

（43）《邶·击鼓》信（震），斯人切（真）。韵字：洵（谆）信（真）。

（44）《邶·凯风》南（覃），尼心切（侵）。韵字：南（侵）心（侵）。

（45）《邶·凯风》下（马），後五切（姥）。韵字：下（姥）苦（姥）。

（46）《邶·匏有苦叶》轨（旨），举有切（有）。韵字：轨（有）牡（厚）。

（47）《邶·匏有苦叶》洽（有），补美切（旨）。韵字：洽（旨）洽（旨）友（旨）。

（48）《邶·匏有苦叶》友（有），羽轨切（旨）。韵字见上。

（49）《邶·谷风》怒（姥暮），暖五切（姥）。韵字：雨（麌）怒（姥）。

＊49、50同章换韵。

（50）《邶·谷风》死（旨），想止切（止）。韵字：体（荠）死（止）。

（51）《邶·谷风》救（宥），居尤切（尤）。韵字：舟（尤）游（尤）求

（尤）救（尤）。

（52）《邶·谷风》售（宥），时周切（尤）。韵字：儺（尤）售（尤）。

（53）《邶·旄丘》节（屑），子悉切（质）。韵字：节（质）日（质）。

（54）《邶·旄丘》久（有），举里切（止）。韵字：久（止）以（止）。＊"久以"与"处与"换韵。

（55）《邶·泉水》谋（尤），谟杯切（灰）。韵字：淇（之）思（之）姬（之）谋（灰）。

（56）《邶·泉水》害（泰），瑕懈切（祭）。韵字：卫（祭）害（祭）。

（57）《邶·北门》门（魂），眉贫切（真）。韵字：门（真）殷（殷）贫（真）艰（真）。

（58）《邶·北门》艰（山），居银切（真）。韵字见上。

（59）《邶·北风》行（庚），户郎切（唐）。韵字：雱（唐）行（唐）。

（60）《邶·二子乘舟》景（梗），举两切（养）。韵字：景（养）养（养）。

（61）《邶·二子乘舟》害（泰），暇懈切（祭）。韵字：逝（祭）害（祭）。

（62）《鄘·柏舟》仪（支），牛何切（歌）。韵字：河（歌）仪（歌）他（歌）。

（63）《鄘·柏舟》天（先），铁因切（真）。韵字：天（真）人（真）。

（64）《鄘·墙有茨》埽（皓），苏后切（厚）。韵字：埽（厚）道（厚）道（厚）醜（有）。

（65）《鄘·墙有茨》道（皓），徒厚切（厚）。韵字见上。

（66）《鄘·君子偕老》宜（支），牛何切（歌）。韵字：珈（麻）佗（歌）河（歌）宜（歌）何（歌）。

（67）《鄘·君子偕老》颜（删），鱼坚切（先）。韵字：颜（先）媛（元）。

（68）《鄘·桑中》中（东），诸良切（阳）。韵字：乡（阳）姜（阳）中（阳）宫（阳）上（阳）。

（69）《鄘·桑中》宫（东），居王切（阳）。韵字见上。

（70）《鄘·桑中》上（漾），辰羊切（阳）。韵字见上。

（71）《鄘·鹑之奔奔》兄（庚），虚王切（阳）。韵字：彊（阳）良（阳）兄（阳）。

（72）《鄘·鹑之奔奔》奔（魂），逋珉切（真）。韵字：奔（真）君（文）。

（73）《鄘·定之方中》京（庚），居良切（阳）。韵字：堂（唐）京（阳）

桑（唐）臧（唐）。

（74）《鄘·定之方中》田（先），地因切（真）。韵字：人（真）田（真）人（真）渊（谆）千（真）。

（75）《鄘·定之方中》渊（先），一均切（谆）。韵字见上。

（76）《鄘·定之方中》千（先），仓新切（真）。韵字见上。

（77）《鄘·相鼠》皮（支），一读蒲糜切（支），一读蒲何切（歌）。韵字：（1）皮（支）仪（支）仪（支）为（支）。（2）皮（歌）仪（歌）仪（歌）为（戈）。

（78）《鄘·相鼠》仪（支），一读鱼奇切（支），一读牛何切（歌）。韵字见上。

（79）《鄘·相鼠》为（支），一读于妫切（支），一读吾禾切（戈）。韵字见上。

（80）《鄘·载驰》驱（虞），袪尤切（尤）。韵字：驱（尤）侯（侯）悠（尤）漕（侯）忧（尤）。

（81）《鄘·载驰》漕（豪），徂侯切（侯）。韵字见上。

（82）《鄘·载驰》反（阮），浮脔切（狝）。韵字：反（狝）远（阮）。

（83）《鄘·载驰》韰（庚），谟郎切（唐）。韵字：韰（唐）行（唐）狂（阳）。

（84）《鄘·载驰》行（庚），户郎切（唐）。韵字见上。

（85）《卫·淇奥》猗（支），乌何切（歌）。韵字：猗（歌）磋（歌）磨（戈）。

（86）《卫·考槃》宽（桓），区权切（仙）。韵字：宽（仙）言（元）谖（元）。

（87）《卫·硕人》盼（襉），匹见切（霰）。韵字：倩（霰）盼（霰）。

（88）《卫·氓》邱（尤），袪奇切（支）。韵字：蚩（之）丝（之）丝（之）谋（灰）淇（之）丘（支）期（之）媒（灰）期（之）。＊谋字读音承（55）。

（89）《卫·氓》关（删），主元切（元）。韵字：垝（元）关（元）关（元）涟（仙）关（元）言（元）言（元）迁（仙）。

（90）《卫·氓》耽（覃），都森反（侵）。韵字：甚（寝）耽（侵）。

（91）《卫·氓》陨（轸），于贫切（真）。韵字：陨（真）贫（真）。＊91、92同章换韵。

（92）《卫·氓》行（庚），户郎反（唐）。韵字：汤（阳）裳（阳）行（唐）。

（93）《卫·氓》哉（咍），牋西切（齐）。韵字：思（之）哉（齐）。

（94）《卫·芄兰》甲（狎），吉协反（帖）。韵字：葉（葉）韢（葉）韢（葉）甲（帖）。

（95）《卫·有狐》带（泰），丁计切（霁）。韵字：厉（祭）带（霁）。

（96）《卫·木瓜》瓜（麻），攻乎切（模）。韵字：瓜（模）琚（鱼）。

（97）《卫·木瓜》玖（有），举里切（止）。韵字：李（止）玖（止）。

（98）《王·黍离》噎（屑），益悉切（质）。韵字：实（质）噎（质）。

（99）《王·中谷有蓷》脩（尤），式竹切（屋）。韵字：脩（屋）献（屋）献（屋）淑（屋）。

（100）《王·中谷有蓷》献（啸），息六切（屋）。韵字见上。

（101）《王·采葛》萧（萧），疏鸠切（尤）。韵字：萧（尤）秋（尤）。

（102）《王·采葛》艾（泰），鱼刈切（废）。韵字：艾（废）岁（祭）。

（103）《王·大车》穴（屑），户橘切（术）。韵字：室（质）穴（术）日（质）。

（104）《王·丘中有麻》嗟（麻），遭哥切（歌）。韵字：嗟（歌）嗟（歌）施（戈）。

（105）《王·丘中有麻》施（支），诗戈切（戈）。韵字见上。

（106）《王·丘中有麻》国（德），越逼切（职）。韵字：国（职）国（职）食（职）。

（107）《王·丘中有麻》玖（有），举里切（止）。韵字：李（止）子（止）子（止）玖（止）。

（108）《郑·将仲子》檀（寒），徒沿切（仙）。韵字：园（元）檀（仙）言（元）。

（109）《郑·叔于田》狩（宥），始九切（有）。韵字：狩（有）酒（有）酒（有）好（皓）。

（110）《郑·大叔于田》弓（东），姑宏切（耕）。韵字：掤（蒸）弓（耕）。

（111）《郑·清人》英（庚），於良切（阳）。韵字：旁（唐）英（阳）翔（阳）。

（112）《郑·羔裘》侯（侯），洪姑切（模）。韵字：濡（虞）侯（模）渝（虞）。

（113）《郑·女曰鸡鸣》加（麻），一读居之切（之）。一读居何切

（歌）。韵字：（1）加（之）宜（支）。（2）加（歌）宜（歌）。＊宜字读歌韵承（66）。

（114）《郑·狡童》餐（寒），逡缘切（仙）。韵字：言（元）餐（仙）。

（115）《郑·丰》巷（绛），胡贡切（送）。韵字：巷（送）送（送）。

（116）《郑·野有蔓草》溥（桓），上兖切（狝）。韵字：溥（狝）婉（阮）愿（愿）。

（117）《齐·鸡鸣》明（庚），谟郎切（唐）。韵字：明（唐）昌（阳）明（唐）光（唐）。

（118）《齐·鸡鸣》梦（送），莫藤切（登）。韵字：薨（登）梦（登）憎（登）。

（119）《齐·还》间（山），居贤切（先）。韵字：还（仙）间（先）肩（先）儇（仙）。

（120）《齐·东方未明》颠（先），典因切（真）。颠（真）令（清）。

（121）《齐·南山》双（江），疏工切（东）。韵字：双（东）庸（钟）庸（钟）从（钟）。

（122）《齐·南山》亩（厚），一读满罪切（贿）。　读满补切（姥）。韵字：（1）亩（贿）母（贿）。（2）亩（姥）母（厚）。＊母字读贿韵见（127）（207）。

（123）《齐·卢令》环（删），胡涓切（先）。韵字：环（先）鬈（仙）。

（124）《齐·敝笱》鳏（山），姑伦切（谆）。韵字：鳏（谆）雲（文）。

（125）《齐·载驱》夕（昔），祥龠切（药）。韵字：薄（铎）鞹（铎）夕（药）。

（126）《魏·葛屦》服（屋），鼻墨切（德）。韵字：襋（职）服（德）。

（127）《魏·陟岵》母（厚），满罪切（贿）。韵字：杞（止）母（贿）。

（128）《魏·陟岵》偕（皆），苟起切（止）。韵字：偕（止）死（旨）。

（129）《魏·丨亩之间》闲（山），何甄切（仙）。韵字：闲（仙）还（仙）。

（130）《魏·伐檀》餐（寒），逡缘切（仙）。韵字：涟（仙）廛（仙）貆（元）餐（仙）。＊"檀干"与"涟廛貆餐"换韵。

（131）《魏·伐檀》辐（屋），笔力切（职）。韵字：辐（职）侧（职）直（职）穑（职）亿（职）特（德）食（职）。

（132）《唐·蟋蟀》迈（夬），力制切（祭）。韵字：逝（祭）迈（祭）外（泰）蹶（祭）。

（133）《唐·山有枢》考（皓），去九切（有）。韵字：杻（有）埽（厚）考（有）保（厚）＊埽字读音承（64）。

（134）《唐·山有枢》保（皓），补苟切（厚）。韵字见上。

（135）《唐·扬之水》沃（沃），郁缚切（药）。韵字：鑿（铎）襮（铎）沃（药）乐（铎）。

（136）《唐·扬之水》鹄（沃），居号切（号）。韵字：皓（皓）鹄（号）。

（137）《唐·绸缪》刍（虞），侧九反（有）。韵字：刍（有）隅（厚）逅（候）。

（138）《唐·绸缪》隅（虞），语口切（厚）。韵字见上。

（139）《唐·绸缪》者（马），掌与切（语）。韵字：楚（语）户（姥）者（语）。

（140）《唐·杕杜》姓（劲），桑经切（青）。韵字：菁（清）睘（清）姓（青）。

（141）《唐·采苓》巅（先），典因切（真）。韵字：巅（真）信（真）。

（142）《唐·采苓》信（震），斯人切（真）。韵字见上。

（143）《秦·驷驖》硕（昔），常约切（药）。韵字：硕（药）获（麦）。

（144）《秦·小戎》驱（虞），区遇切（遇）。韵字：驱（遇）续（遇）犀（遇）。＊续字《集韵》有遇韵一读。

（145）《秦·终南》裘（尤），渠之切（之）。韵字：梅（灰）裘（之）哉（齐）。＊哉字读音承（93）。

（146）《秦·晨风》栎（锡），历各切（铎）。韵字：栎（铎）驳（觉）乐（铎）。

（147）《陈·墓门》讯（震），息悴切（至）。韵字：萃（至）讯（至）。

（148）《陈·墓门》予（鱼），演女切（语）。韵字：顾（暮）予（语）。

（149）《陈·月出》惨（感），七到切（号）。韵字：照（笑）燎（笑）绍（笑）惨（号）。

（150）《陈·泽陂》枕（寝），知犎切（狝）。韵字：苕（感）俨（俨）枕（狝）。

（151）《桧·素冠》结（屑），激质切（质）。韵字：鞸（质）结（质）一（质）。

（152）《桧·匪风》飘（宵），匹妙切（笑）。韵字：飘（笑）嘌（宵）弔（啸）。

（153）《曹·鸤鸠》年（先），祢因切（真）。韵字：榛（臻）人（真）人（真）年（真）。

（154）《豳·七月》火（果），虎隗切（贿）。火（贿）衣（微）。

（155）《豳·七月》發（月），方吠切（废）。韵字：發（废）烈（祭）岁（祭）。

（156）《豳·七月》烈（薛），力制切（祭）。韵字见上。

（157）《豳·七月》子，读语韵。韵字：股（姥）羽（麌）野（语）宇（麌）户（姥）下（姥）鼠（语）户（姥）子（语）处（语）。*野字读音承前（32），下字读音承前（42）。

（158）《豳·七月》寿（有有），殖酉切（有）。韵字：酒（有）寿（有）。

（159）《豳·七月》饗（养），虚良切（阳）。韵字：霜（阳）场（阳）饗（阳）羊（阳）堂（唐）觥（唐）疆（阳）。*觥字读音承（8）。

（160）《豳·狼跋》瑕（麻），洪孤切（模）。韵字：胡（模）瑕（模）。

（161）《小雅·天保》享（养），虚良切（阳）。韵字：享（阳）尝（阳）王（阳）疆（阳）。

（162）《小雅·天保》福（屋），笔力切（职）。韵字：福（职）食（职）德（德）。

（163）《小雅·出车》牧（屋），莫笔切（职）。韵字：牧（职）来（哈）载（职）棘（职）。

（164）《小雅·出车》载（代），节力切（职）。韵字见上。

（165）《小雅·鱼丽》时（之），上纸切（旨）。有（旨）时（旨）。*有字读音罪（12）。

（166）《小雅·南山有台》臺（咍），田饴切（之）。韵字：臺（之）莱（之）基（之）期（之）。

（167）《小雅·南山有台》莱（咍），陵之切（之）。韵字见上。

（168）《小雅·南山有台》耇（厚），果羽切（麌）。韵字：枸（麌）楗（麌）耇（麌）後（姥）。

（169）《小雅·南山有台》後（厚），下五切（姥）。韵字见上。

（170）《小雅·蓼萧》写（马），赏羽切（麌）。韵字：湑（语）写（麌）语（语）处（语）。

（171）《小雅·彤弓》贶（漾），虚王切（阳）。韵字：藏（唐）贶（阳）饗（阳）。＊饗字读音承（159）。

（172）《小雅·彤弓》载（代），子例切（祭）。韵字：载（祭）喜（志）右（宥）。＊喜字《集韵》有志韵一读。

（173）《小雅·六月》闲（山），何甄切（仙）。韵字：轩（元）闲（仙）原（元）宪（元）。

（174）《小雅·六月》宪（顾），虚言切（元）。韵字见上。

（175）《小雅·六月》友（有），羽轨切（旨）。喜（止）祉（止）久（止）友（旨）鲤（止）矣（止）友（旨）。＊久字读音承（54）。

（176）《小雅·采芑》衡（庚），户郎切（唐）。韵字：乡（阳）央（阳）衡（唐）瑲（阳）皇（唐）珩（唐）。

（177）《小雅·采芑》珩（庚），户郎切（唐）。韵字见上。

（178）《小雅·采芑》渊［䓨］（先），於巾切（真）。渊（真）闐（先）。

（179）《小雅·车攻》奕（昔），一读夷益切（昔），一读弋灼切（药）。韵字：①奕（昔）舄（昔）绎（昔）。②奕（药）舄（药）绎（药）。

（180）《小雅·车攻》舄（昔），一读思积切（昔），一读七雀切（药）。韵字见上。

（181）《小雅·车攻》绎（昔），一读夷益切（昔），一读弋灼切（药）。韵字见上。

（182）《小雅·吉日》祷（皓），当口切（厚）。韵字：祷（厚）阜（有）阜（有）醜（有）。

（183）《小雅·吉日》俟（止），于纪切（止）。有（旨）俟（止）友（旨）子（止）。＊有字读音承（12），友字读音承（3）。

（184）《小雅·鸿雁》寡（马），果五切（姥）。韵字：羽（麌）野（语）寡（姥）。＊野字读音承（32）。

（185）《小雅·鸿雁》宅（陌），达各切（铎）。韵字：泽（铎）作（铎）宅（铎）。＊泽字读铎韵见（264）。

（186）《小雅·庭燎》辉（微），许云切（文）。韵字：辉（文）旂（殷）。

（187）《小雅·庭燎》旂（微），渠斤切（殷）。韵字见上。

（188）《小雅·祈父》牙（麻），讹胡切（模）。韵字：牙（模）居（鱼）。

（189）《小雅·白驹》客（陌），克各切（铎）。韵字：藿（铎）夕（药）客（铎）。＊夕字读音承（125）。

（190）《小雅·无羊》池（支），唐何切（歌）。韵字：阿（歌）池（歌）讹（戈）。

（191）《小雅·无羊》雄（东），于陵切（蒸）。韵字：蒸（蒸）雄（蒸）兢（蒸）崩（登）肱（登）升（蒸）。

（192）《小雅·节南山》殆（海），养里切（止）。韵字：仕（止）子（止）已（止）殆（止）仕（止）。

（193）《小雅·节南山》届（怪），居气切（未）。韵字：惠（霁）戾（霁）届（未）阕（霁）。

（194）《小雅·节南山》阕（屑），眭桂切（霁）。

（195）《小雅·节南山》诵（用），疾容切（钟）。韵字：诵（钟）讻（钟）邦（东）。

（196）《小雅·节南山》邦（江），卜工切（东）。韵字见上。

（197）《小雅·正月》局（烛），讫力切（职）。韵字：局（职）蹐（昔）脊（昔）蜴（昔）。

（198）《小雅·正月》厉（祭），力蘖切（薛）。韵字：结（质）厉（薛）灭（薛）威（薛）。＊结字读音承（151）。

（199）《小雅·正月》意（志），乙力切（职）。韵字：辐（职）载（职）意（职）。＊辐字读音承（131），载字读音承（164）。

（200）《小雅·正月》椓（觉），都木切（屋）。韵字：屋（屋）穀（屋）禄（屋）椓（屋）独（屋）。

（201）《小雅·雨无正》出（术至），尺遂切（至）。韵字：出（至）瘁（至）。

（202）《小雅·小宛》富（宥），笔力切（职）。韵字：克（德）富（职）又（昔）。

（203）《小雅·小宛》又（宥），夷益切（昔）。韵字见上。

（204）《小雅·小宛》负（有），簿猥切（贿）。韵字：采（茝）负（贿）似（止）。＊采字读音承（2）。

（205）《小雅·小弁》擣（皓），当口切（厚）。韵字：道（厚）草（皓）擣（厚）老（皓）首（有）。＊道字读音承（65）。

（206）《小雅·小弁》梓（止），浆礼切（荠）。韵字：梓（荠）止（止）母（贿）裏（止）在（荠）。

（207）《小雅·小弁》母（厚），满罪切（贿）。韵字见上。

（208）《小雅·小弁》在（海），此礼切（荠）。韵字见上。

（209）《小雅·小弁》先（霰），思晋切（震）。韵字：先（震）墐（震）。

（210）《小雅·巧言》威（微），纡胃切（未）。韵字：威（未）罪（贿）。

（211）《小雅·巧言》盟（庚），谟郎切（唐）。韵字：盟（唐）长（阳）。＊"盟长""甘馠""共邛"换韵。

（212）《小雅·巧言》阶（皆），居奚切（齐）。韵字：麋（脂）阶（齐）。

（213）《小雅·何人斯》舍（马），商居切（鱼）。韵字：舍（鱼）车（鱼）盱（虞）。

（214）《小雅·巷伯》翩（仙），纰苓切（青）。韵字：翩（青）人（真）信（真）。＊信字读音承（43）。

（215）《小雅·巷伯》幡（元），芬邅切（仙）。韵字：幡（仙）言（元）迁（仙）。

（216）《小雅·谷风》予（鱼），演女切（语）。韵字：雨（麌）女（语）予（语）。

（217）《小雅·四月》予（鱼），演汝切（语）。韵字：暑（语）予（语）。

（218）《小雅·四月》浊（觉），厨玉切（烛）。韵字：浊（烛）穀（屋）。

（219）《小雅·四月》天（先），铁因切（真）。韵字：天（真）渊（谆）。

（220）《小雅·四月》渊（先），一均切（谆）。韵字见上。

（221）《小雅·北山》贤（先），下珍切（真）。韵字：滨（真）臣（真）贤（真）。

（222）《小雅·北山》议（寘），鱼羁切（支）。韵字：议（支）为（支）。

（223）《小雅·无将大车》疧，眉贫切。韵字：尘（真）疧（真）。＊读疧作瘨。

（224）《小雅·无将大车》冥（青），莫迥切（迥）。韵字：冥（迥）颎（迥）。

（225）《小雅·小明》暇（祃），胡故切（暮）。韵字：除（御）莫（暮）

庶（御）暇（暮）顾（暮）怒（暮）。

（226）《小雅·小明》戚（锡），子六反（屋）。韵字：奥（屋）蹙（屋）菽（屋）戚（屋）宿（屋）覆（屋）。

（227）《小雅·鼓钟》喈（皆），居奚切（齐）。韵字：喈（齐）湝（齐）悲（脂）回（灰）。

（228）《小雅·鼓钟》湝（皆），弦鸡切（齐）。韵字见上。

（229）《小雅·楚茨》祀（止），逸职切（职）。韵字：棘（职）稷（职）翼（职）億（职）食（职）祀（职）福（职）。＊福字读音承（162）。

（230）《小雅·楚茨》祊（庚），蒲光切（唐）。韵字：蹌（阳）羊（阳）尝（阳）将（阳）祊（唐）明（唐）皇（唐）飨（阳）庆（阳）疆（阳）。＊明字读音承（117）。飨字读音承（159）。

（231）《小雅·楚茨》庆（映），墟羊切（阳）。韵字见上。

（232）《小雅·楚茨》硕（昔），常约切（药）。韵字：硕（药）炙（药）莫（铎）庶（御）客（铎）错（铎）度（铎）獲（麦）格（铎）酢（铎）。＊客字读音承（189）。

（233）《小雅·楚茨》炙（昔），陟略切（药）。韵字见上。

（234）《小雅·楚茨》格（陌），刚鹤切（铎）。韵字见上。

（235）《小雅·楚茨》愆（仙），起巾切（真）。韵字：愆（真）孙（谆）。＊孙字读音承（31）。

（236）《小雅·楚茨》位（至），力入切（缉）。韵字：戒（怪）位（缉）告（号）。

（237）《小雅·信南山》甸（霰），地邻切（真）。韵字：甸（真）田（真）。＊田字读音承（74）。

（238）《小雅·信南山》渥（觉），乌谷切（屋）。韵字：渌（屋）渥（屋）穀（屋）。

（239）《小雅·信南山》彧（屋），於逼切（职）。韵字：翼（职）彧（职）穑（职）食（职）。

（240）《小雅·甫田》有（有），羽轨切（旨）。韵字：止（止）子（止）亩（贿）喜（止）否（旨）亩（贿）有（旨）敏（旨）。＊亩字读音承（122）。否字读音承（47）。

（241）《小雅·甫田》敏（轸），母鄙切（旨）。韵字见上。

（242）《小雅·頍弁》柏（陌），逋莫切（铎）。韵字：柏（铎）奕（药）怿（药）。＊奕字读音承（179）。

（243）《小雅·頍弁》怿（昔），弋灼切（药）。韵字见上。

（244）《小雅·车舝》仰（养），五刚切（唐）。韵字：仰（唐）行（唐）。＊行字读音承（39）。又，"仰行""琴心"换韵。

（245）《小雅·青蝇》樊（元），汾乾切（仙）。韵字：樊（仙）言（元）。

（246）《小雅·宾之初筵》设（薛），书实切（质）。韵字：设（质）逸（质）。

（247）《小雅·宾之初筵》抗（宕），居郎切（唐）。韵字：抗（唐）张（阳）。＊"抗张"、"同功"换韵。

（248）《小雅·宾之初筵》的（锡），子药切（药）。韵字：的（药）爵（药）。

（249）《小雅·宾之初筵》邮（尤），一音"垂"（支）。韵字：傲（之）邮（支）。

（250）《小雅·角弓》远（阮），於圆切（元）。韵字：反（阮）远（元）。

（251）《小雅·角弓》让（漾），如阳切（阳）。韵字：良（阳）方（阳）让（阳）亡（阳）。

（252）《小雅·黍苗》牛（尤），鱼其切（之）。韵字：牛（之）哉（齐）。＊哉字读音承（93）。

（253）《小雅·隰桑》爱（代），许既切（未）。韵字：爱（未）谓（未）。

（254）《小雅·瓠叶》燔（元），汾乾切（仙）。韵字：燔（仙）献（願）。

（255）《大雅·文王》躬（东），姑宏切（耕）。韵字：躬（耕）天（真）。

（256）《大雅·文王》天（先），铁因切（真）。韵字见上。

（257）《大雅·大明》身（真），尸羊切（阳）。韵字：商（阳）京（阳）行（唐）身（阳）王（阳）。＊京字读音承（73）。行字读音承（39）。

（258）《大雅·思齐》男（覃），尼心切（侵）。韵字：音（侵）男（侵）。

（259）《大雅·皇矣》赫（陌），黑各切（铎）。韵字：赫（铎）莫（铎）获（麦）度（铎）廓（铎）宅（铎）＊宅字读音承（185）。

（260）《大雅·皇矣》祸（祸），满补切（姥）。韵字：祸（姥）附（遇）侮（麌）。

（261）《大雅·灵台》伏（屋），笔力切（职）。韵字：虡（职）来（职）

伏（职）。

（262）《周颂·丰年》皆（皆），举里切（止）。韵字：秭（旨）醴（荠）妣（旨）礼（荠）皆（止）。

（263）《周颂·载见》嘏（马），公土切（姥）。韵字：祜（姥）嘏（姥）。

（264）《周颂·载芟》泽（陌），一读直格切（陌），一读徒各切（铎）。韵字：（1）柞（陌）泽（陌）。（2）柞（铎）泽（铎）。*《集韵》柞字有陌铎二韵。

（265）《周颂·载芟》畛（轸），之人切（真）。韵字：耘（文）畛（真）。

（266）《鲁颂·駉》才（咍），前西切（齐）。韵字：駓（脂）骐（之）伾（脂）期（之）才（齐）。

（267）《鲁颂·駉》邪（麻），祥余切（鱼）。韵字：鱼（鱼）袪（鱼）邪（鱼）徂（模）。

（268）《鲁颂·泮水》陶（宵），夷周反（尤）。韵字：陶（尤）囚（尤）。

（269）《鲁颂·泮水》逆（陌），宜脚反（药）。韵字：博（铎）敚（药）逆（药）获（麦）。*敚字读音承（6）。

（270）《鲁颂·閟宫》多（歌），　读章移切（支），　读当何切（歌）。韵字：（1）牺（支）宜（支）多（支）。（2）宜（歌）多（歌）。*宜字读音承（66）。

（271）《鲁颂·閟宫》岩（衔），鱼枕切（严）。韵字：岩（严）詹（盐）。

（272）《鲁颂·閟宫》邦（江），卜功切（东）。韵字：蒙（东）东（东）邦（东）同（东）从（钟）功（东）。*（271）（272）换韵。

（273）《鲁颂·閟宫》绎（昔），弋灼切（药）。韵字：绎（药）宅（铎）貊（陌）诺（铎）若（药）。

（274）《鲁颂·閟宫》宅（陌），达各切（铎）。韵字见上。

（275）《鲁颂·閟宫》嘏（马），果五切（姥）。嘏（姥）鲁（姥）许（语）宇（麌）。

（276）《鲁颂·閟宫》母（厚），满罪切（贿）。韵字：喜（止）母（贿）士（止）有（旨）祉（止）齿（止）。*（275）（276）换韵。

（277）《鲁颂·閟宫》有（有），羽轨切（旨）。韵字见上。

（278）《鲁颂·閟宫》尺（昔），勑畧切（药）。韵字：柏（铎）度（铎）尺（药）舄（药）硕（药）奕（药）作（铎）硕（药）若（药）。*柏字读音承（242）。

（279）《鲁颂·閟宫》舄（昔），七约切（药）。韵字见上。

（280）《鲁颂·閟宫》硕（昔），常约切（药）。韵字见上。

（281）《鲁颂·閟宫》奕（昔），弋灼切（药）。韵字见上。

（282）《商颂·那》致（昔），弋灼切（药）。奕怿并同上切。韵字：致（药）奕（药）客（铎）怿（药）昔（药）作（铎）夕（药）恪（铎）。*客字读音承（189）。

（283）《商颂·那》昔（昔），息约切（药）。韵字见上。

（284）《商颂·那》夕（昔），祥龠切（药）。韵字见上。

（285）《商颂·长发》衡（庚），户郎切（唐）。韵字：衡（唐）王（阳）。
殆因杨简漏引，以上押韵或出现不和谐处。

以下这些字有些是当转读他韵类之音而漏转。

（66）麻韵之珈字与歌韵相押（珈，《诗集传》叶居河反，《韵补》居何切）。

（109）皓韵之好字与有韵相押（好，《诗集传》叶许厚反，《韵补》许厚切）。

（122）厚韵之母字与姥韵相押（母，《韵补》满补切。《诗集传》亩母押今音厚韵）。

（143）（232）（259）（269）麦韵之获字与药韵铎韵相押（获，《诗集传》叶黄郭反［259胡郭反］，《韵补》黄郭切）。

（150）感韵之菪字与俨韵狝韵相押（菪，《诗集传》叶待检反，《韵补》待畎切）。

（163）（261）咍韵之来字与职韵相押（来，《诗集传》叶六直反，《韵补》禄直切）。

（172）宥韵之右字与祭韵志韵相押（右，《诗集传》叶于记反，《韵补》于贵切）。

（178）先韵之阗字与真韵相押（阗，《诗集传》叶徒隣反，《韵补》池鄰切）。

（205）皓韵之草老二字与厚韵有韵相押（草，《诗集传》叶此苟反，《韵补》此苟切；老，《诗集传》叶鲁口反，《韵补》朗口切）。

（232）御韵之庶字与药韵铎韵相押（庶，《诗集传》叶陟略反。《韵补》庶声之蹠字职略切）。

（236）怪韵戒字、号韵告字与缉韵相押（戒，《诗集传》叶讫力反，

《韵补》讫力切；告，《诗集传》叶古得反，《韵补》讫得切）。＊本章备字《诗集传》入韵，叶蒲北反。

（273）陌韵之貊字与药韵铎韵相押（貊，《诗集传》叶莫博反，《韵补》末各切）。

有些是声调平上去之间当转而漏转：

（90）寝韵之葚字与侵韵相押（葚，《诗集传》叶知林反）。

（116）願韵之願字与狝韵阮韵相押（願，《诗集传》叶五远反）。

（136）皓韵之皓字与号韵相押（皓，《诗集传》叶胡暴反）。

（137）候韵之逅字与有韵厚韵相押（逅，《诗集传》叶很口反）。

（148）暮韵之顾字与语韵相押（顾，《诗集传》叶果五反）。

（152）宵韵之嘌字与啸韵相押（嘌，《诗集传》叶匹妙反）。

（154）微韵之衣字与贿韵相押（衣，《诗集传》叶上声）。

（210）贿韵之罪字与未韵相押（罪，《诗集传》叶音悴）。

（250）阮韵之反字与元韵相押（反，《诗集传》叶分邅反）。

（254）願韵之献字与仙韵相押（献，《诗集传》叶虚言反）。

（260）遇韵之附字与姥韵麌韵相押（附，《诗集传》叶上声）。

这些漏引，在下文韵部归纳中给予更正。

二　吴棫《诗》韵

根据吴棫《诗》韵韵谱，我们可以归纳吴棫《诗》韵。《诗》韵以《广韵》哪几个韵在《诗》中合用为依据，《广韵》合用的韵为《诗》韵一部。吴棫舒声平上去分用，下文《诗》韵只列《广韵》合用的平声韵目，上去韵目可各自承平声，不另列。每个《诗》韵下都列出用韵例证，再作必要的说明。由于仅仅285个韵段，所以韵字有限，有些韵没有韵字出现，这些韵的归部随文说明依据。

舒声

第一　东冬钟

平声

（19）降（江韵转东韵）：蟲（东）螽（东）忡（东）降（东）。

（25）讼（用韵转钟韵）：墉（钟）讼（钟）讼（钟）从（钟）。

（121）双（江韵转东韵）：双（东）庸（钟）庸（钟）从（钟）。

（195）诵（用韵转钟韵）、（196）邦（江韵转东韵）：诵（钟）讻（钟）邦（东）。

（272）邦（江韵转东韵）：蒙（东）东（东）邦（东）同（东）从（钟）功（东）。

东（冬）钟相韵。

注：

a 冬韵字缺。补的依据：《广韵》与钟同用，去声宋韵与送相韵。

b 江韵字转声读东韵。

c 用韵讼诵二字去声转为平声。

去声

（40）仲（东韵转送韵）：仲（送）宋（宋）仲（送）。

（115）巷（绛韵转送韵）：巷（送）送（送）。

送宋（用）相韵。

注：

a 用韵字缺。补的依据：《广韵》与宋同用，讼诵二字转平声与东钟相韵。

b 绛韵字转声读送韵。

c 东韵仲字平声转为去声。

第二　支脂之微齐灰

平声

（5）喈（皆韵转齐韵）：萋（齐）喈（齐）。

（7）怀（皆韵转灰韵）：嵬（灰）隤（灰）罍（灰）怀（灰）。

（11）仇（尤韵转之韵）：逑（脂）仇（之）。

（35）霾（皆韵转之韵）、36 来（咍韵转之韵）、37 思（之韵注之韵）：霾（之）来（之）思（之）。

（55）谋（尤韵转灰韵）：淇（之）思（之）姬（之）谋（灰）。

（77₁）皮（支韵注支韵）、（78₁）仪（支韵注支韵）、（79₁）为（支韵注支韵）：皮（支）仪（支）仪（支）为（支）。

（88）邱（尤韵转支韵）：蚩（之）丝（之）丝（之）谋（灰）淇（之）丘

（支）期（之）媒（灰）期（之）。

（93）哉（咍韵转齐韵）：思（之）哉（齐）。

（113₁）加（麻韵转之韵）：加（之）宜（支）。

（145）裘（尤韵转之韵）：梅（灰）裘（之）哉（齐）。

（166）臺（咍韵转之韵）、167 莱（咍韵转之韵）：臺（之）莱（之）基（之）期（之）。

（212）阶（皆韵转齐韵）：麋（脂）阶（齐）。

（222）议（寘韵转支韵）：议（支）为（支）。

（227）喈（皆韵转齐韵）、228 湝（皆韵转齐韵）：喈（齐）湝（齐）悲（脂）回（灰）。

（249）邮（尤韵转支韵）：儗（之）邮（支）。

（252）牛（尤韵转之韵）：牛（之）哉（齐）。

（266）才（咍韵转齐韵）：駓（脂）騏（之）伾（脂）期（之）才（齐）。

（270₁）多（歌韵转支韵）：牺（支）宜（支）多（支）。

支脂之（微）齐灰相韵。

注：

a 微韵字缺。补的依据：上声尾、去声未分别与旨止荠贿、至志霁队等相韵，威字转去声与至志霁队等相韵。

b（佳）皆咍转声与支脂之微齐灰相韵。佳韵字缺。补的依据：《广韵》与皆同用。

c 尤韵仇谋邱裘邮牛等字转声与本部相韵。麻韵加字、歌韵多字转声与本部相韵。

d 议字去声转为平声。

e 皮仪为三字以今音相押。

上声

（2）采（海韵转荠韵）、（3）友（有韵转旨韵）：采（荠）友（旨）。

（12）有（有韵转旨韵）：采（荠）有（旨）。

（29）汜（止韵注止韵）：汜（止）以（止）以（止）悔（贿）。

（47）否（有韵转旨韵）、（48）友（有韵转旨韵）：否（旨）否（旨）友（旨）。

（50）死（旨韵注止韵）：体（荠）死（止）。

（54）久（有韵转止韵）：久（止）以（止）。

（97）玖（有韵转止韵）：李（止）玖（止）。

（107）玖（有韵转止韵）：李（止）子（止）子（止）玖（止）。

（122₁）亩（厚韵转贿韵）：亩（贿）母（贿）。

（127）母（厚韵转贿韵）：圮（止）母（贿）。

（128）偕（皆韵转止韵）：偕（止）死（旨）。

（154）火（果韵转贿韵）：火（贿）衣（尾）。

（165）时（之韵转旨韵）：有（旨）时（旨）。

（175）友（有韵转旨韵）：喜（止）祉（止）久（止）友（旨）鲤（止）矣
（止）友（旨）。

（183）俟（止韵注止韵）：有（旨）俟（止）友（旨）子（止）。

（192）殆（海韵转止韵）：仕（止）子（止）已（止）殆（止）仕（止）。

（204）负（有韵转贿韵）：采（荠）负（贿）似（止）。

（206）梓（止韵注荠韵）、（207）母（厚韵转贿韵）、（208）在（海韵转荠
韵）：梓（荠）止（止）母（贿）裹（止）在（荠）。

（240）有（有韵转旨韵）、（241）敏（轸韵转旨韵）：止（止）子（止）亩
（贿）喜（止）否（旨）亩（贿）有（旨）敏（旨）。

（262）皆（皆韵转止韵）：秭（旨）醴（荠）妣（旨）礼（荠）皆（止）。

（276）母（厚韵转贿韵）、（277）有（有韵转旨韵）：喜（止）母（贿）士
（止）有（旨）祉（止）齿（止）。

（纸）旨止尾荠贿相韵。

注：

a 纸韵字缺。补的依据：平声支与支脂之齐灰相韵。

b（蟹骇）海转声与（纸）旨止尾荠贿相韵。蟹骇韵字缺。补的依
据：蟹骇《广韵》同用，皆韵偕皆转上声与本部相韵。

c 有韵友有否久玖负等字转声与本部相韵。厚韵亩母、果韵火、轸韵
敏等字转声与本部相韵。

d 止韵汜俟梓、旨韵死等字注本部之音。＊汜俟梓死等字俗音读语韵，此取
今音。

e 时字平声转上声。

去声

（21₁）伐（月韵转废韵）、（22）茇（末韵转队韵）：伐（废）茇（队）。

（23）败（夬韵转至韵）：败（至）憝（祭）。

（56）害（泰韵转祭韵）：卫（祭）害（祭）。

（61）害（泰韵转祭韵）：逝（祭）害（祭）。

（95）带（泰韵转霁韵）：厉（祭）带（霁）。

（102）艾（泰韵转废韵）：艾（废）岁（祭）。

（132）迈（夬韵转祭韵）：逝（祭）迈（祭）外（泰）蹶（祭）。

（147）讯（震韵注至韵）：萃（至）讯（至）。

（155）發（月韵转废韵）、（156）烈（薛韵转祭韵）：發（废）烈（祭）岁（祭）。

（172）载（代韵转祭韵）：载（祭）喜（志）右（未）。*右字朱熹读志韵，吴棫读未韵。

（193）届（怪韵转未韵）、（194）阕（屑韵转霁韵）：惠（霁）戾（霁）届（未）阕（霁）。

（201）出（术至二韵注至韵）：出（至）瘁（至）。

（210）威（微韵转未韵）：威（未）罪（至）。

（253）爱（代韵转未韵）：爱（未）谓（未）。

（眞）至志未霁队祭泰合废相韵。

注：

a 眞韵字缺。补的依据：平声支与支脂之齐灰相韵。

b（卦）怪代泰开夬韵字转声与（眞）至志未霁队祭泰合废相韵。卦韵字缺。补的依据：卦怪《广韵》同用。

c 月韵伐發、薛韵烈、屑韵阕等字转声与本部相韵。

d 威字平声转为去声。

e 出字两音取一。

f 讯字读破。

第三　鱼虞模

平声

（9）华（麻韵转虞韵）、（10）家（麻韵转模韵）：华（虞）家（模）。

（16₁）蒌（虞侯二韵注虞韵）：蒌（虞）驹（虞）。

（30）车（鱼麻二韵注鱼韵）：华（虞）车（鱼）。

（96）瓜（麻韵转模韵）：瓜（模）琚（鱼）。

（112）侯（侯韵转模韵）：濡（虞）侯（模）渝（虞）。

（160）瑕（麻韵转模韵）：胡（模）瑕（模）。

（188）牙（麻韵转模韵）：牙（模）居（鱼）。

（213）舍（马韵转鱼韵）：舍（鱼）车（鱼）盱（虞）。

（267）邪（麻韵转鱼韵）：鱼（鱼）袪（鱼）邪（鱼）徂（模）。

鱼虞模相韵。

注：

a 麻韵华瓜瑕牙邪、马韵舍等字转声与本部相韵。侯韵侯字转声与本部相韵。

b 蒌车二字两音取一。

上声

（15）马（马韵转姥韵）：楚（语）马（姥）。

（20）下（马韵转姥韵）：下（姥）女（语）。

（32）野（马韵转语韵）：羽（虞）野（语）雨（虞）。

（41）马（马韵转姥韵）、（42）下（马韵转姥韵）：马（姥）下（姥）。

（45）下（马韵转姥韵）：下（姥）苦（姥）。

（49）怒（姥暮二韵注姥韵）：雨（虞）怒（姥）。

（122₂）亩（厚韵转姥韵）：亩（姥）母（姥）。

（139）者（马韵转语韵）：楚（语）户（姥）者（语）。

（148）予（鱼韵转语韵）：顾（姥）予（语）。

（157）子（读语韵）：股（姥）羽（虞）野（语）宇（虞）户（姥）下（姥）鼠（语）户（姥）子（语）处（语）。

（168）耇（厚韵转虞韵）、（169）後（厚韵转姥韵）：枸（虞）椇（虞）耇

（麌）後（姥）。

（170）写（马韵转麌韵）：湑（语）写（麌）语（语）处（语）。

（184）寡（马韵转姥韵）：羽（麌）野（语）寡（姥）。

（216）予（鱼韵转语韵）：雨（麌）女（语）予（语）。

（217）予（鱼韵转语韵）：暑（语）予（语）。

（260）祒（祒韵转姥韵）：祒（姥）附（麌）侮（麌）。

（263）椵（马韵转姥韵）：祜（姥）椵（姥）。

（275）椵（马韵转姥韵）：椵（姥）鲁（姥）许（语）宇（麌）。

语麌姥相韵。

注：

a 马韵马下野者写寡椵、祒韵祒等字转声与本部相韵。厚韵宙耇等字转声与本部相韵。

b 予字平声转上声。

c 怒字两音取一。

d 子字读语韵。＊子字《广韵》读止韵，此取俗音。

去声

（18）居（鱼韵转御韵）：居（御）御（御）。

（24）夜（祒韵转遇韵）：露（暮）夜（遇）露（暮）。

（144）驱（虞韵转遇韵）：驱（遇）续（遇）舁（遇）。

（225）暇（祒韵转暮韵）：除（御）莫（暮）庶（御）暇（暮）顾（暮）怒（暮）。

御遇暮相韵。

注：

a 祒韵夜暇等字转声与本部相韵。

b 居驱二字平声转去声。

第四　真谆臻文殷耕清青蒸登

平声

（31）孙（魂韵转谆韵）：缗（真）孙（谆）。

（33）南（覃韵转侵韵）：音（侵）南（侵）心（侵）。

（34）渊（先韵转谆韵）：渊（谆）身（真）人（真）。

（43）信（震韵转真韵）：洵（谆）信（真）。

（44）南（覃韵转侵韵）：南（侵）心（侵）。

（57）门（魂韵转真韵）、（58）艰（山韵转真韵）：门（真）殷（殷）贫（真）艰（真）。

（63）天（先韵转真韵）：天（真）人（真）。

（72）奔（魂韵转真韵）：奔（真）君（文）。

（74）田（先韵转真韵）、（75）渊（先韵转谆韵）、（76）千（先韵转真韵）：人（真）田（真）人（真）渊（谆）千（真）。

（90）耽（覃韵转侵韵）：葚（侵）耽（侵）。

（91）陨（轸韵转真韵）：陨（真）贫（真）。

（110）弓（东韵转耕韵）：掤（蒸）弓（耕）。

（118）梦（送韵转登韵）：薨（登）梦（登）憎（登）。

（120）颠（先韵转真韵）：颠（真）令（清）。

（124）鳏（山韵转谆韵）：鳏（谆）雲（文）。

（140）姓（劲韵转青韵）：菁（清）睘（清）姓（青）。

（141）巅（先韵转真韵）、（142）信（震韵转真韵）：巅（真）信（真）。

（153）年（先韵转真韵）：榛（臻）人（真）人（真）年（真）。

（178）渊［囍］（先韵转真韵）：渊（真）圓（真）。

（186）煇（微韵转文韵）、（187）旂（微韵转殷韵）：煇（文）旂（殷）。

（191）雄（东韵转蒸韵）：蒸（蒸）雄（蒸）兢（蒸）崩（登）肱（登）升（蒸）。

（214）翩（仙韵转青韵）：翩（青）人（真）信（真）。

（219）天（先韵转真韵）、（220）渊（先韵转谆韵）：天（真）渊（谆）。

（221）贤（先韵转真韵）：滨（真）臣（真）贤（真）。

（223）疢（眉贫切）：尘（真）疢（真）。

（235）愻（仙韵转真韵）：愻（真）孙（谆）。

（237）甸（霰韵转真韵）：甸（真）田（真）。

（255）躬（东韵转耕韵）、（256）天（先韵转真韵）：躬（耕）天（真）。

（258）男（覃韵转侵韵）：音（侵）男（侵）。

（265）畛（轸韵转真韵）：耘（文）畛（真）。

真谆臻文殷耕清青蒸登相韵。

注：

a 魂韵孙门奔等字转声与本部相韵。

b 先韵渊天田千颠巅年贤、仙韵翩恣等字转声与本部相韵。覃韵南耽男转声与本部相韵。

东韵弓雄躬等字转声与本部相韵。山韵鳏字转声与本部相韵。

c 微韵煇旂等字转声与本部相韵。

d 信梦姓甸等字去声转平声，陨畛等字上声转平声。

e 疧字读破。

上声

（224）冥（青韵转迥韵）：冥（迥）颎（迥）。

注：

a 冥字平声转上声。

去声

（209）先（霰韵转震韵）：先（震）墐（震）。

注：

a 霰韵先字转声读震。

第五　元先仙严盐

平声

（67）颜（删韵转先韵）：颜（先）媛（元）。

（86）宽（桓韵转仙韵）：宽（仙）言（元）谖（元）。

（89）关（删韵转元韵）：垣（元）关（元）关（元）涟（仙）关（元）言（元）言（元）迁（仙）。

（108）檀（寒韵转仙韵）．园（元）檀（仙）言（元）。

（114）餐（寒韵转仙韵）：言（元）餐（仙）。

（119）间（山韵转先韵）：还（仙）间（先）肩（先）儇（仙）。

（123）环（删韵转先韵）：环（先）鬓（仙）。

（129）闲（山韵转仙韵）：闲（仙）还（仙）。

（130）餐（寒韵转仙韵）：涟（仙）廛（仙）狟（元）餐（仙）。

（173）闲（山韵转仙韵）、（174）宪（愿韵转元韵）：轩（元）闲（仙）原（元）

宪（元）。

（215）幡（元韵注仙韵）：幡（仙）言（元）迁（仙）。

（245）樊（元韵注仙韵）：樊（仙）言（元）。

（250）远（阮韵转元韵）：反（仙）远（元）。

（254）燔（元韵注仙韵）：燔（仙）献（元）。

（271）岩（衔韵转严韵）：岩（严）詹（盐）。

元先仙严盐相韵。

注：

a 元先仙与盐严不系联，以俨韵与铣狝相韵补入。

b 寒桓删山衔转声与元先仙盐严相韵。

c 元韵幡樊燔等字注本部之音。＊幡樊燔等唇音字吴棫读洪音如寒桓删山。

d 远字上声转平声。

上声

（82）反（阮韵注狝韵）：反（狝）远（阮）。

（116）㺬（桓韵转狝韵）：㺬（狝）婉（阮）愿（阮）。

（150）枕（寝韵转狝韵）：菩（铣）俨（俨）枕（狝）。＊朱熹菩读琰韵，吴棫读铣韵。

阮铣狝俨相韵。

注：

a 桓韵㺬字转声与本部相韵。

b 寝韵枕字转声与本部相韵。

c 阮韵反字注本部之音。

去声

（87）盼（襇韵转霰韵）：倩（霰）盼（霰）。

注：

a 襇韵转声与本部相韵。

第六　萧宵豪

去声

（136）鹄（沃韵转号韵）：皓（号）鹄（号）。

（149）惨（感韵注号韵）：照（笑）燎（笑）绍（笑）惨（号）。

（152）飘（宵韵转笑韵）：飘（笑）嘌（笑）弔（啸）。

啸笑号相韵。

注：

a 沃韵鹄字转声读本部之音。

b 飘字平声转去声。

c 惨字读破。

第七　歌戈

平声

（26）皮（支韵转戈韵）、（27）蛇（支韵转歌韵）：皮（戈）綵（歌）蛇（歌）。

（62）仪（支韵转歌韵）：河（歌）仪（歌）他（歌）。

（66）宜（支韵转歌韵）：珈（歌）佗（歌）河（歌）宜（歌）何（歌）。

（77$_2$）皮（支韵转歌韵）、（78$_2$）仪（支韵转歌韵）、（79$_2$）为（支韵转戈韵）：皮（歌）仪（歌）仪（歌）为（戈）。

（85）猗（支韵转歌韵）：猗（歌）磋（歌）磨（戈）。

（104）嗟（麻韵转歌韵）、（105）施（支韵转戈韵）：嗟（歌）嗟（歌）施（戈）。

（113$_2$）加（麻韵转歌韵）：加（歌）宜（歌）。

（190）池（支韵转歌韵）：阿（歌）池（歌）讹（戈）。

（270$_2$）多（歌韵注歌韵）：宜（歌）多（歌）。

歌戈相韵。

注：

a 麻韵嗟加等字转声读本部之音。

b 支韵皮蛇仪宜为猗施池等字转声读本部之音。

c 歌韵多字注歌韵。

第八　阳唐

平声

（8）觥（庚韵转唐韵）：冈（唐）黄（唐）觥（唐）伤（阳）。

（38）兵（庚韵转唐韵）、（39）行（庚韵转唐韵）：镗（唐）兵（唐）行（唐）。

（59）行（庚韵转唐韵）：雱（唐）行（唐）。

（68）中（东韵转阳韵）、（69）宫（东韵转阳韵）、（70）上（漾韵转阳韵）：乡（阳）姜（阳）中（阳）宫（阳）上（阳）。

（71）兄（庚韵转阳韵）：疆（阳）良（阳）兄（阳）。

（73）京（庚韵转阳韵）：堂（唐）京（阳）桑（唐）臧（唐）。

（83）蔟（庚韵转唐韵）、（84）行（庚韵转唐韵）：蔟（唐）行（唐）狂（阳）。

（92）行（庚韵转唐韵）：汤（阳）裳（阳）行（唐）。

（111）英（庚韵转阳韵）：旁（唐）英（阳）翔（阳）。

（117）明（庚韵转唐韵）：明（唐）昌（阳）明（唐）光（唐）。

（159）饗（养韵转阳韵）：霜（阳）场（阳）饗（阳）羊（阳）堂（唐）舟凡（唐）疆（阳）。

（161）享（养韵转阳韵）：享（阳）尝（阳）王（阳）疆（阳）。

（171）贶（漾韵转阳韵）：藏（唐）贶（阳）饗（阳）。

（176）衡（庚韵转唐韵）、（177）珩（庚韵转唐韵）：乡（阳）央（阳）衡（唐）瑲（阳）皇（唐）珩（唐）。

（211）盟（庚韵转唐韵）：盟（唐）长（阳）。

（230）祊（庚韵转唐韵）、（231）庆（映韵转阳韵）：蹌（阳）羊（阳）尝（阳）将（阳）祊（唐）明（唐）皇（唐）饗（阳）庆（阳）疆（阳）。

（244）仰（养韵转唐韵）：仰（唐）行（唐）。

（247）抗（宕韵转唐韵）：抗（唐）张（阳）。

（251）让（漾韵转阳韵）：良（阳）方（阳）让（阳）亡（阳）。

（257）身（真韵转阳韵）：商（阳）京（阳）行（唐）身（阳）王（阳）。

（285）衡（庚韵转唐韵）：衡（唐）王（阳）。

阳唐相韵。

注：

a 庚韵舟凡兵行兄京蔟英明衡盟祊、映韵庆等字转声读本部之音。

b 东韵中宫等字转声读本部之音。真韵身字转声读本部之音。

c 上贶抗让等字去声转平声，饗享仰等字上声转平声。

上声

（60）景（梗韵转养韵）：景（养）养（养）。

注：

a 梗韵景字转声读本部之音。

去声

（13）泳（映韵转漾韵）、（14）方（阳韵转漾韵）：泳（漾）方（漾）。

注：

a 映韵泳字转声读本部之音。

b 方字平声转去声。

第九　尤侯

平声

（16₂）蒌（虞侯二韵注侯韵）、（17）驹（虞韵转侯韵）：蒌（侯）驹（侯）。

（28）昴（巧韵转尤韵）：昴（尤）禂（尤）犹（尤）。

（51）救（宥韵转尤韵）：舟（尤）游（尤）求（尤）救（尤）。

（52）售（宥韵转尤韵）：雔（尤）售（尤）。

（80）驱（虞韵转尤韵）、（81）漕（豪韵转侯韵）：驱（尤）侯（侯）悠（尤）漕（侯）忧（尤）。

（101）萧（萧韵转尤韵）：萧（尤）秋（尤）。

（268）陶（宵韵转尤韵）：陶（尤）囚（尤）。

尤侯相韵。

注：

a 巧韵昴、豪韵漕、萧韵萧、宵韵陶等字转声读本部之音。虞韵驹驱等字转读本部之音。

b 救售二字去声转平声。

c 蒌字两音取一。

上声

（46）轨（旨韵转有韵）：轨（有）牡（厚）。

（64）埫（皓韵转厚韵）、（65）道（皓韵转厚韵）：埫（厚）道（厚）道（厚）醜（有）。

（109）狩（宥韵转有韵）：狩（有）酒（有）酒（有）好（厚）。

（133）考（皓韵转有韵）、（134）保（皓韵转厚韵）：杻（有）埫（厚）考

（有）保（厚）。

（137）禺（虞韵转有韵）、（138）隅（虞韵转厚韵）：禺（有）隅（厚）近（厚）。

（158）寿（有宥二韵注有韵）：酒（有）寿（有）。

（182）祷（皓韵转厚韵）：祷（厚）阜（有）阜（有）醜（有）。

（205）擣（皓韵转厚韵）：道（厚）草（厚）擣（厚）老（厚）首（有）。

有厚相韵。

注：

a 皓韵埽道考保祷擣等字转声读本部之音。虞韵禺隅转声读本部之音。旨韵轨字转声读本部之音。

b 狩字去声转上声。

c 寿字两音取一。

入声

第一　屋烛

（99）脩（尤韵转屋韵）、（100）歗（啸韵转屋韵）：脩（屋）歗（屋）歗（屋）淑（屋）。

（200）椓（觉韵转屋韵）：屋（屋）縠（屋）禄（屋）椓（屋）独（屋）。

（218）浊（觉韵转烛韵）：浊（烛）縠（屋）。

（226）戚（锡韵转屋韵）：奥（屋）蹙（屋）菽（屋）戚（屋）宿（屋）覆（屋）。

（238）渥（觉韵转屋韵）：霂（屋）渥（屋）縠（屋）。

屋烛相韵。

注：

a 觉韵椓浊渥等字转声读本部之音。

b 锡韵戚字转声读本部之音。

c 尤韵脩字、啸韵歗字转声读本部之音。

第二　质术薛

（53）节（屑韵转质韵）：节（质）日（质）。

（98）噎（屑韵转质韵）：实（质）噎（质）。

（103）穴（屑韵转术韵）：室（质）穴（术）日（质）。

（151）结（屑韵转质韵）：鞑（质）结（质）一（质）。

（198）厉（祭韵转薛韵）：结（质）厉（薛）灭（薛）威（薛）。

（246）设（薛韵转质韵）：设（质）逸（质）。

质术薛相韵。

注：

a 屑韵节噎穴结等字转声读本部之音。薛韵设字转声读本部之音。

第三　职德昔缉

（1）服（屋韵转德韵）：得（德）服（德）侧（职）。

（106）国（德韵注职韵）：国（职）国（职）食（职）。

（126）服（屋韵转德韵）：襋（职）服（德）。

（131）辐（屋韵转职韵）：辐（职）侧（职）直（职）稑（职）億（职）特（德）食（职）。

（162）福（屋韵转职韵）：福（职）食（职）德（德）。

（163）牧（屋韵转职韵）、（164）载（代韵转职韵）：牧（职）来（职）载（职）棘（职）。

（179$_1$）奕（昔韵注昔韵）、（180$_1$）舄（昔韵注昔韵）、（181$_1$）绎（昔韵注昔韵）：奕（昔）舄（昔）绎（昔）。

（197）局（烛韵转职韵）：局（职）蹐（昔）脊（昔）蜴（昔）。

（199）意（志韵转职韵）：辐（职）载（职）意（职）。

（202）富（宥韵转职韵）、（203）又（宥韵转昔韵）：克（德）富（职）又（昔）。

（229）祀（止韵转职韵）：棘（职）稷（职）翼（职）億（职）食（职）祀（职）福（职）。

（236）位（至韵转缉韵）：戒（职）位（缉）告（德）。

（239）惑（屋韵转职韵）：翼（职）惑（职）稑（职）食（职）。

（261）伏（屋韵转职韵）：亟（职）来（职）伏（职）。

职德昔缉相韵，与质术薛没有系联之例。

注：

a 屋韵服辐福牧惑伏、烛韵局等字转声读本部之音。

b 志韵意、止韵祀、至韵位、代韵载等字转声读本部之音。

c 宥韵富又等字转声读本部之音。

d 德韵国字注职韵，昔韵奕舄绎注昔韵。

第四　觉药铎

（4）芼（号韵转觉韵）：芼（觉）乐（铎）。

（6）致（昔韵转药韵）：莫（铎）濩（铎）致（药）。

（125）夕（昔韵转药韵）：薄（铎）鞞（铎）夕（药）。

（135）沃（沃韵转药韵）：鏊（铎）襮（铎）沃（药）乐（铎）。

（143）硕（昔韵转药韵）：硕（药）获（铎）。

（146）栎（锡韵转铎韵）：栎（铎）驳（觉）乐（铎）。

（179₂）奕（昔韵转药韵）、（180₂）舄（昔韵转药韵）、（181₂）绎（昔韵转药韵）：奕（药）舄（药）绎（药）。

（185）宅（陌韵转铎韵）：泽（铎）作（铎）宅（铎）。

（189）客（陌韵转铎韵）：藿（铎）夕（药）客（铎）。

（232）硕（昔韵转药韵）、（233）炙（昔韵转药韵）、（234）格（陌韵转铎韵）：硕（药）炙（药）莫（铎）庶（药）客（铎）错（铎）度（铎）获（铎）格（铎）酢（铎）。

（242）柏（陌韵转铎韵）、（243）怿（昔韵转药韵）：柏（铎）奕（药）怿（药）。

（248）的（锡韵转药韵）：的（药）爵（药）。

（259）赫（陌韵转铎韵）：赫（铎）莫（铎）获（铎）度（铎）廓（铎）宅（铎）

（264₁）泽（陌韵注陌韵）：柞（陌）泽（陌）。＊叶今音。

（264₂）泽（陌韵转铎韵）：柞（铎）泽（铎）。

（269）逆（陌韵转药韵）：博（铎）致（药）逆（药）获（铎）。

（273）绎（昔韵转药韵）、（274）宅（陌韵转铎韵）：绎（药）宅（铎）貉（铎）诺（铎）若（药）。

（278）尺（昔韵转药韵）、（279）舄（昔韵转药韵）、（280）硕（昔韵转药韵）、（281）奕（昔韵转药韵）：

柏（铎）度（铎）尺（药）舄（药）硕（药）奕（药）作（铎）硕（药）若（药）。

（282）致奕怿（昔韵转药韵）、（283）昔（昔韵转药韵）、（284）夕（昔韵转药韵）：致（药）奕（药）客（铎）怿（药）昔（药）作（铎）夕（药）恪（铎）。

觉药铎相韵。

注：

a 沃韵沃等字转声读本部之音。陌韵宅客格柏赫泽逆等字转声读本部之音。昔韵敖夕硕奕舄绎炙怿绎尺昔等字转声读本部之音。锡韵栎的等字转声读本部之音。

b 号韵苊字转声读本部之音。

（94）甲（狎韵转帖韵）：葉（葉）韘（葉）韘（葉）甲（帖）。此韵段葉帖相韵，无与系联者。又，（21₂）伐（月韵转末韵）：伐（末）苃（末）。因为月韵唇音吴棫读末韵，所以此韵段叶今音。

我们归纳一下吴棫《诗》平声用韵情况：

第一东冬钟（江转入）。转入的讼诵二字是读此部的异质之音。

第二支脂之微齐灰（佳皆咍转入）。转入的尤韵仇谋邱裘邮牛等字、麻韵加字、歌韵多字，以及议字是读此部的异质之音。

第三鱼虞模。转入的麻韵华瓜瑕牙邪等字、侯韵侯字以及马韵舍字是读此部的异质之音。

第四真谆臻文殷耕清青蒸登（魂转入）。转入的先韵渊天田千颠巅年贤、仙韵翩愆、覃韵南耽男、东韵弓雄躬、山韵鰥字、微韵辉旂等以及信梦姓甸陨畛等字是读此部的异质之音。

第五元先仙严盐（寒桓删山衔转入）。转入的远字是读此部的异质之音。

第六萧宵豪。平声缺，依去声。

第七歌戈（麻转入）。转入的支韵皮蛇仪宜为猗施池等字是读此部的异质之音。

第八阳唐（庚转入）。转入的东韵中宫、真韵身以及上觊抗让饗享仰等字是读此部的异质之音。

第九尤侯。转入的巧韵昂、豪韵漕、萧韵萧、宵韵陶、虞韵驹驱以及救售等字是读此部的异质之音。

虽然出现的韵字有限，但吴棫《诗》韵平声韵部与王力先生据《韵补》分析所得平声九部，两者高度吻合。

第三节　《诗补音》之《诗》外音证所见吴棫韵部

这一节，我们整理一下《诗补音》之《诗》外音证中的韵文韵谱，再归纳《诗补音》之《诗》外音证所见吴棫韵部。

一　《诗补音》之《诗》外音证中的韵文韵谱

杨简所引285条《诗补音》中，《诗》外韵文音证共有742条。我们整理时：①每条补音下引有韵文时保留出处和押韵的韵字，没有音证或没有韵文音证时写上"无韵文音证"。②出处尽量用书名号，不便用书名号的用引号，如"汉赵王之歌"、《左氏传》"辛廖之占"等。③个别韵文音证是用与该条字头有密切关系的字的押韵情况间接证明字头读音，此类音证与直接证明该条字头的音证同等对待。如：（145）裘，《补音》渠之切。《易林·剥之巽》曰："蔡侯两裘，久苦流离。"《大过之困》曰："送我貂裘，与福载来。"来，陵之切。《说文》以求得声。曹大家《东征赋》："贵贱贫富不可求兮，正身履道以俟时兮。"古"求"亦渠之切。《慈湖诗传》卷九《秦·终南》字头裘，《补音》注渠之切，《易林·剥之巽》和《大过之困》两韵文是裘读渠之切的音证，而《东征赋》韵文是通过证明裘字声符求字有渠之切的读法间接证明字头裘的读法。《东征赋》与《易林·剥之巽》和《大过之困》同等对待。

（1）服，蒲北切。《士冠礼》服德，《秦泰山刻石》服饬，《碣石刻石》服息。

（2）采，此礼切。荀卿《赋篇》采礼，杜笃《论都赋》采已，郭璞《客傲》采里，陆云《赠顾尚书》采水。

（3）友，羽轨切。《史记·龟筴传》友有（笔者按，有字当似第12条读羽轨切），《易林·坎之乾》友起，《楚辞·九章》友理，汉《天马歌》友里，崔骃《达旨》友已。

（4）笔，多读如邲。无韵文音证。

（5）嗜，居奚切。《尚书大传》回嗜，《太元·乐首》嗜唶衰（笔者按，唶字《集韵》有齐韵一读），徐幹《齐都赋》嗜奇，陆云《赠郑虔季》

嗜池。

（6）致，弋灼切。枚叔《七发》致诺石（石，常约切），殷臣《奇布赋》致濯。

（7）怀，胡隈切。张衡《东京赋》怀摧，汉《房中歌》怀归，刘向《九叹》怀颏，《左氏传》"声伯之歌"怀瑰归，扬子云《酒箴》怀危。

（8）舼，姑黄切。刘桢《鲁都赋》舼舫。

（9）华，芳无切。《易》华夫，屈原《九歌》华居，汉《齐房乐章》华都，扬子《反骚》华梧，"光武曰"吾华，《急救章》华芦，《易林》华家滑居（笔者按，家字当似第10条读公胡切，滑字当读鱼韵）。

（10）家，公胡切。《左氏传》"伯姬之占"姑适家，"虞人之箴"家夫，屈原《楚辞》家狐，《战国策》乎家，扬子云《酒箴》家乎，《龟策传》家且（且，子余切）。

（11）仇，渠之切。"汉赵王之歌"之仇，《史记·龟策传》之之仇。

（12）有，羽轨切。《史记·封禅颂》有祉，《龟策传》有纪，《司马相如叙传》有始，班固《西都赋》有甲，傅毅《洛都赋》有時。

（13）泳，于迋切。郭璞《江赋》上泳。

（14）方，甫妄切。无韵文音证。

（15）马，满补切。《左氏传》"辛廖之占"土马，又"童谣"羽野马（野，上与切），屈原《离骚经》马女，《九歌》马鼓，"汉乐章"下马虎（笔者按，下字当似第20条读後五切）。

（16）《补音》：其蒌，一读力俱切，一读力侯切。无韵文音证。

（17）驹，一读居侯切。《易林·塞之豫》遊忧驹。

（18）居，姬御切。《周易》居著，韦元成《复玷》居惧，扬子云《卫尉箴》居禦，张衡《西京赋》居处。

（19）降，胡攻切。扬子云《河东赋》降隆，马融《笛赋》降风，阮籍《寄怀》降雄，韩愈《刘统军碑词》降功。

（20）下，後五切。无韵文音证。

（21）伐，一读扶废切。"柳下妻诔惠"伐弊厉，徐幹《西征赋》伐制，左思《魏都赋》伐制。一读蒲拨切。无韵文音证。

（22）茷，一读蒲昧切。无韵文音证。

（23）败，蒲昧切。荀卿《赋篇》废败世，贾谊《鹏赋》败世，东方朔《七谏》败滞，《汉书·叙传》败制，邵正《释讥》败义。

（24）夜，元具切。宋玉《招魂》夜错，陆云《岁暮赋》夜暮，又《张二侯颂》夜故，《易林》夜误、夜暮、夜故、夜故、夜露。

（25）讼，墙容切。《太元·从首》讼功，挚虞《愍怀太子文》讼东，潘岳《关中诗》讼空，《易林·井之益》讼功。

（26）皮，蒲禾切。《左氏》"华元谓役者"皮多那，"役者"皮何。

（27）蛇，唐何切。《易林》蛇河，扬子云《反离骚》蛇歌，张衡《西京赋》蛇娥，郭璞《流沙赞》蛇波"，《东方朔诗》蛇援。

（28）昂，力求反。无韵文音证。

（29）氾，养里切。《楚辞·天问》氾里。

（30）车，斤於切。无韵文音证。

（31）孙，须伦切。《五子之歌》孙君，扬子云《元后诔》孙新，马融《笛赋》孙声，崔骃《辚铭》孙臻，《汉书·叙传》孙濒、孙信（笔者按，信字当似第43条读斯人切）。

（32）野，上与切。《左氏传》"童谣"羽野，《穆天子传》"王䓘谣"汝野，"司马相如赋"野浦，扬子云《太僕箴》野鲁，曹植《闲居赋》野宇。

（33）南，尼心切。陆云《喜霁赋》南音，唐柳宗元《贞符》南心，《淮西》南音，《裴处士墓铭》南君。

（34）渊，一均切。《楚辞·招魂》渊侁，《急就章》因渊，班固《东都赋》渊珍、渊鳞、渊勤、渊新、渊根。

（35）霾，陵之切。颜延年《荅谢灵运诗》霾暌。

（36）来，陵之切。《汉书·匡衡传》诗来诗颐（按，出处为笔者所加）。

（37）思，息慈切。无韵文音证。

（38）兵，晡茫反。《左氏传》"晋赵鞅之占"兵姜商，荀卿《赋篇》兵堂，《秦东观刻石》兵王，《会稽刻石》兵彊，《史记·龟笨传》兵王，扬子云《并州牧箴》兵荒。

（39）行，户郎切。《左氏传》载《夏书》方行纲亡，曹植《夏桀赞》王行，荀卿《赋篇》行详，《楚辞》行卿、行粮、行将，《史记·龟筴传》行黄、行详、行亡。

（40）仲，勅众切。无韵文音证。

（41）马，满补切。无韵文音证。

（42）下，後五切。无韵文音证。

（43）信，斯人切。无韵文音证。

（44）南，尼心切。无韵文音证。

（45）下，後五切。无韵文音证。

（46）轨，举有切。《太元·锐首》轨醜、《装首》轨逎（天口切）、《永首》轨后。

（47）否，补美切。《秦琅邪议》否止，郤正《释讥》已否，张衡《西京赋》否理。

（48）友，羽轨切。无韵文音证。

（49）怒，暖五切。无韵文音证。

（50）死，想止切。无韵文音证。

（51）救，居尤切。无韵文音证。

（52）售，时周切。乐府《陇头水歌》裘售，韩愈《送刘师服诗》售休。

（53）节，子悉切。《周易》节失、节实、节实、节吉，《太元》节一、节膝、节术，《季布叙传》节栗，郭璞《客傲》节跡，木华《海赋》节质。

（54）久，举里切。《秦峄山刻石》久起，宋玉《招魂》久里，《史记》久里，《易林·坎之萃》久祉。

（55）谋，谟杯切。《老子》持谋，荀卿《成相篇》谋知、谋持，屈原《天问》谋之，《哀时命》谋之，贾谊《鵩赋》谋时，扬子云《廷尉箴》谋基，《氓》谋丝。

（56）害，瑕愒切。《汉·夏侯叙传》害世，王粲《阮籍诔》害滞。

（57）门，眉贫切。荀卿《成相篇》门根，《赋篇》门神，《楚辞·九章》门贫，司马相如《大人赋》门垠，扬子云《河东赋》门频，《张良叙传》门心。

（58）艰，居银切。崔骃《大理箴》艰人，冯衍《显志赋》艰絃，陆机《赠弟诗》艰辰，柳宗元《闵生赋》艰陈。

（59）行，户郎切。无韵文音证。

（60）景，举两切。夏侯湛《抵疑》景响，陆机《赠弟诗》景攘，郭璞《毕方赞》景炳上（炳，补两切。上，是掌切）。

（61）害，暇愒切。无韵文音证。

（62）仪，牛何切。《太元·争首》颇仪，《周易》义何，《古文尚书》陂义（陂音坡）。

（63）天，铁因切。《周易》成天、天平，荀子《成相篇》天人，《赋篇》天形成，屈原《九歌》天人，《九章》天名，《汉乐章》天人，班固《西都赋》天人。

（64）埽，苏后切。无韵文音证。

（65）道，徒厚切。《史记·龟策传》道纣，边让《章华赋》道肘，胡广《侍中箴》道右，夏侯湛《抵疑》道薮，班固《幽通赋》道茂（莫口切）。

（66）宜，牛何切。《易林·离之姤》和宜歌，《仪礼·士冠礼》嘉宜。

（67）颜，鱼坚切。宋玉《神女赋》颜言，司马相如《大人赋》颜卷，陆机《叹逝赋》颜然，郭璞《江赋》颜鳙，陶潜《读山海经》颜年。

（68）中，诸良切。《太元·成首》中让（笔者按，让字当似第251条读如阳切），班固《泗水高祖碑》中伤，胡综《大牙赋》中常。

（69）宫，居王切。屈原《九歌》宫堂，班固《泗水张敖铭》宫疆，黄香《九宫赋》宫纲。

（70）上，辰羊切。《楚辞》洋荒上。

（71）兄，虚王切。"汉语"兄狼，《急就章》兄汤，"晋谣"昌兄，《楚辞·天问》兄长，《易林》兄光、兄觥、兄黄。

（72）奔，逋珉切。崔骃《七依》奔人，枣据《船赋》奔宁。

（73）京，居良切。扬子云《交州牧箴》京荒，班固《东都赋》京昌，《急就章》京梁，陈琳《武华赋》京荒。

（74）田，地因切。"晋舆人之谣"佃田（笔者按，佃字当似第153条读平声），"汉童谣"田人，《易林·噬嗑之未济》田民，《节之井》身田，《太元·失首》田根，韩愈《越裳操》田臣，张衡《南都赋》田辖。

（75）渊，一均切。无韵文音证。

（76）千，仓新切。《楚辞·招魂》千人仸，班固《西都赋》千门（门，眉贫切），刘邵《赵都赋》千仁，《易林·观之比》身千。

（77）皮，《补音》一读蒲縻切，一读蒲何切。无韵文音证。

（78）仪，《补音》一读鱼奇切，一读牛何切。无韵文音证。

（79）为，一读于妫切。无韵文音证。一读吾禾切。《楚辞·哀时命》波为罗。

（80）驱，祛尤切。陆云《九愍》駈流。

（81）漕，徂侯切。无韵文音证，举曹字证漕。曹，徂侯切。《楚辞·招隐士》曹留。

（82）反，浮裔切。屈原《离骚经》反远，荀卿《赋篇》远反塞，潘岳《西征赋》反转，《太元·失首》反转。

（83）蛮，谟郎切。无韵文音证。

（84）行，户郎切。无韵文音证。

（85）猗，乌何切。无韵文音证。

（86）宽，区权切。韩愈《闵己赋》宽贤，"白居易诗"宽天。

（87）盼，匹见切。陆机《高祖功臣颂》昐（盼）电，袁宏《三国名臣赞》昐（盼）变。

（88）邱，祛奇切。《左氏传》"史苏之言"姬邱，"齐谣"箕颐邱，《楚辞·九章》邱时，《易林·履之遯》邱时。

（89）关，圭元切。《易林·师之兑》关泉，《大过之师》关宽，刘歆《遂初赋》关翩，卢谌《览古诗》关贤，郭璞《客傲》关絃，刘禹锡《佛衣铭》关迁。

（90）耽，都森反。扬子云《兖州牧箴》禽耽，张翰《杂诗》耽金，陆云《赠郑虔季》耽金。

（91）陨，于贫切。应场《正情赋》陨鸣。

（92）行，户郎反。无韵文音证。

（93）哉，牋西切。无韵文音证。

（94）甲，吉协反。《楚辞·山鬼篇》甲接，扬子云《太元赋》甲裂。

（95）带，丁计切。《楚辞·九歌》带逝际，"汉封爵之誓"带厉裔，《易林·归妹之讼》带戾，杜笃《论都赋》带滞，陆云《赠郑虔季》带乂。

（96）瓜，攻乎切。《左氏传》"卫侯梦人之蹀"虚瓜夫辜，《易林·渐》居瓜，《急就章》瓜枯。

（97）玖，举里切。无韵文音证。

（98）噎，益悉切。无韵文音证。

（99）脩，式竹切。无韵文音证。

（100）歔，息六切。无韵文音证。

（101）萧，疏鸠切。《楚辞·九歌》萧忧，《九叹》萧愁。

（102）艾，鱼刈切。无韵文音证。

（103）穴，户橘切。《淮南子》穴室，《三署》穴实，《易林·乾之咸》橘穴，《需之观》穴室，《震之寒》穴集，"孔融诗"穴密。

（104）嵯，遭哥切。边让《章华赋》嵯波，阮籍《咏怀诗》嵯河，郭璞《江赋》嵯阿。

（105）施，诗戈切。《楚辞·天问》施何，汉高祖《戚夫人歌》施何。

（106）国，越逼切。无韵文音证。

（107）玖，举里切。无韵文音证。

（108）檀，徒沿切。《易林·临之寒》便檀（便，毗连切），张衡《南都赋》檀嫒（笔者按，嫒字《集韵》有元韵一读）。

（109）狩，始九切。无韵文音证。

（110）弓，姑宏切。《左氏传》"引古诗"乘弓朋，《楚辞·九歌》弓怼，枚乘《七发》弓浔。

（111）英，於良切。荀卿《赋篇》英强，《离骚经》英伤，《九歌》英央，"冯衍赋"英洋，"张衡赋"英阳。

（112）侯，洪姑切。《左氏传》"童谣"跌侯襦，《易林·师之井》肤侯，张衡《西京赋》侯拘，扬雄《解嘲》侯驱，《董仲舒叙传》侯车（笔者按，车字当似第30条读斤於切），柳宗元《吊长弘辞》侯图。

（113）加，一读居之切。《三署》施加宜，《楚辞·天问》加亏，扬雄《长杨赋》加夷。一读居何切。《楚辞·九怀》加和，《七谏》加何，张衡《西京赋》加过，魏明帝《桐诗》加柯。

（114）餐，逡缘切。"古诗"餐贤，挚虞《思遊赋》餐乾，韩愈《秋怀》餐前。

（115）巷，胡贡切。《离骚经》纵巷。

（116）漙，上兖切。无韵文音证。

（117）明，谟郎切。"荀卿书"明详、明忘、王明商，"古诗"将明，《楚辞》明桑、明方，《秦东观刻石》明阳，《会稽刻石》明庄，汉《房中歌》明疆，"唐虞之"明良康，《周易》明长、明刚。

（118）梦，莫藤切。扬雄《甘泉赋》梦绳，《太元·遇首》神梦。

（119）间，居贤切。司马相如《上林赋》间焉，班固《西都赋》连间，张衡《南都赋》间颠，曹植《瑟瑟歌》间阡，韩愈《孟东野失子》间贤。

（120）颠，典因切。司马相如《上林赋》鸣经颠，"汉童谣"颠人，《易林·贲之丰》麟颠，《噬嗑之未济》颠民，扬雄《元后诔》颠盈。

（121）双，疏工切。孔臧《格虎赋》冲双，《史记·龟筴传》同双，扬雄《河东赋》双东，"后汉语"双公、双重、双童、龙双、公双。

（122）亩，一读满罪切。宋玉《高唐赋》亩止，《楚辞》亩芷，张衡《东京赋》亩已。一读满补切。《易林·归妹之坤》亩暑，班固《西京赋》亩矩，韩愈《元和圣德诗》亩祖，柳宗元《招海贾文》亩覛舞。

（123）环，胡涓切。马融《广成颂》环园，曹植《美女篇》环翩，何晏《景福殿赋》环源，颜延年《北湖应诏诗》环天。

（124）鳏，姑伦切。《楚辞·天问》鳏亲。

（125）夕，祥龠切。《淮南子》夕握，李兴《诸葛亮表闾之文》廓夕，郭璞《江赋》壑夕，陶潜《自祭文》夕酌，陆云《夏府君诔》夕错。

（126）服，鼻墨切。《易林·困中之孚》服织，《士冠礼》服德，《秦泰山刻石》饰服。

（127）母，满罪切。《易林·泰之否》母已，《淮南子》母纪，蔡邕《崔夫人诔》母纪。

（128）偕，苟起切。《楚辞·九辩》偕毁，《太元·亲首》体偕。

（129）闲，何甄切。扬雄《太仆箴》闲怸，曹植《瑟瑟歌》闲然。

（130）餐，逡缘切。郗正《释讥》言餐。

（131）辐，笔力切。《荀子》引"逸诗"塞辐息，《易林·蹇之中孚》辐侧。

（132）迈，力制切。孔臧《格虎赋》迈岁，魏文帝《述征赋》迈岁，程晓《赠傅休奕诗》迈岁，皇甫谧《释劝》迈际会。

（133）考，去九切。"范蠡曰"考守，《易林·困之巽》考酒，《萃之井》考曰，边让《章华赋》考肘。

（134）保，补苟切。汉《房中歌》保寿（笔者按，寿字当似第158条读殖酉切），韩愈《路常侍墓铭》保咎。

（135）沃，郁缚切。郭璞《沃民赞》沃酌，刘向《新序》"夏民之歌"沃乐蹒，《易林·震之屯》白沃乐（白，僕各切）。

（136）鹄，居号切。无韵文音证。

（137）勼，侧九反。无韵文音证。

（138）隅，语口切。无韵文音证。

（139）者，掌与切。《楚辞·九歌》者与，王褒《九怀》户者觌，"司马相如赋"者橹，《易林·离之剥》母者，韩愈《元和圣德诗》钜者，柳宗元《牛赋》俎者。

（140）姓，桑经切。"汉童谣"平姓。

（141）巅，典因切。王褒《洞箫赋》颠根（笔者按，颠字当似第120条读典因切），《易林·比之解》巅贫，《随之明夷》巅群。

（142）信，斯人切。无韵文音证。

（143）硕，常约切。《礼记》"谚"恶硕，《太元·断首》硕铄，《汉·石显传》"民歌"石客若（笔者按，客字当似第189条、283条读克各切，石字当似第6条读常约切）。

（144）驱，区遇切。班固《东都赋》驱骛，蔡邕《释诲》驱数路，"嵇康赋"驱赴，黄香《九宫赋》驱御。

（145）裘，渠之切。《易林·剥之巽》裘离，《大过之困》裘来（来，陵之切）。曹大家《东征赋》求时（求，渠之切）。

（146）栎，历各切。无韵文音证。

（147）讯，息悴切。无韵文音证。

（148）予，演女切。无韵文音证。

（149）惨，七到切。无韵文音证。

（150）枕，知莘切。《周易》枕窬。

（151）结，激质切。《荀子·成相篇》一吉结，"苏秦语"结一，扬雄《解嘲》结逸七，皇甫谧《释劝》实结，"古诗"日结，陆机《陆抗诔》结溢。

（152）飘，匹妙切。曹植《感节赋》飘笑照。

（153）年，祢因切。《太元·务首》人年，《楚辞·哀时命》成年，《汉书·序传》神年，《西都赋》年麟，《灵台》年神。夏侯湛《抵疑》佞倾（佞，平声）。

（154）火，虎隈切。《易林·同人之渐》尾火，《泰之旅》火尾，《需之大有》济火，《剥之坤》火死，《未济之渐》水火。

（155）發，方吠切。《太元·应首》类发，张衡《东京赋》发葹，桓麟《七说》发外。

（156）烈，力制切。扬雄《校猎赋》烈外，张衡《西京赋》烈鷙。

（157）子，《韵补》读语韵，《补音》读与"户"叶。《易林·师之泰》、《随之睽》子女，《夬之萃》子主，《同人之家人》子与，《同人之恒》子所，《太元·去首》子主，"韩非曰"子虏。

（158）寿，殖酉切。张衡《东京赋》寿曳，荀卿《蚕赋》首寿牡，王俭《释奠》寿久，梁元帝《元览赋》首寿。

（159）饗，虚良切。汉《房中歌》芳饗饗臧，《郊祀歌》祥饗。

（160）瑕，洪孤切。《史记·龟筴传》虚瑕徐，《太元·众首》车孥瑕（笔者按，牛字当似第30条读斤於切）。

（161）享，虚良切。《汉·郊祀歌》享荒、翔享。

（162）福，笔力切。《周易》直福、食恻福，《秦琅琊刻石》德极福，汉《房中歌》福德，班固《明堂诗》福职。

（163）牧，莫笔切。扬雄《青州牧箴》牧极石，阮籍《大人先生传》牧则国。

（164）载，节力切。《易林·蹇之既济》载得。

（165）时，上纸切。《易林·兑之蹇》喜时，《史记·龟筴传》子时，王粲《七释》时理，李尤《阳德赋》理时。

（166）臺，田饴切。汉《柏梁台七言》时臺疑，《易林·损之恒》姬臺，《汉乐章》徕媒臺（徕，陵之切），扬雄作《大匠箴》饥臺恢，桓君山《仙赋》臺芝，陆机《挽歌》臺騏。

（167）莱，陵之切。郭璞《遊仙诗》棲莱黉。

（168）耇，果羽切。崔駰《慰志赋》耇举，陆机《愍怀太子文》耇字，韩愈《元和圣德诗》耇午古下厚（下厚皆後五切）。

（169）後，下五切。《汉·沟洫志》"白渠之歌"後雨，孟韦《讽谏诗》後绪，严忌《哀时命》後与，东方朔《客难》後鼠，扬雄《河东赋》後叙，《赵充国赞》後武。

（170）写，赏羽切。"谚"写鲁虎，韩愈《元和圣德诗》写脯。

（171）貺，虚王切。《左氏传》"伯姬之占"羊盍筐貺（盍，呼光切），《楚辞·九章》芳貺。

（172）载，子例切。《秦瑯琊石刻》载意，屈原《九章》载置，崔駰《太尉箴》载尉，《晋祠庙歌》载备。

（173）闲，何甄切。应场《驰射赋》闲仙。

（174）宪，虚言切。（按，无音证。）

（175）友，羽轨切。《易林·屯之小过》喜市友，《需之损》友鲤。

（176）衡，户郎切。《楚辞·九歌》衡芳，《惜誓》衡藏，《易林·泰之晋》衡强，《大壮之谦》衡乡，《急就章》衡裳。

（177）珩，户郎切。张衡《思玄赋》裳珩。

（178）渊（鼘），於巾切。无韵文音证。

（179）奕，一读夷益切。无韵文音证。一读弋灼切。班固《奕旨》奕略，陆机《七徵》阁奕，陆云《喜霁赋》奕阁，《祖德颂》奕廓，陆冲《风赋》奕薄。

（180）舄，一读思积切。无韵文音证。一读七雀切。《太元·逃首》舄墼，陆云《逸民赋》舄漠。

（181）绎，一读夷益切。无韵文音证。一读弋灼切。宋玉《九辨》绎廓，扬雄《甘泉赋》绎错。

（182）祷，当口切。《易林·兑之咸》、《离之讼》、《小畜之坎》祷酒。

（183）俟，于纪切。无韵文音证。

（184）寡，果五切。《三略》"军谶"寡苦，《吴子》寡雨，《易林·大过之泰》寡处，东方朔《七谏》寡辅，《史记·叙传》寡土，班固《幽通赋》寡御。

（185）宅，达各切。扬雄《解嘲》窦宅，《兖州牧箴》亳宅，马融《笛赋》薄宅，班固《泗上樊哙赞》朔宅，李兴《诸葛亮碑辞》宅廓，张协《七命》作宅。

（186）煇，许云切。张衡《西京赋》煇彬。

（187）旄，渠斤切。《左氏传》"晋下阳之谣"晨辰旄。

（188）牙，讹胡切。《易林·讼之鼎》牙猪，《太元·夷首》牙徒，《毅首》牙狐，《急就章》牙枯，韩愈《毛颖传》"中山之占"牙徒，扬雄《豫州牧箴》图牙。扬雄《长杨赋》雅祜（雅，读如五、伍），班固《东都赋》雅武（雅，读如五、伍）。

（189）客，克各切。《楚辞·九章》、《九辩》客薄，《汉·石显传》客若，《易林·未济之丰》岳客，《师之颐》柝客，《太元·童首》幕客，"古诗"客洛。

（190）池，唐何切。《汉乐章》池何，扬雄《羽猎赋》池河，东方朔《七谏》鹅池，刘邵《赵都赋》池河，索靖《草书状》波池。

（191）雄，于陵切。《左氏正义》陵征雄，又"张叔皮论"腾雄蝇，《楚辞·九歌》凌灵雄，《汉》"沙麓之占"雄承，《易林·谦之需》林雄，《蛊之无妄》鸣雄，《兑之节》瘖雄。

（192）殆，养里切。《楚辞·大问》殆止，《九章》殆恃，《史记·龟筴传》殆起，《易林·睽之益》殆祉，《小畜之大有》殆齿。

（193）届，居气切。何晏《景福殿赋》滞届，木华《海赋》挈届，刘邵《赵都赋》内届，王粲《浮海赋》际枭届。

（194）阕，眭桂切。无韵文音证。

（195）诵，疾容切。宋玉《九辩》诵容。

（196）邦，卜工切。"韦孟诗"同邦，刘向《九叹》邦壅，曹植

《责躬诗》雍邦，晋《石举歌》邦容，《大预舞歌》邦通，“孔子曰”同邦，魏觊《西岳碑词》邦公。

（197）局，讫力切。无韵文音证。

（198）厉，力蘖切。刘邵《赵都赋》厉越，左思《蜀都赋》厉结、厉节，颜延年《马赋》厉悦。

（199）意，乙力切。《秦之罘刻石》式意，《周易》得意，《楚辞·天问》意极，刘向《九叹》意侧，贾谊《鵩赋》意息。

（200）椓，都木切。无韵文音证。

（201）出，尺遂切。《诗》出瘁。

（202）富，笔力切。《易林·坤之萃》职富。

（203）又，夷益切。无韵文音证。

（204）负，簿猥切。无韵文音证。

（205）擣，当口切。无韵文音证。

（206）梓，浆礼切。张衡《南都赋》梓里，潘尼《赠陆机》梓纪。

（207）母，满罪切。荀卿《赋篇》母里。

（208）在，此礼切。《易林·坤之讼》在起，《鼎之睽》在礼，《大过之颐》在喜，《晋之蹇》在纪，《楚辞·离骚》在理，《天问》在子、在趾死止。

（209）先，思晋切。无韵文音证。先，斯人切。《楚辞·九歌》云先，《招魂》陈先，韩愈《祭兄文》先亲。

（210）威，纡胃切。无韵文音证。

（211）盟，谟郎切。《史记·叙传》盟强、盟昌，《易林·解之益》盟昌，《恒之蛊》盟梁，《观之泰》盟强。

（212）阶，居奚切。班固《幽通赋》济阶（济，子齐切），扬雄《冀州牧箴》维阶，班固《西都赋》阶迷，曹植《应诏诗》阶陨，皇甫谧《释劝》阶颓，潘尼《乘舆赋箴》阶恢。

（213）舍，商居切。无韵文音证。舍，伤遇切。屈原《离骚经》舍故，东方朔《七谏》舍路，司马相如《上林赋》处舍。

（214）翩，纰苓切。《汉书·叙传》翩声，《晋·载记》“京师歌”翩人，陆机《大暮赋》陈翩。

（215）幡，芬邅切。孙绰《天台山赋》元幡言。翻，芬邅切。张衡《西京赋》旖翻，魏文《寡妇赋》翻怜。蕃，分愆切。张衡《南都赋》蕃旎，"傅元诗"羶蕃。藩，分愆切。扬雄《甘泉赋》藩颠，《晋阳后文》藩焉。璠，芬邅反。潘尼《赠陆机诗》旖璠。燔，汾乾切。左思《魏都赋》旋燔。蹯，汾乾切。曹植《名都篇》千蹯。蟠，频眠切。陆云《寒蝉赋》蟠然。

（216）予，演女切。无韵文音证。

（217）予，演汝切。曹植《文帝诔》土顾予（笔者按，顾字《集韵》有姥韵一读）。

（218）浊，厨玉切。《孺子之歌》浊足，"民歌灌夫"浊族，刘向《九叹》浊俗，"郦炎诗"浊禄，成公绥《啸赋》浊木。

（219）天，铁因切。无韵文音证。

（220）渊，一均切。《旱麓》天渊人，《易林·益之小畜》天渊身，班固《东都赋》珍渊（笔者按，本条所引韵文中的天字皆当音铁因切）。

（221）贤，下珍切。荀卿《成相篇》贤臣民、贤民均，《赋篇》均贤，《三略·军谶》亲贤，

《史记·叙传》贤陈、仁贤，《汉书·公孙叙传》贤身，《何王叙传》贤身。

（222）议，鱼羁切。《纠谬正俗》"答曰"议为，东方朔《七谏》议为，崔骃《达旨》随议。

（223）痕，眉贫切。无韵文音证。

（224）冥，莫迥切。《晋·乐志》"地郊飨神歌"冥景。傅咸"赋《毛诗》"冥宁（冥，平声）。

（225）暇，胡故切。贾谊《鵩赋》暇故，张衡《东京赋》库暇，《七辩》暇素。

（226）戚，子六反。《太元·亲首》肉戚。

（227）嗜，居奚切。徐幹《齐都赋》嗜奇。

（228）湝，弦鸡切。无韵文音证。谐，弦鸡切。"后汉谣"谐眉，《周泽传》"时人语"谐妻。

（229）祀，逸职切。《易林·巽之蹇》稷祀。

（230）祊，蒲光切。无韵文音证。

（231）庆，墟羊切。《周易》庆疆、庆殃、庆光、庆刚、庆当光、庆光亡，《太元》庆裳、庆疆、庆明（明，谟郎切）、庆疆，韩愈《刘统军铭》方爽庆（爽，师庄切）。

（232）硕，常约切。《太元·断首》硕铄。

（233）炙，陟略切。枚叔《七发》炙错帛席（帛，僕各切。席，祥龠切）。

（234）格，刚鹤切。无韵文音证。

（235）愁，起巾切。韩愈《祭兄文》愁亲坟恩原文（原，鱼伦切），柳宗元《闵生赋》愁闻。

（236）位，力入切。左思《魏都赋》日位，"江文通诗"位匹，曹植《禹赞》位毕，王融《太子文》吉位。

（237）甸，地鄰切。刘劭《瑞龙赋》甸仁。

（238）渥，乌谷切。陆机《汉祖功臣颂》哭渥，左思《吴都赋》楱渥，嵇康《琴赋》渥属，《易林·临之明夷》渥斛。

（239）或，於逼切。无韵文音证。

（240）有，羽轨切。无韵文音证。

（241）敏，母鄙切。《汉书·叙传》子敏理（子，奖里切），嵇康《琴赋》敏擬，何晏《景福殿赋》子敏（子，奖里切）。

（242）柏，逋莫切。《楚辞·九歌》柏若作，《易林·鼎之泰》柏落乐，《蹇之讼》柏薄乐，何劭《遊仙诗》柏落。

（243）怿，弋灼切。孙莫《荣启期赞》怿泊，陆云《喜霁赋》怿作。

（244）仰，《补音》五刚切。《说文》作印。《慈湖诗传》卷十五《小雅五·车辇》

（245）樊，汾乾切。左思《赠妹诗》樊篇，崔駰《司徒箴》藩倦（藩，汾乾切），《晋阳后文》藩贤（藩，汾乾切），"张华诗"藩篇（藩，汾乾切）。

（246）设，书实切。闵鸿《羽扇赋》设日室。

（247）抗，居郎切。张衡《思元赋》霜抗。

（248）的，子药切。潘岳《芙蓉赋》的爝 。

（249）邮，《补音》无反切，《韵补》无收。无韵文音证。

（250）远，於圆切。《易林·明夷之渐》远言，韩愈《闵己赋》远贤年难言。

（251）让，如阳切。《六韬》让阳光，《楚辞·大招》让张王，《荀子·成相篇》让王，《急就章》让庄。

（252）牛，鱼其切。《楚辞·天问》牛来（来，陵之切），《九章》牛之，《招魂》駈牛，《易林·履之蛊》疑牛，《蛊之同人》牛时，《咸之小畜》牛之，《颐之遯》牛来（来，陵之切）。

（253）爱，许既切。《周易》位爱，《楚辞·九章》谓爱类，傅幹《皇后箴》器爱，袁宏《三国名臣赞》碎爱，杨戏《赞吴子远》爱坠，皇甫谧《释劝》髴爱（方末反）。

（254）燔，汾乾切。曹大家《蝉赋》缠燔，左思《魏都赋》旋燔，曹植《瑟瑟歌》燔连，陶潜《遇火赋》燔前。

（255）躬，姑宏切。《周易》躬邻、心躬，班固《东都赋》徵躬棱，崔瑗《祭和帝文》徵躬，韩愈《祭嫂文》躬荣。

（256）天，铁因切。无韵文音证。

（257）身，尸羊切。荀卿《成相篇》汤身光张，《易林·蒙之垢》身殃，《涣之兑》常狂身，《蹇之兑》张良身。

（258）男，尼心切。《易林·屯之离》男承，曹植《宜男花颂》男贞。

（259）赫，黑各切。荀勖《大会行礼歌》赫貊逆若（笔者按，逆字当依第269条读宜脚反）。

（260）裯，满补切。晋《鼓吹曲》鼓序武裯。

（261）伏，笔力切。贾谊《鵩赋》伏域，东方朔《七谏》伏息，扬雄《长杨赋》伏息，班固《幽通赋》伏逼，扬雄《上林苑令箴》伏硕。

（262）皆，举里切。无韵义音证。楷，占读如杞。荀勖《东西厢》济礼陛弟楷偕（笔者按，偕字当似第128条读苟起切），《后汉·李膺传》楷礼。

（263）碬，公土切。韩愈《元和圣德诗》碬舞。

（264）泽，一读直格切，一读徒各切。无韵文音证。

（265）畛，之人切。张衡《东京赋》畛明。

（266）才，前西切。《柏梁台》才时，《易林·履之巽》才时，《明夷之观》时才。财，前西切。舜《南风之歌》时财。材，前西切。《史记·龟筴传》材时。

（267）邪，祥余切。《太元·法首》邪辜，《羡首》邪夫，班彪《北征赋》邪图，班固《王汲赞》邪徒，《急就章》邪胡。

（268）陶，夷周反。《易林·遁之既济》陶因。

（269）逆，宜脚反。荀勖《正旦大会歌》赫貊逆若（笔者按，赫字当依第 259 条读黑各切）。

（270）多，一读章移切。扬雄《冀州牧箴》多崖危，何晏《景福殿赋》螭厓多。一读当何切。无韵文音证。

（271）岩，鱼枕切。无韵文音证。

（272）邦，卜功切。无韵文音证。

（273）绎，弋灼切。无韵文音证。

（274）宅，达各切。无韵文音证。

（275）碫，果五切。无韵文音证。

（276）母，满罪切。无韵文音证。

（277）有，羽轨切。无韵文音证。

（278）尺，勅畧切。"后汉长安语"尺额帛（额，逆各切。帛，撲各切），王褒《僮约》索搏落尺陌额恶（搏，逋莫切。陌，莫各切。额，逆各切）。

（279）舄，七约切。无韵文音证。

（280）硕，常约切。无韵文音证。

（281）奕，弋灼切。扬雄《太常箴》伯奕（伯，逋莫切），陆机《七徵》阁奕，陆云《祖考颂》廓奕。

（282）致，弋灼切。无韵文音证。

（283）昔，息约切。古也。《楚辞·大招》昔作泽客（泽，徒各切。客，克各切），左思《魏都赋》昔魄（魄，白各切），《咏史诗》昔壑，左贵嫔《杨后文》昔阁。

（284）夕，祥龠切。左贵嫔《杨后文》夕恪。

（285）衡，户郎切。《史记·商纪叙传》商汤衡，荀卿《赋篇》衡王，"晋乐章"衡唐，《汉书·霍光叙传》王衡。

为方便阅读，我们把上文每条留下字头及与字头相押之韵字，去掉重复者，再把这些韵字《广韵》各属的韵用【】标于该条之后。一些字当注音而漏引，根据押韵情况加＊号注明。

（1）服（蒲北切）德饬息。【德职】

（2）采（此礼切）礼已里水。【荠止旨】

（3）友（羽轨切）有（羽轨切）起理里已。【旨止】

（4）芼，多读如邈。无韵文音证。

（5）嗜（居奚切）回唭（齐韵）衰奇池。【齐灰脂支】

（6）敫（弋灼切）诺石（常约切）濯。【药铎觉】

（7）怀（胡隈切）摧归颓瑰危。【灰微支】

（8）舭（姑黄切）觞。【唐阳】

（9）华（芳无切）夫居都梧吾芦家（公胡切）湑（鱼韵）。【虞鱼模】

（10）家（公胡切）姑逋夫狐乎且（子余切）。【模虞鱼】

（11）仇（渠之切）之。【之】

（12）有（羽轨切）祉纪始里時。【旨止】

（13）泳（于诳切）上。【漾】

（14）方，甫妄切。无韵文音证。

（15）马（满补切）土羽野（上与切）女鼓下（後五切）虎。【姥麌语】

（16）蒌，一读力俱切，一读力侯切。无韵文音证。

（17）驹（居侯切）遊忧。【侯尤】

（18）居（姬御切）著惧禦处。【御遇】

（19）降（胡攻切）隆风雄功。【东】

（20）下，後五切。无韵文音证。

（21）伐（扶废切）弊厉制。【废祭】伐，蒲拨切。无韵文音证。

（22）芰，一读蒲昧切。无韵文音证。

（23）败（蒲昧切）废世滞制义。【队废祭】

（24）夜（元具切）错暮故误露。【遇暮】

（25）讼（墙容切）功东空。【钟东】

（26）皮（蒲禾切）多那何。【戈歌】

（27）蛇（唐何切）河歌娥波挼。【歌戈】

（28）昴，力求反。无韵文音证。

（29）氾（养里切）里。【止】

（30）车，斤於切。无韵文音证。

（31）孙（须伦切）君新声臻濒信（斯人切）。【谆文真清臻】

（32）野（上与切）羽汝浦鲁宇。【语麌姥】

（33）南（尼心切）音心君。【侵文】

（34）渊（一均切）伮因琼鳞勤新根。【谆臻真殷痕】

（35）霾（陵之切）睽。【之齐】

（36）来（陵之切）诗颐。【之】

（37）思，息慈切。无韵文音证。

（38）兵（晡茫反）姜商堂王彊荒。【唐阳】

（39）行（户郎切）方纲亡王详卿粮将黄。【唐阳】 ＊卿字《广韵》庚韵。《韵补》以其《说文》训章、《楚辞·大招》与唐韵堂字和阳韵张字相韵而改读墟羊切收在阳韵。此卿字亦当改读为阳韵。

（40）忡，勒众切。无韵文音证。

（41）马，满补切。无韵文音证。

（42）下，後五切。无韵文音证。

（43）信，斯人切。无韵文音证。

（44）南，尼心切。无韵文音证。

（45）下，後五切。无韵文音证。

（46）轨（举有切）醜道（天口切）后。【有厚】

（47）否（补美切）止己理。【旨止】

（48）友，羽轨切。无韵文音证。

（49）怒，暖五切。无韵文音证。

（50）死，想止切。无韵文音证。

（51）救，居尤切。无韵文音证。

（52）售（时周切）裘休。【尤】

（53）节（子悉切）失实吉一膝术栗跡质。【质术昔】

（54）久（举里切）起里祉。【止】

（55）谋（谟杯切）持知之时基丝。【灰之支】

（56）害（瑕憩切）世滞。【祭】

（57）门（眉贫切）根神贫垠频心。【真痕侵】

（58）艰（居银切）人絃辰陈。【真】 *絃字通作弦，《广韵》先韵。《韵补》以崔骃《七依》其与谆韵钧字相韵而改读下珍切收在真韵。此絃字亦当改读为真韵。

（59）行，户郎切。无韵文音证。

（60）景（举两切）响攘炳（补两切）上（是掌切）。【养】

（61）害，暇愒切。无韵文音证。

（62）仪（牛何切）颇义（音俄）何陂（音坡）。【歌戈】

（63）天（铁因切）成平人形名。【真清庚三青】

（64）埽，苏后切。无韵文音证。

（65）道（徒厚切）纠右薮茂（莫口切）。【厚有】 *右字读上声有韵。

（66）宜（牛何切）和歌嘉。【歌戈】 *嘉字《广韵》麻韵。《韵补》以《后汉·赵岐传》其与歌韵何字相韵而改读居何切收在歌韵。此嘉字亦当改读为歌韵。

（67）颜（鱼坚切）言卷然鲢年。【先言仙】

（68）中（诸良切）让（如阳切）伤常。【阳】

（69）宫（居王切）堂疆纲。【阳唐】

（70）上（辰羊切）洋荒。【阳唐】

（71）兄（虚王切）狼汤昌长光觞黄。【阳唐】

（72）奔（逋珉切）人宁。【真青】

（73）京（居良切）荒昌梁。【阳唐】

（74）田（地因切）佞（平声）人民身根臣辌。【真青痕】

（75）渊，一均切。无韵文音证。

（76）千（仓新切）人伧门（眉贫切）仁身。【真臻】

（77）皮，一读蒲糜切，一读蒲何切。无韵文音证。

（78）仪，一读鱼奇切，一读牛何切。无韵文音证。

（79）为（吾禾切）波罗。【戈歌】为，于妫切。无韵文音证。

（80）驱（祛尤切）流。【尤】

（81）漕（徂侯切）曹（徂侯切）留。【侯尤】

（82）反（浮裔切）远蹇转。【狝阮】

（83）蛵，谟郎切。无韵文音证。

（84）行，户郎切。无韵文音证。

（85）猗，乌何切。无韵文音证。

（86）宽（区权切）贤天。【仙先】

（87）盼（匹见切）电变。【霰线】

（88）邱（祛奇切）姬箕时。【支之】

（89）关（圭元切）泉宛翩贤絃迁。【元仙先】

（90）耽（都森反）禽金。【侵】

（91）陨（于贫切）鸣。【真庚三】

（92）行，户郎反。无韵文音证。

（93）哉，牋西切。无韵文音证。

（94）甲（吉协反）接裂。【帖葉薛】

（95）带（丁计切）逝际厉裔庆滞义。【霁祭废】

（96）瓜（攻乎切）虚夫辜居枯。【模鱼虞】

（97）玖，举里切。无韵文音证。

（98）噎，益悉切。无韵文音证。

（99）脩，式竹切。无韵文音证。

（100）歜，息六切。无韵文音证。

（101）萧（疏鸠切）忧愁。【尤】

（102）艾，鱼刈切。无韵文音证。

（103）穴（户橘切）室实橘集密。【术质缉】

（104）嵯（遭哥切）波河阿。【歌戈】

（105）施（诗戈切）何。【戈歌】

（106）国，越逼切。无韵文音证。

（107）玖，举里切。无韵文音证。

（108）檀（徒沿切）便（毗连切）媛（元韵）。【仙元】

（109）狩，始九切。无韵文音证。

（110）弓（姑宏切）乘朋惩浔。【耕蒸登侵】

（111）英（於良切）强伤央洋阳。【阳】

（112）侯（洪姑切）趺襦肤拘驱车（斤於切）图。【模虞鱼】

（113）加（居之切）施宜亏夷。【之支脂】加（居何切）和何过柯。【歌戈】

（114）餐（逡缘切）贤乾前。【仙先】

（115）巷（胡贡切）纵。【送用】

（116）溥，上兖切。无韵文音证。

（117）明（谟郎切）详忘王商将桑方阳庄彊良康长刚。【唐阳】

（118）梦（莫藤切）绳神。【登蒸真】

（119）间（居贤切）焉连颠阡贤。【先仙】

（120）颠（典因切）鸣经人麟民盈。【真庚三青清】

（121）双（疎工切）冲同东公重童龙。【东钟】

（122）亩（满罪切）止芷已。（贿止）亩（满补切）暑矩祖觏舞。【姥语麌】

（123）环（胡涓切）园翩源天。【先元仙】

（124）鳏（姑伦切）亲。【谆真】

（125）夕（祥龠切）握廓壑酌错。【药觉铎】

（126）服（鼻墨切）织德饰。【德职】

（127）母（满罪切）已纪。【贿止】

（128）偕（苟起切）毁体。【止纸荠】

（129）闲（何甄切）愆然。【仙】 ＊甄字读仙韵。

（130）餐（逡缘切）言。【仙元】

（131）辐（笔力切）塞息侧。【职德】

（132）迈（力制切）岁际会。【祭泰合】

（133）考（去九切）守酒臼肘。【有】

（134）保（补苟切）寿（殖酉切）咎。【厚有】

（135）沃（郁缚切）酌乐蹢白（僕各切）。【药铎】

（136）鹄，居号切。无韵文音证。

（137）匄，侧九反。无韵文音证。

（138）隅，语口切。无韵文音证。

（139）者（掌与切）与户靓櫖母钜俎。【语姥】 ＊母字《广韵》厚韵。《韵补》以《易林》其与语韵黍字、"后汉语"其与麌韵父字相韵而改读满补切收在姥韵。此母字亦当改读为姥韵。

（140）姓（桑经切）平。【青庚三】

（141）巅（典因切）颠（典因切）根贫群。【真痕文】

（142）信，斯人切。无韵文音证。

（143）硕（常约切）恶铄石（常约切）客若。【药铎】

（144）驱（区遇切）驽数路赴御。【遇暮御】

（145）裘（渠之切）离来（陵之切）求（渠之切）时。【之支】

（146）栎，历各切。无韵文音证。

（147）讯，息悴切。无韵文音证。

（148）予，演女切。无韵文音证。

（149）惨，七到切。无韵文音证。

（150）枕（知辇切）窨。【狱铣】＊窨字与苕字皆《广韵》感韵徒感切。《诗·泽陂》"彼泽之陂，有蒲菡苕。有美人，硕大且俨。寤寐无为，辗转伏枕。"《韵补》引后四句以证枕字读知辇切，又引前四句以证苕字读待戡切。这就是说苕字与枕字相押，苕字读待戡切、枕字读知辇切。窨字与苕字皆《广韵》感韵徒感切。窨字与枕字相押，枕读知辇切，窨当读待戡切。

（151）结（激质切）一吉逸七实日溢。【质】

（152）飘（匹妙切）飘笑照。【笑】

（153）年（祢因切）人成神麟佞（平声）倾。【真清青】

（154）火（虎隈切）尾济死水。【贿尾荠旨】

（155）發（方吠切）类施外。【废寘泰】

（156）烈（力制切）外鸷。【祭泰至】

（157）子（读语韵）女主与所房。【语麌姥】

（158）寿（殖酉切）叟首牡久。【有厚】

（159）饗（虚良切）芳臧祥。【阳唐】

（160）瑕（洪孤切）虚徐车（斤於切）挐。【模鱼】

（161）享（虚良切）荒翔。【阳唐】

（162）福（笔力切）直食恻德极职。【职德】

（163）牧（莫笔切）极石则国。【质职昔德】

（164）载（节力切）得。【职德】

（165）时（上纸切）喜子理。【纸止】

（166）臺（田怡切）时疑姬徕（陵之切）媒饥恢芝骐。【之灰脂】

（167）莱（陵之切）棲薆。【之齐】

（168）耇（果羽切）举宇午古下（後五切）厚（後五切）。【麌语姥】

（169）後（下五切）雨绪与鼠叙武。【姥麌语】

（170）写（赏羽切）鲁虎脯。【麌姥】

（171）贶（虚王切）羊盉（呼光切）筐芳。【阳唐】

（172）载（子例切）意置尉备。【祭志未至】

（173）闲（何甄切）仙。【仙】＊甄字读仙韵。

（174）宪，虚言切。无韵文音证。

（175）友（羽轨切）喜市鲤。【旨止】

（176）衡（户郎切）芳藏强乡裳。【唐阳】

（177）珩（户郎切）裳。【唐阳】

（178）渊（嚻），於巾切。无韵文音证。

（179）奕，夷益切。无韵文音证。奕（弋灼切）略阁廓薄。【药铎】

（180）舄，思积切。无韵文音证。舄（七雀切）壑漠。【药铎】

（181）绎，夷益切。无韵文音证。绎（弋灼切）廓错。【药铎】

（182）裯（当口切）酒。【厚有】

（183）佸，于纪切。无韵文音证。

（184）寡（果五切）苦雨处辅土御。【姥麌语】＊御字读上声语韵。

（185）宅（达各切）寞亳薄朔廓作。【铎觉】

（186）辉（许云切）彬。【文真】

（187）旂（渠斤切）晨辰。【殷真】

（188）牙（讹胡切）猪徒狐枯图。【模鱼】雅（读如五）祜武。【姥麌】

（189）客（克各切）薄若岳柝幕洛。【铎药觉】

（190）池（唐何切）何河鹅波。【歌戈】

（191）雄（于陵切）陵征腾蝇凌灵承林鸣瘖。【蒸清登青侵庚三】

（192）殆（养里切）止恃起祉齿。【止】

（193）届（居气切）滞挈内际臬。【未祭队】＊臬字《广韵》屑韵。《韵补》
以张衡《东京赋》其与祭韵制字相韵而改读牛例切收在寘韵。此臬字亦当改读为牛例切。

（194）阕，睊桂切。无韵文音证。

（195）诵（疾容切）容。【钟】

（196）邦（卜工切）同雍雍容通公。【东钟】

（197）局，讫力切。无韵文音证。

（198）厉（力糵切）越结节悦。【薛月屑】

（199）意（乙力切）式得极侧息。【职德】

（200）椓，都木切。无韵文音证。

（201）出（尺遂切）瘁。【至】

（202）富（笔力切）职。【职】

（203）又，夷益切。无韵文音证。

（204）负，簿猥切。无韵文音证。

（205）擣，当口切。无韵文音证。

（206）梓（浆礼切）里纪。【荠止】

（207）母（满罪切）里。【贿止】

（208）在（此礼切）起礼喜纪理子趾死止。【荠止旨】

（209）先，思晋切。无韵文音证。先（斯人切）云陈亲。【真文】

（210）威，纡胃切。无韵文音证。

（211）盟（谟郎切）强昌梁。【唐阳】

（212）阶（居奚切）济（子齐切）维迷隈颏恢。【齐脂灰】

（213）舍，商居切。无韵文音证。舍（伤遇切）故路处。【遇暮御】

（214）翩（纰苓切）声人陈。【青清真】

（215）幡（芬遭切）元言。【仙元】翻（芬遭切）旟怜。【仙先】蕃（分愆切）旟羶。【仙】藩（分愆切）颠焉。【仙先】璠（芬遭反）旟。【仙】燔（汾乾切）旋。【仙】蹯（汾乾切）千。【仙先】蟠（频眠切）然。【先仙】

（216）予，演女切。无韵文音证。

（217）予（演汝切）土顾（姥韵）。【语姥】

（218）浊（厨玉切）足族俗禄木。【烛屋】

（219）天，铁因切。无韵文音证。

（220）渊（一均切）天（铁因切）人身珍。【谆真】

（221）贤（下珍切）臣民均亲陈仁身。【真谆】

（222）议（鱼羁切）为隨。【支】

（223）疢，眉贫切。无韵文音证。

（224）冥（莫迥切）景。【迥梗三】冥（平声）宁。【青】

（225）暇（胡故切）故库素。【暮】

（226）戚（子六反）肉。【屋】

（227）喈（居奚切）奇。【齐支】

（228）湝，弦鸡切。无韵文音证。谐（弦鸡切）眉妻。【齐脂】

（229）祀（逸职切）稷。【职】

（230）祊，蒲光切。无韵文音证。

（231）庆（墟羊切）疆殃光刚当亡裳明（谟郎切）方爽（师庄切）。【阳唐】

（232）硕（常约切）铄。【药】

（233）炙（陟略切）错帛（僕各切）席（祥龠切）。【药铎】

（234）格，刚鹤切。无韵文音证。

（235）愍（起巾切）亲坟恩原（鱼伦切）文闻。【真文痕谆】

（236）位（力入切）日匹毕吉。【缉质】

（237）甸（地邻切）仁。【真】

（238）渥（乌谷切）哭椟属斛。【屋烛】

（239）或，於逼切。无韵文音证。

（240）有，羽轨切。无韵文音证。

（241）敏（母鄙切）子（奖里切）理拟。【旨止】

（242）柏（逋莫切）若作落乐薄。【铎药】

（243）怿（弋灼切）泊作。【药铎】

（244）仰，五刚切。无韵文音证。

（245）樊（汾乾切）篇。【仙】藩（汾乾切）愚贤篇。【仙先】

（246）设（书实切）日室。【质】

（247）抗（居郎切）霜。【唐阳】

（248）的（子药切）爝。【药】

（249）邮，《补音》无反切，《韵补》无收。无韵义音证。

（250）远（於圆切）言贤年难。【仙元先】＊难字《广韵》寒韵。《韵补》以
"古诗"其与先韵肩字相韵而改读那沿切收在先韵。此难字亦当改读为那沿切。

（251）让（如阳切）阳光张王庄。【阳唐】

（252）牛（鱼其切）来（陵之切）之駓疑时。【之脂】

（253）爱（许既切）位谓类器碎坠靅（方未反）。【未至队】

（254）璠（汾乾切）缠旋连前。【仙先】

（255）躬（姑宏切）邻心徵稜荣。【耕真侵蒸登庚三】

（256）天，铁因切。无韵文音证。

（257）身（尸羊切）汤光张殃常狂良。【阳唐】

（258）男（尼心切）承贞。【侵蒸清】

（259）赫（黑各切）貊逆（宜脚反）若。【铎药】＊貊字《广韵》陌韵。《韵补》以《皇矣》"貊其德音"《左传》《礼记》皆作莫，张载《七命》其与觉韵朔字相韵而改读末各切收在药韵。此貊字亦当改读为末各切。

（260）袆（满补切）鼓序武。【姥语麌】

（261）伏（笔力切）域息逼硕。【职昔】

（262）皆，举里切。无韵文音证。楷（音杞）济礼陛弟偕（苟起切）。【止荠】

（263）碬（公土切）舞。【姥麌】

（264）泽，一读直格切，一读徒各切。无韵文音证。

（265）畛（之人切）明。【真庚三】

（266）才（前西切）时。【齐之】财（前西切）时。【齐之】材（前西切）时。【齐之】

（267）邪（祥余切）辜夫图徒胡。【鱼模虞】

（268）陶（夷周反）囚。【尤】

（269）逆（宜脚反）赫（黑各切）貊若。【药铎】＊貊字读与259条同。

（270）多（章移切）崖危螭厓。【支】多，当何切。无韵文音证。＊崖厓《广韵》皆佳韵五佳切。厓字《韵补》以扬雄《甘泉赋》与支韵施字相韵而改读鱼羁切收在支韵。此崖厓两字亦当改读为支韵。

（271）岩，鱼枕切。无韵文音证。

（272）邦，卜功切。无韵文音证。

（273）绎，弋灼切。无韵文音证。

（274）宅，达各切。无韵文音证。

（275）碬，果五切。无韵文音证。

（276）母，满罪切。无韵文音证。

（277）有，羽轨切。无韵文音证。

（278）尺（勅畧切）额（逆各切）帛（撲各切）索博（逋莫切）落陌（莫各

切）恶。【药铎】

（279）舃，七约切。无韵文音证。

（280）硕，常约切。无韵文音证。

（281）奕（弋灼切）伯（逋莫切）阁廓。【药铎】

（282）敇，弋灼切。无韵文音证。

（283）昔（息约切）作泽（徒各切）客（克各切）魄（白各切）壑阁。【药铎】

（284）夕（祥龠切）恪。【药铎】

（285）衡（户郎切）商汤王唐。【唐阳】

二　《诗补音》之《诗》外音证所见吴棫韵部

根据《诗补音》之《诗》外音证的韵谱，我们仿效归纳吴棫《诗》韵的办法归纳《诗补音》之《诗》外音证所见吴棫韵部。韵部以《广韵》哪几个韵在《诗》中合用为依据，《广韵》合用的韵为一部。吴棫舒声平上去分用，下文每部只列《广韵》合用的平声韵目，上去韵目可各自承平声，不另列。每个韵部下都列出韵字，并作必要的说明。

舒声

第一　东冬钟

平声

东独用：（19）降隆风雄功。

东钟合：（25）讼功东空。

东钟合：（121）双冲同东公重童龙。

钟独用：（195）诵容。

东钟合：（196）邦同壅雍容通公。

韵字：

东：隆风雄功东空冲同公童通。

钟：重龙容壅雍。

江转东：降双邦。

用转钟：讼诵。

注：

a 冬韵缺韵字，《广韵》冬钟同用，据以补上。

b 江韵降双邦等字转东韵。

c 用韵讼诵等字转钟韵。

去声

送用合：（115）巷纵。

韵字：

用：纵。

绛转送：巷。

注：

a 绛韵巷字转送韵。

第二　支脂之微齐灰

平声

支脂齐灰合：（5）嗜回哜衰奇池。

支微灰合：（7）怀摧归颓瑰危。

之独用：（11）仇之。

之齐合：（35）霾睽。

之独用：（36）来诗颐。

支之灰合：（55）谋持知之时基丝。

支之合：（88）邱姬箕时。

支脂之合：（113）加施宜亏夷。

支之合：（145）裘离来求时。

脂之灰合：（166）臺时疑姬徕媒饥恢芝骐。

之齐合：（167）莱棲黄。

脂齐灰合：（212）阶济维迷限颓恢。

支独用：（222）议为随。

支齐合：（227）嗜奇。

脂齐合：（228）谐眉妻。

脂之合：（252）牛来之駓疑时。

之齐合：（266）才时。财时。材时。

支独用：（270）多崖危螭厓。

韵字：

支：奇池危知施宜亏离为随螭。

之：之诗颐持时基丝姬箕疑芝骐。

脂：衰夷饥维駓眉。

微：归。

齐：哜睽棲黉迷妻。

灰：回摧颓瑰媒恢隈。

佳转支：崖厓。

皆转齐：喈阶谐，皆转灰：怀，皆转之：霾。

咍转之：来臺徕莱，咍转齐：才财材。

尤转之：仇裘求牛，尤转灰：谋，尤转支：邱。

麻转之：加。

歌转支：多。

霁转齐：济。

寘转支：议。

注：

a 佳韵崖厓等字转支韵。皆韵喈阶谐等字转齐韵，怀字转灰韵，霾字转之韵。咍韵来臺徕莱等字转之韵，才财材等字转齐韵。

b 尤韵仇裘求牛等字转之韵，谋字转灰韵，邱字转支韵。麻韵加字转之韵。歌韵多字转支韵。

c 霁韵济字转齐韵。寘韵议字转支韵。

上声

旨止荠合：（2）采（此礼切）礼已里水。

旨止合：（3）友（羽轨切）有（羽轨切）起理里已。

旨止合：（12）有（羽轨切）祉纪始里時。

止独用：（29）汜（养里切）里。

旨止合：（47）否（补美切）止己理。

止独用：（54）久（举里切）起里祉。

止贿合：（122）亩（满罪切）止芷已。

止贿合：（127）母（满罪切）已纪。

纸止荠合：（128）偕（苟起切）毁体。

旨尾荠贿合：（154）火（虎隗切）尾济死水。

纸止合：（165）时（上纸切）喜子理。

旨止合：（175）友（羽轨切）喜市鲤。

止独用：（192）殆（养里切）止恃起祉齿。

止荠合：（206）梓（浆礼切）里纪。

止贿合：（207）母（满罪切）里。

旨止荠合：（208）在（此礼切）起礼喜纪理子趾死止。

旨止合：（241）敏（母鄙切）子（奖里切）理拟。

止荠合：（262）楷（音杞）济礼陛弟偕（苟起切）。

韵字：

纸：毁。

旨：水死。

止：已里起理祉纪始时止芷喜市鲤恃祉齿趾拟。

尾：尾。

荠：礼体济陛弟。

海转荠：采在，海转止：殆。

皆转止：偕。骇转止：楷。

有转旨：友有否，有转止：久。

厚转贿：亩母。

果转贿：火。

轸转旨：敏。

之转纸：时。

止韵汜注养里切、子注奖里切，梓注浆礼切。

注：

a 海韵采在等字转荠韵，殆字转止韵。骇韵楷字转止韵。

b 有韵友有否等字转旨韵，久字转止韵。厚韵亩母等字转贿韵。果韵火字转贿韵。轸韵敏字转旨韵。

c 皆韵偕字转止韵。之韵时字转纸韵。

d 止韵汜子梓字注本部之音。＊汜子梓等字俗音读语韵，此取今音。

去声

祭废合：（21）伐（扶废切）弊厉制。

祭废队合：（23）败（蒲昧切）废世滞制乂。

祭独用：（56）害（瑕憩切）世滞。

霁祭废合：（95）带（丁计切）逝际厉裔戾滞乂。

祭泰合：（132）迈（力制切）岁际会。

寘泰废合：（155）發（方吠切）类旆外。

至祭泰合：（156）烈（力制切）外鸷。

至志未祭合：（172）载（子例切）意置尉备。

未队祭合：（193）届（居气切）滞掣内际臬。

至独用：（201）出（尺遂切）瘁。

至未队合：（253）爱（许既切）位谓类器碎坠犒（方未反）。

韵字：

至：类鸷备瘁位器坠。

志：意置。

未：尉谓。

霁：戾。

队：内碎。

祭：弊厉制世滞逝际裔岁际掣。

泰（合口或唇音）：会外旆。

废：废乂。

月转废：伐發。

夬转队：败，夬转祭：迈。

泰开转祭：害，泰开转霁：带。

薛转祭：烈。

代转未：爱，代转祭：载。

怪转未：届。

屑转祭：臬。

术转至：出。

物转未：靐。

注：

a 此部去声包括祭泰合口或唇音废。

b 泰开韵害字转祭韵，带字转霁韵。怪韵届字转未韵。夬韵败字转队韵，迈字转祭韵。

代韵爱字转未韵，载字转祭韵。

c 月韵伐發等字转废韵。薛韵烈字转祭韵。屑韵臬字转祭韵。术韵出字转至韵。物韵靐字转未韵。

第三　鱼虞模

平声

鱼虞模合：（9）华（芳无切）夫居都梧吾芦家（公胡切）湑。

鱼虞模合：（10）家（公胡切）姑逋夫狐乎且（子余切）。

鱼虞模合：（96）瓜（攻乎切）虚夫辜居枯。

鱼虞模合：（112）侯（洪姑切）跦襦肤拘驱车（斥於切）图。

鱼模合：（160）瑕（洪孤切）虚徐车（斥於切）挐。

鱼模合：（188）牙（讹胡切）猪徒狐枯图。

鱼虞模合：（267）邪（祥余切）辜夫图徒胡。

韵字：

鱼：居湑且虚车徐猪。

虞：夫跦襦肤拘驱。

模：都梧吾芦姑逋狐乎辜枯图挐徒胡。

麻转虞：华，麻转模：家瓜瑕牙，麻转鱼：邪。

侯转模：侯。

注：

a 麻韵华字转虞韵，家瓜瑕牙等字转模韵，邪字转鱼韵。侯韵侯字转模韵。

上声

语麌姥合：（15）马（满补切）土羽野（上与切）女鼓下（後五切）虎。

语麌姥合：（32）野（上与切）羽汝浦鲁宇。

语麌姥合：（122）峀（满补切）暑矩祖覩舞。

语姥合：（139）者（掌与切）与户覩橹母钜俎。

语麌姥合：（157）子（读语韵）女主与所房。

语麌姥合：（168）耇（果羽切）举宇午古下（後五切）厚（後五切）。

语麌姥合：（169）後（下五切）雨绪与鼠叙武。

麌姥合：（170）写（赏羽切）鲁虎脯。

语麌姥合：（184）寡（果五切）苦雨处辅土御。

麌姥合：（188）雅（读如五）祜武。

语姥合：（217）予（演汝切）土顾（姥韵）。

语麌姥合：（260）祔（满补切）鼓序武。

麌姥合：（263）碬（公土切）舞。

韵字：

语：女汝暑与钜俎所举绪鼠叙处御序。

麌：羽宇矩舞主雨武辅。

姥：土鼓虎浦鲁祖覩户橹房午古脯苦祜顾。

马转姥：马下雅寡碬，马转语：野者，马转麌：写。

祔转姥：祔。

厚转姥：峀厚母後。厚转麌：耇。

子（读语韵）。

鱼转语：予。

注：

a 马韵马下雅寡碬等字转姥韵，野者等字转语韵，写字转麌韵。厚韵峀厚母後等字转姥韵，耇字转麌韵。

b 鱼韵予字转语韵。祔韵祔字转姥韵。

c 止韵子字读语韵。＊子字《广韵》在止韵，此取俗音语韵一读。

去声

御遇合：（18）居（姬御切）著惧禦处。

遇暮合：（24）夜（元具切）错暮故误露。

御遇暮合：（144）驱（区遇切）骛数路赴御。

御遇暮合：（213）舍（伤遇切）故路处。

暮独用：（225）暇（胡故切）故库素。

韵字：

御：著禦处御。

遇：惧骛数赴。

暮：错暮故误露路库素。

祃转遇：夜舍。祃转暮：暇。

鱼转御：居。

虞转遇：驱。

注：

a 祃韵夜舍等字转遇韵。暇字转暮韵。

b 鱼韵居字转御韵。虞韵驱字转遇韵。

第四　真谆臻文殷痕庚耕清青蒸登侵

平声

真谆臻文清合：（31）孙（须伦切）君新声臻濒信（斯人切）。

文侵合：（33）南（尼心切）音心君。

真谆臻殷痕合：（34）渊（一均切）侁因珍鳞勤新根。

真痕侵合：（57）门（眉贫切）根神贫垠频心。

真独用：（58）艰（居银切）人絃辰陈。

真庚三清青合：（63）天（铁因切）成平人形名。

真青合：（72）奔（逋珉切）人宁。

真痕青合：（74）田（地因切）侫（平声）人民身根臣辅。

真臻合：（76）千（仓新切）人侁门（眉贫切）仁身。

侵独用：（90）耽（都森反）禽金。

真庚三合：（91）陨（于贫切）鸣。

耕蒸登侵合：（110）弓（姑宏切）乘朋惩浔。

真蒸登合：（118）梦（莫藤切）绳神。

真庚三清青合：（120）颠（典因切）鸣经人麟民盈。

真谆合：（124）鳏（姑伦切）亲。

庚三青合：（140）姓（桑经切）平。

真文痕合：（141）巅（典因切）颠（典因切）根贫群。

真清青合：（153）年（祢因切）人成神麟佞（平声）倾。

真文合：（186）辉（许云切）彬。

真殷合：（187）旂（渠斤切）晨辰。

庚三清青蒸登侵合：（191）雄（于陵切）陵征腾蝇凌灵承林鸣瘖。

真文合：（209）先（斯人切）云陈亲。

真清青合：（214）翩（纸笭切）声人陈。

真谆合：（220）渊（一均切）天（铁因切）人身珍。

真谆合：（221）贤（下珍切）臣民均亲陈仁身。

青独用：（224）冥（平声）宁。

真谆文痕合：（235）愍（起巾切）亲坟恩原（鱼伦切）文闻。

真独用：（237）甸（地鄰切）仁。

真耕庚三蒸登侵合：（255）躬（姑宏切）邻心徵稜荣。

清蒸侵合：（258）男（尼心切）承贞。

真庚三合：（265）畛（之人切）明。

韵字：

真：新濒因琛鳞神贫垠频人辰陈民身臣輴仁麟亲彬晨邻。

谆：均。

臻：臻侁。

文：君群云坟文闻。

殷：勤。

痕：根恩。

庚三：平鸣荣明。

清：声成名盈倾征贞。

青：形宁经灵。

蒸：乘惩绳陵蝇凌承徵。

登：朋腾稜。

侵：音心禽金浔林瘖。

元转谆：原。

先转真：天絃田千颠巅年先贤，先转谆：渊，霰转真：甸。

仙转真：愆，仙转青：翩。

魂转真：门奔，魂转谆：孙。

山转真：艰，山转谆：鳏。

覃转侵：南耽男。

东转耕：弓躬，东转蒸：雄。送转登：梦。

轸转真：陨畛，震转真：信。

径转青：佞。

劲转青：姓。

注：

a 元韵原字转谆韵。魂韵门奔等字转真韵，孙字转谆韵。

b 先韵天絃田千颠巅年先贤等字转真韵，渊字转谆韵。仙韵愆字转真韵，翩字转青韵。山韵艰字转真韵，鳏字转谆韵。覃韵南耽男等字转侵韵。东韵弓躬等字转耕韵，雄字转蒸韵。

c 送韵梦字转登韵。霰韵甸字转真韵。轸韵陨畛等字转真韵，震韵信字转真韵。径韵佞字转青韵。劲韵姓字转青韵。

d 微韵煇字转文韵，旂字转殷韵。

上声

梗三迥合：（224）冥（莫迥切）景。

韵字：

梗三：景。

青转迥：冥。

注：

a 青韵冥字转迥韵。

第五　元先仙

平声

元先仙合：（67）颜（鱼坚切）言卷然鲢年。

先仙合：（86）宽（区权切）贤天。

元仙合：（89）关（圭元切）泉寃翩贤絃迁。

元先仙合：（108）檀（徒沿切）便（毗连切）媛（元韵）。

先仙合：（114）餐（逡缘切）贤乾前。

先仙合：（119）间（居贤切）焉连颠阡贤。

元先仙合：（123）环（胡涓切）园翻源天。

仙独用：（129）闲（何甄切）愆然。

元仙合：（130）餐（逡缘切）言。

仙独用：（173）闲（何甄切）仙。

元先仙合：（215）幡（芬遭切）元言。（仙元）翻（芬遭切）旃怜。（仙先）蕃（分愆切）旃羶。（仙）藩（分愆切）颠焉。（仙先）璠（芬遭反）旃。燔（汾乾切）旋。（仙）蹯（汾乾切）千。（仙先）蟠（频眠切）然。（先仙）

先仙合：（245）樊（汾乾切）篇。（仙）藩（汾乾切）僢贤篇。

元先仙合：（250）远（於圆切）言贤年难。

先仙合：（254）燔（汾乾切）缠旋连前。

韵字：

元：言冤媛园源元。

先：年贤天絃前颠阡怜千。

仙：卷然鲢泉翻迁乾焉连愆仙旃羶旋篇僢缠。

寒转仙：檀难餐。

桓转先：蟠；桓转仙：宽。

删转元：关；删转先：环颜。

山转先：间；山转仙：闲。

元转仙：幡翻蕃藩璠燔蹯樊。

阮转仙：远。

缐转仙：便。

注：

a 寒韵檀难餐等字转仙韵。桓韵蟠字转先韵，宽字转仙韵。删韵关字转元韵，环颜等字转先韵。山韵间字转先韵，闲字转仙韵。

b 阮韵远字转仙韵。缐韵便字转仙韵。

c 元韵幡翻蕃藩璠燔蹯樊等字转仙韵。＊幡翻蕃藩璠燔蹯樊等字唇音字吴棫读洪音。

上声

阮狝合：（82）反（浮裔切）远蹇转。（狝阮）

铣狝合：（150）枕（知輂切）窖。（狝铣）

韵字：

阮：远。

狝：蹇转。

阮注阮：反。

感转铣：窖。

寝转狝：枕。

注：

a 感韵窖字转铣韵。

b 寝韵枕字转狝韵。

c 阮韵反字注阮韵。＊反字吴棫读洪音。

去声

霰线合：（87）盼（匹见切）电变。

韵字：

霰：电。

线：变。

裥转霰：盼。

注：

a 裥韵盼字转霰韵。

第六　萧宵豪

去声

笑独用：（152）飘（匹妙切）飘笑照。

注：

a 此部平上声没有押韵韵段，去声笑韵独用。今依吴棫《诗》用韵立此部。

第七　歌戈

平声

歌戈合：（26）皮（蒲禾切）多那何。

歌戈合：（27）蛇（唐何切）河歌娥波挼。

歌戈合：（62）仪（牛何切）颇义（音俄）何陂（音坡）。

歌戈合：（66）宜（牛何切）和歌嘉。

歌戈合：（79）为（吾禾切）波罗。

歌戈合：（104）嗟（遭哥切）波河阿。

歌戈合：（105）施（诗戈切）何。

歌戈合：（113）加（居何切）和何过柯。

歌戈合：（190）池（唐何切）何河鹅波。

韵字：

歌：多那何河歌娥罗阿柯鹅。

戈：波挼颇和过。

支转歌：仪宜池，支转戈：皮陂为施。

真转歌：义。

注：

a 麻韵蛇嘉嗟加等字转歌韵。

b 支韵仪宜池等字转歌韵，皮陂为施等字转戈韵。

c 真韵义字转歌韵。

第八　阳唐

平声

阳唐合：（8）觥（姑黄切）觞。

阳唐合：（38）兵（晡茫反）姜商堂王疆荒。

阳唐合：（39）行（户郎切）方纲亡王详卿粮将黄。

阳独用：（68）中（诸良切）让（如阳切）伤常。

阳唐合：（69）宫（居王切）堂疆纲。

阳唐合：（70）上（辰羊切）洋荒。

阳唐合：（71）兄（虚王切）狼汤昌长光觞黄。

阳唐合：（73）京（居良切）荒昌梁。

阳独用：（111）英（於良切）强伤央洋阳。

阳唐合：（117）明（谟郎切）详忘王商将桑方阳庄疆良康长刚。

阳唐合：（159）饗（虚良切）芳臧祥。

阳唐合：（161）享（虚良切）荒翔。

阳唐合：（171）眖（虚王切）羊盅（呼光切）筐芳。

阳唐合：（176）衡（户郎切）芳藏强乡裳。

阳唐合：（177）珩（户郎切）裳。

阳唐合：（211）盟（谟郎切）强昌梁。

阳唐合：（231）庆（墟羊切）疆殃光刚当亡裳明（谟郎切）方爽（师庄切）。

阳唐合：（247）抗（居郎切）霜。

阳唐合：（251）让（如阳切）阳光张王庄。

阳唐合：（257）身（尸羊切）汤光张殃常狂良。

阳唐合：（285）衡（户郎切）商汤王唐。

韵字：

阳：觞姜商王疆方亡详粮将伤常疆洋昌长梁强央阳忘庄良芳翔羊筐乡裳殃霜张狂。

唐：堂荒纲黄狼汤光桑康刚盅臧藏当唐。

庚转唐：觥兵行明衡珩盟，庚转阳：卿兄京英。

映转阳：庆。

东转阳：中宫。

真转阳：身。

养转阳：饗享爽。

漾转阳：让上眖。

宕转唐：抗。

注：

a 庚韵觥兵行明衡珩盟等字转唐韵，卿兄京英等字转阳韵。

b 东韵中宫等字转阳韵。真韵身字转阳韵。

c 映韵庆字转阳韵。养韵饗享爽等字转阳韵。漾韵让上眖等字转阳韵。

上声

养独用：（60）景（举两切）响攘炳（补两切）上（是掌切）。

韵字：

养：响攘

梗转养：景炳。

漾转养：上。

注：

a 梗韵景炳等字转养韵。

b 漾韵上字转养韵。

去声

漾独用：13 泳（于诳切）上。

韵字：

漾：上。

映转漾：泳。

注：

a 映韵泳字转漾韵。

第九　尤侯

平声

尤侯合：（17）驹（居侯切）遊忧。

尤独用：（52）售（时周切）裘休。

尤独用：（80）驱（祛尤切）流。

尤侯合：（81）漕（徂侯切）曹（徂侯切）留。

尤独用：（101）萧（疏鸠切）忧愁。

尤独用：（268）陶（夷周反）囚。

韵字：

尤：遊忧裘休流留愁囚。

虞转尤：驱，虞转侯：驹。

豪转尤：陶，豪转侯：漕曹。

萧转尤：萧。

宥转尤：售。

注：

a 虞韵驱字转尤韵，驹字转侯韵。豪韵陶字转尤韵，漕曹等字转侯韵。萧韵萧字转尤韵。

b 宥韵售字转尤韵。

上声

有厚合：（46）轨（举有切）醜遒（天口切）后。

有厚合：（65）道（徒厚切）纣右薮茂（莫口切）。

有独用：（133）考（去九切）守酒臼肘。

有厚合：（134）保（补苟切）寿（殖酉切）咎。

有厚合：（158）寿（殖酉切）叟首牡久。

有厚合：（182）祷（当口切）酒。

韵字：

有：醜纣右守酒臼肘咎首久。

厚：后薮叟牡。

皓转厚：道保祷，皓转有：考。

旨转有：轨。

尤转厚：遒。

宥转有：寿。

候转厚：茂。

注：

a 皓韵道保祷等字转厚韵，考字转有韵。旨韵轨字转有韵。

b 尤韵遒字转厚韵。候韵茂字转厚韵。宥韵寿字转有韵。

入声

第一　屋烛

屋烛合：（218）浊（厨玉切）足族俗禄木。

屋独用：（226）戚（子六反）肉。

屋烛合：（238）渥（乌谷切）哭椟属斛。

韵字：

屋：族禄木肉哭椟斛。

烛：足俗属。

觉转屋：渥，觉转烛：浊。

锡转屋：戚。

注：

a 觉韵渥字转屋韵，浊字转烛韵。

b 锡韵戚字转屋韵。

第二 质术昔职德缉

职德合：（1）服（蒲北切）德饬息。

质术昔合：（53）节（子悉切）失实吉一膝术栗跡质。

质术缉合：（103）穴（户橘切）室实橘集密。

职德合：（126）服（鼻墨切）织德饰。

职德合：（131）辐（笔力切）塞息侧。

质独用：（151）结（激质切）一吉逸七实日溢。

职德合：（162）福（笔力切）直食侧德极职。

质昔职德合：（163）牧（莫笔切）极石则国。

职德合：（164）载（节力切）得。

职德合：（199）意（乙力切）式得极侧息。

职独用：（229）祀（逸职切）稷。

质缉合：（236）位（力入切）日匹毕吉。

质独用：（246）设（书实切）日室。

昔职合：（261）伏（笔力切）域息逼硕。

职独用：（202）富（笔力切）职。

韵宁：

质：失实吉一膝栗质室密逸七日溢匹毕。

术：术橘。

昔：跡石硕。

职：饬息织饰侧直食侧极式稷域逼。

德：德塞则国得。

缉：集。

屋转职：辐福伏，屋转德：服，屋转质：牧。

屑转质：节结，屑转术：穴。

薛转质：设。

止转职：祀。

志转职：意。

代转职：载。

至转缉：位。

宥转职：富。

注：

a 屋辐福伏等字转职韵，服字转德韵，牧字转质韵。屑韵节结等字转质韵，穴字转术韵。薛韵设字转质韵。

b 止韵祀字转职韵。志韵意字转职韵。代韵载字转职韵。至韵位字转缉韵。

c 宥韵富字转职韵。

第三　月屑薛葉帖

薛葉帖合：（94）甲（吉协反）接裂。

月屑薛合：（198）厉（力蘗切）越结节悦。

韵字：

月：越。

屑：结节。

薛：裂悦。

葉：接。

狎转帖：甲。

祭转薛：厉。

注：

a 狎韵甲字转帖韵。

b 祭韵厉字转薛韵。

第四　觉药铎

觉药铎合：（6）致（弋灼切）诺石（常约切）濯。

觉药铎合：（125）夕（祥龠切）握廓壑酌错。

药铎合：（135）沃（郁缚切）酌乐蹻白（僕各切）。

药铎合：（143）硕（常约切）恶铄石（常约切）客若。

药铎合：（179）奕（弋灼切）略阁廓薄。

药铎合：（180）舄（七雀切）壑漠。

药铎合：（181）绎（弋灼切）廓错。

觉铎合：（185）宅（达各切）窦亳薄朔廓作。

觉药铎合：（189）客（克各切）薄若岳柝幕洛。

药独用：（232）硕（常约切）铄。

药铎合：（233）炙（陟畧切）错帛（僕各切）席（祥龠切）。

药铎合：（242）柏（逋莫切）若作落乐薄。

药铎合：（243）怿（弋灼切）泊作。

药独用：（248）的（子药切）爝。

药铎合：（259）赫（黑各切）貊逆（宜脚反）若。

纣铎合：（269）逆（宜脚反）赫（黑各切）貊若。

药铎合：（278）尺（勑畧切）额（逆各切）帛（撲各切）索搏（逋莫切）落陌（莫各切）恶。

药铎合：（281）奕（弋灼切）伯（逋莫切）阁廓。

药铎合：（283）昔（息约切）作泽（徒各切）客（克各切）魄（白各切）壑阁。

药铎合：（284）夕（祥龠切）恪。

韵字：

觉：濯握朔岳。

药：酌蹻铄若略爝。

铎：诺廓壑错乐恶阁搏薄漠窦亳作柝幕洛落泊索恪。

昔转药：炙石夕硕奕舄绎炙席怿尺昔。

陌转铎：白宅帛柏赫额伯泽魄客貊陌，陌转药：逆。

锡转药：的。

沃转药：沃。

注：

a 沃韵沃字转药韵。陌韵白宅帛柏赫额伯泽魄客貊陌等字转铎韵，逆字转药韵。昔韵敇石夕硕奕舄绎炙席怿尺昔等字转药韵。锡韵的字转药韵。

《诗补音》之《诗》外音证平声韵部：

第一东冬钟（江转入）。转入的用韵讼诵二字是此部的异质之音。

第二支脂之微齐灰（佳皆哈转入）。转入的尤韵仇裘求牛谋邱等字、麻韵加字、歌韵多以及霁韵济字、真韵议字是读入此部的异质之音。

第三鱼虞模。转入的麻韵华家瓜瑕牙邪等字、侯韵侯字是读入此部的异质之音。

第四真谆臻文殷痕庚耕清青蒸登侵（元魂转入）。转入的先韵天玹田千颠巅年先贤渊等字转、仙韵愆翩等字、山韵艰鳏等字、覃韵南耽男等字、东韵弓躬雄等字以及送韵梦字、霰韵甸字、轸韵陨畛字、震韵信字、径韵佞字、劲韵姓字、微韵辉字旂字，是读入此部的异质之音。

第五元先仙（寒桓删山转入）。转入的阮韵远字、线韵便字是读入此部的异质之音。

第六萧宵豪

第七歌戈（麻转入）。转入的支韵仪宜池皮陂为施等字以及真韵义字是读入此部的异质之音。

第八阳唐（庚转入）。转入的东韵中宫等字、真韵身字、以及映韵庆字、养韵饷享爽等字、漾韵让上觇等字是读此部的异质之音。

第九尤侯。转入的虞韵驱驹等字、豪韵陶漕曹等字、萧韵萧字以及宥韵售字是读入此部的异质之音。

《诗补音》之《诗》外音证平声韵部对比王力先生据《韵补》分析所得平声九部，两者高度吻合。

《韵补》与《诗补音》两者互证，可以说吴棫古韵平声的确为九部。

吴棫《诗》韵中有古韵的异质之音，《诗》外音证所归纳的韵部中也存在古韵的异质之音。哪些是古韵的异质之音呢？凡《韵补》不与某部"通"或"转声通"的韵，其韵字读入某部的音皆是古韵某部的异质之音。因此，剔除《韵诗》韵和《诗补音》之《诗》外音证所见吴棫韵部中的异质之音，才是吴棫古韵。吴棫《诗》韵和《诗补音》之《诗》外音证所见吴棫韵部中平声各部的异质之音都已分别注明。

第四节　吴棫古韵

按照《韵补》所注通转，并通过吴棫《诗》韵和《诗补音》之《诗》外音证所见韵部验证，吴棫古韵舒声九部。以平声赅上去，这九部是：

第一东冬钟江：冬钟（古通东）江（古通阳或转入东）。

第二支脂之微齐灰佳皆咍：脂之微齐灰（古通支）佳皆咍（古转声通支）。

第三鱼虞模：虞模（古通鱼）。

第四真谆臻文元魂痕庚耕清青蒸登侵：谆臻殷痕青蒸登侵（古通真）文元魂（古转声通真）庚耕清（古通真或转入阳）。

第五先仙寒桓删山盐添严凡覃谈咸衔：先仙盐添严凡（古通先）寒桓删山覃谈咸衔（古转声通先）。

第六萧宵肴豪：宵肴豪（古通萧）。

第七歌戈麻：戈（古通歌）麻（古转声通歌）。

第八阳唐江庚耕清：唐（古通阳）江（古通阳或转入东）庚耕清（古通真或转入阳）。

第九尤侯幽：侯幽（古通尤）。

赖江基《吴棫所分古韵考》认为，把"古通某"的韵和"古转声通某"的韵归为一类，平声上声得九部，去声却得十一部。的确，去声比平声上声的九部多出翰祃两部。这个问题是吴棫的失误，笔者在第二章第二节已拿翰部做了分析。

江"古通阳或转入东"，庚耕清"古通真或转入阳"，或者与南北用韵不同有关，[①] 留待今后研究。

[①]　《楚辞·东君》降字与袆狼浆翔等字相押。《诗声分例·四句闻韵例·烈文》于训字下云"《唐韵》耕清青及真谆臻文殷魂痕两部《周易》《楚辞》皆通用。"又，《诗声类·阳声三》庚字下云："赵凡夫云：'庚阬盲横彭竑烹兄行等字并以今吴下方音为正是也。'"孔氏庚阬盲横彭竑烹兄行等字收入阳唐部并以吴下方音为证。又《释名·释亲属》"兄，荒也；荒，大也。故青徐人谓兄为荒也。"

根据《韵补》所注通转，入声可分为六部：

第一屋沃烛觉：沃烛（古通屋）觉（古通药或转声通屋）。

第二质术栉物迄职德缉：术栉职德缉（古通质）物迄（古转声通质）。

第三月没曷末鎋黠屑薛陌麦昔锡叶帖业：屑陌葉业薛麦昔锡帖（古通月）没曷黠末鎋（古转声通月）。

第四药铎觉：铎（古通药）觉（古通药或转声通屋）。

第五合盍：盍（古通合）。

第六洽狎乏：狎乏（古通洽）。

吴棫《诗》韵所见入声韵部四部：

第一屋烛（觉转入）。转入的锡韵戚字、尤韵俦字、啸韵歗字是读入此部的异质之音。

第二质术。转入的屑韵节噎穴结等字、薛韵设字是读入此部的异质之音。

第三职德昔缉。转入的屋韵服辐福牧或伏等字、烛韵局字、志韵意字、止韵祀字、至韵位字、代韵载字、宥韵富又等字是读入此部的异质之音。

第四觉药铎。转入的沃韵沃、陌韵宅客格柏赫泽逆等字、昔韵敫夕硕奕舄绎炙怿绎尺昔等字、锡韵栎的等字以及号韵耄字是读入此部的异质之音。

《诗补音》之《诗》外音证入声韵部四部：

第一屋烛（觉转入）。转入的锡韵戚字是读入此部的异质之音。

第二质术昔职德缉。转入的屋辐福伏服牧等字、屑韵节结穴等字、薛韵设字、止韵祀字、志韵意字、代韵载字、至韵位字、宥韵富字是读入此部的异质之音。

第三月屑薛葉帖。转入的祭韵厉字是读入此部的异质之音。

第四觉药铎。转入的沃韵沃字、陌韵白宅帛柏赫额伯泽魄客貊陌逆等字、昔韵敫石夕硕奕舄绎炙席怿尺昔等字、锡韵的字是读入此部的异质之音。

《韵补》与《诗》韵、《诗补音》之《诗》外音证所见入声韵部不等。其中的原因可能与下列因素有关。

（1）《诗》韵质术与职德昔缉分为两部，是由于韵字少，两部无法系联的缘故。也由于韵字少，《韵补》第三部《诗》韵不见。

（2）《诗》葉（葉）韘（葉）韘（葉）甲（帖）相押，甲字狎韵转读帖韵与葉韵字相押。《楚辞》甲（帖）接（葉）相押，《太元赋》甲（帖）裂（薛）相押，甲字狎韵转读帖韵与葉韵字薛韵字相押。《韵补》月没曷末鎋黠屑薛陌麦昔锡葉帖业为一部，合盍为一部，洽狎乏为一部。从月没曷末鎋黠屑薛陌麦昔锡葉帖业合为一部看，吴棫入声相押是不分 - p、- t、- k 三尾的，合盍、洽狎乏似乎没有独立成部的基础。业乏同用，乏则当与业韵同部。甲字狎韵转读帖韵与薛韵字相押，洽狎则当"古转声通薛"。入声相押不分 - p、- t、- k，则合盍亦当如曷黠末鎋"古转声通月"。

因此，吴棫古韵入声只有四部：

第一屋沃烛觉：沃烛（古通屋）觉（古通药或转声通屋）。

第二质术栉物迄职德缉：术栉职缉（古通质）物迄（古转声通质）。

第三月没曷末鎋黠屑薛陌麦昔锡合盍洽狎葉帖业乏：屑陌葉业薛麦昔锡帖乏（古通月）没曷黠末鎋合盍洽狎（古转声通月）。

第四药铎觉：铎（古通药）觉（古通药或转声通屋）。

觉"古通药或转声通屋"，为什么既通药又通屋，可能也与南北用韵不同有关，留待今后研究。

第五节　陈第《诗》韵韵谱与陈第《诗》韵

《毛诗古音考》在所考字下都列有"本证""旁证"。这一节，我们根据《毛诗古音考》的"本证"，整理陈第《诗》韵韵谱并归纳陈第《诗》韵。

以下一些"本证"无效。

（1）所举字非韵脚：

發音废：《驺虞》彼茁者葭，壹發五豝。《七月》一之日觱發。《吉日》發彼小豝，殪此大兕。《宾之初筵》射夫既同，献尔發功。

遗音韦：《角弓》雨雪瀌瀌，见晛曰消。莫肯下遗，式居娄骄。

百音博：《载驰》百尔所思。《黄鸟》人百其身。《思齐》则百斯男。

西音先：《斯干》西南其户。

伏音逼：《正月》鱼在于沼，亦匪克乐。潜虽伏矣，亦孔之炤。忧心惨惨，念国之为虐。

谋音迷：《小旻》民虽靡膴，或哲或谋，或肃或乂。如彼泉流，无沦胥以败。（笔者按，陈第以乂与败相押）

地音沱：《正月》谓地盖厚，不敢不蹐。

幅音逼：《采菽》赤芾在股，邪幅在下（音虎）。

平音骈：《采菽》平平左右，亦是率従。

遏音何：《隰桑》心乎爱矣，遏不谓矣。中心藏之，何日忘之。

吴如字：《丝衣》不吴不敖，胡考之休？《泮水》不吴不扬，不告于讻。

（2）所举字自韵：

遗音韦：《云汉》周馀黎民，靡有孑遗。昊天上帝，则不我遗。

命音名：《江汉》于周受命，自召祖命。

（3）所举字不知如何押韵：

乐音捞：《溱洧》且往观乎？洧之外，洵訏且乐。维士与女，伊相其谑。赠之以勺药。

行音杭：《抑》其维哲人，告之话言，顺德之行。

哉音资：《殷其雷》振振君子，归哉归哉。《黍离》悠悠苍天，此何人哉？

野音暑：《东山》蜎蜎者蠋，烝在桑野。

道音岛：《生民》诞后稷之穑，有相之道。

国音役：《大明》厥德不回，以受方国。

士音始：《常武》赫赫明明，王命卿士，南仲大祖，大师皇父。

迈音历：《宛柳》俾予靖之，後予迈焉。

保音剖：《山有枢》宛其死矣，他人是保。

硕音芍：《崧高》吉甫作诵，其诗孔硕。

裘音箕：《大东》舟人之子，熊罴是裘。

予音与：《正月》载输尔载，将伯助予。《四月》先祖匪人，胡宁忍予。

年音寧：《江汉》虎拜稽首，天子万年。

饗音乡：《彤弓》钟鼓既设，一朝饗之。

瑕音胡：《思齐》肆戎疾不殄，烈假不瑕。

福音逼：《楚茨》以妥以侑，以介景福。

诵音宗：《崧高》吉甫作诵。

厚音甫：《卷阿》尔土宇昄章，亦孔之厚矣。

柏音博：《閟宫》徂徕之松，新甫之柏。

丧平声：《召旻》旻天疾威，天笃降丧。

主音祖：《卷阿》岂弟君子，俾尔弥尔性，百神尔主矣。

垢音古：《桑柔》维此良人，作为式谷穀，维彼不顺，征以中垢。

伯音博：《崧高》其风肆好，以赠申伯。

以下一些字缺本证，说解文字中也缺有效《诗》证：泳卫相鼠青其除水葭乐音疗鹝不威姒契雅覃疑江楅。

下面我们把“本证”（包括个别说解文字中的《诗》证）的押韵韵段字按《广韵》（举平赅上去）整理归类列出，归纳陈第《诗》韵。

舒声

第一　东冬钟

平声

《草虫》忡降（音洪）

《出车》忡降（音洪）

《旱麓》中降（音洪）

《凫鷖》潨宗宗降（音洪）

《行露》牙（音翁）墉讼（音公）讼（音公）从

《南山》双（音菘）庸

《小旻》从用（音庸）卭

《云汉》临（音隆）躬

《长发》共（平声）厖（音蒙）龙（宠平声）

上声

《长发》勇动（上声）竦总

东冬钟在陈第《诗》韵中合为一部。

江韵降双邦厖，麻韵牙，侵韵临，转音入此部。（同韵类改变声调者不计，如用音庸，用改钟；本部内改变声调者不计，如讼音公，用改东；给有不同声调的字定一声调者不计，如共字有平去两个声调注平声。以下各部同此。）

本部出现的问题：

《节南山》诵（音宗） 讻邦（音崩）

《瞻彼洛矣》同邦（音崩）

《采菽》蓬邦（音崩）

《思齐》恫邦（音崩）

《皇矣》恭邦（音崩）

《崧高》邦（音崩）功

《召旻》讧共（平声）邦（音崩）

《閟宫》蒙东邦（音崩）

《毛诗古音考》言："邦音崩——古属东韵。"东韵而注之以登韵崩字，不是陈第东登合用，而是陈第方音崩字之白读似东冬，便注东以崩字。今福州话东冬二字文读〔tuŋ〕，崩字白读〔puŋ〕，声调都是阴平。

第二 支脂之微齐灰（祭废）

平声

《葛覃》萋飞喈（音基）

《风雨》凄喈（音基）夷

《出车》迟萋喈（音基）祁

《鼓钟》喈（音基）湝（音希）

《卷阿》萋喈（音基）

《烝民》騤喈（音基）齐归

《卷耳》崔隤罍怀（音回）

《终风》雷怀（音回）

《扬之水》怀（音回）归

《南山》崔绥归归怀（音回）

《常棣》威怀（音回）

《北门》哉（音资）之哉（音资）

《氓》思（音西）哉（音资）

《君子于役》期哉（音资）埘

《绿衣》丝治（音持）訧（音怡）

《终风》霾（音貍）来（音釐）

《终风》来（音釐）思（音西）

《雄雉》思（音西）来（音釐）

《君子于役》来（音釐）思（音西）

《子衿》思（音西）来（音釐）

《頍弁》时来（音釐）

《女曰鸡鸣》来（音釐）贻（笔者按，原文来赠相押，陈第以为赠字是贻字之误）

《园有桃》知知思（音西）

《谷风》迟违（音怡）畿

《节南山》夷违（音怡）

《长发》违（音怡）齐

《泉水》思（音西）姬谋（音迷）

《氓》丝谋（音迷）

《皇皇者华》騠丝谋（音迷）

《十月之交》时谋（音迷）

《巷伯》箕谋（音迷）

《北门》敦（笔者按，此字读灰韵）遗（音韦）

《谷风》怀（音回）遗（音韦）

《载驰》尤（音怡）思（音西）之

《氓》淇邱（音欺）

《巷伯》邱（音欺）诗

《氓》期媒（音迷）

《将仲子》怀（音回）畏（音威）

《东山》畏（音威）怀（音回）

《子衿》佩（音皮）思（音西）

《渭阳》思（音西）佩（音皮）

《终南》梅（音迷）裘（音箕）

《鸤鸠》梅（音迷）丝

《四月》梅（音迷）尤（音怡）

《七月》狸裘（音箕）

《墓门》斯（音其）知

《南山有臺》臺（音题）莱（音黎）基

《十月之交》谋（音迷）莱（音黎）

《采薇》迟饥悲哀（音噎）

《十月之交》微微哀（音噎）

《小旻》哀（音噎）违（音怡）

《四月》薇楪哀（音噎）

《駉》伾期才（音嘻）

《长发》跻迟祗围（音怡）

《何人斯》易（音施）知祇

《小旻》依底（音脂）

《巧言》斯（音其）麋阶（音基）

《瞻卬》鸥阶（音基）

《谷风》嵬萎（平声）怨（音威）

《大东》裘（音箕）试（音西）

《宾之初筵》能（音泥）又（音意）＊此韵段陈第平去相押。

《绵》谋（音迷）龟（音箕）时兹

《宾之初筵》傲邮（音移）

《黍苗》牛（音疑）哉（音跻）

上声

《关雎》采（音泚）友（音以）

《苤苢》苢采（音泚）苢友（音以）

《兼葭》采（音泚）已涘（音倚）

《瓠有苦叶》子（音止）否（音鄙）否（音鄙）友（音以）

《六月》友（音以）鲤矣友（音以）

《沔水》止弟（音底）友（音以）

《雨无正》使（音始）子（音止）使（音始）友（音以）

《车辖》友（音以）喜

《假乐》纪友（音以）

《抑》友（音以）子（音止）

《葛覃》否（音鄙）母（音米）

《葛藟》弟（音底）母（音米）

《将仲子》子（音止）里杞母（音米）

《陟岵》屺母（音米）

《四牡》止杞母（音米）

《杕杜》杞母（音米）

《南山有台》杞李子（音止）母（音米）

《沔水》弟（音底）友（音以）母（音米）

《泂酌》饎子（音止）母（音米）＊此韵段陈第去上相押。

《雏》祉母（音米）

《閟宫》喜母（音米）

《葛藟》母（音米）有（音以）

《鱼丽》鲤有（音以）

《吉日》有（音以）俟（音矣）友（音以）

《四月》纪仕（音始）有（音以）

《公刘》理有（音以）

《有駜》始有（音以）子（音止）

《汝坟》尾（音倚）燬（音喜）燬（音喜）迩

《狼跋》尾（音倚）几

《麟之趾》趾子（音止）

《何彼秾矣》李子（音止）

《旄丘》尾（音倚）子（音止）耳

《衡门》鲤子（音止）

《六月》里子（音止）

《文王》已子（音止）

《皇矣》祉子（音止）

《假乐》纪友（音以）士（音始）子（音止）

《抑》李子（音止）

《抑》耳子（音止）

《閟宫》子（音止）耳

《采蘩》沚事（音始）

《北山》子（音止）事（音始）母（音米）

《崧高》事（音始）式（上声）

《江有汜》汜以以悔（音喜）

《皇矣》悔（音喜）祉子（音止）

《抑》子（音止）止悔（音喜）

《谷风》體死（音洗）

《相鼠》礼死（音洗）

《谷风》荠（上声）弟（音底）（笔者按，荠字从母，陈读去声；弟字荠韵徒礼切，陈亦读去）

《泉水》沛祢弟（音底）

《载驱》济瀰弟（音底）

《常棣》韡弟（音底）

《旱麓》济弟（音底）

《旄丘》久（音几）以（笔者按，原引文中"何其处也，必有与也"不用）

《六月》喜祉久（音几）

《蓼莪》耻久（音几）

《新台》泚泳鲜（音洗）

《相鼠》止俟（音矣）

《吉日》俟（音矣）友（音以）

《竹竿》右（音以）弟（音底）

《蒹葭》右（音以）沚

《吉日》右（音以）子（音止）

《甫田》右（音以）否（音鄙）

《绵》止右（音以）

《云汉》氏右（音以）

《葛藟》藟涘（音矣）

《蒹葭》采（音泚）已涘（音矣）

《大明》涘（音矣）子（音止）

《褰裳》洧（音以）士（音始）（笔者按，洧字旨韵荣美切，陈第读去）

《祈父》士（音始）止

《甫田》止士（音始）

《既醉》士（音始）士（音始）子（音止）

《卷阿》士（音始）使（音始）子（音止）

《长发》子（音止）士（音始）

《风雨》晦（音喜）已

《南山》亩（音米）母（音米）

《七月》亩（音米）喜

《采芑》芑亩（音米）

《信南山》理亩（音米）

《绵》理亩（音米）事（音始）

《生民》秠亩（音米）

《陟岵》偕（音儿）死（音洗）

《鱼丽》旨偕（音儿）

《宾之初筵》旨偕（音儿）

《丰年》妣礼皆（音儿）

《七月》火（音喜）衣（上声）

《大田》穉（上声）火（音喜）

《七月》耜（音以）趾

《大田》耜（音以）亩（音米）

《载芟》耜（音以）亩（音米）

《良耜》耜（音以）亩（音米）

《杕杜》近（音记）逝　*此韵段陈第去上相押。

《鱼丽》有（音以）时（音始）

《文王》时（音始）右（音以）

《既醉》时（音始）子（音止）

《蓼萧》泥（音瀰）弟（音底）弟（音底）岂（如字）

《行苇》體泥 (音瀰) 弟 (音底) 尔

《鱼藻》尾 (音倚) 豈 (如字)

《吉日》兕 (音豕) 醴

《沔水》海 (音喜) 止

《江汉》理海 (音喜)

《玄鸟》里止海 (音喜)

《节南山》仕 (音始) 子 (音止) 已殆 (音以)

《雨无正》仕 (音始) 殆 (音以)

《玄鸟》殆 (音以) 子 (音止)

《文王有声》芑仕 (音始) 子 (音止)

《小宛》采 (音泚) 子 (音止) 负 (音恃) 子 (音止) 似 (音以)

《生民》芑负 (音恃) 祀 (音以)

《裳裳者华》右 (音以) 有 (音以) 有 (音以) 似 (音以)

《江汉》子 (音止) 似 (音以) 祉

《小弁》梓 (音滓) 止母 (音米)

《小弁》裏在 (音止)

《大东》砥矢履视 (音始)

《甫田》亩 (音米) 籽 (音只) 薿止

《甫田》亩 (音米) 有 (音以) 敏 (音米)

《宾之初筵》否 (音鄙) 史 (音始)

《宾之初筵》耻怠 (音以)

《思齐》母 (音米) 妇 (音喜)

《载芟》妇 (音喜) 士 (音始)

《生民》祀 (音以) 子 (音止)

《生民》祀 (音以) 子 (音止)

《雝》祀 (音以) 子 (音止)

《閟宫》祀 (音以) 耳

《公刘》依 (音倚) 几

《卷阿》士 (音始) 使 (音始) 子 (音止)

《荡》时 (上声) 旧 (音几)

《召旻》里旧（音几）

《云汉》纪宰（音滓）

《噫嘻》里耦（音拟）

去声

《甘棠》败（音备）憩

《静女》异贻（去声）

《小旻》艾（音义）败（音备）

《民劳》厉败（音备）

《君子偕老》揥晳（音制）帝

《采葛》艾（音义）岁（音试）

《鸳鸯》秣（音昧）艾（音义）（笔者按，此例"秣"字重出）

《蟋蟀》外（音意）蹶（音颙）

《墓门》萃讯（音诨）

《雨无正》瘁讯（音诨）退

《候人》袃（音示）芾（音费）

《七月》發（去声）烈（音厉）岁（音试）（笔者按，發读去声音废）

《生民》烈（音厉）岁（音试）

《南有嘉鱼》来（音利）又（音意）

《小宛》富（音係）又（音意）

《宾之初筵》又（音意）时（音是）（笔者按，是字禅母纸韵承纸切，陈第读去声）

《宾之初筵》识（音志）又（音意）

《庭燎》艾（音义）晰（音制）哕（音係）

《斯干》地裼（音啻）

《节南山》届（音记）阕（音气）

《小弁》届（音记）寐

《采菽》驲届（音记）

《小宛》克（音器）富（音係）

《瞻仰》富（音係）忌

《閟宫》熾富（音係）试

《小弁》嘒（音意）淠（音譬）

《采菽》湝（音譬）嘒（音意）

《巧言》威（音畏）罪（笔者按，罪字贿韵从母徂贿切，陈第读去声）

《鸳鸯》秣（音迷去声）艾（音乂）

《菀柳》愒瘵（音祭）

《瞻仰》瘵（音祭）届（音记）

《隰桑》爱（音纬）谓（笔者按，原引文中"中心藏之，何日忘之"不用）

《渐渐之石》卒（音萃）没（音昧）

《民劳》败（音备）大（音地）

《抑》疾（音祭）戾

《韩奕》解（音係）易

《瞻卬》海（音戏）寺

《十亩之间》外（音意）泄逝（笔者按，泄读祭韵）

《蟋蟀》逝迈（音厉）

《东门之枌》逝迈（音厉）

《彤弓》载（音祭）喜（去声）右（音意）

《野有死麕》脱（音兑）帨吠

《二子乘舟》逝害（音係）

《閟宫》艾（音乂）岁（音试）害（音係）

《雨无正》出（音鼓吹之吹）瘁

《渐渐之石》没（音昧）出（音鼓吹之吹）

《皇矣》对季（鱼对反）

《泂酌》溉（音既）暨

支脂之微齐灰（祭废）在陈第《诗》韵中合为一部。

皆韵喈湝怀霾阶偕皆，咍韵哉来臺莱哀才，蟹韵解，海韵采海殆在息宰，泰韵艾外役湝大害，怪韵届瘵，夬韵败迈，代韵爱载溉；尤韵訧谋尤邱裘邮牛，有韵友否有久负妇，宥韵又右亦有韵旧富；厚韵母亩耦，登韵能，隐韵近，轸韵敏，震韵讯，愿韵怨，狝韵鲜字，歌韵歌，果韵火，职韵式识，德韵克，锡韵晳裼，质韵疾，术韵卒，物韵苤，月韵發，没韵没，末韵秣脱，屑韵阅，薛韵蹶烈晣。这些字转音入此部。

本部出现的问题

1

《有狐》厉（音赖） 带

《都人士》厉（音赖） 蛊

陈第厉字注："音赖。《说文》从蛊省。又蛎，'从虫厉声，读若赖'。"迈字注："音厉。《说文》以蛊得声。蛊，读如厉。"依陈第所言，蛊字可音赖又可音厉，《都人士》为何不读厉与厉字相押而要读赖，从蛊字之今音夬韵故。《有狐》同样与带之今音泰韵相押。

2

《桑柔》予（笔者按，此字读平声鱼韵） 歌（音箕）

《蠮蠰》雨母（音米）

《召旻》苴（音阻） 止

殆陈第方言鱼虞韵类有读同之齐韵类者。

3

子伲伿十什耔似祀梓九字止韵注以止韵，本韵自注；思字之韵注以齐韵，斯字支韵注以之韵，涘字止韵注以纸韵，死字旨韵注以荠韵，兕字旨韵注以纸韵，籽字止韵注以纸韵、事字志韵注以止韵。

《毛诗古音考》子字注："音止。古子有二读，与纸叶者声近济水之济，与语叶者如今读。籽梓一类，凡《诗》悉止音。"士字注："音始。古士有二读，一与语韵相叶者如今读，一与纸韵相叶者声当如始。仕史使皆仿此。"这些字是陈第改"今读语韵"为"纸韵"者。

4

违字微合改之，围字微合改之，媒梅二字灰合改齐，龟字脂合改之，尾字尾合改纸开，悔字贿合改止，嘒岁二字祭合改志，诙字队合改寘开以及佩字队合改支开、晦字队合改止（佩晦二字不单改调），外字泰合改志，役字泰合改至开，皆改合口为开口。从改音看，此部陈第似乎有分开合的倾向。

但是，《葛覃》姜飞喈（音基）、《烝民》骙喈（音基）齐归、《十月之交》微微哀（音噫）、《四月》薇棋哀（音噫）等皆开合相押。《七月》岁字音试与发（去声）烈（音厉）相押，发读去声音废，废字合口，厉字开口。《候人》役（音示）芾（音费）相押，役泰合改开口，芾泰开改合口。《鸳

莺》秩字与艾（音义）相押，陈第在艾字条下注"音昧"；在秩字条下注
"音迷去声"，昧字合口，迷字开口。凡此，似开合又不是截然分开的。

这些合口改开口的韵字，有些另有原因。比如祋字音示，陈第说
《说文》祋从示声。又如悔字，陈第"音喜。吴才老云：'今声浊，叶队；
古声清，叶志。'即晦明之晦亦此音。"明说悔晦合口改作开口是吴棫的
意见。外字改作开口的原因同样是"吴才老云：'古声清，叶志；今声
浊，叶泰'。"灰韵类，如媒梅海佩等该开口，大概都出自吴棫之说。有
些可能是陈第了解的方音。如尾字音倚，陈第说"北方皆倚音，南方皆
委音。"又如梅字音迷，陈第说"楚中至今有此音"。

嘒字音意，晓霁合改影志开。本证押渭（音譬），旁证押逝。陈第谓嘒
字"旧音会，则韵不谐。"会字黄外切，匣母。渭字匹诣切又匹备切（譬
字匹赐切），滂母。福州阴去调值213，阳去调值242。陈第之"不谐"，未
必说的是开合口不谐。但是，逝字禅母，旁证与逝字相押就不是调值
"不谐"了。从这一说解看，陈第觉得开合不甚和谐。

第三　鱼虞模

平声

《桃夭》华（音敷）家（音姑）

《有女同车》车（音姑）华（音敷）琚都

《山有扶苏》苏华（音敷）都且

《出车》华（音敷）塗

《苌楚》华（音敷）家（音姑）

《鸱鸮》瘏家（音姑）

《常棣》家（音姑）帑图乎

《我行其野》故（平声）居家（音姑）

《雨无正》都家（音姑）

《绵》徒家（音姑）

《何彼秾矣》华（音敷）车（音姑）

《北风》狐乌车（音姑）

《采薇》华（音敷）车（音姑）

《北风》邪（音徐）且

《驷》邪（音徐）徂

《木瓜》瓜（音孤）琚

《七月》瓜（音孤）壶

《信南山》庐瓜（音孤）

《出其东门》荼且蘧娱（音吴）

《采薇》家（音姑）故（平声）故（平声）

《著》著（平声）素（音苏）华（音敷）

《狼跋》胡肤瑕（音胡）

《祈父》牙（音吾）居

《何人斯》舍（音舒）车（音姑）

《羔裘》濡侯（音胡）渝（笔者按，此例在侯字的说解中）

《山有枢》枢榆娄（音闾）驱愉（笔者按，此例在娄字的说解中）

上声

《汉广》楚马（音姥）

《击鼓》处马（音姥）下（音虎）

《大叔于田》马（音姥）徂舞

《东山》羽马（音姥）

《四牡》马（音姥）盬

《吉日》午马（音姥）

《采菽》马（音姥）黼

《崧高》马（音姥）土

《有客》马（音姥）旅

《采苹》下（音虎）女

《殷其雷》下（音虎）处

《凯风》下（音虎）苦

《采苓》苦下（音虎）

《宛丘》鼓下（音虎）

《东门之枌》栩（音甫）下（音虎）

《四牡》下（音虎）栩（音甫）

《北山》下（音虎）土

《绵》父马（音姥）浒下（音虎）

《凫鹥》湑脯下（音虎）

《烝民》下（音虎）甫

《有駜》下（音虎）舞

《燕燕》羽野（音暑）

《叔于田》野（音暑）马（音姥）

《葛生》楚野（音暑）

《株林》马（音姥）野（音暑）

《七月》羽野（音暑）

《鹤鸣》野（音暑）渚

《小明》土野（音暑）

《何草不黄》虎野（音暑）

《公刘》野（音暑）处

《日月》处顾（音古）

《硕鼠》鼠黍女顾（音古）

《云汉》所顾（音古）

《谷风》雨怒（上声）

《巧言》怒（上声）沮

《皇矣》怒（上声）旅

《桑柔》宇（音庑）怒（上声）

《常武》武怒（上声）

《扬之水》蒲许（音甫）

《葛藟》父（音甫）父（音甫）顾（音古）（笔者按，父字麌韵扶雨切，陈第读去）

《陟岵》岵父（音甫）

《四牡》盬父（音甫）

《伐木》父（音甫）顾（音古）

《绸缪》楚户（音虎）者（音渚）（笔者按，户字姥韵侯古切，陈第读去）

《七月》户（音虎）下（音虎）

《斯干》祖堵户（音虎）

《采绿》鱮鱮者（音渚）

《駉》马（音姥）野（音暑）者（音渚）

《鸨羽》怙（音古）所（笔者按，户字姥韵侯古切，陈第读去。）

《墓门》顾（音古）予（音与）

《鸱鸮》土户（音虎）予（音与）

《谷风》女予（音与）

《云汉》祖予（音与）

《七月》宇（音庑）户（音虎）下（音虎）

《東山》宇（音庑）户（音虎）

《绵》浒下（音虎）宇（音庑）

《閟宫》碬鲁许（音甫）宇（音庑）

《七月》鼠户（音甫）处

《常棣》务（音侮）武（笔者按，本务戎相押，陈第以为戎字是武字之误）

《常武》父武（笔者按，本父戎相押，陈第以为戎字是武字之误）

《伐木》暇（音甫）湑

《小明》暇（音甫）顾（音古）

《何草不黄》虎野（音暑）暇（音甫）

《南山有臺》耇（音古）後（音虎）

《行苇》斗（音堵）耇（音古）

《正月》後（音虎）口（音苦）口（音苦）

《蓼萧》湑写（音暑）

《裳华》写（音暑）写（音暑）处

《车辇》湑写（音暑）

《采芑》鼓旅（音鲁）

《宾之初筵》楚旅（音鲁）

《常武》父旅（音鲁）

《有客》马（音姥）旅（音鲁）

《鸿雁》野（音暑）寡（音古）

《正月》口（音苦）口（音苦）愈侮

《正月》雨辅（音甫）（笔者按，辅字麌韵扶雨切，陈第读去。）

《閟宫》宇（音庖）辅（音甫）

《巧言》树（音暑）数

《行苇》树（音暑）侮

《巧言》口（音苦）厚（音甫）

《四月》夏（音庖）暑

《信南山》祖祜（音古）（笔者按，祜字姥韵侯古切，陈第读去）

《桑扈》扈羽胥祜（音古）

《皇矣》祜（音古）下（音庖）

《下武》许（音甫）武祜（音古）

《泮水》武祖祜（音古）

《烈祖》祖祜（音古）

《角弓》後（音庖）取（音楚）

《绵》附（上声）後（音庖）

《皇矣》附（上声）侮

《行苇》主（音祖）醹（音所）斗（音堵）耇（音古）

《云汉》顾（音古）助（音祖）

《烝民》图（上声）举助（音祖）

《崧高》土宝（音补）保（音补）

《烝民》茹（音汝）吐（上声）茹（音汝）吐（上声）

《常武》浦土处绪（音渚）（笔者按，绪字语韵徐吕切，陈第读去）

《閟宫》黍秬土绪（音渚）

《閟宫》武绪（音渚）野（音暑）

《殷武》所绪（音渚）

《瞻仰》鞏（音古）祖後（音庖）

去声

《鹊巢》居（音倨）御

《蟋蟀》居（音倨）瞿

《羔裘》祛居（音倨）故（去声）

《鱼藻》蒲（去声）居（音倨）

《行露》露夜（音裕）露

《东方未明》夜（音裕）莫

《葛生》夜（音裕）居（音倨）

《荡》呼（去声）昼（音注）夜（音裕）

《振鹭》夜（音裕）誉

《七月》圃（去声）稼（音姑去声）

《采薇》作（音诅）莫（音暮）

《角弓》附属（音注）

《振鹭》恶敌（音妒）夜（音裕）誉

《荡》呼（去声）昼（音注）夜（音裕）

《抑》度虞（音豫）

《云汉》莫虞（音豫）（笔者按，莫字《集韵》有莫故一切）

《云汉》去（音库）故

《韩奕》居（音倨）誉（如字）

《文王有声》欲（音喻）孝（音煦）（笔者按，原引文中"筑城伊减，作丰伊匹"不用）

鱼虞模在陈第《诗》韵中合为一部。

麻韵华家邪瓜瑕牙，马韵马下野者写寡，祃韵舍暇夜夏稼，侯韵侯，厚韵耇後斗口厚，皓韵宝保，肿韵鞏，宥韵昼，效韵孝，铎韵作，烛韵属欲，昔韵敌。以上各字转音读入此部。

本部出现的问题

1

《雨无正》勩夜（音裕）

《雨无正》戾勩夜（音裕）

勩，祭韵；戾，霁韵；裕，遇韵。勩戾与裕相押，犹第二部予韵箕、雨韵米、阻韵止之类。

2

《十月之交》聚子内史，蹶维趣马（音姥）

《思齐》敌（音妒）士

史与姥韵，士与暮韵，殆史士"今读语韵"（士字浊上读去）。

3

车字鱼改模，旅字语改模，主字麌改姥，去字御改暮，皆细改洪；栩之读甫，许之读甫（户音虎又音甫可知甫读同虎），宇之读虎，取之读楚，醯之读所亦细改洪；助之读祖既改声调又细改洪。此殆以陈第方音注音者。

第四　真谆文殷庚清青蒸登侵

平声

《螽斯》诜孙（音申）振（音真）

《摽有梅》三（音森）今

《绿衣》风（孚金切）心

《晨风》风（孚金切）林钦

《何人斯》风（孚金切）南（音宁）

《烝民》风（孚金切）心

《燕燕》音南（音宁）

《凯风》南（音宁）心

《株林》林南（音宁）林南（音宁）

《何人斯》南（音宁）心

《鼓钟》音南（音宁）

《卷阿》南（音宁）音

《泮水》征南（音宁）

《燕燕》渊（音因）身

《定之方中》人渊（音因）

《鹤鸣》天（音汀）渊（音因）

《小旻》兢渊（音因）

《四月》天（音汀）渊（音因）

《旱麓》天（音汀）渊（音因）

《那》渊（音因）声

《击鼓》洵信（音伸）

《蝃蝀》信（音伸）命（平声）

《扬之水》人信（音伸）

《节南山》亲信（音伸）

《雨无正》天（音汀）信（音伸）臻（音秦）

《巷伯》翩（音彬）人信（音伸）

《北门》门（音民）殷

《北门》贫艰（音斤）

《何人斯》艰（音斤）门（音民）

《凫鹥》欣芬艰（音斤）

《柏舟》天（音汀）人

《黍离》天（音汀）人

《绸缪》薪天（音汀）人

《黄鸟》天（音汀）人

《雨无正》身天（音汀）

《小宛》天（音汀）人

《何人斯》人天（音汀）

《巷伯》天（音汀）人

《菀柳》天（音汀）心臻

《文王》天（音汀）新

《棫朴》天（音汀）人

《旱麓》天（音汀）渊（音因）

《假乐》人天（音汀）

《卷阿》天（音汀）人

《崧高》天（音汀）神申

《瞻卬》天（音汀）人

《定之方中》零人田（音陈）

《叔于田》田（音陈）人

《白华》田（音陈）人

《崧高》田（音陈）人

《江汉》人田（音陈）

《定之方中》渊（音因）千（音亲）

《甫田》田（音陈）千（音亲）

《蟋蟀》信（音伸）命（音名）

《扬之水》命（音名）人

《采菽》命（音名）申

《假乐》命（音名）申

《卷阿》命（音名）人

《氓》葚耽（音沈）（笔者按，沈读侵韵，葚字当改为平声）

《鹿鸣》琴湛（音沈）

《常棣》琴湛（音沈）

《宾之初筵》壬林湛（音沈）

《出其东门》门（音民）雲（音银）雲（音银）存（音秦）巾员（音云）

《韩奕》雲（音银）门（音民）

《鸡鸣》薨梦（音民）憎

《斯干》簟寝（平声）兴梦（音民）

《正月》林蒸梦（音民）

《正月》懲梦（音民）

《东方未明》颠（音真）令（平声）

《车辖》辚颠（音真）令（平声）

《卢令》令（平声）仁

《十月之交》令（平声）腾崩

《敝笱》鳏（音矜）雲（音银）

《猗嗟》清成正（音征）

《斯干》正（音征）冥

《节南山》心正（音征）

《云汉》正（音征）天（音汀）宁

《椒聊》升朋（音鹏）

《菁菁者莪》陵朋（音鹏）

《閟宫》朋（音鹏）陵

《杕杜》菁睘人姓（平声）

《采苓》苓苓巅（音真）信（音伸）

《小戎》中（音蒸）骖（音森）

《召旻》频中 (音蒸)

《鸤鸠》人年 (音宁)

《东山》薪年 (音宁)

《无羊》年 (音宁) 溱

《信南山》宾年 (音宁)

《常棣》平宁生 (音星)

《伐木》声生 (音星)

《小宛》征生 (音星)

《苕之华》菁生 (音星)

《庭燎》晨辉 (音熏) 旂 (音斤)

《采菽》芹旂 (音斤)

《泮水》芹旂 (音斤)

《无羊》蒸雄 (音盈)

《正月》梦 (音民) 雄 (音盈)

《节南山》天 (音汀) 定 (平声) 生 (音星) 宁

《江汉》平定 (平声)

《节南山》政 (平声) 姓 (平声)

《抑》今政 (平声)

《巷伯》翩 (音彬) 人

《北山》滨臣均贤 (音形)

《行苇》均贤 (音形)

《无将大车》尘疧 (当作瘠，音民)

《鼓钟》琴音南 (音宁) 僭 (音侵)

《抑》僭 (音侵) 心

《楚茨》愆 (音倾) 孙 (音申)

《信南山》甸 (音陈) 田 (音陈)

《菀柳》天 (音汀) 心臻 (音秦)

《文王》躬 (音金) 天 (音汀)

《思齐》音男 (音宁)

《皇矣》心音君 (音均)

《荡》 民谌终 (音真)

《桑柔》 填 (音真) 天 (音汀) 矜

《桑柔》 泯 (音民) 烬 (平声)

《云汉》 川《音春）焚

《烈文》 人训 (音驯) (笔者按，原引文中“不显维德，百辟其刑之，於乎前王不忘”
不用)

《时迈》 震 (平声) 神

上声

《楚茨》 尽 (上声) 引

《桑扈》 领屏 (音丙)

真谆文殷庚清青蒸登侵在陈第《诗》韵中合为一部。

先韵渊天田千颠年贤填，霰韵甸，仙韵翩愆川，魂韵孙门存，山韵
艰鳏；东韵风中雄躬终，送韵梦；覃韵南耽骖男，谈韵三，赚韵湛，掭
韵僭；臻韵臻，庚二生，耕韵争；微韵辉旂。以上各字转音读入此部。

此部出现的问题：

（1）《云汉》 闻邇 (平声)，文魂相押，闻字陈第读似魂韵。

（2）朋字“音鹏”，陈第认为朋字有东登两读。

第五　元牙喉先仙

平声

《泉水》 干 (音坚) 言 (音延)

《伐檀》 檀 (音田) 干 (音坚)

《氓》 言 (音延) 迁

《皇矣》 闲 (瑚涓切) 言 (音延)

《泉水》 泉 (音钱) 嘆 (音天)

《小弁》 山 (音先) 泉 (音钱) 言 (音延) 垣 (音延)

《君子偕老》 祥 (瑚涓切) 颜 (音研)

《抑》 颜 (音研) 愆 (《毛诗古音考》“愆，音遣，一音倾。”此处又以今音读。)

《氓》 垣 (音延) 关 (音坚) 关 (音坚) 涟

《文王有声》 垣 (音延) 翰 (瑚涓切)

《板》垣（音延）翰（瑚涓切）

《中谷有蓷》乾（音坚）叹（音天）叹（音天）难（音年）

《常棣》原（音延）难（音年）叹（音天）

《将仲子》园（音延）檀（音田）

《鹤鸣》园（音延）檀（音田）

《狡童》言（音延）餐（音千）

《伐檀》貆（音暄）餐（音千）

《还》还（音周旋之旋）间（音坚）

《十亩之间》间（音坚）闲（瑚涓切）还（周旋之旋）

《六月》轩闲（瑚涓切）

《泽陂》卷（音权）悁

《六月》原（音延）宪（音轩）

《板》难（音年）宪（音轩）

《崧高》翰（瑚涓切）宪（音轩）

《斯干》干（音坚）山（音仙）

《巷伯》幡（音掀）言（音延）迁

《桑扈》翰（瑚涓切）宪（音轩）

《宾之初筵》反（音番）幡

《瓠叶》燔（瑚涓切）献（音轩）

《皇矣》连安（音煙）

《殷武》梴闲（瑚涓切）安（音煙）

《公刘》原（音延）繁（音轩）宣（音先）叹（音天）

《江汉》宣（言先）翰（瑚涓切）

《公刘》巘（音掀）原（音延）

《崧高》蕃（音轩）宣（音先）

《崧高》蕃（音轩）嘽（言颠）

《韩奕》完（音延）蛮（音眠）

《殷武》山（音仙）丸（音延）迁虔

上声

《载驰》反（音显）远（音演）

《東门之墠》墠阪（言显）远（音演）

《野有蔓草》薄（上宄切）婉願（上声）

《伐木》远（音演）愆（音遣）

去声

《猗嗟》选（旋去声）贯（音眷）反（去声）乱（音恋）

元牙喉先仙在陈第《诗》韵中合为一部。

寒韵干檀乾难餐安嘽，翰韵叹翰，桓韵貆完丸，换韵袢依《集韵》贯乱，删韵颜关还蛮，潜韵阪，山韵闲山间，元韵幡燔繁蕃，阮韵反。以上各字转音读入此部。

本部出现的问题

（1）《缁衣》馆（音贯）粲

《公刘》馆（音贯）乱鍛

《氓》旦反（音贩）

《民劳》反（音贩）谏

贯乱鍛，换韵；粲旦，翰韵；谏字谏韵。寒桓删韵类转音读入此部，此两例不转音，以今音入韵。反字阮改願与翰谏相押，反字今读与寒删韵类相似。《宾之初筵》反（音番）幡相押，番幡读音亦与寒删韵类相似。如此看来，反字及幡燔繁蕃等元韵类唇音字转音读此部，是今读与寒删韵类相似的缘故。

（2）闲读瑚涓与延韵，袢读瑚涓与研韵，貆读暄韵千，还读旋韵坚，皆此部开合相押。仙韵合口泉宣二字，分别注以仙韵开口钱字和先韵开口先字；元韵合口原垣园三字注以仙韵开口延字，阮韵合口远字注以狝韵开口演字；这种改读，可能此部开合陈第觉得不甚和谐。

元韵开口言字注以仙韵开口延字，可能言字陈第方音不读开口。

（3）以侵韵在第四部衡之，盐添严等当在此部，覃谈咸衔当转声入此部。但没有例证。《采绿》蓝襜詹（音儋），蓝，谈韵；襜詹，盐韵；儋，谈韵。詹读儋以从蓝，襜则无注。

第六　萧宵肴豪

平声

《硕鼠》苗（音毛）劳

《车攻》苗（音毛）嚣

《鸿雁》劳骄（音高）

《十月之交》劳嚣（音聱）

《板》僚嚣（音枵）

《公刘》瑶刀（音刁）

《板》笑（音消）荛

《小星》昴（音旄）裯（音条）犹（音遥）（笔者按，此例在昴字的说解中）

上声

《墙有茨》扫道（音岛）（笔者按，道字皓韵徒皓切，陈第读去声）

《何草不黄》草道（音岛）

《月出》皎僚（音瞭）纠（音矫）悄

《月出》照燎绍慘（音懆）（笔者按，此例上去相押）

《七月》枣稻（音岛）（笔者按，稻字皓韵徒皓切，陈第读去声）

去声

《关雎》芼乐（音捞）（笔者按，捞读《集韵》号韵）

《兔爰》罦（音保）造忧（音要）觉（音教）（笔者按，此例上去相押）

《扬之水》绣（音啸）鹄（音告）忧（音要）

《扬之水》皓绣（音啸）鹄（音诰）（笔者按，皓字皓韵胡老切，此处读去声）

《羔裘》膏（音告）曜悼

《下泉》膏（音告）劳

《匪风》飘（音漂去声）嘌道弔（笔者按，嘌字殆读《集韵》笑韵一音，道字读去声）

《正月》沼（音召）乐（音捞）炤（音照）虐（研耀切）（笔者按，捞读《集韵》号韵）

《抑》酒（才笑反，读若噍）绍（笔者按，绍字小韵禅母，陈第读去声）

《抑》昭（音照）乐（音涝）

《泮水》蹻（音矫）昭（音照）（笔者按，此例上去为韵）

《抑》藐（音貌）教虐（去声）（笔者按，虐读去声如《正月》研耀切）

萧宵肴豪在陈第《诗》韵中合为一部。

尤韵禂犹忧罶，有韵酒，宥韵绣，铎韵乐，药韵虐，感韵惨，转音读入此部。

本部出现的问题

平声嚣字与劳字相韵读豪韵，与僚字相韵读宵韵；苗骄与豪韵字相押改宵韵为豪韵，刀字与宵韵字相押改豪韵为萧韵。凡此皆袭用朱熹之音：《硕鼠》苗劳相押，朱苗"叶音毛"；《车攻》苗嚣相押，朱苗"叶音毛"，嚣"五刀反"；《鸿雁》劳骄相押，朱骄"叶音高"；《十月之交》劳嚣相押，朱嚣"五刀反"；《板》僚嚣相押，朱嚣"许骄反"；《公刘》瑶刀相押，朱刀"叶徒招反"。

第七　歌戈

平声

《羔羊》皮（音婆）紽

《相鼠》皮（音婆）仪（音俄）

《羔羊》皮（音婆）紽蛇（音驼）

《柏舟》河髦仪（音俄）

《菁菁者莪》莪阿仪（音俄）

《既醉》何嘉（音歌）仪（音俄）

《抑》仪（音俄）嘉（音歌）

《君子偕老》河宜（音俄）

《缁衣》宜（音俄）为（音讹）

《裳裳者华》左（平声）宜（音俄）（笔者按，此例"左"字重出）

《鸳鸯》罗宜（音俄）

《械朴》莪宜（音俄）

《閟宫》宜（音俄）多

《相鼠》仪（音俄）为（音讹）

《兔爰》罗为（音讹）

《缁衣》宜（音俄）为（音讹）

《抑》磨为（音讹）

《兔爰》罹（音罗）吪（音俄）

《邱中有麻》麻（音磨）嗟（音磋）

《东门之枌》麻（音磨）娑

《邱中有麻》嗟（音磋）施（音沱）

《女曰鸡鸣》加（音歌）宜（音俄）

《东山》嘉（音歌）何

《破斧》吪（音俄）嘉（音歌）

《鱼丽》多嘉（音歌）

《节南山》嘉（音歌））嗟（音磋）

《頍弁》何嘉（音歌）

《宾之初筵》嘉（音歌）仪（音俄）

《既醉》何嘉（音歌）

《凫鹥》多嘉（音歌））为（音讹）

《破斧》錡（音阿）吪（音俄）

《小弁》掎（音阿）柂（读若他）佗（笔者按，锜字的说解中提到此例）

《车攻》猗（音阿）驰（音驼）破（音婆）

《卷阿》多驰（音驼）

《斯干》仪（音俄）议（音俄）罹（音罗）

《北山》议（音俄）为（音讹）

《无羊》阿池（音沱）

《皇矣》阿池（音沱）

《裳裳者华》左（七何反）宜（音俄）

《竹竿》左（七何反）儺（平声）（笔者按，此例在左字的说解中）

《凫鹥》沙（音娑）宜（音俄）

《玄鸟》宜（音俄）何（如字）

歌戈在陈第《诗》韵中合为一部。

支韵皮仪宜为罹施锜掎柂猗驰池，麻韵蛇嘉麻嗟加沙。这些字转音读入此部。

本部出现的问题

《何人斯》祸（音虎）我

祸字果韵胡果切，陈第读去声，以与哿韵我字韵而改上声。可是虎乃姥韵字，则陈第果韵之祸与姥韵之虎仅去上之别。

第八　阳唐

平声

《卷耳》筐行（音杭）

《雄雉》行（音杭）臧

《北风》凉雱行（音杭）

《大叔于田》黄襄行（音杭）

《丰》裳行（音杭）

《鸨羽》行（音杭）桑

《七月》筐行（音杭）

《东山》场行（音杭）

《六月》章央行（音杭）

《沔水》行（音杭）忘

《大东》霜行（音杭）

《十月之交》行（音杭）良

《北山》床行（音杭）

《何草不黄》黄行（音杭）将方

《大明》行（音杭）王

《绵》将行（音杭）

《公刘》张扬行（音杭）

《荡》丧行（音杭）方

《崧高》疆粻行（音杭）

《卷耳》冈黄觥（音光）伤

《七月》觥（音光）疆

《击鼓》镗兵（音邦）行（音杭）（邦，江韵。）

《无衣》兵（音邦）行（音杭）

《抑》章兵（音邦）

《二子乘舟》景（音养）养

《大明》上（平声）王

《鹑之奔奔》疆良兄（音荒）

《将仲子》墙桑兄（音荒）

《陟岵》冈兄（音荒）

《皇矣》兄（音荒）庆（音羌）

《定之方中》堂京（音疆）

《下泉》稂京（音疆）

《正月》将京（音疆）

《甫田》梁京（音疆）

《文王》常京（音疆）

《大明》商京（音疆）

《皇矣》京（音疆）疆

《下武》王京（音疆）

《文王有声》王京（音疆）

《公刘》冈京（音疆）

《载驰》蝱（音盲）行（音杭）

《氓》爽（平声）行（音杭）

《蓼萧》爽（平声）忘

《清人》彭（音傍）旁（音淜）

《出车》彭（音傍）央

《大明》煌彭（音傍）

《烝民》彭（音傍）锵

《韩奕》彭（音傍）锵

《駉》彭（音傍）疆臧

《北山》彭（音傍）傍（音淜）

《清人》英（音央）翔

《有女同车》行（音杭）英（音央）翔将

《著》堂黄英（音央）

《汾沮洳》英（音央）行（音杭）

《鸡鸣》明（音芒）昌明（音芒）光

《东方未明》明（音芒）裳

《黄鸟》明（音芒）兄（音荒）

《信南山》明（音芒）皇

《大明》商明（音芒）

《既醉》将明（音芒）

《民劳》明（音芒）王

《板》明（音芒）王

《烝民》将明（音芒）

《有駜》黄明（音芒）

《宛邱》汤（音伤）上（平声）望（平声）

《七月》阳庚（音刚）筐行（音杭）

《大东》明（音芒）庚（音刚）

《七月》霜场饗（音鄉）羊

《楚茨》皇饗（音鄉）

《烈祖》饗（音鄉）疆

《鹿鸣》鸣（音鄉）苹（音旁）

《天保》享（音鄉）尝王

《烈祖》享（音鄉）将

《殷武》享（音鄉）王

《彤弓》藏贶（音荒）

《采芑》衡（音杭）瑲

《韩奕》章衡（音杭）

《閟宫》尝衡（音杭）

《烈祖》衡（音杭）鶬

《长发》衡（音杭）王

《巧言》盟（音芒）长

《大東》东（音当）空（音匡）霜

《楚茨》饗（音鄉）庆（音羌）疆

《甫田》臧庆（音羌）

《裳裳者华》章庆（音羌）

《閟宫》洋庆（音羌）

《頍弁》上（平声）怲（音方）臧

《车舝》仰（音昂）行（音杭）

《宾之初筵》抗（音冈）張

《角弓》让（平声）亡

《绵》伉（音冈）将（音槍）

《皇矣》光丧（平声）

《荡》丧（平声）行（音杭）

《荡》螗羹（音冈）

《閟宫》羹（音冈）房

《抑》王刑（音杭）

《抑》尚（音常）亡

《桑柔》将往（音汪，平声）

《常武》方驚（音姜）

《殷武》严（音莊）遑

阳唐在陈第《诗》韵中合为一部。

庚韵行觥蝱彭旁傍庚衡羹兵兄京英明鸣苹盟驚，梗韵景怲，映韵庆，耕韵争，青韵刑，东韵东空，盐韵瞻，严韵严。这些字转音读入此部。

本部出现的问题

(1)《烈祖》羹（音冈）平（音旁）争（侧羊切）

《烈祖》平（如字）争（音真）

平争二字陈第有第三部第八部两读。

(2)《桑中》中宫上（平声）

《桑中》"期我乎桑中，要我乎上宫，送我乎淇之上矣。"

陈读上平声，则是东阳相韵。

(3)《抑》言行（音杭）

《信南山》享（音鄉）芬

元文唇陈第读与此部近似。

（4）《击鼓》镗兵（音邦）行（音杭）

邦，江韵。陈第读与阳唐通。

（5）《桑柔》瞻（音章）相 ＊瞻读章者，陈第谓"汉《校官碑》以瞻为彰"。

第九　尤侯幽

平声

《兔罝》逵（音求）仇

《谷风》求救（音求）

《载驰》驱（音邱）侯悠漕（音邹）

《采葛》萧（音脩）秋

《下泉》萧（音脩）周

《清人》轴（平声）陶（音由）（笔者按，轴字屋韵，"平声"当是尤侯韵）

《泮水》陶（音由）囚

《蟋蟀》休慆（音由）

《江汉》浮滔（音由）遊求

《小旻》犹集（音雔）

《白华》茅（音侔）犹

《文王》臭（平声）孚（音浮）

《下武》求孚（音浮）

《生民》叟（音搜）浮

《常武》遊骚（音搜）

《小星》昴（音留）裯犹（笔者按，此例在昴字的说解中）

《羔裘》濡（音柔）侯渝（音偷或音毻）

《山有枢》枢（音邱）榆（音由）娄（音楼）驱（音邱）愉（音偷）

上声

《击鼓》手老（音柳）

《女曰鸡鸣》酒老（音柳）

《小弁》老（音柳）首

《泮水》酒老（音柳）

《匏有苦叶》轨（音九）牡

《叔于田》酒好（音丑）

《清人》抽（上声）好（音丑）

《遵大路》觑好（音丑）

《女曰鸡鸣》酒老（音柳）好（音丑）

《还》牡好（音丑）

《大叔于田》薮阜（音否）（笔者按，阜字有韵房九切，陈第读去声）

《驷驖》阜（音否）手狩（上声）

《頍弁》首阜（音否）

《南山有臺》寿（上声）茂（音牡）

《山有枢》栲（音糗）杻掃（音叟）考（音糗）

《楚茨》饱（音浮上声）首考（音糗）

《信南山》酒牡考（音糗）

《权舆》簋（音九）饱（音浮上声）

《楚茨》饱（音浮上声）首

《苕之华》首罶饱（音浮上声）

《七月》酒寿（上声）

《南山有臺》栲（音糗）杻寿（上声）

《伐木》牡舅（音久）咎（音纠）（笔者按，舅咎二字有韵其九切，陈第读去声）

《頍弁》首阜（音否）舅（音久）

《北山》酒咎（音纠）

《吉日》戊（音牡）祷（音斗）好（音丑）阜（上声）

《棫朴》櫹趣（音凑上声）

《闵予小子》造（音走）疚考（音糗）（笔者按，此例上去相押）

《酌》受造（音走）

去声

《羔裘》褎究好（音休去声）

《斯干》好（音休去声）犹（音宥）

《绸缪》刍（音邹）隅（鱼侯切）遇（笔者按，此例平去相押）

《无羊》餱（去声）具（音臼）（笔者按，臼字有韵其九切，陈第读去声）

《行苇》句（音彀）鍭（笔者按，鍭字读《集韵》候韵）

《抑》儦（音售）报（音彪去声）

《文王有声》欲（音宥）孝（音臭）（笔者按，原引文中"筑城伊淢，作丰伊匹"不用）

尤侯幽在陈第《诗》韵中合为一部。

虞韵驱孚濡渝枢榆娄驱愉荼隅，遇韵具，豪韵漕慆滔骚，皓韵老好栲扫考造，号韵报，肴韵茅，巧韵饱，效韵孝，萧韵萧，屋韵轴，烛韵欲，缉韵集，脂韵逑，旨韵轨簋，转音读入此部。

本部出现的问题

（1）①《小星》昴（音留）裯犹

《小星》昴（音旄）裯（音条）犹（音谣）

②《羔裘》濡（音柔）侯渝（音偷或音縣）

《羔裘》濡侯（音胡）渝

③《山有枢》枢（音邱）榆（音由）娄（音楼）驱（音邱）愉（音偷）

《山有枢》枢榆娄（音闾）驱愉

④《文王有声》欲（音宥）孝（音臭）

《文王有声》欲（音喻）孝（音煦）

以上四组韵段，①有第六部与第九部两读。②③④有第三部与第九部两读。

（2）《宛丘》缶道（音岛）［有皓］

《泮水》道（音岛）醜［皓有］

《车攻》好（音丑）阜（音否）草狩（上声）［有皓有］

《还》茂（音牡）道（音岛）［厚皓］

《斯干》苞（上声）茂（音牡）［巧厚］

《生民》草茂（音牡）［皓厚］

《伐木》扫簋（音九）［皓有］

《月出》皓懰（音柳）受慅（音草）［皓有］

《小旻》咎（音纠）道（音岛）［有皓］

第六部第九部陈第时有相混。

入声

第一　屋烛

《麟之趾》角（音録）族

《行露》角（音録）屋

《中谷有蓷》脩（音束）啸（音肃）

《四月》浊（音独）穀

《小明》菽戚（音促）

《楚茨》奏（音族）禄

屋烛在陈第《诗》韵中合为一部。

觉韵角浊，候韵奏，锡韵戚，尤韵脩，啸韵啸，这些字转音读入此部。

本部出现的问题：

《鹤鸣》穀玉（音珏）

《白驹》谷束玉（音珏）

玉，烛韵，本与屋韵之穀谷、烛韵之束和谐。珏，觉韵，觉韵角浊转音读入此部，说明屋烛与觉不和谐。陈第如此改音，可能是陈第方音玉字读与屋烛有异而珏字却与屋烛可韵。

第二　质迄陌昔锡职德缉

《关雎》得（音的）服（音逼）侧（笔者按，陈第德音的，"得亦此音"）

《有狐》侧服（音逼）

《葛屦》襋服（音逼）

《蜉蝣》翼服（音逼）息

《候人》翼服（音逼）

《采薇》翼服（音逼）戒（音急）棘

《六月》饬服（音逼）

《六月》则服（音逼）

《六月》翼服（音逼）服（音逼）國（音役）

《采芑》翼奭服（音逼）革（音亟）

《文王》億服（音逼）

《下武》德（音的）服（音逼）

《文王有声》北（音必）服（音逼）

《荡》克服（音逼）

《羔羊》革（音亟）緎食

《采芑》服（音逼）革（音亟）

《斯干》棘革（音亟）

《桑中》麦（音密）北（音必）弋

《载驰》麦（音密）极

《閟宫》麦（音密）国（音役）稷

《巷伯》食北（音必）

《氓》极德（音的）

《硕鼠》麦（音密）德（音的）

《天保》食德（音的）

《湛露》棘德（音的）

《蓼莪》德（音的）极

《泮水》德（音的）服（音逼）

《丘中有麻》麦（音密）国（音役）国（音役）食

《园有桃》棘食国（音役）

《硕鼠》国（音役）国（音役）直

《鸤鸠》忒国（音役）

《六月》急国（音役）

《雨无正》德（音的）国（音役）

《北山》息国（音役）

《青蝇》极国（音役）

《文王》翼国（音役）

《民劳》息国（音役）

《荡》国（音役）德（音的）

《抑》国（音役）忒

《崧高》德（音的）直国（音役）

《江汉》德（音的）国（音役）

《常武》克国（音役）

《閟宫》麦（音密）国（音役）

《伐檀》辐（音逼）侧

《正月》辐（音逼）载（音即）

《素冠》韡结（音吉）一

《鸤鸠》一结（音吉）

《天保》福（音逼）食

《小明》直福（音逼）

《鸳鸯》翼福（音逼）

《宾之初筵》福（音逼）德（音的）

《文王》德（音的）福（音逼）

《大明》翼福（音逼）

《行苇》背（音必）翼福（音逼）

《既醉》德（音的）福（音逼）

《假乐》福（音逼）億

《閟宫》稷福（音逼）

《殷武》國（音役）福（音逼）

《采薇》疚（音急）来（音力）

《枤杜》来（音力）疚（音急）

《大東》来（音力）疚（音急）

《大東》来（音力）服（音逼）

《灵臺》啞来（音力）

《常武》塞来（音力）

《采薇》戒（音急）棘

《常武》戒（音急）国（音役）

《出车》牧（音密）来（音力）

《出车》载（音即）棘

《大东》载（音即）息

《绵》载（音即）翼

《正月》载（音即）意（音憶）

《雨无正》血（音绐）疾室

《楚茨》億食祀（音乙）

《楚茨》祀（音乙）食

《大田》祀（音乙）福（音逼）

《楚茨》备（音毕）戒（音急）告（音骼）

《旱麓》载（音即）备（音毕）祀（音乙）福（音逼）

《抑》告（音骼）则

《十月之交》彻（音赤）逸

《宾之初筵》出（音赤）福（音逼）出（音赤）德（音的）

《生民》育（音益）稷

《大车》室穴（音绐）

《黄鸟》穴（音绐）慄

《绵》穴（音绐）室

《東山》垤（音姪）室窒至（音即）

《生民》匐（音必）嶷（音仡）食

质迄陌昔锡职德缉在陈第《诗》韵中合为一部。

屋韵服辐福牧育匐，怪韵戒，麦韵革麦，屑韵血节穴结垤，薛韵彻，止韵祀，志韵意，至韵备至，咍韵来，代韵载，队韵背，宥韵疚，号韵告。这些字转音读入此部。

本部出现的问题

（1）①国音役，读国作域（职昔相混）。

②得德转音锡韵，北转音质韵，德韵与此部虽合，陈第方音殆不甚和谐。

③术韵出字音赤，殆陈第方音出字读开口。

④嶷字《广韵》之韵语其切，九嶷，山名；又职韵鱼力切，岐嶷。嶷音仡，两音定一音（迄职相混）。

（2）《旄丘》葛（音结）节（音即）日

结字陈第古音读吉。此以今音韵即日，则与第三部相混。

第三　月屑薛葉

《采葛》葛（音结）月

《艽兰》 葉鞡鞡甲 (音结)

《君子于役》 月佸 (音厥) 桀栝 (音潔)

《采薇》 烈渴 (音竭)

《子衿》 达 (他悦切) 闕月

《长发》 达 (他悦切) 越

《长发》 蘖达 (他悦切)

《东方之日》 月闼 (他悦切) 闼 (他悦切) 發 (音歇)

《烝民》 舌發 (音歇)

《长发》 越發 (音歇)

《甫田》 桀怛 (音铁)

《匪风》 發 (音歇) 偈怛 (音铁)

《都人士》 撮 (音绝) 髪 (方结切)

《荡》 拨 (音撤) 世 (音泄)

《抑》 舌逝 (音折)

《长发》 截伐 (音歇) 桀

月屑薛葉在陈第《诗》韵中合为一部。

曷韵葛渴达闼怛，狎韵甲，末韵佸栝撮拨，祭韵厉逝世。这些字转音读入此部。

本部出现的问题

（1）《君子于役》役渴 (音竭)

《正月》 结 (音吉) 厉 (音冽)

此部与第二部相混。

（2）月韵之發髪伐转音读本部，月韵唇音读洪音。

（3）《生民》达副 (音闢) 害 (音曷)

副字《广韵》宥韵敷救切，贰也佐也；又职韵芳逼切，析也。副音闢，两音定一音 (职迄相混)。害音曷，与达字今音相韵。陈第此例并非以副字与曷韵相押证副字读昔韵。

第四　觉药铎

《葛覃》 莫濩斁 (音约)

《駉》敄（音约）作

《泮水》博敄（音约）

《缁衣》蓆（音勺）作

《载驱》薄鞹夕（音勺）

《白驹》霍夕（音勺）

《雨无正》夕（音勺）恶

《驷铁》硕（音勺）若獲（音霍）

《楚茨》踖（音鹊）硕（音勺）

《大田》硕（音勺）若

《閟宫》硕（音勺）若

《无衣》泽（音铎）戟（音角）作

《鸿雁》泽（音铎）作

《鸿雁》作宅（音铎）

《皇矣》廓宅（音铎）

《崧高》伯（音博）宅（音铎）

《白驹》夕（音勺）客（音恪）

《楚茨》客（音恪）错

《楚茨》踖（音鹊）硕（音勺）炙（音灼）莫

《瓠叶》）炙（音灼）酢

《行苇》炙（音灼）咢

《楚茨》庶（音鹊）客（音恪）

《楚茨》错度獲（音霍）格（音阁）

《抑》格（音阁）度

《裳裳者华》白（音博）骆骆若

《頍弁》柏（音博）弈（音约）怿（音弱）

《閟宫》弈（音约）作

《板》怿（音弱）莫

《那》敄（音约）弈（音约）客（音恪）怿（音弱）

《宾之初筵》的（音灼）爵

《抑》格（音阁）度射（音约）

《桑柔》濯溺（音弱）

《桑柔》迪（音铎）复（复字屋约，陈第与铎相混。）

《桑柔》获（音霍）赫（音壑）

《崧高》蓺伯（音博）蹻濯

《韩奕》貊（音莫）伯（音博）

《閟宫》宅（音铎）貊（音莫）

《常武》业（音岳）作

《駉》骆雒绎（音约）

《閟宫》绎（音约）宅（音铎）

《泮水》逆（音博）获（音霍）

《閟宫》度尺（音绰）舄（音鹊）硕（音芍）

《那》昔（音错）作夕（音芍）恪

药铎在陈第《诗》韵中合为一部。

陌韵泽戟宅伯客格白柏赫貊逆，麦韵获炙，昔韵致蓆夕硕踏奕怿绎舄尺昔，锡韵的溺迪，业韵业，御韵庶，祃韵射，这些字转音读入此部。

合韵独用：《小戎》合軜邑（音匼），《大明》集（音雜）合。

无与合韵合用之例证。狎韵甲字转声入第三部，合韵似亦应合进入声第三部。

第六节　吴棫陈第古韵的异同

从上节我们可以看到，陈第《诗》韵舒声九部、入声四部。无论是部数或是各部所包含的今韵，都与吴棫古韵相当。陈第觉得第二部、第五部开合不甚和谐，但不能把第二部、第五部分别分成两部。因为无论是第二部还是第五部，都有开口与合口相押的韵段。开口与合口，听觉上难免有一些距离。有距离是事实，能押韵也是事实，能押韵就不该开合分部。

陈第《毛诗古音考·自序》说："作之非一人，采之非一国，何母必读米……其矩律之严，即唐韵不啻，此其故何耶？又，《左》《国》《易象》《离骚》《楚辞》《秦碑》《汉赋》以至上古歌谣、箴铭、赞诵，往往韵与《诗》合，寔古音之证也。"言"何母必读米"非一人一国之音，不仅是《诗》音，而且是上古延续至汉代的古正音。《读书拙言》又说："沈括云'庆，古人协韵也，宜音羌'，诸儒遽以为然。故注《诗》者一则曰叶，再则曰叶……故注者云'庆古本读羌而今读磬，当古本读㓥而今读荡'，庶得之矣。胡为以今之读为正而以古之正为叶也？是以楷书为正字，篆隶为模楷而作矣。颠倒古今，反覆伦类莫此甚也。"言《诗》庆音羌是古正音，如以为是叶音，则是颠倒古今、反覆伦类。陈第认定《诗》音就是古正音，因此陈第《诗》韵也就是陈第古韵。

所以，吴棫古韵与陈第古韵虽然部数和各部所包含的今韵相当，但各部包含的韵字却不相同。即以陈第舒声九部转音而论：

第一部吴陈都包含今韵东冬钟。转音江韵降双邦厖，麻韵牙，侵韵临，陈第皆属此部；吴棫仅江韵降双邦厖属此部，麻韵牙，侵韵临，则是此部的异质之音。

第二部吴陈都包含今韵支脂之微齐灰（祭废）。转音皆韵喈湝怀霾阶偕皆、咍韵哉来臺莱哀才、蟹韵解、海韵采海殆在怠宰、泰韵艾外祋浍大害、怪韵届瘵、夬韵败迈、代韵爱载溉，尤韵訧谋尤邱裘邮牛、有韵友否有久负妇、宥韵又右亦有韵旧富、厚韵母亩耦、登韵能、隐韵近、轸韵敏、震韵讯、愿韵怨、狝韵鲜字、歌韵歌、果韵火、职韵式识、德韵克、锡韵皙裼、质韵疾、术韵卒、物韵芾、月韵發、没韵没、末韵秼脱、屑韵阕、薛韵瞂烈晰，陈第皆属此部；吴棫皆韵喈湝怀霾阶偕皆、咍韵哉来臺莱哀才、蟹韵解、海韵采海殆在怠宰、泰韵艾外祋浍大害、怪韵届瘵、夬韵败迈、代韵爱载溉等属此部，余则皆此部异质之音。

第三部吴陈都包含今韵鱼虞模。转音麻韵华家邪瓜瑕牙，马韵马下野者写寡，祃韵舍暇夜夏稼，侯韵侯，厚韵耇後斗口厚，皓韵宝保，肿韵蓥，宥韵昼，效韵孝，铎韵作，烛韵属欲，昔韵致，陈第皆属此部；吴棫则以为这些音皆是此部的异质之音。

第四部吴陈都包含今韵真谆文殷庚清青蒸登侵。转音先韵渊天田千颠年贤填、霰韵甸、仙韵翩愆川、魂韵孙门存、山韵艰鳏、臻韵臻，庚二生、耕韵争、东韵风中雄躬终、送韵梦，覃韵南耽骖男、谈韵三、臁韵湛、㮇韵僭、微韵煇旂，陈第皆属此部；吴棫臻韵臻、庚二生、耕韵争、魂韵孙门存等属此部，余则皆此部异质之音。

第五部吴陈都包含今韵元牙喉先仙，而且寒韵干檀乾难餐安啴、翰韵叹翰、桓韵㶚完丸、换韵裥依《集韵》贯乱、删韵颜关还蛮、潸韵阪、山韵闲山间、元韵唇音幡燔繁蕃、阮韵唇音反等转音吴陈也都属此部。

第六部吴陈都包含今韵萧宵肴豪。转音尤韵裯犹忧罦、有韵酒、宥韵绣、铎韵乐、药韵虐、感韵惨，陈第皆属此部；吴棫皆以为是此部的异质之音。

第七部吴陈都包含今韵歌戈。转音支韵皮仪宜为罹施锜掎杝猗驰池、麻韵蛇嘉麻嗟加沙，陈第皆属此部；吴棫则以麻韵蛇嘉麻嗟加沙等属此部，支韵皮仪宜为罹施锜掎杝猗驰池等是此部的异质之音。

第八部吴陈都包含今韵阳唐。转音庚韵行觥蟊彭旁傍庚衡羹兵兄京英明鸣苹盟鷩、梗韵景怲、映韵庆、耕韵争，青韵刑、东韵东空，盐韵瞻、严韵严，陈第皆属此部；吴棫庚韵行觥蟊彭旁傍庚衡羹兵兄京英明鸣苹盟鷩、梗韵景怲、映韵庆、耕韵争等属此部，余则此部异质之音。

第九部吴陈都包含今韵尤侯幽。转音虞韵驱孚濡渝枢榆娄驱愉窬隅、遇韵具、豪韵漕慆滔骚、皓韵老好栲扫考造、号韵报、肴韵茅、巧韵饱、效韵孝、萧韵萧、屋韵轴、烛韵欲、缉韵集、脂韵逮、旨韵轨簋，陈第皆属此部而吴棫皆以为此部异质之音。

第七节　邵荣芬的吴棫陈第古韵部

邵荣芬有《陈第对古韵的分部和韵值的假定》一文，考定陈第古韵十七部，其中舒声十二部，入声五部。比较我们《毛诗古音考》的《诗》证所得的陈第《诗》韵，单舒声就多了三部。这三部是怎么多出来的呢？大体上说，我们的第二部邵氏分为支灰泰三部，我们的第五部邵氏分为先寒两部。

邵氏支部下注释云："此部来自《广韵》各韵的合口字大多数改注为开口……这说明陈第话这些字开合不能互押，也就是他认为这些字古音开合不同部。有少数合口未注开口的，如平声脂韵'维惟'去声至韵'悸'等，那是因为陈第话此数字韵母作－i，本来就是开口之故。所以此数字我们也把它们归入本部。另外还有几个开合互押，而陈第没有改注的例，就只能把它们作为与灰部（第七部）合韵看待……微韵'微'字陈第话大概有文白两读。与开口押，读 mi，是白读；与合口押，韵母是 -uei，是文读。白读归本部，文读归灰部。"

陈第《诗》韵第二部开合的问题，我们在第二部末尾"本部出现的问题 4"已经有了分析，并认为合口注开口的原因是"陈第觉得开合不甚和谐"。除第二部外，笔者在第五部"本部出现的问题 2"中认为，仙韵合口泉宣二字，分别注以仙韵开口钱字和先韵开口先字；元韵合口原垣园三字注以仙韵开口延字，阮韵合口远字注以狝韵开口演字；这种改读，可能此部开合陈第觉得不甚和谐。但是，开合不甚和谐未必就是分为两部。上节开头笔者说过："陈第觉得第二部、第五部开合不甚和谐，但不能把第二部、第五部分别分成两部。因为无论是第二部还是第五部，都有开口与合口相押的韵段。开口与合口，听觉上难免有一些距离。有距离是事实，能押韵也是事实，能押韵就不该开合分部。"

邵氏说："另外还有几个开合互押，而陈第没有改注的例，就只能把它们作为与灰部（第七部）合韵看待。"邵氏研究陈第古韵部的办法他自己说得很清楚："陈第对他所考订的每一个字都有注音。这些注音就是他所假定的古读。他注音的主要根据就是韵证。根据他所征引的韵证和对韵证中韵字的注音，我们用系联法就可以考求出他心目中的古韵韵部来。"能互押就能系联，邵氏对开合互押的韵字不肯系联为一部而要说是开合异部合韵，违背了"根据他所征引的韵证和对韵证中韵字的注音"系联古韵部的方法。

微字邵氏支部灰部两收。"微韵'微'字陈第话大概有文白两读。与开口押，读 mi，是白读；与合口押，韵母是 -uei，是文读。白读归本部，文读归灰部。"是邵氏对微字分属两部的解释。古韵系统中某字的古正音只有一个。文读与白读分属不同的语音系统，微字的两个不同语音系统的读音是不能同时塞进古韵系统的。

邵氏的泰部共收了"［泰开］蔡带汰赖害［夬开］败蛮［祭开］滞厉"九字，其中"带害败厉"又收在支部。"带害败厉"能与支部与泰部系联，支部与泰部就不能系联为一部吗？笔者在第二部"本部出现的问题

1"针对"《有狐》厉（音赖）带"与"《都人士》厉（音赖）蛮"两个韵段说，陈第厉字注："音赖。《说文》从蚩省。又蛎，'从虫厉声，读若赖'。"迈字注："音厉。《说文》以蚩得声。蚩，读如厉。"依陈第所言，蚩字可音赖又可音厉，《都人士》为何不读厉与厉字相押而要读赖，从蚩字之今音夬韵故。《有狐》同样与带之今音泰韵相押。邵氏泰部的九个韵字可能就是没有考虑到陈第用的是今音。

同样，邵氏寒部平声番幡、上声反、去声乱贯等字也系联在先部，先部下邵氏附注曰"本部与寒部有合韵四例"。因此，先寒必分为两部也是可疑的。笔者在第五部"本部出现的问题1"认为：《缁衣》馆（音贯）粲；《公刘》馆（音贯）乱锻；《氓》旦反（音贩）；《民劳》反（音贩）谏。贯乱锻，换韵；粲旦，翰韵；谏字谏韵。寒桓删韵类转音读入此部，此四例不转音，以今音入韵。反字阮改愿与翰谏相押，反字今读与寒删韵类相似。《宾之初筵》反（音番）幡相押，番幡读音亦与寒删韵类相似。如此看来，反字及幡燔繁蕃等元韵类唇音字转音读此部，是今读与寒删韵类相似的缘故。邵氏系联时，可能没有考虑陈第以今音入韵的情况。

总之，邵氏陈第古韵中的灰泰寒三部是有问题的。

在做了陈第的韵部及其拟音之后，邵氏说："陈第的韵部及其拟音考明了之后，我们就能比较容易地对他在古音学方面的功过作出比较具体的评价。首先对古韵作分部研究的是吴棫，只要把陈第的韵部与吴氏的韵部做一比较，陈第在古韵研究上究竟有多少进展就能够一目了然了。吴氏韵部我们比较同意赖江基同志《吴棫将古韵分为九部吗？》（邵注：油印稿，1984年）一文的说法。不过要补充说明一点，即凡吴氏指出'古转入某部'或'古转声通某部'的字也归入该部，比如他说江韵'古或转入东'，那么东部里他所收的那些江韵字也都归入东部；凡他收入某部而未注明'转入'或'转声通'的，暂时都作为例外，不予考虑。如果舒声不计声调，吴氏所分古韵共二十一部。现把这二十一部与陈第的十七部列表对照于下。为了便于对照，前节所列韵部次序略作调整。吴氏某些部所收某韵'转入'或'转声通'的字，都只是某韵字的一小部分，表中一律于韵目下用小字注以'半'字。这些字都只是重出于所转入的韵部，所以在本部本韵目下所包含的仍然都是全韵字。"

　　赖江基《吴棫将古韵分为九部吗?》就是《吴棫所分古韵考》的前身。该文不同意"张、王、董、史等先生根据《韵补》一书吴氏在《广韵》韵目下的注语,把注云'古通某'的韵和'古转声通某'的韵归为一类"的意见,认为"凡注云'古通某'的诸韵,吴氏是将它们连同某韵合并为一部的","凡注云'古转声通某'或'古转入某'、'古转声入某'的韵,就不属于某部。例如江韵下注云'……或转入东',这就是说,江韵不归东部。因此,当江韵字在东部所引的韵语中与东部字相押时,吴氏都将它们改读为东部音",于是考定"吴棫所划分的古韵部是分别平上去入四声的,一共四十九部,按四声相承关系可以分为十四组"。

　　"当江韵字在东部所引的韵语中与东部字相押时,吴氏都将它们改读为东部音",是因为江韵与东古韵同部而今音不合,吴棫改江韵之今读为东韵之音以合古韵。就古韵而言东江同部,就今韵而言东江不同韵。赖氏把今韵看成古韵,所以有"江韵不归东部"的错误认识。这个问题,笔者已在"赖江基《韵补》研究的失误"一节里做了较详细的辩正。邵氏看到了这一点,所以他说"不过要补充说明一点,即凡吴氏指出'古转入某部'或'古转声通某部'的字也归入该部,比如他说江韵'古或转入东',那么东部里他所收的那些江韵字也都归入东部"。分吴棫古韵为二十一部,其中舒声十四部,入声七部。邵氏入声分立,赖氏"四声相承",如果两者都暂不计入声的话,赖氏的十四组就是邵氏的十四部。不同的是,赖氏"'古转声通某'的韵不与某韵同部"而邵氏"'古转声通某'的字与某韵同部"。比如吴棫"支脂之微齐灰佳皆咍"九韵合为古韵一部,其中"脂之微齐灰""古通支","佳皆咍""古转声通支";赖氏据"古通支"与"古转声通支"分此部为"支脂之微齐灰"与"佳皆咍"两部;邵氏在赖氏"支脂之微齐灰"部中加进了其"佳皆咍"部中"古转声通支"的字,"支脂之微齐灰佳¥皆¥咍¥"一部,"佳皆咍"一部。邵氏的这个韵部,既继承了赖氏把今韵看成古韵的过错,又增加了"佳皆咍"诸韵中"古转声通支"的字分属"支脂之微齐灰"与"佳皆咍"两部的失误。

　　吴棫与陈第的韵部均不可靠,两个不可靠的韵部进行比较也就不可能看出两家的优劣了。邵氏在列出吴陈"有优劣之分"的十五条后说:

"从上列各点，可以看出陈第在古韵分部上大大超过了他的先驱吴棫，尤其是在离析《广韵》同韵字方面作出了更为突出的贡献。"实际上，陈第的古音基本上因袭吴棫，他们之间也不可能有太大的优劣。陈第古音常常是用自己的方音拼读吴棫反切所得，如果有优劣的话，无疑是吴棫优于陈第。就《诗》来说，所谓陈第"离析"之音，杨简所引《诗补音》中历历在目。

第六章　叶韵与传统古韵研究

王力先生《汉语音韵》说："《诗经》三百篇是研究古韵的最好的根据，可惜前人并不是一开始就正确地利用《诗经》来研究古韵的。原因是他们并不懂得语言是发展的，缺乏历史观点，以为古音和今音是一致的，不过在作诗时为了押韵的需要，临时改读某些字音罢了。宋人把这种虚构的情况叫做'叶音'。朱熹在他所著的《诗集传》中大量地应用了叶音。""跟叶音说相似的，则有通转说。宋吴棫（字才老）著《韵补》，他就是主张通转说的。""从叶音上看问题，则字无定音；从通转上看问题，则韵无定类。"

这一评价说了三个问题。第一，朱熹是讲叶音的，叶音是虚构的，是临时改读，讲叶音则字无定音。第二，吴棫主张通转说，通转说与叶音说相似，讲通转则韵无定类。第三，讲叶音讲通转都是不懂得正确地利用《诗经》来研究古韵。

朱熹的叶音是不是临时改读，是不是造成了字无定音的后果，这一问题笔者在《朱熹〈诗〉韵研究》第一章《〈诗集传〉叶音的性质》中已作了辩正。

吴棫的通转讲的是古韵的构成，凡"通某""转声通某"的韵与某韵合为一个古韵部。补音是某字某义不见于《切韵》系韵书（吴棫叫作"《集韵》诸韵书"，即本章所言之"韵书""今韵"《切韵》《唐韵》《广韵》）的读音，凡"转声通某"的韵所读补音是古韵，非"转声通某"的韵所读补音不是古韵，而是古韵的异质之音。通转与补音是一个整体的两个方面。如果不考虑通转，把所有补音都看作古韵，就会得出韵无定类的结论。补音用于诗文叶韵就是叶音。就《诗》来说，凡用于《诗》

叶韵的某字某义不见于《切韵》系韵书的读音都是叶音。叶音中有古韵也有古韵的异质之音。通转与叶音共同构成吴棫古韵学，没有离开通转的叶音说，也没有离开叶音的通转说。这一问题见本书第二章第三节。

其实吴棫讲叶音讲通转并不是不懂得利用《诗经》来研究古韵，只是他的理论方法与传统古韵研究不同而已。前面我们说过，顾炎武明白什么是"叶韵"，但不认同"叶韵"这一理论方法。他以"古人韵缓，不烦改字"，反对大部分"正叶"，又以"特百中之一二"反对大部分"借叶"。

顾炎武反对"正叶"论，江永开始给予了纠正。他在《古韵标准·平声第十二部》南字下针对"古人韵缓，不烦改字"说："陆氏此说亦非确论。古今音相近者不烦改字，稍远者当转音切。顾氏泥此语，凡相通韵皆不注古音。"并给"正叶""改字"立标准。

"特百中之一二耳"以外的绝大部分的"借叶"顾炎武以为非韵（如调同之调），更多的是以为古正音而以本音为"讹"，或正之（如鲜古音犀），或离析之（如支韵类两属歌支），等等。这是叶韵与传统古韵研究最大的分歧。本章主要就这个分歧进行探讨。本章叶韵专指"借叶"，即不是发生在古韵内部的叶韵。

第一节　《诗》韵杂有古韵的异质之音

传统古韵学主要研究古韵分部。研究者先系联《诗经》韵字，再把系联所得的每组韵字参照今韵归纳古韵，并参考先秦两汉典籍中的韵文以及谐声、异文、声训等材料加以充实完善。此即《古韵标准·例言》所谓"用治丝之法，分析其绪，比合其类，综以部居，纬以今韵，古音犁然"，"以《诗》为主，经传骚子为证，《诗》未用而古今韵异者，采它书附益之"。

把系联所得的《诗经》每组韵字比照今韵，常常出现"古今韵异者"。面对古今音韵出入，吴棫与顾炎武的看法不一。

吴棫认为，古今音韵出入，问题在《诗》韵。因为《诗》押韵之音大多数是古正音，但也有不少是古正音的异质之音。所以当某字《诗》

韵归此部而《切韵》属彼部时，往往是某字在《诗》韵中不读古正音而读古正音的异质之音。

顾炎武认为，古今音韵出入，问题在《切韵》。因为《诗》韵即古韵，《诗》押韵之音皆古正音，所以当某字《诗》韵归此部而《切韵》属彼部时，概以为《切韵》之误。顾氏的《唐韵正》以《诗》韵正《切韵》，并离析《切韵》某韵类分属古韵不同韵部，这是古韵学史上的"离析唐韵"。

但是，顾炎武并没有把所有《诗》韵之异于《切韵》者皆认为是《切韵》之误。《音论·古诗无叶音》："愚以古《诗》中间有一二与正音不合者。如兴，蒸之属也，而《小戎》末章与音为韵，《大明》七章与林心为韵；戎，东之属也，而《常棣》四章与务为韵，《常武》首章与祖父为韵。又如箕子《洪范》则以平与偏为韵。孔子繫《易》，于《屯》、于《比》、于《恒》则以禽与穷中终容凶功为韵，于《蒙》、于《泰》则以实与顺巽愿乱为韵。此或出于方音之不同，今之读者不得不改其本音而合之，虽谓之叶亦可，然特百中之一二耳。"《唐韵正·四江》降字古音户工反，顾氏在举《楚辞·九歌·东君》降字与裳狼浆翔行相押之后说："古人长篇中固有一二句不韵者，即以为韵，可谓之叶而不可谓之正音。"方音是古正音的异质之音。顾氏承认《诗》中存在正音也存在正音的异质读音，认为这些异质读音"可谓之叶而不可谓之正音"，但这种"虽谓之叶亦可"的异质之音只是《诗》音中"特百中之一二耳"。

可是，都是古今音韵出入，有时据《诗》韵指为《切韵》之误，有时据《诗》韵指为古正音的异质之音。凭什么做这样不同的处理，顾氏没有说明。所以，即便是"特百中之一二"，也是顾氏理论上不能圆通之处。

一　调同为什么能相押

《诗·小雅·车攻》第五章"决拾既佽，弓矢既调。射夫既同，助我举柴。"

顾炎武《诗本音》调字下注："三萧"，同字下注："一东。调字非韵。宋吴棫《韵补》读调为同，引《楚辞·离骚》'勉升降以上下兮，求矩彟之所同。汤禹严而求合兮，挚咎繇而能调。’为证，朱子从之。”

顾炎武言“调字非韵”，批评吴棫、朱熹读调为同以韵同的意见。实际上，调同是押韵的，只不过同字读的是古正音，调字读的不是古正音而是古正音的异质之音。调字的异质之音是有文献根据的，是实实在在的读音。

段玉裁《六书音均表四·第九部·古合韵》调字下注：“本音在第三部，读如稠。《车攻》以韵同字，屈原《离骚》以韵同字，东方朔《七谏》以韵同字，皆读如重。此古合韵也。潘岳《藉田赋》以茅韵农，束皙《劝农赋》以曹韵农，《韩诗》‘横由其畮’《毛诗》作‘横从’，《毛诗》犹声之猱《汉书》作㺅，《史记·卫青传》‘大当户铜离’徐广曰一作‘稠离’，汝南铜阳之铜见肿韵亦见有韵，皆第三部第九部关通之义。江氏谓《车攻》调同非韵，《离骚》《七谏》为古人相效之误，其说似是而非。”

段玉裁读调为重以韵同。调，幽部；同重，东部；段氏已举了幽东（段氏东冬不分）读音相转的例子。下面，我们再补充一些幽东相转的证据。

《尔雅·释诂上》：“苞，丰也”，“茂，丰也。”《水经注·泗水注》：“豐水即泡水也。”

苞茂泡，幽部；豐，东部。

《广雅·释诂三》：“叢，收也。”叢，东部；收，幽部。

《礼记·月令》“东风解冻”，孔颖达疏：“条风即东风也。”条风又作滔风，《淮南子·墜形》“东方曰条风”，《吕氏春秋·有始》“东方曰滔风”。《说文》“风……东北曰融风”，《尔雅·释天》“东北，条风”。段注《说义》曰：“《易·通卦验》曰，立春调风至……《白虎通》调风作条风……调风、条风、融风，一也。”调条滔，幽部；东融，东部。

《小尔雅·广诂》：“由，用也。”《王风·君子阳阳》“右招我由房’”，传：“由，用也”。《小雅·小弁》“君子无易由言”，笺云：“由，用也。”《易·豫》“由豫大有得”，《经典释文》引郑云：“由，用也。”《书·大诰》：“爽帮由哲”，孔颖达疏：“由，用也。”《左传·襄公三十年》“不能由吾子”，杜预注：“由，用也。”《论语·泰伯》“民可使由之"，何晏集解："由，用也。"《吕氏春秋·务本》"君子不由"，高诱注："由，用也。"《楚辞·天问》"何由并投"，王逸注"由，用也。"《文选·班彪〈王命论〉》"用人如由己"旧校："五臣本由作用"。

《左传·昭公五年》"吴子使其弟蹶由犒师，楚人执之，将以衅鼓。"《韩非子·说林》"吴使沮卫、蹶融犒于荆师，荆将军曰：'缚之，杀以衅鼓。'"由作融。《黄帝内经·素问·移精变气论》："古之治病，惟其移精变气，可祝由而已。"梁元起曰："祝由，南方神。"《独断》卷上："南方之神，其神祝融。"《说文》："妯，动也。"《尔雅·释诂下》"妯，动也"，郝懿行义疏："妯，通作陶。"《诗·小雅·鼓钟》"忧心且妯"，传："妯，动也。""忧心且妯"，《众经音义·卷十二》引《韩诗》作"忧心且陶"。由妯陶，幽部；用融动，东部。

《释名·释亲属》："俗或谓舅曰章，又曰俗。"姜宸英《湛园札记》卷一："大舅，今称大公。"舅，幽部；公俗，东部。

《方言·三》："醜，同也。东齐曰醜。"《广雅·释诂》："醜，同也。"醜，幽部；同，东部。

《法言·问道》："道也者，通也，无不通也。"《左传·襄公三十一年》"不如小决使道"，杜预注："道，通也。"《礼记·聘义》"天下莫不贵者道也"，孔颖达疏："道者，通也。"《论语·述而》"志於道"，皇侃疏："道者，通而不壅者也。"《国语·周语》"为川者决之使导"，韦昭注："导，通也。"《玉篇》："导，通也。"道导，幽部；通，东部。

《说文》《尔雅》《玉篇》《广韵》："究，穷也。"《诗·大雅·荡》"靡届靡究"，毛传："究，穷也。"《楚辞·大招》"逞志究欲"，王逸注："究，穷也。"究，幽部；穷，东部。

《广雅·释器》："幢谓之翿。"《后汉书·班固传》"抚鸿幢"，李贤注引《广雅》曰："幢谓之帱"。《方言·二》："翿、幢，翳也。楚曰翿，关西关东皆曰幢。"翿（帱），幽部；幢，东部。

《庄子·让王》"乃自投桐水而死"，《经典释文》："本又作桐水……本又作稠，司马本作洞。"《汉书·扬雄传》"天地稠螯"，颜师古注引服虔曰："稠螯，动摇貌。"桐稠，幽部；桐洞动，东部。

《周礼·下官·方相氏》"掌蒙熊皮"，郑玄注："蒙，冒也。"《淮南·氾论》"蒙死亡之罪"，高诱注："蒙，冒也。"《左传·襄十四年》"蒙荆棘"，杜预注："蒙，冒也。"《汉书·鼌错传》"蒙矢石"，颜师古注："蒙，冒犯也。"《广雅·释训》："幪幪，茂也。"《诗·大雅·生民》"麻麦幪幪"，传曰："幪幪然，茂盛也。"蒙幪，东部；冒茂，幽部。

幽东可转，调字的异质之音读如同也就很自然了。可是顾氏就己意尽量避免"虽谓之叶亦可"的情况，强谓"调字非韵"。

二　雕龙雕蟲说

《文心雕龙》已经问世1500余年，雕龙二字至今没有确诂。今按，《说文》"调，和也"，《广雅·释诂三》"龙，和也"，为何调、龙同训？调、龙幽东相转，调字转读东韵即音龙（龙从童声，龙宠互用），龙字转读幽韵即音调。龙无和义，调有龙音，龙之训和，记录了调字的意义。[①]雕、调同从周得声，雕龙一词中的龙记录的也是雕字的意义。雕龙是一个"异读合成词"，它合雕之雕、龙两个不同语音系统的读音而成双音词，雕、龙两个读音记录的都是雕字的意义，雕龙即雕。蟲、宠音近，雕蟲是雕龙的另一书写形式，也是一个异读合成词。雕龙、雕蟲不可理解为动宾结构。又，《说文》"篓，竹笼也"，《玉篇》"笼，竹笼也"。篓、笼同训，以篓、笼侯东相转故。笼从龙得声，篓、镂从娄得声，龙之转音亦可音镂，雕龙即雕镂。雕龙、雕蟲异读合成，雕镂同义并列。《文心雕龙·情采》"镂心鸟迹之中"之镂即《文心雕龙》之雕龙。调字转东韵可读龙，龙字转幽韵可读调，不但得以明白雕龙雕蟲两词的构成，也能明白段玉裁《车攻》之调读作重以韵同，《天问》之龙读作留以韵游的道理。

三　懆字为什么书作惨

《诗·陈风·月出》第三章"劳心惨兮"，《诗·大雅·抑》"我心惨

---

① 段玉裁《说文》龙字下注："《毛诗·蓼萧》传曰'龙，宠也'，谓龙即宠之假借也。《勺》传曰'龙，和也'，《长发》同，谓龙为邕和之假借字也。"段氏知道调可读重，却不悟龙训和乃调之读龙。

憯"，两诗之憯字皆训忧愁。憯，《说文》"毒也"；懆，《说文》"愁不安也"。训忧训愁当是懆字，为何书作憯字呢？其中的原因亦莫衷一是。

《毛诗古音考》憯字下说："《说文》'懆，愁不安也，从心臊声'，孙恤以七早反音之。又，'憯，毒也，从心参声'，孙恤以七感反音之。此其文形既异，音义不同，宜易辨也。迨後俗书既胜，音释亦淆，懆之与憯，彼此互错，虽通人不能厘正矣……《月出》之'劳心憯兮'、《抑》之'我心憯憯'皆宜改而从懆。"认为懆书作憯是误书，是字形混淆所致的错误。

《诗本音》于《月出》"劳心憯兮"之"憯"字注："《五经文字》作懆。三十二皓。"认为此诗憯字当依《五经文字》改作懆，并引陈第之说与毛晃之"俗书懆与憯更相讹舛……《陈风·月出》诗'劳心憯兮'当作懆，误作憯"为证。

《古韵标准·去声第六部》懆字下亦引陈第之说，并认为《月出》《抑》之外，"《正月》之'忧心憯憯'亦当是懆字。"

《韵补》憯字分别收在篠韵、啸韵。篠韵："憯，采早切，忧也。《开元五经文字》作懆，引《诗》'我心懆懆'。又《月出》诗'劳心憯兮'同。"啸韵："憯，七到切。《开元五经文字》书憯为燥（懆），注'音操'。《诗》曰'我心懆懆'，忧而不乐也。《诗·抑》与《月出》二篇皆当读如操。"吴棫不因《开元五经文字》而以为憯是懆之误书，并收憯字于篠韵、啸韵，以为"《诗·抑》与《月出》二篇皆当读如操。"

《六书音韵表四·第二部》据开元中修《五经文字》把《抑》"我心憯憯"改作懆，《月出》"劳心憯兮"则"合韵照燎绍字"。两诗憯字段氏作了不同的处理。

按，《诗本音》于《月出》"劳心憯兮"之"憯"字注中说："汉人文多以臊字作参。《墨子》'一人奉水将灌之，一人掺火将益之'，操字作掺；'静夜闻鼓声而谂'，譟字作谂。《大戴礼》'掺泥而就家人'，《晏子春秋》'拥札掺笔'，操字作掺。《汉书·王莽传》'郭钦封剿胡子'，《西域传》作'剿胡子'。《礼记·玉藻》注'幓头'，《仪礼·士丧礼》注作'憯头'。李翕《析里桥郙阁颂》燥字作熸。《荆州从事苑镇碑》藻字作蓤。《檀弓》"縿幕，鲁也"，读为绡，盖亦缫之异文矣。汉蔡邕《述行赋》"心恻怆而怀慘"与感坎为韵，今本误作懆。唐《珍州荣德县丞梁师亮墓志铭》"宾御懆而野云愁"亦是慘字。

　　喿声参声之字多有互书。除顾氏所举例外，还有澡作渗、鰷作鯵等等。读音上也有互读之例：掺，《集韵》宵韵千遥切；繆，《集韵》宵韵思邀切；嗓慘，《集韵》宵韵千遥切；参郲，《集韵》豪韵仓刀切又覃韵仓含切。

　　这些互书互读是参、喿形近相讹的缘故吗？不是的。参声古韵侵部，喿声古韵宵部，侵宵二部读音可转。如：

　　《说文》："撼，摇也。"

　　《广雅·释诂四》："崟，高也。"《广雅·释诂一》："媱，婬也。"

　　《方言·四》："衿谓之交。"《方言·六》："佚，媱也"，戴震疏证："媱，与婬通用。"《方言·十》："遥、窕，婬也。九嶷荆郊之鄙谓婬曰遥，沅湘之间谓之窕。"《方言·十二》："岑，高也。"

　　《楚辞·大司命》"不浸近兮愈疏"，《楚辞·七谏·初放》"上浸以惑"，王逸注："浸，稍也。"

　　《水经注·沁水注》引京相璠曰："少水，今沁水也。"

　　《读书杂志·晏子春秋第二·内篇杂下》"何乘不任之甚也"，王念孙按："不任，本作不佼，佼与姣同，好也。"

　　撼崟媱衿婬岑浸沁任，侵部；摇高媱交遥窕稍少佼姣，宵部。

　　福建莆田方言古韵宵部字今文读韵母有读［ɒ］者，如：喿操懆［tshɒ］，燥澡藻［ɬɒ］等。古韵侵韵的字今白读韵母也有读［ɒ］者，如：三心衫［ɬɒ］，林［lɒ］，含［kɒ］等。

　　侵宵二部读音可转，那么懆字书作慘，就不是形近相讹，而是慘字有懆字之音。慘字的慘、懆二音，是不同语音系统的读音。读懆不是慘字之正音，而是诸如"九嶷荆郊之鄙""沅湘之间"的方音。

四　吴棫与顾江对《诗》韵的不同看法

　　以上两例，吴棫、段玉裁认为调同相押、慘字读懆（段氏《抑》据《五经文字》改慘作懆，《月出》认为慘与宵部合韵），陈第、顾炎武、江永认为调同非韵、慘懆形混，两种见解迥异。究其原因，主要是对

《诗》韵的看法不同。

《韵补》调收在东韵，叶调徒红切；惨收在篠韵、啸韵，叶惨采早切、七到切。吴棫认识到调惨二字除正音外，还分别有徒红切、采早切（七到切）的异质之音。《诗》中只要存在古韵的异质之音，《诗》就离不开叶韵。叶韵既指明《诗》中的"异质相押"，又能从《诗》中剔除诸如调读同、惨读懆之类的异质读音。因此，叶韵不是有没有的问题，而是如何看待的问题。

顾炎武认为古诗无叶音、叶音即古之正；认为《诗》韵皆正音"同质相押"，即便存在与古韵异质的读音，至多也就"百中之一二耳"。于是在分析《诗》韵时，常常对与古韵异质相押的客观事实以种种主观的解释给予排除，或指为非韵，或指为误字，务求自己古韵的纯洁。这样一来，调同也就不让相押，惨与懆也只允许形近相混。

但是，《诗》中与古韵异质的读音是客观存在的。顾炎武无论如何想方设法，最后还是承认"古《诗》中间有一二与正音不合者……此或出于方音之不同，今之读者不得不改其本音而合之，虽谓之叶亦可"。"方音"是与"正音不合者"，它与古韵不在同一语音系统内，是古韵的异质之音。上文《音论·古诗无叶音》一段话中顾炎武所举例，都是吴棫的叶韵。

江永步顾氏之后踵，亦以为《诗》韵皆正音"同质相押"。所以江永《古韵标准》平声第一部同字下言《车攻》第五章"中二句非韵"，并批评吴棫"调字本音在第六部，与此部不可强通。"《古韵标准·去声第六部》懆字下亦引陈第之说，并认为《月出》《抑》之外，"《正月》之'忧心惨惨'亦当是懆字。"江永《古韵标准·例言》说："宋吴才老始作《韵补》，搜群书之韵异乎今音者，别之为古音。"不悟《韵补》所搜之古音，有吴棫古韵的正音，也有吴棫古韵的异质之音。

但是，江永也不能不承认《诗》中存在古韵的异质之音。

《桑柔》第四章"忧心愸愸，念我土宇。我生不辰，逢天僤怒。自西徂东，靡所定处。多我觏痻，孔棘我圉。"顾氏注曰："上二章俱一句一韵，上下各协，独此章东字不可韵。此见古人之文以意为主而不屑屑于音节之疏密，小有出入，终不以韵而害义也。"愸辰痻东四字本相押，顾氏碍于他的"特百中之一二耳"，就是不让入韵，并以"不屑屑于音节之疏密"文之。《古韵标准·平声第一部》东字下注："德红切。《桑柔》四章'自西徂东'韵愍辰瘏，其音稍转似德真切，乃从方音偶借，非本音。"这是说东字本音在第一部，但方音有读德真切者，此处借之以与其第四部叶韵。《古韵标准》平声第一部总论中也说："此部东冬钟三韵本分明，而方言唇吻稍转则音随而变……吾徽郡六邑有呼东韵似阳唐者，有呼东冬钟似真蒸侵者，皆水土风气使然，《诗》韵固已有之。"方音"非本音"，与本音不同质。江永愍辰瘏与东相押是其第四部本音与东字之方音"异质相押"。

《古韵标准·入声第二部》节字下注："资悉切。'何诞之节兮'韵葛日。案，节当在第三部，此章之韵相近而假借。又见第三部。"节字本音在入声第三部，因"韵相近而假借"，所以改读入声第二部资悉切以韵葛日。本音指正音，节字古正音在入声第三部，则"韵相近而假借"之音是借以叶韵的异质之音，非古正音。

《古韵标准·平声十一部总论》："或彼部不通之字亦以相近而合韵，如《常棣》六章之合豆饮具孺者亦有之。""豆饮具孺"江永都收在去声第三部。其于孺字下注："孺从需。以濡儒例之，本当入第十一部。因《常棣》六章与豆饮具韵，故入此部，盖当时方音亦有如此者。又疑饮与醅通，豆饮皆可入十一部，但与具字不合韵耳。"又于豆字下注："徒故切。'侯尔笾豆'韵饮具孺，似有此音。'乱我笾豆'似与呶韵，当入第十一部。两部兼存之。"

什么是"相近而合韵"呢？江永孺字在十一部，因与第三部的豆饮具等字相押，便"相近而合韵"读入去声第三部。可见"相近而合韵"与"韵相近而假借"都是此部之音作彼部之读与彼部相押。为什么孺字会从第十一部读入第三部呢？江氏说"盖当时方音亦有如此者"。可见孺字古正音在第十一部，第三部之读是古韵的异质之音。"豆饮皆可入十一部"，为什么又"与具字不合韵"呢？因为江氏认为第三部的具字不能改读入第十一部，所以无法相押。可见"与具字不合韵"的"合韵"与"相近而合韵"的"合韵"一样，指的是此部之音作彼部之读与彼部相押。假如合韵说的是音近相押的话，就不会存在"与具字不合韵"的问题。豆之本音徒候切（平声第十一部呃字下语），当属去声第十一部，入去声第三部徒故切之音则非本音。

依江永的说法，上文节字正音在入声第三部，非正音在入声第二部；此以孺字豆字之正音在去声第十一部，非正音在去声第三部。正音是古韵，非正音当从古韵中剔除，为何把正音非正音捏在一块言古韵呢？把正音非正音捏在一块言古韵，古韵能有标准吗？

《诗》中存在古韵的异质之音是客观事实。根据《诗经》押韵研究古韵，必须分清哪些是古韵与古韵同质相押，哪些是古韵与古韵的异质之音异质相押。江永也明白《诗》中存在古韵的异质之音，但没有区分异质相押与同质相押，结果把古韵的异质之音也当成了标准古韵。

第二节　《诗》支歌相押问题

顾炎武《唐韵正》开篇云："凡韵中之字，今音与古音同者即不复注；其不同者乃韵谱相传之误，则注云古音某并引经传之文以正之。其一韵皆同而中有数字之误则止就数字注之，一东是也。一韵皆误则每字注之，四江是也。同者半不同者半，则同者注其略不同者注其详，且明其本二韵而误併为一，五支是也。一韵皆同无误则不注，二冬三钟是也。"其中"同者半不同者半"即今韵离析入古韵两个韵部的一类韵。本节即以支韵为例，阐述吴棫、顾炎武、江永处理歌支相押的理论方法并稍作评议。

一　顾炎武的处理方法及其音证问题

《羔羊》首章"羔羊之皮，素丝五紽。退食自公，委蛇委蛇。"《诗本音》于此章皮字下注："古音婆……后人误入五支韵。"蛇字下注："古音陀……后人以'委蛇'之蛇音弋支反、'虺蛇'之蛇音神遮反，分入五支九麻二韵，非也。"顾炎武认为《诗》歌支相押是正音"同质相押"，支韵之皮蛇与歌韵之紽相押，皮蛇二字须改支韵之音为歌韵，皮蛇紽三字以歌韵正音相押。皮蛇二字古韵属歌，那么今音读支韵便是后人错误地从歌韵混进去的。今音支韵有从歌韵混入者，因此今韵支韵乃"本二韵而误併为一"，于古当分属歌支。

对于今韵支韵古"入歌"的字，顾氏于《唐韵正·五支》中逐字作了考证，并于该韵韵末云："二韵在古诗截然不相入，《楚辞》亦然。黄石公《三略》始以施加宜移化随入支字韵。汉司马相如《大人赋》以驰离河沙入脂之微灰字韵。卓文君《白头吟》以离为入支字韵。枚乘《七发》以离入支字韵。东方朔《七谏》以池入脂微字韵。《列女传·鲁秋胡妻颂》以河入之微字韵。扬雄《甘泉赋》以驰迤入脂微灰字韵，《反离骚》以驰入脂字韵，《冀州牧箴》以多入脂皆字韵。张衡《西京赋》以施罢仪驰入支字韵，《南都赋》以池螭入微齐灰字韵，《思玄赋》以蓠亏入支字韵。王逸《九思》以施戏峨为入支脂字韵。祢衡《鹦鹉赋》以巇离仪奇宜入支字韵。蔡琰《胡笳十八拍》以为离亏宜移随垂入支字韵。古诗《行行重行行》以离入支字韵，《冉冉孤生竹》以阿萝宜陂为入支微字韵，《满歌行》以巇罹移入支字韵。《焦仲卿妻诗》以移为施仪离奇池入支微灰字韵。王延寿《王孙赋》通篇出入支离二韵，至《七谏·哀命》一篇则忧尤知离三韵合用。是则此韵之讹，其来久矣。"

"此韵之讹"，说古韵歌韵字讹入了今音支韵。"其来久矣"，说古韵歌韵字"讹支"始自秦汉黄石公。

顾氏所谓"讹"，江永明确反对。《古韵标准·例言》说："六朝人之音学非后人所能及，同文之功拟之秦篆当矣。今为三百篇考古韵，亦但以今韵合之著其异同斯可矣，必曰某字后人误入某韵、混入某韵，此顾氏之过论，余则不敢。"《古韵标准》于平声第二部总论中又说："《唐韵正》一书考音之流变甚详，而凡今韵不合古音者一例以为讹误，恐周颙沈约陆法言诸人不任受其咎。"

对顾氏的"讹"，笔者也有二事不解。

（1）吴棫、顾炎武、江永都合今韵支脂之微齐佳皆灰咍为古韵一部（顾江支韵除去"入歌"的字），歌韵不与为伍。施宜移随驰离池迤仪戏为巇奇亏垂陂罹等字今韵支韵，"讹支"也许是一种解释。河多峨阿萝等字"讹支"，今韵却是歌韵，这是什么缘故？

（2）顾炎武在分析《诗》韵时，歌韵字与支韵字相押，都是支"入歌"。"黄石公之后"，之所以歌韵字与支韵字相押不是支"入歌"而是歌"讹支",因为与歌韵字相押的是不"入歌"的支韵字以及脂之微齐灰等韵的韵字,不能把这些字都"入歌",那么歌韵字只能"讹支"。按照顾氏的处理方法,《易·象传·鼎》"鼎耳革,失其义也。覆公餗,信如何也。"义何二字"支歌"相押,义字当"入歌"。《易·象传·家人》"男女正,天地之大义也。家人有严君焉,父母之谓也。"义谓二字"支微"相押,义字当"讹支"。义字"入歌"与"讹支"同出现于《易传》,顾氏的先"入歌"后"讹支"之说该怎么解释?

带着疑惑,笔者检查了《唐韵正·五支》下那些"入歌"的音证,觉得更加不安。

（1）"二韵在古诗截然不相入,《楚辞》亦然。"其实不然:

蛇字下曰:"古蛇字皆徒何反,唯《楚辞·九歌》'东君驾龙舟兮乘雷,载云旗兮委蛇。长太息兮将上,心低徊兮顾怀。羌声色兮娱人,观者憺兮忘归。'用入微皆灰韵。"

螭字下曰:"宋玉《高唐赋》'王乃乘玉舆,驷苍螭,垂旒旌,靸合谐。紬大弦而雅声流,冽风过而增悲哀。'入皆咍韵。"

施字下曰:"《楚辞·大招》'姱修滂浩,丽以佳只。曾颊倚耳,曲眉规只。滂心绰态,娇丽施只。小腰秀颈,若鲜卑只。魂乎归徕,思怨移只。'始以规施移三字入支佳韵。""《汉书·安世房中歌》'丰草葽,女萝施,善何如,谁能回'亦同。《志》言《房中乐》乃楚声也。"

可见"二韵"《楚辞》并非截然不相入。又,顾氏《音论·古人韵缓不烦改字》云:"《诗》《楚辞》,音韵之祖也。"那么蛇规施移螭等字为何《诗》"入歌"而"楚声""讹支"?

（2）"讹支"始于黄石公《三略》,也不是事实:

离字下曰:"《老子》'载营魄抱一能无离,专气致柔能婴儿。涤除玄览能无疵,爱民治国能无为。天门开阖能无雌,明白四达能无知。知其雄,守其雌,为天下谿。为天下谿,常德不离,复归于婴儿。'《庄子·马蹄篇》'同乎无知,其德不离。'《在宥篇》'若彼知之,乃是离之。'始以离为二字与知为韵。"

《诗》"入歌"的离为二字《老子》"讹支",老子早于黄石公三百年。

（3）自相矛盾：

随字下以《素问》"阳和布化，阴气迺随"证随字"入歌"。又说《素问》"知迎知随，气可与期。"中随字"讹支"。

螭字下以《楚辞·河伯》"与女游兮九河，衝风起兮水扬波。乘水车兮荷盖，驾两龙兮骖螭。"证螭字"入歌"。又说宋玉《高唐赋》"王乃乘玉舆，驷苍螭，垂旒旌，旆合谐。紬大弦而雅声流，冽风过而增悲哀。"中螭字"讹支"。

与《易传》之义字相同：随字于《素问》同时"入歌""讹支"，螭字于《楚辞》同时"入歌""讹支"。

（4）合否就己：

廖字：古乐府《百里奚妻歌》"百里奚，五羊皮。忆别时，烹伏雌，炊扊扅，今日富贵忘我为。"顾氏谓"皮廖为三字为韵，其同用奚时雌三字则非也"。此歌奚皮时雌廖为六字相押（见下文江永所论）。因为"入歌"的皮廖为三字若与齐之支三韵相押得"讹支"，所以顾氏就说"同用奚时雌三字则非"。

为字：《吴越春秋·渔父歌》"日已夕兮予心忧悲，月已驰兮何不渡为，事浸急兮当奈何。"顾氏谓"悲字不入韵"。此诗上两句是："日月昭昭乎浸已驰，与子期乎芦之漪"。悲字若入韵，驰漪为何四字与脂韵相押得"讹支"，所以顾氏就说"悲字不入韵"。可是首尾四句皆韵，独中间悲字不入韵似又不合情理。

奇字：何晏《景福殿赋》："尔其结构，则修梁彩制，下堑上奇；桁梧复叠，势合形离；翘如宛虹，赫如奔螭；南岠阳荣，北极幽崖；任重道远，厥庸孔多。"顾氏谓"崖字误"。崖字若不误，则奇离螭多四字与佳韵相押得"讹支"，所以顾氏就说"崖字误"。可是何晏不会用韵吗？

蛇字：扬雄《蜀都赋》"其水蟲则有蠯龟鸣蛇，潜龙伏螭；其鸟则有鸳鸯鹄鷖，鸿鸨鴐鹅。嘤嘤和鸣，澹澹随波。"《反离骚》"既亡鸾车之幽蔼兮，焉驾八龙之委蛇。临江滨而掩涕兮，何有九招与九歌。"

《蜀都赋》顾不以齐韵鷖字入韵，否则蛇螭鹅波四字就得"讹支"。

《反离骚》以与歌相押证蛇之"入歌"，看上去很坚实。可是《甘泉赋》"见光耀之长旍兮，昭华覆之威威。攀璇玑而下视兮，行游目虖三危。陈众车于东阮兮，肆玉釱而下驰。漂龙渊而还九垠兮，窥地底而上回。风儳儳而扶辖兮，鸾凤纷其御蕤。梁弱水之潒漾兮，蹑不周之委蛇。想西王母欣然而上寿兮，屏玉女而却虙妃。玉女无所眺其清卢兮，虙妃曾不得施其娥眉。方揽道德之精刚兮，侔神明与之为资。"威危驰回蕤蛇妃眉资相押，蛇字读支无疑。《甘泉赋》蛇字读支，《蜀都赋》《反离骚》之蛇必读歌乎？

顾氏强以证支"入歌"的这些例子中，"入歌"的皮庎为驰漪奇离螭蛇等字与歌戈韵的何多鹅波歌等字其实都"讹支"。

（5）"讹支"多多：

顾氏所引以证"入歌"的"经传之文"中，同时可以有"讹支"的例证。如：

随字举《列子·说符》"慎尔言，将有和之；慎尔行，将有随之"以证其"入歌"。可是《列子·天瑞》"生覆者不能形载，形载者不能教化，教化者不能违所宜，宜定者不出所位"与"运转亡已，天地密移，畴觉之哉？故物损于彼者盈于此，成于此者亏于彼。损盈成亏，随生随死"中化宜移亏四字"讹支"。

宜字举《庄子·则阳》"故或不言而饮人以和，与人并立而使人化。父子之宜，彼其乎归居而一间其所施"以证其"入歌"。可是下文"复命摇作而以天为师，人则从而命之也。忧乎知而所行恒无几时，其有止也若之何"与"少知曰：'季真之莫为，接子之或使。二家之议，孰正于其情，孰偏于其理？'大公调曰：'鸡鸣狗吠，是人之所知，虽有大知，不能以言读其所自化，又不能以意其所将为。斯则析之，精至于无伦，大至于不可围，或之始，莫之为，未免于物而终以为过'"中何仪化为过五字"讹支"。

疲字举《易林·蹇之泰》"历险登危，道远劳疲。去家自归，困涉大波。"中疲波相押证疲字"入歌"。可是《蹇之同人》"被服文衣，游观酒池。"池字"讹支"。《蹇之坎》"跛踦相随，日暮牛罢。陵迟后旅，失利亡雌。"随罢二字"讹支"。《蹇之损》"脱兔无蹄，三步五罢。"罢字"讹支"。又，所举《蹇之泰》当是危疲归波四韵，疲波从危归"讹支"，顾氏不让危归入韵，似亦就已意。

"入歌""讹支"同时存在于《列子》《庄子》《易林》。这些例证是据顾氏证"入歌"所引"经传之文"随意检查所得，若全面检查其所引

"经传之文"，这一现象当普遍存在。

（6）强读古人：

离字下引《方言》"罗谓之离，离谓之罗"证离字"入歌"。按，《方言·卷七》郭璞注："罗离皆行列物也。"从郭注可知"罗谓之离，离谓之罗"说的是罗离二字同义，罗读歌，离读支，并不是说离罗皆读歌。此语如果拿来证离字"入歌"，同样可以拿来证罗字"讹支"。《尔雅·释器》"鸟罟谓之罗"，郝懿行义疏："《方言》云'罗谓之离，离谓之罗'，是罗离声转义同"，所言甚是。

麾字："古音许戈反……《汉书·高帝纪》注：'师古曰，戏音许宜反，亦读曰麾。按，许宜即许戈，师古不达，误为二音。'"顾氏以宜字"入歌"，所以"许宜即许戈"；许宜即许戈，则与麾之古音同读，没有二音。其实颜师古注音皆以今音说明被注字的读音：《武帝纪》"斩首虏万九千级，受爵赏而欲移卖者，无所流虵。"师古曰："虵音弋赐反，今俗犹谓凡物一重为一虵也。"虵字今音以豉切，"物之重次也"。虵字顾氏古读歌，若注古音，当弋义反（豉字是义切，义字顾"入歌"），怎么注上古读支的弋赐反？《武帝纪》"朕以眇身承至尊，兢兢焉惟德菲薄，不明于礼乐，故用事八神。"师古曰："菲，亦薄也，音敷尾反，又音靡。"靡字顾氏"入歌"，则菲字古读歌吗？"音靡"显然读的是今音。《宣帝纪》"单于阏氏子孙昆弟及呼邀累单于、名王、右伊秩訾、且渠、当户以下将众五万余人来降归义。"师古曰："訾音子移反。"顾氏訾字古读支、移字古"入歌"，"子移反"只能是今音支韵。可见颜师古"戏音许宜反"读的是支韵而不是歌韵。顾氏以己意强古人，反谓"师古不达"。"读曰麾"说此戏当作麾，非专为注音而设。①

以上种种，让人不能不怀疑顾氏"入歌"音证的可靠性。

顾氏为何如此地力不从心呢？

《唐韵正·五支》"入歌"字后顾氏云："以上字当与七歌八戈通为一韵。凡从多从为从麻从垂从皮从肖从奇从义从罢从离从也从差从麗之属

---

① 《高帝纪》"诸侯罢戏下"师古注："戏谓军之旌麾也，音许宜反，亦读曰麾……《汉书》通以戏为麾字。

皆入此。"可是顾氏"黄石公之后"施宜移随驰离池迤仪戏为巇奇亏垂陂罹等字读支韵，上述《楚辞》之蛇规施移蟥、《老子》离为、《素问》之随、《百里奚妻歌》之皮廒为、《吴越春秋》之驰漪为、《景福殿赋》之奇离蟥、扬雄之蛇蟥、《列子》之宜移亏、《庄子》之离仪为、《易林》之池随罢疲等也读支韵，则除从麻从差从麗者外，"入歌"声符字皆有"讹支"者。

麻声可读支：《说文》䃺字"读若洍水"，段玉裁䃺字注："《史记》之弥即许之䃺。"枚乘《七发》"此亦天下之靡丽皓侈广博之乐也"，吕向注："靡，美也。"

差声可读支：《说文》䐲字"读若迟"，《诗》"屡舞傞傞"《说文》引作"娑娑"。

麗声可读支：《左传·成公十七年》"公遊于匠麗氏"，《大戴礼记·保傅》作"匠黎"。《说文》"籭，竹器也，可以取粗去细。从竹，麗声。"《汉书·贾山传》"筛土作阿房之宫"，以筛为之。

洍弥美迟娑黎筛，皆"支脂之微齐灰"之属，䃺靡䐲傞麗籭读支无疑。

可见顾氏"入歌"声符字全可同时"讹支"，"入歌"之确证自然难以寻觅。

顾氏"入歌"音证中还屡屡出现"入歌""讹支"同时发生的现象。如：《楚辞》之蛇施移"讹支"，顾氏以《楚辞》证蛇施移"入歌"；《老子》《庄子》之为字"讹支"，顾氏以《老子》《庄子》证为字"入歌"；《易林》之池随罢"讹支"，顾氏以《易林》证池随罢"入歌"；张衡之施罢池"讹支"，顾氏以张衡证施罢池"入歌"等。

"入歌"的同时"讹支"，可能以为是这些支韵类字"入""讹"交替期间出现的现象。可是，"入""讹"同时存在的时间之长，字数之众，恐非"入""讹"之说所能圆通，倒是这些支韵类字有歌支两读之证。《庄子》何字"讹支"，顾氏以《庄子》蛇何相押、为何相押证蛇为二字"入歌"，是何字同时有歌支两读。看来，歌戈韵之何多鹅波歌过娥和河峨阿萝等"讹支"，同样是这些字有歌支两读，不存在"讹"的问题。

二 江永对顾说的评述及其自己碰到的问题

《羔羊》之章《古韵标准》皮读蒲何切，蛇读唐何切。江永认同顾氏的意见，同样认为皮蛇紽相押是正音"同质相押"，支韵之皮蛇与歌韵之紽相押应改读歌戈，皮蛇二字古韵归歌，今韵支韵古当分属歌支。与顾不同的是，他认为皮蛇二字今音读支韵不是后人从歌韵混进去的，而是古韵歌韵变读的结果。

"讹"易之以"变"，同样无法回答"歌"韵字歌支两读同时存在的问题。不过，江永在《古韵标准》平声第二部总论中对顾氏之说有一段发人深思的评述：

> 案，此二韵《易》《尚书》《诗》《仪礼》《左传》故皆分明，《楚辞》则不尽然。如委蛇二字，《楚辞》用为韵者四，《离骚》与《远游》韵驰；而《东君篇》云"驾龙舟兮乘雷，载雲旗兮委蛇。长大息兮将上，心低佪兮顾怀。羌声色兮娱人，观者憺兮忘归"，是与微皆灰韵矣；《远游》篇末云"指炎神而直驰兮，吾将往乎南疑。览方外之荒忽兮，沛罔瀁而自浮。祝融戒而跸御兮，腾告鸾鸟迎虑妃。张咸池奏承雲兮，二女御九韶歌。使湘灵鼓瑟兮令海若舞冯夷，玄螭蟲象并进兮形蟉虬而委蛇。雌蜺便娟以增挠兮，鸾鸟轩翥而翔飞。音乐博衍无终极兮，焉乃逝以徘佪。"此皆通为一韵，是与脂之微灰韵，且杂入尤韵之浮似扶其切、歌韵之歌似居支切矣。顾氏于《远游》篇强解之云，妃与夷为韵，歌与蛇为韵，《楚辞》无隔韵遥韵之体也。又如离字，《少司命》篇云"悲莫悲兮生别离，乐莫乐兮新相知"，顾氏强解之谓上句不入韵，然《老子》以离韵兄疵雌知豁，《庄子》两以离韵知，皆其灼然者。老庄用离字音皆变，则屈子用离字宁必其音罗乎？以委蛇离三字推之，其以驰韵蛇者安知其不音迟乎？与离同音若《离骚》之江蓠、《渔父》之啜醨，安知其不如今音乎？而与蓠相韵之化字，与醨相韵之移为字，音不随之而变乎？《远游》之歌字音变为基，则《渔父》之波字不亦变为卑乎？由是辗转以推，恐音之变者已多。由老庄屈子推之，恐秦汉以前诸家之书

亦未必皆如古音，顾氏分出此韵之字与歌戈韵者，安知其不变歌戈之音而从支之乎？百里奚妻《琗嫠歌》以皮嫠为三字韵奚时雌，其较著者也。不独此歌而已，夫子《龟山操》云"予欲望鲁兮，龟山蔽之，手无斧柯，奈龟山何"不以柯何韵之乎？《将归操》云"狄之水兮风扬波，舟楫颠倒兮更相加，归来归来兮胡为斯"，不以波加韵斯乎？如曰此皆音变之后后人拟作也，则更以双声字推之。如倭字，於禾切，而《诗》已言"周道倭迟"，则倭从迟变为於非切矣；离字音罗，而《左传·哀公》"为支离之卒"，《庄子》有"支离疏"，又曰"支离其形""支离其德"，则离从支变为吕支切矣。然则二韵之变，不始于黄石公、司马相如。至齐梁时，音之变者已定，作韵书者不得不收移为诸字入五支，而七歌八戈别为部不使混于支脂，尤为界限分明。

歌支"二韵之变"，始于《琗嫠歌》，始于《龟山操》《将归操》，始于《诗》《左传》《楚辞》《老子》《庄子》，言之凿凿。《诗·四牡》"周道倭迟"，倭迟叠韵，迟字脂韵，倭字从迟变支。倭迟即委蛇、透迤，则《诗·羔羊》"委蛇委蛇"也可读支韵。[①] 顾氏《唐韵正》蛇字下言"《诗》'委蛇委蛇'正谓人之委曲而行如蛇耳"，为了他的"古蛇字皆徒何反"，不惜联绵词分训，不惜增字为训。《诗·民劳》"无纵诡随"，诡随叠韵，危声字顾氏归支部，则"入歌"之随字变支无疑。后人有归危声字入歌部者，然《文子·符言》"故安而不危，水流下不争疾，故去而不迟""德少而宠多者讥，才下而位高者危，无大功而有厚禄者微"，危不读支乎？《诗·七月》火字与微韵衣字相押，其读变支。《玄鸟》脂韵之祁与河宜何相押，"入歌"之宜及歌韵河何变读支韵。"二韵之变"出现于《诗》，是"入歌""变支"共存于《诗》。"入歌""变支"共存于《诗》，则歌支二韵《诗》"故皆分明"便不可信。《小雅·小弁》首章"弁彼鸒斯，归飞提提。民莫不谷，我独于罹。何辜于天，我罪伊何？心

---

① 《羔羊》"委蛇委蛇"，马瑞辰《毛诗传笺通释》谓委蛇"又作倭迟，又作威夷"。又，《别雅》卷一："倭迟，委蛇也。"

之忧矣，云如之何？"前四句斯提罹相押，后四句何何相押。顾氏为了他的古音，便斯提相押，罹音罗与两何字相押。《小弁》八章，章八句。第二、三、四、五章一韵到底，第六、七、八章上四句一韵下四句换韵，无如顾氏上二句一韵下六句换韵者。所谓此二韵"分明"，常常是被"分明"的。又，《玄鸟》何字读支韵，安知此章何字不读支、斯提罹何何一韵到底？

江永推《楚辞》蛇驰歌离蓠醨化移为波等字读支，则《古韵标准·平声第七部》所举《楚辞》音证，如为字之《天问》为化，《九歌》何亏为，《招魂》荷波陁罗篱为；加字之《天问》加亏；嗟字之《天问》嘉嗟；仪字之《九章》仪为；离字之《离骚》离亏，化蓠；施字之《天问》施何；池字之《九歌》池阿歌，《招魂》池荷；移字之《渔父》移波醨为；麾字之《远游》麾波，《大招》罢麾施为；披字之《九歌》披离为；亏字之《离骚》离亏，《九歌》何亏，《天问》加亏，《九章》仪亏；奇字之《招魂》酰波奇；篱字之《招魂》罗篱；蓠字之《离骚》化蓠；蠏字之《九歌》河波蠏，化字之《离骚》他化，《九辩》化何；都可以是支韵自韵的韵段，皆不可证支"入歌"。①

"顾氏分出此韵之字与歌戈韵者，安知其不变歌戈之音而从支之乎？"此言顾氏"入歌"的支韵字与歌戈韵字相韵时，怎么知道不是变歌戈韵字之音为支韵之音？此问甚迭。百里奚妻《烰麂歌》皮为二字读支②，《老子》离为二字读支，试以离为皮三字推顾炎武《唐韵正·五支》所举《诗》支韵"入歌"音证：

《新台》三章："鱼网之设，鸿则离之。燕婉之求，得此戚施。"

---

① 不唯《楚辞》。顾炎武云张衡施罢仪驰池蠏蓠亏误支，若以此推顾氏所举支"入歌"的音证，如《西京赋》"炙凫鹥，清沽玫。皇恩溥，洪泽施。徒御悦，士忘罢。巾车命驾，迺旆右移。儴佯乎五柞之馆，旋憩乎昆明之池"，"感河冯，怀湘娥，鹜蛚蟓，㶡蛟蛇"，"华岳峩峩，冈岑参差。神木灵草，朱实离离。总会仙倡，戏豹舞罴"；《思玄赋》"天地烟煴，百卉含蓠。鸣鹤交颈，睢鸠和鸣。处子怀春，精魂回移。如何淑明，忘我寔多"；《南都赋》"其竹则篝笼箫簜，篠簳筑篱。缘延坻坂，澶漫陆离。阿那蓊茸，风靡云披"，其中玫施罢移池娥蛇差离罴蓠和多篱披等字得读支。则顾氏玫移蛇披罴疲罢施差池离篱等字下所引张衡之音亦皆不能证支"入歌"。

② 《古韵标准·平声第七部·补考》麂字下谓《百里奚妻歌》"未必汉人拟作，春秋时此韵已变矣"。

《湛露》四章："其桐其椅，其实离离。岂弟君子，莫不令仪。"

离字读支，则施椅仪亦读支韵。

《缁衣》首章："缁衣之宜兮，敝，予又改为兮。"

《女曰鸡鸣》二章："弋言加之，与子宜之。"

《閟宫》三章："享以骍牺，是饗是宜。降福既多，周公皇祖，亦其福女。"

《北山》六章："或出入风议，或靡事不为。"

为字读支，与为相押之宜议、与宜相押之加牺多亦从之读支。

《韩奕》六章："献其貔皮，赤豹黄罴。"

《斯干》六章："吉梦维何，维熊维罴，维虺维蛇。"

《东山》四章："亲结其缡，九十其仪。其新孔嘉，其旧如之何。"

《小弁》首章："民莫不穀，我独于罹。何辜于天，我罪伊何。心之忧矣，云如之何。"

《节南山》二章："节彼南山，有实其猗。赫赫师尹，不平谓何。天方荐瘥，丧乱弘多。民言无嘉，憯莫惩嗟。"

《那》："猗与那与。"

《淇奥》首章："瞻彼淇奥，绿竹猗猗。有匪君子，如切如磋。如琢如磨。"

《卷阿》十章："君子之车，既庶且多。君子之马，既闲且驰。矢诗不多，维以遂歌。"

《车攻》六章："四黄既驾，两骖不猗。不失其驰，舍矢如破。"

《东门之池》首章："东门之池，可以沤麻。彼美淑姬，可与晤歌。"

《皇矣》六章："无矢我陵，我陵我阿。无饮我泉，我泉我池。"

《无羊》二章："或降于阿，或饮于池，或寝或讹。"

《丘中有麻》首章："丘中有麻，彼留子嗟。彼留子嗟，将其来施施。"

《兔爰》首章："有兔爰爰，雉离于罗。我生之初尚无为。我生之后，逢此百罹，尚寐无吪。"

皮字读支，与皮相押之罴、与罴相押之何蛇、与何仪相押之缡嘉、与何相押之罹、与何多嘉相押之猗嗟、与猗相押之那、与猗嗟相押之磨、与多相押之驰歌、与猗驰相押之驾破、与歌相押之池麻，与池相押之阿，与阿池相押之讹，与麻施相押之嗟，与为瞿讹相押之罗皆从之读支。

如是推之，《宾之初筵》六章之嘉仪，《既醉》四章之何嘉仪，《抑》五章之仪嘉磨为、八章之仪嘉，《相鼠》首章之皮仪为，《鳲鸠》二章之沙宜多嘉为，《鸳鸯》首章之罗宜皆以支韵之音相押。《羔羊》首章皮绥蛇相押，《泽陂》首章陂荷何为沱相押，《破斧》二章锜吪嘉相押，《君子偕老》首章珈佗河宜何相押，《裳裳者华》四章左宜相押，《棫朴》二章莪宜相押，《玄鸟》河宜何相押，《柏舟》首章河仪他相押，《菁菁者莪》首章莪阿仪相押，《斯干》九章地裼瓦仪议罹相押，绥陂荷沱锜珈佗河左莪他莪地瓦皆得读支。

"顾氏分出此韵之字与歌戈韵者"，皆可"变歌戈之音而从支之"，江永料到了。其实，江永在论证"入歌"的支韵字蛇离驰蓠醨移为等和歌戈韵字歌波等"变支"后就已作出"恐秦汉以前诸家之书亦未必皆如古音"的判断。"歌"韵字"未必皆如古音"，"歌"韵字可读支，《诗》歌支相押押支韵就是情理中事。

认为歌支相押是正音"同质相押"，那么歌支相押押支韵则是歌戈韵多何磋那磨歌破阿讹罗绥荷沱佗河左莪他莪等字古韵"入支"，后又"讹""变"入歌戈；今韵歌戈"本二韵而误併为一"，当离析歌戈入古韵两个韵部。依顾炎武，支"入歌""变支"；依江永，歌亦可"入支""变歌"。或入此变彼，或入彼变此，让人一头雾水。

"至齐梁时，音之变者已定，作韵书者不得不收移为诸字入五支，而七歌八戈别为部不使混于支脂，尤为界限分明。"这话是说施宜移随驰离池地仪戏为蠵奇亏移垂陂蠵罹等"歌"韵字"变支"，音之变齐梁时已定，作韵书者不得不收入五支；而河多峨阿萝等"歌"韵字"变支"，因音之变至齐梁时仍未定，所以今韵别为歌戈韵以与支脂分明。定与未定，其根据显然是"作韵书者"于支韵收与未收。以果为因，没有太大的说服力。歌支相押可以押支韵，支韵就没有"入歌""变支"之事，今韵支韵分属古韵歌支两部之说也就是无根之谈。歌戈韵河多峨阿萝等"变支"，历经近千年没有变定，齐梁之后又转身变了回去读歌戈，恐无其事。

《古韵标准·平声第三部总论》说："歌韵亦有从支脂之方音，昔之编韵书者固不能反。"此言古韵歌部有"从支脂之方音",那些今韵"人支"者乃韵书没有收歌部正音而收了歌部方音。原来江氏的"变",是变正音为方音。没有"入歌""变支"之事,"变正音为方音"也就不存在。问题是,江永明明知道歌戈有读似支脂的方音,那么歌支相押为什么不断为歌戈以其读似支脂的方音与支脂的正音"异质相押"?其实,江永也有过积极的思考。

三　江永的矛盾

《古韵标准·平声第七部》[补考]和:"户戈切○《易》'鸣鹤在阴,其子和之。我有好爵,吾与尔靡之。'《庄子》'利害相靡,生火实多。众人焚和,月固不胜火。'○案,和火皆入第七部。此皆如今音别存之于此。"又《平声第二部》[别收八戈]和:"户危切。○本证:'倡予和女'韵吹。旁证:《易》'鸣鹤在阴,其子和之。我有好爵,吾与尔靡之。'《史记·叙传》'依之违之,周公绥之。愤发文德,天下和之。'《庄子》'我守其一,以处其和。我故修身,千二百岁矣而形未尝衰。'《淮南子》'平而不阿,明而不苛。覆露万物,无不囊怀。溥氾无私,静正以和。'○案:和从禾,宜在戈韵,乃入此部者,支韵字多与歌戈互通,犹委字亦从禾得声,萎倭又从委得声,亦入支韵。又如上声火字,今在果韵,古在纸韵,其理一也。《易》以和韵靡,靡字犹可音磨;《诗》以和韵吹,吹不可入歌戈;则和字定读为户危切,《易》之靡当音谟悲切矣。《淮南子》既以和韵怀又韵阿苛,则阿苛亦入此部,盖方音也。又《庄子·外物篇》和与靡多火为韵,则和与火如今音。"

《诗》以和韵吹,吹未必不可入歌戈。《诗本音》于《箨兮》首章吹字下注:"古音昌戈反,后人误入五支韵。"《古韵标准·平声第七部》"补考"赢字读"力禾切",引《老子》第二十九章"故物或行或随,或嘘或吹,或强或赢,或挫或隳"为证并注隳"许戈切",吹字江永灼然读歌。但是,《史记》和字韵微韵之违、脂韵之绥,《庄子》和字韵脂韵之衰,《淮南子》和阿苛三字韵皆韵之怀,和阿苛皆读支韵无疑。"《淮南子》既以和韵怀又韵阿苛,则阿苛亦入此部,盖方音也。"和阿苛的支韵之读既是方音,为何把方音当成正音"亦入此部"?和阿苛的支韵之读既是方音，则和阿苛与脂微皆相押就是以方音入韵，是方音与正音"异质相押"。和阿苛的支韵之读既是方音，则和阿苛的正音从未"变支"。

《易》"鸣鹤在阴，其子和之。我有好爵，吾与尔靡之。"既证和读"户戈切"又证和读"户危切"。为什么有此等两好的事？原来和靡歌支"异质相押"。靡字读支韵正音，和字就读方音"户危切"；和字读戈韵正音，靡字就读"音磨"之方音。

"火字，今在果韵，古在纸韵"，说的是火字古韵"入支"，后又"变"入果韵。《古韵标准》上声第二部火字注云："虎委切。○本证'七月流火'一二章与衣平上为韵……○案，《庄子》'利害相摩，生火实多。众人焚和，月固不胜火。'火字似如今音，盖方音之异。"

和阿苛的支韵之读是方音，今音是正音；为什么火字的纸韵之读是正音，今音是方音？这显然是相互矛盾的说法。《尔雅·释言》"燬，火也"，郭璞注"燬，齐人语"，明说火读燬是齐地方音。火读燬既然是方音，那么今音不就是正音吗？火字果纸二音既然是正音与方音之别，那么火之果纸二音就不是"古今"之变。火字与微韵衣字相押读的是方音，火字正音从来没有"变支"。火衣相押不是正音"同质相押"，而是方音与正音"异质相押"。

《古韵标准·平声第一部总论》说："审定正音乃能辨别方音，别出方音更能审定正音，诸部皆当如此。"和之户危切、火字之虎委切明明是方音，为何不"别出方音"而携异质之音与正音一道言变言古音？

在正音方音问题上，江永的处理是矛盾的。《古韵标准·平声第一部》东字下注："德红切○《桑柔》四章'自西徂东'韵愬辰瘏，音稍转似德真切。乃从方音偶借，非本音。"顾炎武《诗本音》在此章下注曰："此章东字不可韵。此见古人之文以意为主，而不屑屑于音节之疏密。小有出入，终不以韵而害意也。"江永认为东字读德真切与愬辰瘏相押，并明确说明东字读德真切是从方音中借来的读音，不是正音。"自西徂东"韵愬辰瘏，如果认定是正音"同质相押"，势必东"入真"或愬辰瘏"入东"。如果东不"入真"、愬辰瘏也不"入东"，那么"自西徂东"韵愬辰瘏也必不是正音"同质相押"。两难之下，顾氏只好以"东字不可韵"来"分明"《诗》韵。江永东字读方音德真切与愍辰瘠相押，这就不是正音"同质相押"，而是方音与正音"异质相押"。

《古韵标准·平声第一部总论》："吾徽郡六邑有呼东韵似阳唐者，有呼东冬钟似真蒸侵者。"江永以家乡东有似真之读明东真可以"异质相押"，可是安知广袤大地，不曾有过呼支似歌、呼歌似支的异质之音而必歌支相押为"同质相押"？

认为歌支是正音"同质相押"，就有了不能有效地得到证明的"入歌"之说，就有了歌戈与支脂之微齐灰相押"变支"却又没有变成的疑问，就有了歌支分部却支可从歌、歌可从支、歌支两读这许多说不清的事情。江永虽然有"歌韵亦有从支脂之方音""支韵字多与歌戈互通""阿苛亦入此部""盖方音也"这样的觉悟，可惜囿于正音"同质相押"理论，始终无法对歌支相押的真相寻根究底，[①] 失去了纠正顾炎武的机会。

四　吴棫的异质相押

吴棫通过"通转"说明古韵。《韵补》戈"古通歌"，麻"古转声通歌"，说明吴棫古韵歌戈麻合为一部。《韵补》歌韵收有麻豪模支等韵转读歌戈者近百字，但只有麻韵转读后才与歌戈同一古韵。麻韵之外豪模支等韵的字虽转读歌韵但不与歌戈同一古韵，因为豪模支等韵的字所读歌韵之音与古韵异质。《韵补》脂之微齐灰"古通支"，佳皆咍"古转声通支"，说明吴棫古韵支脂之微齐灰佳皆咍合为一部。佳皆咍三韵之外歌戈尤等韵的字转读支韵者虽收在支韵之下，但不与支同一古韵，因为佳皆咍三韵之外各韵的字所读支韵之音与古韵异质。

《羔羊》首章《毛诗叶韵补音》皮读蒲禾切，蛇读唐何切。皮蛇二字

[①] 顾炎武《易音·象传·乾》下举夫子、屈宋之例说明"古人于耕清青韵中字往往读入真谆臻韵者"，以为"当縣方音之不同"，"今吴人读耕清青皆作真音"，"未可以为据也"，并断言"以此知五方之音，虽圣人有不能改者"。《象传·蒙》下言夫子传《易》三用应字皆韵中字"或出于方音"，《象传·恒》深字下言韩愈以深叶容"不知深字自有正音"，皆《易音》中正音方音的论述。江永《古韵标准·例言》论及顾氏音学，云"余最服其言曰孔子传《易》亦不能改方音。"可是《诗》歌支相押却不深论正音方音。

虽与顾江同读歌戈，但读音的实质与顾江不同。吴棫认为皮蛇二字读歌不是古韵，不存在"入歌"的问题；皮蛇二字所转歌戈之读是与古韵不同语音系统的读音，与古韵异质；皮蛇读歌与紽字读歌不同质，紽字读歌读的是古韵正音，皮蛇读歌读的是古韵的异质之音，因此皮蛇紽相押押歌韵是"异质相押"，不是正音"同质相押"。

按照吴棫的理论，《诗》歌支相押时，"支从歌"是歌的正音与支韵读似歌的异质之音相押，支韵正音没有"入歌"；"歌从支"是支的正音与歌韵读似支的异质之音相押，歌韵正音没有"入支"。支韵正音没有"入歌"，也就不存在与脂之微齐灰等相押时"讹支""变支"之事。歌韵与支脂之微齐灰等相押时用的不是正音而是读似支的异质之音，歌韵正音同样不存在"讹支""变支"之事。支有读似歌的异质之音，所以支韵字的歌支两音是支韵字的正音与支韵字读似歌的异质之音，非支韵正音有二；歌有读似支的异质之音，所以歌韵字的歌支两音是歌韵字的正音与歌韵字读似支的异质之音，非歌韵正音有二。《易·鼎》义何"支歌相押"，若何字读的是正音，义字读的就不是正音而是与歌戈相似的异质之音；若义字读的是正音，何字读的就不是正音而是与支韵相似的异质之音；义字正音没有"入歌"，何字正音也没有"讹支""变支"。《诗》火衣"歌微相押"，衣字读的是正音，火字读的不是正音而是与支相似的异质之音，火字正音没有"讹支""变支"。义字之"歌支两读"，一读是义字正音，另一读是义字与歌戈相似的异质之音。火字之"歌支两读"，一读是火字的正音，另一读是火字与支韵相似的异质之音。

《说文》"枝，木别生条也，从木支声。"又"柯，斧柄也，从木可声。"枝柯形音义皆不同，二字本无关涉。

柯可以假借作枝。《诗·湛露》"湛湛露斯"，笺："使物柯叶低垂。"孔颖达疏"柯谓枝也。"宋玉《九辩》"柯仿佛而委"，张铣注："柯，枝也。"《玉篇》"柯，枝也"。颜延年《曲水诗序》"并柯共穗之瑞"，并柯即并枝。

枝有柯之异读，那么枝之枝柯二音异读合成可作枝柯一词，枝柯即枝。《玉篇》"枝，枝柯也"。段氏《说文》柯字注："柯之假借为枝柯"。

《广韵·歌韵》"柯，枝柯"。《广韵·支韵》"枝，枝柯也"。

柯有枝之异读，柯就可以以其异读入韵与支脂部正音"异质相押"：夫子《龟山操》"予欲望鲁兮，龟山蔽之，手无斧柯，奈龟山何。"《黄庭经》"丹青紫条翠灵柯，七蕤玉龠闭两扉。"《逸周书·卷九·周祝解》"叶之美也解其柯，柯之美也离其枝。"

不同语音系统的读音共存于一地，是汉语早已存在的事实。顾炎武、江永都承认《诗经》中既有正音也有正音的异质之音，却没有把《诗》"异质相押"与"同质相押"同等对待。在处理歌支相押的问题上，吴棫"异质相押"似乎更切合语言实际。

五　莆田方言佐证

莆田方言有文读白读之分，文读大都能与今音系统对应，白读则积淀了不同语音系统的读音，与今音系统难以对应。所以，莆田方言文白异质，白读中也存在异质之音。

莆田方言歌戈文读一般韵母为〔ɒ〕（歌箇戈果过火）、〔yɒ〕（靴），支脂之微齐灰（祭废）诸韵文读一般韵母为〔i〕（支脂之微蛇）、〔ui〕（随虽归推脆）、〔e〕（羁地齐祭废）、〔ue〕（吹糜灰岁）。[①] 按文读系统，歌是歌，支是支，没有瓜葛。歌支没有瓜葛，自然也不会存在歌从支、支从歌、歌支两读的问题，歌戈与支脂之微齐灰也不可能相韵。可是不少支韵字有〔yɒ〕的白读，如奇骑椅寄蚁施纸徙企矛岐蛇等；戈韵字也有〔ui〕〔ue〕的白读，如襄果过火等。[②] 支的白读似歌戈的文读，戈的白读似支等的文读，歌戈的文读与支的白读、支韵的文读与歌的白读"异质相押"非常和谐。以莆田方言读之，《易·家人》义谓相押是义谓二字的文读音"同质相押"，《易·鼎》义何相押是义字的白读音与何字

---

① 支脂之三韵精庄声母字文读〔o〕。

② 今以奇骑椅寄蚁施蛇为歌部字，纸徙企矛岐为支部字，莆田方言不分为两类。《逸周书·周祝》"时之行也勤以徙，辟召道者福为祸。"以徙祸祸。又，歌韵当有〔i〕〔e〕之类的白读音，但是现在已读不出。襄字江袭顾说古音初危反，言"今此字两收于灰戈部中，当改入支韵。"支韵之读是莆田的白读音。《方言》十："煤，火也。楚转语也。"《广韵·贿韵》呼罪切："煤，南人呼火也。"煤从果声，齐音之毁与南人之煤，皆似莆田火字的白读音。

的文读音"异质相押"①,《易·鼎》之义字没有"入歌",《易·家人》之义字也没有"变支"。义字有读似歌的白读音,所以其同时存在的支歌两读是义字的文白二音。《诗》火衣相押是火字的白读音与衣字的文读音"异质相押",不是火字"变支"与衣字"同质相押"。火字有读似支的的白读音,所以火字的歌支两音是火字的文白二音。

莆田方言这些仅存的白读音,举以为例,或许可以为吴棫处理歌支相押的理论方法提供一个佐证。

第三节　今韵侯虞顾江归部考辨

一　顾江的分歧

顾炎武江永对侯韵类在古韵中的归属有不同的看法。

顾炎武《唐韵正·十九侯》云:"古与九鱼十虞十一模通为一韵……古侯韵与鱼虞模同用,无与忧流州鸠同用者。"意思是侯韵合鱼虞模为古韵一部,尤幽与此部无关。

江永《古韵标准·平声第十一部》曰:"顾氏必欲画出侯韵使从鱼虞模,不得与尤幽通。凡有读虞韵分出之字从侯韵之音者,一切反之使从鱼虞模,有用侯韵字与尤韵叶者,概谓後人之误,上声厚去声候亦如之。持之甚坚,牢不可破。"意思是古韵侯韵与尤幽为一部,鱼模为一部,虞韵则一部分归鱼模,一部分归尤侯幽。②

顾炎武、江永之说都证之以《诗》,如《载驰》:

> 载驰载驱,归唁卫侯。驱马悠悠,言至于漕。大夫跋涉,我心则忧。③

---

① 义字读不出韵母〔yɒ〕的音,义声之蚁白读〔hyɒ〕可证。义何相押也可能是何字的白读音与义字的文读音异质相押,可惜何字今已读不出与义字可韵的白读音了。

② 这里所说的尤韵不包括顾炎武,江永以为古韵归之哈部的字。

③ 漕字在本章中读尤韵。

顾氏侯音胡以韵虞韵之驱，悠漕忧转韵。江永认为驱字是"虞韵分出之字从侯韵之音者"，驱侯悠漕忧押尤侯，批评顾氏"侯韵使从鱼虞模，不得与尤幽通"。

《郑风·羔裘》：

> 羔裘如濡，洵直且侯。彼其之子，舍命不渝。

顾氏侯音胡与虞韵之濡渝押模虞。江永认为濡渝二字是"虞韵分出之字从侯韵之音者"，濡侯渝押尤侯，批评顾氏"虞韵分出之字从侯韵之音者，一切反之使从鱼虞模"。

《白驹》：

> 皎皎白驹，贲然来思。尔公尔侯，逸豫无期。慎尔优游，勉尔遁思。

江永认为驹字是"虞韵分出之字从侯韵之音者"，侯驹游三字押尤侯。顾氏侯音胡与虞韵之驹相押，尤韵之游字不入韵。

《无羊》二章：

> 何蓑何笠，或负其餱。三十维物，尔牲则具。

江永认为具字是虞韵归鱼模者，此章餱具不押韵。顾炎武"餱"字古音胡，与具字押模虞。

《行苇》三章：

> 敦弓既句，既挟四鍭。四鍭如树，序宾以不侮。

顾氏"鍭"字古音胡与虞韵类字句树侮"平上去通为一韵"。江永认为句树侮三字是"虞韵分出之字从侯韵之音者"，句鍭树侮押尤侯。

顾炎武、江永的《诗》证，实际上是以《诗》韵证我，各说各话。

二　顾炎武的困难

顾炎武认为《诗》押韵是古韵"同质相押"，认为《诗》音就是古韵正音，所以侯韵与鱼虞模相押时以为"古侯韵与鱼虞模同用，无与忧流州鸠同用者"，读侯之古音为胡。但是，这个意见是不能令人信服的。

《广韵》上平声九鱼十虞十一模相连，下平声十八尤十九侯二十幽相属，侯韵若真的跳过三十几个韵"古与九鱼十虞十一模通为一韵"，则萧颜之制失之远矣。

《诗·常棣》二章"原隰裒矣，兄弟求矣。"侯韵之裒押尤韵之求。《候人》"维鹈在梁，不濡其咮。彼其之子，不遂其媾。"候韵之媾押宥韵之咮。顾氏断言古侯韵"无与忧州鸠同用者"，于是裒字下注曰："古音蒲牟反，后人混入十九侯韵。"咮字下注曰："古音注，后人误入四十九宥韵。"媾字下注曰："古音故，後人混入五十候韵。"侯韵类字都被改作了他韵之音，侯已不侯，拿什么去"与忧流州鸠同用"？侯韵字古音既读模韵，怎么裒字古音又用尤韵字作切下字？

侯古韵读胡，是侯模二韵类古韵同读，那么《广韵》侯模是怎么从古韵一分为二的？

三　江永对顾氏《诗》外音证的解释

江永反对顾氏的意见，也勉强对顾氏的音证作出他的解释。我们先列出《唐韵正》"侯古音胡"下所引《诗》外部分音证，再看看江永是怎么说的。

《左传·昭二十五年》：鹳鹆趹趹，公在乾侯，徵褰与襦。

《管子·轻重·甲篇》：有余富无余乘者，责之卿诸侯。足其所不赂其游者，责之令大夫。

《庄子·胠箧篇》：窃钩者诛，窃国者为诸侯。

《淮南子·主术训》：故桓公三举而九合诸侯，纣再举而不得为匹夫。

《淮南子·泰族训》：浊乱天下，挠滑诸侯，使百姓不遑启居。

《易林·师之井》：范子妙材，戮辱伤肤。然后相国，封为应侯。

《易林·泰之益》：凤皇衔书，玄珪赐我封为晋侯。

《易林·睽之坤》：实沈参墟，封为晋侯。

《易林·升之鼎》：衣裳颠倒，为王来呼。成就东周，封受大侯。

《越绝书》记吴王占梦见：两鬲炊而不蒸者，大王圣气有馀也。见两黑犬嗥以北嗥以南，四夷已服朝诸侯也。两鏵倚吾宫堂，夹田夫也。见流水汤汤越吾宫墙，献物已至则有馀也。

《解嘲》：夫上世之士，或解缚而相，或释褐而傅，或倚门而笑，或横江潭而渔，或七十说而不遇，或立谈而封侯，或枉千乘于陋巷，或擁篲而先驱。

《汉书·元后传赞》：五将十侯，卒成新都。

《汉书·叙传》：抑抑仲舒，再相诸侯。身修国治，致仕悬车。下帷覃思，论道属书。讜言访对，为世纯儒。

张衡《西京赋》：增昭仪於婕妤，贤既公而又侯。许赵氏之无上，思致董於有虞。

应璩诗：汉末桓帝时，郎有马子侯。自谓识音律，请客鸣笙竽。为作陌上桑，反言凤将雏。左右伪称善，亦復自摇头。

夏侯湛《抵疑》：德入殷王，义感齐侯。故伊尹起庖厨而登阿衡，甯戚出车下而阶大夫。

……

对于顾氏《左传》《庄子》两个音证，《古韵标准·平声第十一部总论》说："《左传》'公在乾侯'与跦襦为韵，此亦跦襦从侯非侯从跦襦。凡偏旁从朱者皆通尤侯，吾以《株林》株韵驹而知之，又以邾娄後改为邹而知之，又以《杂卦传》诛韵昼而知之，又以《春官·甸祝》'禂牲禂马'注谓'禂读如伏诛之诛，今侏大字也'而知之。《庄子》'窃鉤者诛，窃国者为诸侯'亦犹是也。岂必转侯以就跦诛乎？凡偏旁从需者皆通尤侯，《羔裘》既以濡韵侯矣，而需与须同音，故《易》曰'需，须也'，'贲其须'与'贲如濡如'亦韵也。息夫躬之辞曰'嗟若是兮欲何留，抚神龙兮擥其须'，则须字古音思由切。知须则知需矣，知需则知襦为而由切矣，岂必转侯以就襦乎？"

《左传》《庄子》以外的十四个音证，江永没有发表意见。因为《古韵标准·平声第三部》说：虞韵“从禺从芻从句从区从需从须从朱从殳从俞从臾从娄从付从音从孚从取从厨从求者”通尤侯，“从吴从无从巫从于从瞿从夫从旉从夸从具从奭者”通鱼模。而那十四个音证中，与侯字相押者既有“通鱼模”的夫虞竽等字，还有“通尤侯”的驱儒雏等字。鱼韵模韵江氏不通尤侯，而那十四个音证中，与侯字相押者有鱼韵的居书墟馀渔车好等字，有模韵的呼都等字。

依江氏的主张，那十四个音证得出的结论是：从夫从吴从于者“通尤侯”，鱼韵的居书墟馀渔车好、模韵的呼都等字读尤侯之音。面对这个与江永相悖的结论，《古韵标准·平声第十一部》侯字下不得不笼统地说“後人方音乃音胡”。

“後人方音乃音胡”，承认了那十四个音证中的侯字以读胡的方音入韵。与顾氏不同的是：侯读胡是方音不是古韵正音，而且是“後人”的方音不是《诗》中的方音。

四　虞韵二分不合语言事实

江永说“凡偏旁从朱者皆通尤侯”，可是从朱者亦“通鱼模”。《国语·晋语六》“故以惠诛怨”，韦昭注：“诛，除也。”读诛作除。《鬼谷子·本经阴符·分威》“以实取虚，以有取无，若以镒称铢。”虚无铢相押。除虚，鱼韵；诛铢“通鱼模”。

江永说“以《杂卦传》诛韵昼而知”从朱者之“通尤侯”。《易·杂卦传》“《晋》，昼也。《明夷》，诛也。《井》通而《困》相遇也。”叶昼诛遇。从朱者“通尤侯”，从禺者当随之“通尤侯”。可是从禺者亦“通鱼模”。《荀子·云赋》“居则周静致下，动则綦高以钜，圆者中规，方者中矩，大参天地，德厚尧禹，精微乎毫毛，而充盈乎大寓。”钜，语韵；钜矩禹寓相押，寓字“通鱼模”。

江永说“凡偏旁从需者皆通尤侯”，可是从需者亦“通鱼模”。《左氏春秋·成公十年》“晋侯孺卒”，李富孙异文释：“（史记）《十二诸侯年表》《晋世家》作據。”據，御韵。據书之以孺，孺字“通鱼模”。

江永因息夫躬留须二字相押读须字尤韵。可是须字亦“通鱼模”。《战国策·秦策一》“大王拱手以须”，鲍彪注：“须胥同，待也。”《孟子·万章上》"帝将胥天下而迁之焉",赵岐注:"胥,须也。"胥,鱼韵。须字"通鱼模"。

从朱从禺从需从须者之外,江永"通尤侯"之从句从区从俞从娄从付从取从厨者亦兼"通鱼模":

从句者

《诗·白驹》驹侯游相押,驹字"通尤侯"。

《说文》"蚼,北方有蚼犬,食人。从虫,句声。"段注:"《大戴礼》作'渠搜贡虚犬'。"虚,鱼韵。蚼书作虚,蚼字"通鱼模"。

从区者

《诗·载驰》驱侯悠忧相押,驱字"通尤侯"。

《说文》"醹,私宴饮也。从酉區声。"徐锴系传:"醹,犹醧也"。《毛诗》"饮酒之饫",李富孙异文释:"饫,《文选·魏都赋》注引《韩诗》作醹。"醹饫,御韵;醧,遇韵。醹醧皆"通鱼模"。

从俞者

《诗·正月》"胡俾我瘉",毛传:"瘉,病也。"《斯干》"无相犹矣",郑笺:"犹,当作瘉。瘉,病也。"《说文》"瘉,病瘳也。"又"瘳,疾瘉也。"《经籍籑诂·由韵》:"《孟子·万章下》'由由然不忍去也',《韩诗外传》作'愉愉然不去也'。"犹瘳由,尤韵。《正月》之瘉《斯干》书作犹,瘉与瘳《说文》互训;《孟子》之由《韩诗外传》书作愉;瘉愉"通尤侯"。

《孔子家语·观周》"温恭慎德,使人慕之。执雌持下,人莫逾之。"慕,暮韵。慕逾相押,逾字"通鱼模"。

从娄者

《史记·刘敬叔孙通列传》"娄者,乃刘也。"刘,尤韵。娄字"通尤侯"。

《公羊传·昭公二十五年》"且夫牛马维娄",徐彦疏:"娄者,侣也。谓聚之於廊。"侣,语韵。娄字聚字"通鱼模"。

从付者

《说文》"驸,副马也。从马付声。"《汉书·苏武传》"宦骑与黄门驸马争船",颜师古注:"驸,副也。"副,宥韵。驸字"通尤侯"。

宋玉《神女赋》"顾女师，命太傅。欢情未接，将辞而去。迁延引身，不可亲附。"去，御韵。傅去附相押，附字傅字"通鱼模"。

从取者

《诗·棫朴》"芃芃棫朴，薪之槱之。济济辟王，左右趣之。"槱，有韵。槱趣相押，趣字"通尤侯"。

《黄帝内经·素问·离合真邪论》"弹而怒之，抓而下之，通而取之。"怒，暮韵。怒下取相押，取字"通鱼模"。

从厨者

《楚辞·惜往日》"独鄣壅而蔽隐兮，使贞臣而无由。闻百里之为虏兮，伊尹烹於庖厨。"由，尤韵。由厨相押，厨字"通尤侯"。

《诗·静女》"搔首踟蹰"，《韩诗》作"踌躇"。躇，鱼韵。蹰字"通鱼模"。

江永"通尤侯"者兼"通鱼模"，"通鱼模"者又兼"通尤侯"，比如：

从無者

《楚辞·哀郢》"当陵阳之焉至兮，淼南渡之焉如？曾不知夏之为丘兮，孰两东门之可芜？"如，鱼韵。如芜相押，芜字"通鱼模"。

《左传·宣公十五年》"仲孙蔑会齐高固于無娄"，《公羊传》作牟娄。牟，尤韵。书無作牟，無字"通尤侯"。

从夫者

《左传·哀公十七年》"登此昆仑之虚，绵绵生之瓜。余为浑良夫，叫天无辜。"虚，鱼韵；辜，模韵。虚瓜夫辜相押，夫字"通鱼模"。

《管子·轻重·甲篇》"有余富无余乘者，责之卿诸侯。足其所不赡其游者，责之令大夫。"侯，侯韵；游，尤韵。侯游夫相押，夫字"通尤侯"。

从臾者

《广雅·释诂》"斞，抒也。"抒，鱼韵。斞字"通鱼模"。

《诗·宾之初筵》"宾载手仇"，郑笺："仇读曰斞。"仇，尤韵。书觩作仇，觩字"通尤侯"。①

从瞿者

《诗·东方未明》三章"折柳樊圃，狂夫瞿瞿。"圃，姥暮二韵。圃瞿相押，瞿字"通鱼模"。

《说文》"眗，齐人谓瞿眗也。"眗，尤韵。谓瞿为眗，瞿字"通尤侯"。

从于者

《诗·都人士》"匪伊垂之，带则有馀。匪伊卷之，髮则有旟。我不见兮，云何盱矣。"馀旟，鱼韵。馀旟盱相押，盱字"通鱼模"。

《诗·南山》"齐子由归"，马瑞辰传笺通释："由归，犹言于归也。"又，《书·吕刑》"鳏寡有辞于苗"，《墨子·尚贤中》引作"有辞有苗"。由，尤韵；有，有韵。于归作由归，于苗作有苗，于字"通尤侯"。

主字江永以《易》韵笞斗、《老子》韵垢证其"通尤侯"，可是《管子·七臣七主》"痛言人情以惊主，开罪党以为雠除。雠则罪不辜，罪不辜则与雠居。"除居，鱼韵；辜，模韵。主除辜居相押，主字"通鱼模"。

江永于其去声第三部孺字下说："又疑饫与飯通"，饫，御韵。若区声古读尤侯，飯与饫怎么通呢？

虞韵类既可"通鱼模"又可"通尤侯"，表明虞韵类没有"通鱼模"与"通尤侯"之分，也表明虞韵类有"通鱼模"与"通尤侯"两读。所以江永有些字不得不两收，比如附字去声第三部与去声第十一部两收，从需之孺字收在去声第三部、醹字收在上声第十一部等。

"齐人谓瞿眗也"，虞韵之瞿，齐人可读尤韵之眗。联系上文音证中《管子》以夫韵游，《易传》以主韵笞、以诛遇韵昼，《鄘风》以驱韵悠忧，《楚辞》以厨韵由，《齐风》书于作由，《左传》书无作牟，《墨子》书于作有，至少在齐鲁至荆楚的大片土地上虞韵字确有可读尤侯的方音。顾氏十九侯下举有侯虞两韵类兼收的字：区蓝抠觑貙娄蒌麌

① 《古韵标准·平声第十一部》仇字下注："仇字有二音。'与子同仇'此音，又见第二部。"案，第二部之音非古正音。参见本章第五节。

腰偻篓褛㥜㬡䳡搂摗媮歈腧嵞齺句蝈鞠鸲髻；举有虞侯尤三韵类兼收的字：陬緅揄；举有虞尤两韵类兼收的字：翲菆。虞韵兼收在尤侯者，兼收了虞韵常读的方音。莆田方音虞韵类字文读一般读 y，白读音还留有尤的读法。如：须 ɬy /tshiu，珠 tsy/tsiu，橱 tshy/tiu，树 ɬy/tshiu，柱 tsy/thiu，蛀 tsy/tsiu 等。

五　"後人方音乃音胡"不是语言事实

江氏可以以《左传》《庄子》诛跦襦与侯相押证诛跦襦之读尤侯，为何不可以以《管子》侯夫相押证夫之读尤侯？如果《管子》侯夫相押是侯字"後人方音乃音胡"，那么左丘明庄子不更是後人，为何《左传》《庄子》诛跦襦与侯相押不是侯字"後人方音乃音胡"而必是诛跦襦读尤侯？

实际上《诗》中就有侯韵类读模韵类的方音。

《常棣》六章"傧尔笾豆，饮酒之饫。兄弟既具，和乐且孺。"《诗本音》豆字下注"古音田故反"。江永于其去声第三部收有豆字，云"徒故切。'傧尔笾豆'韵饫具孺，似有此音。"徒故切是豆字读暮韵的方音。①

《瞻卬》末章"不自我先，不自我後。藐藐昊天，无不克鞏。无忝皇祖，式救尔後。"两後字《诗本音》"音户"。江永于其上声第十一部後字下云："两後字似与祖韵，音下五切。盖当时方音亦有此。偶一用之，他诗不必皆此音也。"下五切是後字读姥韵的方音。

《蝃蝀》二章"朝隮于西，崇朝其雨。女子有行，远兄弟父母。"《诗本音》于"远兄弟父母"下注"满补反"，于《葛覃》"归宁父母"下云："《蝃蝀》二章与雨韵。又《易·系辞传》'如临父母'与度懼故韵。要当以满以反为正。後人不知，但入四十五厚韵。"《唐韵正·四十五厚》母字注："母字定以读满以反为正，然亦有读满补反者"，并举《诗》《易》《庄子》《管子》《吕氏春秋》为证。江永于其上声第二部母字下云："《蝃蝀》二章韵雨，似入麌韵，此亦偶借，非其常也。"江氏所

①　方音不是古韵。豆字不该第三部第十一部"两部兼存之"。

谓 "入麌韵" 之音，就是顾氏的满补反。满补反是母字读姥韵的方音。（母字读音，参见第二章第四节。）

《桑柔》十二章 "大风有隧，有空大谷。维此良人，作为式穀。维彼不顺，征以中垢。"《诗本音》垢字下注 "古音古"。《古韵标准·上声第三部》垢字音果五切。注云："本证'征以中垢'韵谷穀，上入为韵……案，垢从后声，宜古厚切，入第十一部……既与谷穀韵，则转为果五切入此部，若後字之韵祖矣。此亦当时有此方音，如《左传》引谚'国君含垢'与污瑕平上为韵也。汉以后用垢字多入此部。如庄忌《哀时命》'不获世之尘垢'韵处，后汉张超《诮青衣赋》'尚有尘垢'韵父，繁钦诗'同尘共垢'韵辅。"果五切是垢字读姥韵的方音。

《诗》中有侯韵类读模韵类的方音，那么 "後人方音乃音胡" 就不是语言事实。

六　正确认识《诗》中的虞侯

《诗》有以方音入韵者，则《诗》押韵就不全是古韵 "同质相押"，而存在方音与古韵 "异质相押" 的事实。

把 "异质相押" 看成 "同质相押"，古韵的研究就会出现偏差。侯韵与鱼虞模相押，是因为侯韵以其读模韵的方音与鱼虞模 "异质相押"。方音是古音，但不是古正音，不能把古正音与古方音扭在一块研究古韵。所以侯韵之方音虽然与鱼虞模相押却不能与鱼虞模古韵同部。顾氏认定侯韵与鱼虞模相押是古韵 "同质相押"，于是出现偏差，作出侯与鱼虞模 "通为一韵" 的错误结论。

江永以鱼虞模为古韵一部，把侯韵拉回与尤幽通，鱼虞模与尤侯幽各自为阵。可是当他看到虞韵有与尤侯相押者，却同样认定是古韵 "同质相押"，于是把虞韵从鱼虞模中分出部分从尤侯，重蹈了顾氏覆辙。

虞韵没有二分，要么古韵与鱼模同部，要么古韵与尤侯幽同部。假如与尤侯相押的虞韵字古韵读尤侯，那就把虞从鱼虞模拉出来归尤侯幽？虞韵归尤侯幽，上平声十虞怎么跳到下平声十八尤十九侯二十幽中间的？《诗》虞与鱼模相押该怎么解释？

《古韵标准·平声第三部·总论》说："侯韵固有从虞模之方音，厚候亦有从麌姥遇暮之方音……昔之编韵书者固不能反虞麌遇三韵内之字使之从古音，而犹截然分出侯厚候三韵异其部居次第，不使其牵连而溷於虞模麌姥遇暮，不可谓不精审。"

江氏认为虞韵字与侯韵相押者古韵属侯韵，韵书收入虞韵是因为这些字有读虞韵的方音。所以他说：侯韵有从虞韵之方音，《广韵》据方音把侯韵字收进虞韵，其中部分字虽然不能反之从古音而留在虞韵，但韵书作者还是分出部分侯韵字另立一韵，不至于使侯韵完全混同虞韵。

侯韵也有从模韵之方音，为什么《广韵》没有据方音把侯韵收进模韵而从古到今侯模分明？可见韵书虞韵字有据方音收入者的说法是靠不住的。侯模相押，说是侯韵的方音读模；侯虞相押，却说是虞韵的古韵读侯。如果能在侯模相押、侯虞相押上有一致的认识：侯韵与鱼虞模相押是侯韵以读模韵的方音入韵，虞韵与尤侯相押是虞韵以尤侯的方音入韵，就不会导致韵书虞韵字有据方音而收入的错误。

其实，鱼虞模与尤侯幽之间，正音没有瓜葛。两部之间出现互押，都是方音入韵的缘故。侯韵有方音读模，所以侯韵可以以其读模韵的方音与鱼虞模正音"异质相押"：《常棣》豆饫具孺，豆字以读暮的方音与饫具孺之正音"异质相押"；《瞻卬》後祖後，後字以读姥的方音与祖之正音"异质相押"。虞韵有方音读尤侯，所以虞韵可以以其读尤侯韵的方音与尤侯正音"异质相押"：《载驰》驱侯悠忧，驱字以读尤侯的方音与侯悠忧之正音"异质相押"；《白驹》驹侯游，驹字以读尤侯的方音与侯游之正音"异质相押"。侯韵有方音读模，虞韵有方音读尤侯，所以当侯韵（不杂尤幽）与虞韵（不杂鱼模）相押时，侯韵可以以其读模韵的方音与虞韵正音"异质相押"，虞韵也可以以其读尤侯韵的方音与侯韵正音"异质相押"：《羔裘》濡侯渝，侯字可以以其读模韵的方音与濡渝之正音"异质相押"，濡渝也可以以其读尤侯韵的方音与侯之正音"异质相押"；《正月》瘉後口口愈侮，瘉愈侮可以以其读尤侯韵的方音与後口之正音"异质相押"，後口也可以以其读模韵的方

音与瘐愈侮之正音"异质相押"。① 如何取韵，可能要看成诗时地的方言
背景及语言习惯。

在古韵"同质相押"思想指导下的传统古韵研究，不少地方不能自
圆其说。古韵与古韵的异质之音"异质相押"，或许能给古韵研究一个新
的思路。② 破除迷信，深入文本，尊重"南北"，慎言"古今"，或许能
使古韵研究的结论更加接近真实。

第四节　段玉裁的古合韵

段玉裁为修补顾炎武、江永古韵理论的缺陷，在他的古韵学中立

---

① 《古韵标准·上声第十一部》口字下云："口字方音虽有读苦者，而《诗》只读本音。"
既然口字方音有读苦者，为什么《诗》不可读苦呢？《正月》瘐後口口愈侮，若口字不
可读苦，那么後字也不可读下五。同是《诗》，同是後字，《瞻卬》可读下五而《正月》
不可，什么原因呢？《瞻卬》後字与姥韵祖字相押，《正月》後口二字与麌韵瘐愈侮相
押，麌韵有方音读尤侯而模韵没有，所以後祖相押後字不可不读方音，而瘐後口口愈侮
相押後口可以不读方音。

侯韵类方音读模韵类是客观存在的，《正月》後口可以不读方音不等于"《诗》只读本
音"。"《诗》只读本音"的规定出自江永的需要。

《古韵标准》麌韵（举平赅上去，下同）改读第十一部者共 28 字：愚隅刍濡株殳渝榆
愈驱趋蒌孚枢姝踽驹侮愈瘐椟主醹数钃树附裕。这 28 个字共用 25 个"本证"，25 个
"本证"可分为三类：

1. 与麌相韵的是麌（10 例）：《抑》隅愚，《静女》姝隅踽，《绵蛮》隅趋，《皇皇者
华》驹濡驱诹，《株林》驹株，《伯兮》殳驱，《板》渝驱，《山有枢》榆枢蒌驱愈，
《汉广》蒌驹，《角弓》裕瘐。

2. 与麌相韵的是侯（10 例）：《绸缪》隅刍逅，《羔裘》濡侯渝，《角弓》驹後钃取，
《正月》瘐後口口愈侮，《行苇》句鍭树侮，《绵》附後奏侮，《行苇》主醹斗耇，《南
山有台》枸椟耇後，《卷阿》厚主，《巧言》树数口厚。

3. 与麌相韵的是尤或尤侯（5 例）：《载驰》驱侯悠忧，《小戎》收鞴驱，《文王》臭
孚，《下武》求孚，《白驹》驹侯游。

第 1 类中的麌韵字不必读尤侯；第 2 类中的麌韵字，当侯读模韵时读麌，当侯不读模韵
时才读尤侯；第 3 类中的麌韵字必须读尤侯。麌韵字读尤侯的确证只有 5 例。要推出第
1 类中的麌韵字读尤侯，从而推出麌之半古韵归尤侯，让第 2 类中的麌韵字读尤侯的重
要性可想而知。这是江氏对侯韵类方音读模韵类的话题一直谨慎的原因。

② 两者的异同可以打个比方：侯韵兜字普通话读 ou，模韵都字普通话读 u 外，还有异读
ou（读 u 读 ou 意义不同是异读于後世的分工）。假如兜都相押，顾氏认为是普通话"同
质相押"，都字的普通话当读 ou，读 u 是错误的。吴棫认为兜都相押是兜字的普通话 ou
与都字的异读 ou"异质相押"，因为异读来自普通话以外的语音系统；都字的普通话读
u 是对的。

"古合韵"一说。什么是古合韵？《六书音均表四·诗经韵分十七部表》："凡与今韵异部者，古本音也。其与古本音有龃龉不合者，古合韵也。"前者继承顾炎武的"离析唐韵"，后者为顾炎武"百中之一二"的非正音而设。

合韵也叫合音。《说文解字注》于艸部"苦，大苦，苓也"下注："《释艸》苓作蘦，孙炎注云'今甘艸也'……考周时音韵，凡令声皆在十二部，今之真臻先也；凡霝声皆在十一部，今之庚耕清青也。《简兮》苓与榛人韵，《采苓》苓与颠韵，倘改作蘦，则为合音而非本韵。""则为合音而非本韵"可读作"则为合韵而非本音"。《诗经韵分十七部表·第一部古合韵》："俅：本音在第三部，《丝衣》以韵紑基牛鼒。"俅，本音在第三部；紑基牛鼒，本音在第一部；俅字与紑基牛鼒押韵，不读第三部本音而转读第一部之音，所以把第三部的俅字置于第一部合韵中。俅字的第一部之音"则为合韵而非本音"。

一　"合韵"不是韵部相近互押

《六书音均表三·古合韵次第近远说》："合韵以十七部次第分为六类求之。同类为近，异类为远；非同类而次第相附为近，次第相隔为远。"这一表述加上大部分合韵字都像俅字一样，只置于合韵所读韵部之后，没有交代转读之音，后人或以为合韵是相近韵部互押。

不同的韵部不能互押。诗文韵字若分属不同韵部，你说这是读音相近互押，人家说那是无韵。退一步说，第一部与第三部合韵也许可以勉强用阴声韵主要元音相近解释，可是第一部是阴声韵部，第六部第九部是阳声韵部，它们的合韵就无法作出主要元音相近的解释。

检查一下段玉裁的合韵情况：与第一部合韵的有第三、五、六、七、九、十二、十五、十六等八部，与第二部合韵的有第三、七等二部，与第三部合韵的有第一、二、四、五、七、九等六部，与第四部合韵的有第二、三、五、九等四部，与第五部合韵的有第一、四、七、八、九、十等六部，与第六部合韵的有第一、七、十三等三部，与第七部合韵的有第六、八、十五等三部，与第八部合韵的有第七、十等二部，与第九部合韵的有第三、四、六、七、十、十一等六部，与第十部合韵的有第

六、八、九等三部，与第十一部合韵的有第一、七、九、十、十二、十四等六部，与第十二部合韵的有第一、三、九、十、十一、十三、十五、十六等八部，与第十三部合韵的有第六、九、十、十一、十二、十四、十五等七部，与第十四部合韵的有第九、十、十二、十三、十七等五部，与第十五部合韵的有第一、三、七、十二、十三、十四、十六、十七等八部，与第十六部合韵的有第一、二、三、五、十五、十七等六部，与第十七部合韵的有第二、三、四、五、十四、十六等六部。如此交错纷繁的合韵，它们之间如果各以本部之音相押能和谐的话，那段玉裁的古韵分部就失去意义。《六书音均表一·第一部第十五部第十六部分用说》说得很清楚："倘以《相鼠》齿与礼死成文，《鱼丽》鲤与旨为韵，则自乱其例而非韵。"齿鲤第一部，礼死旨第十五部。第一部可与第十五部合韵，第十五部可与第一部合韵。可是段玉裁自己说第一部的"齿鲤"与第十五部的"礼死旨"若凑在一起各以本部之音押韵，则"非韵"。

况且言合韵处有时根本无韵可押。

《说文·巾部》"幨，帮也……从巾戋声，读若末杀之杀。"段玉裁谓"古音十四十五部合韵。"这个合韵显然不是异部音近相押。幨，十四部；杀，十五部；幨读若杀，十四部转音读十五部。合韵明指此部之音转读彼部之音。

《六书音均表三·古谐声偏旁分部互用说》："谐声偏旁分别部居，如前表所列矣。间有不合者，如裘字求声而在第一部，朝字舟声而在第二部……此类甚多。即合韵之理也。"《六书音均表三·古一字异体说》云：鬌髻异体，易声在十六部，也声在十七部，"此可见次第相近合用之理"。迹字，李斯改十六部束声为第五部亦声，"可见次第相远合用之理"。《六书音均表三·古异部假借转注说》："……关西曰迎、关东曰逆，荆郊之鄙谓淫曰遥，齐鲁之间鲜声近斯，赵魏之东实寔同声，此异部合韵之理也。""合韵之理""合用之理""异部合韵之理"，分别从谐声、异文、异读诸方面说明此部之音转读彼部之音的道理。

二　"合韵"是转读字音以叶韵

事实上，段玉裁的古合韵就是转读字音以叶其韵。某字与某部合韵，就转读某字为某部之音。如：

第一部【古合韵】

穆：本音在第三部。《七月》以韵麦，《閟宫》以韵稷福麦国穑，读如力。

禄：本音在第三部。《公冠》篇以韵或服德極，读如力。

毒：本音在第三部。《尔雅·释训》以韵德忒食，读如極。

鞠：本音在第三部。《尔雅·释训》以韵慝职，《屈赋·怀沙》以韵黙，读如亟。

咴：本音在第五部。《宾之初筵》以韵儆邮，读如疑。

急：本音在第七部。《六月》以韵飭服炽国，《尔雅·释训》以韵福極得直力服息，读如亟。

用：本音在第九部。《易·剥·象传》以韵灾尤载，《豐·象传》以韵灾志事，读如以。

节：本音在第十二部。《离骚》合韵服字，读如侧。

第三部【古合韵】

軌：本音在第七部。《匏有苦叶》合韵牡字，读如阜。

集：本音在第七部。《小旻》合韵犹咎道字，读如就。

任：本音在第七部。《屈赋·橘颂》合韵醜字，读如柔。

龙：本音在第九部。《屈赋·天问》合韵遊字，读如留。

第四部【古合韵】

鞠：本音在第九部。《瞻印》合韵後後字，读若苟。

第五部【古合韵】

迎：本音在第十部。《离骚》合韵故字，读如鱼。

第六部【古合韵】

来：本音在第一部。《女曰鸡鸣》合韵赠字，读如凌。

第九部【古合韵】

调：本音在第三部，读如稠。《车攻》以韵同字，屈原《离骚》以韵同字，东方朔《七谏》以韵同字，皆读如重。此古合韵也。

第十二部【古合韵】

生：本音在第十一部。《诗·緜》合韵瓞字，读如瑟。

第十三部【古合韵】

炳：本音在第十部。《易·革·象传》合韵蔚君字，读如份。

蔚：本音在第十五部。《易·革·象传》合韵炳君字，读如氲。

第十五部【古合韵】

怨：本音在第十四部。《诗·谷风》合韵崔萎字，读如伊。

歌：本音在第十七部。《屈赋·远遊》合韵妃夷飞佪字，读如幾。

第十六部【古合韵】

翟：本音在第二部。《诗·君子偕老》合韵鬄掷皙帝字，读如狄。

局：本音在第三部。《诗·正月》合韵蹐脊易字，读如昊。

第十七部【古合韵】

陆：本音在第三部。《易·渐上九》合韵仪字，读如罗。

寇：本音在第四部。《诗·桑柔》合韵可罟歌字，读如科。

路：本音在第五部。《大戴礼·骊驹诗》合韵驾字，读如罗。

褐：本音在第十六部。《诗·斯干》以韵地瓦仪议罹字，读如扡。

又如《六书音均表三·第二部与第一部同入说》："《太史公自序》'子羽暴虐，汉行功德。'以第二部之虐合韵第一部之德，读如匿。《上林赋》以第二部之约弱削栎藐字合韵第一部之饰服郁侧字，约读如薏，削读如息，弱读如食，栎读如力，藐读如墨。"虐约弱削栎藐等字与德饰服郁侧等字合韵，匿薏息食力墨等皆转读为第一部入声。

尽管明确交代的转音不多，但这些转音足以说明：某字某义合韵某部，说的是某字某义转读某部之音以叶某部之韵。这些字的转音都不同于各自在《切韵》系韵书的读音，这些字都与某部相押读某部之音却不属某部。如用字与第一部相押，"读如以"不同于用字在《切韵》系韵书的读音；用字"读如以"与第一部相押却在第九部而不属第一部。又如第十部【古合韵】降字下注："古人以第九部入第十部用者，如《老子》'五音令人耳聋'，聋读如郎合韵盲爽狂字。"聋与第十部相押读如郎，却在第九部而不属第十部。

这样的转音与叶音有共同的特征。因此，这些转音，有的吴棫补音可见。

禄读如力：《韵补》质韵①録直切，福也。汉昭帝《冠辞》"摛显先帝之光耀，以承皇天之嘉禄。钦奉仲春之吉辰，普尊大道之郊域。"

毒读如極：《韵补》质韵昌石切，痛也。曹植《思归赋》"何曾云之沈结兮，悼大阳之潜匿。雨淋涔而累注兮，心愤涓以悽毒。"

有的朱熹叶音可见。

鞠读如亟：《屈赋·怀沙》"昫兮杳杳，孔静幽默。郁结纡轸兮，离愍而长鞠。"朱熹"鞠叶各额反"。各额反与职德二韵相押。

急读如亟：《诗·六月》"六月栖栖，戎车既饬。四牡骙骙，载是常服。玁狁孔炽，我是用急。王于出征，以匡王国。"朱熹"急叶音棘"。

集读如就：《诗·小旻》"我龟既厌，不我告犹。谋夫孔多，是用不集。发言盈庭，谁敢执其咎。如匪行迈谋，是用不得于道。"朱熹集字下注："《韩诗》作就，叶疾救反。"

鞏读若苟：《诗·瞻卬》"不自我先，不自我後。藐藐昊天，无不克鞏。无忝皇祖，式救尔後。"朱熹鞏与後祖後押韵，二後字"叶下五反"，鞏"叶音古"；段玉裁鞏与後後押韵，鞏"读若苟"。

迎读如鱼：《离骚》"百神翳其备降兮，九疑缤其并迎。皇剡剡其扬灵兮，告余以吉故。"朱熹注："迎，鱼庆反，叶音御。"迎有庚映二韵，朱熹从映韵转读；段玉裁从庚韵转读。

有的既见于吴棫补音又见于朱熹叶音。

穆读如力：《韵补》质韵録直切，后种先熟曰穆。《毛诗》"黍稷重穋，禾麻菽麦"。

《诗·七月》"黍稷重穋，禾麻菽麦。"朱熹注："穆，音六，叶六直反。"

《诗·閟宫》"是生后稷，降之百福。黍稷重穋，稙稚菽麦。奄有下国，俾民稼穑。"朱熹注："穆，音六，叶六直反。"

---

① 《韵补》"职，古通质。"下同。

节读如侧：《韵补》质韵子悉切，竹筘也。《说文》以即得声。《周易》"夫家节"与失叶，"以中节""刚柔节"与实叶，"亦不知节"与吉叶。《季布叙传》"季氏之诎，辱身毁节。信于上将，议臣震慄。"

《离骚》"汝何博謇而好修兮，纷独有此姱节。薋菉葹以盈室兮，判独离而不服。"朱熹注："节，叶音即。"

调读如重：《韵补》东韵徒红切，味也。屈原《骚经》"勉升降以上下兮，求矩矱之所同。禹汤俨而求合兮，挚咎繇而能调。"

《诗·车攻》"决拾既佽，弓矢既调。射夫既同，助我举柴。"朱熹"调读如同，与同叶。"

《离骚》"勉升降以上下兮，求矩矱之所同。禹汤俨而求合兮，挚咎繇而能调。"朱熹注："调，叶音同。《诗·车攻》之五章有此例。"

歌读如幾：《韵补》支韵居之切，以声吟咏也。屈原《远游》"张咸池奏乘云兮，二女御九韶歌。使湘灵鼓瑟兮，令海若舞冯夷。"

《屈赋·远游》"祝融戒而跸御兮，腾告鸾鸟迎宓妃。张咸池奏乘云兮，二女御九韶歌。使湘灵鼓瑟兮，令海若舞冯夷。玄螭虫象并出进兮，形螺虬而委蛇。雌蜺便娟以增挠兮，鸾鸟轩翥而翔飞。音乐博衍无终极兮，焉乃逝以徘徊。"朱熹注："歌，叶居支反。"

吴棫读之韵，朱熹注意到歌支的关系读支韵，段玉裁以其与第十五部妃夷飞侚等相押读微韵之幾。吴棫朱熹之支微三韵古韵皆同部。

局读如臭：《韵补》质韵讫力切，曲也。《毛诗》"谓天盖高，不敢不局。谓地盖厚，不敢不蹐。"

《诗·正月》"谓天盖高，不敢不局。谓地盖厚，不敢不蹐。维号斯言，有伦有脊。哀今之人，胡为虺蜴。"朱熹注："局，叶居亦反。"

吴棫读职韵，朱熹读昔韵，段玉裁以其与十六部蹐脊蜴等相押读锡韵之臭。

《六书音均表·寄戴东原先生书》："……逐书《诗经》所用字，区别为十七部，既考其出入而得其本音，又详其敛侈而识其音变，又察其高下迟速而知四声古今不同，又观其会通而知协音合韵自古而有。"什么是会通？《六书音均表四·第十五部古合韵》："怨，本音在第十四部，《诗·谷风》合韵嵬萎字，读如伊。此与《北门》之敦读堆，《采芑》之焞读推，《硕人》之顾读幾，《新台》之鲜读师，《杕杜》之近读幾正同……於第五类第六类观其会通可矣。""怨，本音在第十四部，《诗·谷风》合韵嵬萎字，读如伊"等说的都是此部与彼部相押时此部之音转读为彼部之音以协彼部之韵的事，可见会通就是异部合韵中转读字音以协韵。什么是协音合韵？协、合对举，合即协也。协音即叶音，合韵亦即叶韵。"观其会通而知协音合韵自古而有"说的是：观察异部合韵转读字音以协韵的客观事实可以明白叶音叶韵一事自古存在。

三　段玉裁对顾炎武、江永等的批评

《六书音均表三·古合韵说》："古本音与今韵异，是无合韵之说乎？曰有。声音之道，同源异派，弇侈互输，协灵通气，转移便捷。分为十七，而无不合。不知有合韵，则或以为无韵：如顾氏於《谷风》之嵬萎怨，《思齐》之造士，《抑》之告则，《瞻卬》之鞫後，《易·象传》之文炳、文蔚、顺以从君是也；或指为方音：顾氏於《毛诗·小戎》之参与中韵，《七月》之阴与冲韵，《公刘》之饮与宗韵，《小戎》之音与膺弓縢兴韵，《大明》之兴与林心韵，《易·屯·象传》之民与正韵，《临·象传》之命与正韵，《离骚》之名与均韵是也；或以为学古之误：江氏於《离骚》之同调是也；或改字以就韵：如《毛诗·匏有苦叶》改軓为轨以韵牡，《无将大车》改痕为瘇以韵塵，刘原甫欲改'烝也无戎'之戎为戍以韵务是也；或改本音以就韵：如《毛诗·新台》之鲜顾氏谓古音徙，《小雅·杕杜》之近顾氏谓古音悸是也；其失也诬矣。"

段氏说，若不知有合韵，就会在研究中产生"以为无韵""指为方音""以为学古之误""改字以就韵""改本音以就韵"等毛病。

"以为无韵""改字以就韵"，这个批评，是中肯的。这个毛病不仅仅是"不知有合韵"的顾炎武等有之，就是深谙协音合韵之道并在《诗》《骚》付诸实践的朱熹也因不能了解某些合韵而留有这种遗憾。如：

呶：《宾之初筵》第四章"宾既醉止，载号载呶。乱我笾豆，屡舞僛僛。是曰既醉，不知其邮。"朱熹于《宾之初筵》第一章首二句"宾之初筵，左右秩秩"下注："无韵，未详。後三四章放此。"段氏呶字转读疑以叶僛邮，朱熹"无韵，未详"。

生：《绵》一章"绵绵瓜瓞，民之初生，自土沮漆。古公亶父，陶复陶穴，未有家室。"段氏生字转读瑟以叶瓞，朱熹生字不入韵。

怨：《小雅·谷风》第三章"习习谷风，维山崔嵬。无草不死，无木不萎。忘我大德，思我小怨。"朱熹怨字下注："叶韵，未详。"段氏怨字转读伊以叶嵬萎，朱熹知怨字当是叶韵，但未详该读何音。

寇：《桑柔》末章"民之未戾，职盗为寇。凉曰不可，覆背善詈。虽曰匪予，既作尔歌。"朱熹歌字下注："叶韵，未详。"段氏寇字转读科以叶可詈歌，朱熹知道寇詈歌叶韵，却不知道该叶以何读。

龙：《屈赋·橘颂》"焉有龙虬，负熊以遊。"朱熹注："虬或在龙字上，以韵叶之，非是。"

段玉裁虬字在龙字上作"虬龙"，龙字读留以韵遊字。朱熹不知道龙字可转读留以叶遊而认为"虬龙"非是。

任：《屈赋·天问》"精色内白类任道兮，纷缊宜修姱而不醜兮。"朱熹注："道，叶徒苟反。一作可任，非是。"段玉裁"任道"作"可任"，任字读柔以韵醜字。朱熹不知道任字可改读柔以叶醜而认为"可任"非是。

"改本音以就韵"，说的是什么呢？《六书音均表四·第十五部古合韵》："近，本音在第十三部，《诗·小雅·杕杜》合韵偕迩字。顾氏云近字本在脂微韵，所谓以合韵惑本音也。"又："鲜，本音在第十四部，《诗·新台》合韵泚瀰字。顾氏亦不辨为合韵矣。"鲜声本音在第十四部，鲜读徙是《诗·新台》与第十五部泚瀰合韵时读的转音；斤声本音在第十三部，近读悷是《小雅·杕杜》与第十五部偕迩合韵时读的转音。《毛诗·新台》之鲜顾氏谓"古音徙"，《小雅·杕杜》之近顾氏谓"古音悷"，把鲜近二字与第十五部合韵时读的转音说成古音。把鲜字近字合十五部之韵所读的转音说成古音，岂不是就十五部之韵改了鲜字近字的古本音？岂不是以鲜字近字的合韵惑乱了鲜字近字的本音？段氏的这个批评也是中肯的。

"指为方音"，批评顾炎武把合韵当作存在于方音中的实际读音。上文说过，《音论·古诗无叶音》："愚以古《诗》中间有一二与正音不合者。如兴，蒸之属也，而《小戎》末章与音为韵，《大明》七章与林心为韵；戎，东之属也，而《常棣》四章与务为韵，《常武》首章与祖父为韵。又如箕子《洪范》则以平与偏为韵。孔子系《易》，于《屯》、于《比》、于《恒》则以禽与穷中终容凶功为韵，于《蒙》、于《泰》则以实与顺巽愿乱为韵。此或出于方音之不同，今之读者不得不改其本音而合之，虽谓之叶亦可，然特百中之一二耳。""虽谓之叶亦可"即虽谓之叶韵亦可。顾氏所举"出于方音之不同""虽谓之叶亦可"者皆在段氏"古合韵"中：兴字收在第七部"合韵"，曰"本音在第六部，《大明》以韵林心字"；戎字收在第五部"合韵"，曰"本音在第九部，《诗·常武》合韵祖父字"；平字收在第十二部"合韵"，曰"本音在第十一部，《书·洪范》'王道平平'合韵偏字"；禽字收在第九部"合韵"，曰"本音在第七部，《易·屯·象传》以韵穷字，《比·象传》以韵中中终字，《恒·象传》以韵中容终凶功字"；实字收在第十四部"合韵"，曰"本音在第十二部，《易·蒙·象传》合韵顺巽字，《泰·象传》合韵愿愿乱字"。

为什么段氏会批评"或指为方音"者是"不知有合韵"呢？看来，段玉裁的合韵在某字某义转读某部之音以叶某部之韵这一点上与吴棫朱熹叶韵有相同之处，但对所转读之音的性质却存在不同的认识。

四　"合韵"是"临时转读"

认为"虽谓之叶亦可"者不是方音是合韵，那合韵是什么音呢？《六书音韵表四·第一部·古合韵》造字下言："古合韵即音转之权舆也。"原来，合韵既不是本音也不是方音，而只是"音转之权舆"。

什么是"音转之权舆"？

《六书音韵表四·第一部·古合韵》"俅，本音在第三部，《丝衣》以韵纡基牛鼀。"《六书音韵表四·第一部·古本音》"牛，牛声在此部。《诗·黍苗》《我将》《丝衣》三见，《易》一见，《屈赋》二见。今入尤。"

《六书音均表四·诗经韵分十七部表》："凡与今韵异部者，古本音也。其与古本音有龃龉不合者，古合韵也。"俅字古本音在第三部尤幽，古合韵在第一部之哈，今韵在尤韵。牛字古本音在第一部之哈，古合韵在第三部尤幽，今韵在尤韵。牛字的第一部之音"与今韵异部"，是古本音；俅字的第三部之音没有"与今韵异部"，其第一部之音与第三部古本音"龃龉不合"，与古本音不合的第一部之音就是"合韵"。牛字由之咍转入今韵尤韵，也许可以谓牛字的第三部合韵是"音转之权舆"；俅字古今都读尤，历史上并不存在音转，哪来的"音转之权舆"？俅字第一部合韵，纯粹就是与第一部异部相押时的"临时转读"，即音转伊始尚处于临时状态的读音。因为"音转之权舆"是"临时转读"，所以是否转成今音是不确定的。

"临时转读"的不确定性，除了是否转成今音不确定之外，转读之音也是不确定的，所谓"声音之道，同源异派，奂侈互输，协灵通气，转移便捷。"拿段玉裁所举例子看，骖阴饮与中冲宗相押，骖阴饮由第七部可以合中冲宗变读第九部；音与膺弓朦兴相押，音又可以合膺弓朦兴由第七部变读第六部。《小戎》音与兴相押，音字可以合兴字变读第六部；《大明》兴与林心相押，兴字又可以合林心变读第七部。民命与正相押，民命可以合正字由第十二部向第十一部转移变化读后鼻音韵尾（命字古本音在第十二部）；名与均相押，名又可以合均字由第十一部向第十二部转移变化读前鼻音韵尾。母字古本音在第一部，《第五部古合韵》："母，本音在第一部。《诗·蝃蝀》以韵雨，此古合韵也。"《群经分十七部表》母为第三部古合韵，以《繫辞下传》"无有师保，如临父母"为韵。是本音在第一部的母字，既可以读第三部合韵，又可以读第五部合韵，加上《切韵》的厚韵之音，母字的读音真是飘摇不定了。

"临时转读"似乎是段氏的权宜之说。比如《诗·闵予小子》"闵予小子，遭家不造，嬛嬛在疚。於乎皇考，永世克孝。"《诗本音·闵予小子》于子字注"六止。与疚协"，疚字注"音几"。顾炎武为了他的古音，强以子字入韵叶疚。《古韵标准·去声第十一部》："疚，疚见第二部。'嬛嬛在疚'与'造考孝'上去为韵，亦有此音。"江永因疚字与造考孝相叶而以今音为古音，结果古韵第二部、第十一部两收。《六书音均表四·第三部·古合韵》："疚，本音在第一部。《闵予小子》合韵造考孝字。"既不能如顾氏以子字入韵，又避免江氏一字分属古韵两部的错误，只好让第三部之读为异部相押中的"临时转读"了。因为这个"转读"是"临时"的，所以既能与造考孝等字相押，又不需归入古韵某部，岂不两全其美？

五　段玉裁认识上的偏差

段玉裁在《答江晋三论韵书》中说"合韵之说，浅人以今与古不合而名之，仆则以古与古不合而名之。"浅人指历史上以"取韵""叶韵""合韵"等方法解释古今音出入的学者。从现象看，叶韵"以今与古不合而名之"，从本质看，叶韵却是"以古与古不合而名之"。比如《韵补》纸韵少礼切："鲜，《毛诗》'新臺有泚，河水瀰瀰。燕婉之求，蘧篨不鲜。'"鲜字今韵在仙狝，鲜与泚瀰叶韵，叶音少礼切是荠韵读，看上去确实"今与古不合"。可是据王力先生《汉语音韵》，仙狝韵之读在吴棫古韵"先部"，少礼切则在吴棫古韵"支部"，吴棫转鲜字为少礼切，是因为与鲜字相韵的泚瀰二字在吴棫古韵"支部"。所以叶韵的本质是以"古与古不合"。段氏的古合韵是"临时转读"，其"古与古不合"则是古本音与"临时转读"不合。但是，有没有能拿来让读者"临时转读"的韵字呢？

段氏批评指"虽谓之叶亦可"者不是方音而是合韵，可是《说文·巾部》"幧，帮也……从巾戈声，读若末杀之杀。"段玉裁谓"古音十四十五部合韵。"幧，《广韵·黠韵》有所八切一读，与杀同小韵。幧读若末杀之杀，不是许慎临时转读，而是许慎口语有此读音。《六书音均表三·古异部假借转注说》："……关西曰迎、关东曰逆，荆郊之鄙谓淫曰遥，齐鲁之间鲜声近斯，赵魏之东实寔同声，此异部合韵之理也。""齐鲁之间鲜声近斯"，"声近斯"不是齐鲁之间鲜字的临时读音而是实实在在的齐鲁方音。方音自然是正韵的异质之音，顾氏"虽谓之叶亦可"者读的是正韵的异质之音，段氏的合韵读的其实也是正韵的异质之音，只是段氏不能承认而已。因为合韵之说为修补顾氏古韵理论而设，承认了合韵是方音，不是回到了顾氏的"虽谓之叶亦可"？

段玉裁与吴棫的差别在于：吴棫叶韵所读之音是实际存在的异质之音，其古与古不合表现为古韵的异质之音与古本音不合，是"南北"的不合；段玉裁的合韵是古韵内部异部合用时的"临时转读"，其古与古不合表现为临时转读音与古本音不合，是"古今"的不合。"南北"的不合是某字某义在不同的语音系统中的读音不同，"古今"的不合是某字某义在同一语音系统中的读音有所转变。把"南北"的问题说成"古今",是段氏认识上的偏差,也是段氏"合韵"无法自圆其说的根本原因。

戴震《答段若膺论韵书》:"审音非一类,而古人之文偶有相涉,始可以五方之音不同断为合韵。"段氏不从师训,把"五方之音"说成"音转之权舆",不仅有违语言事实,而且开启了後人以为古韵内部可以音转这一错误观念的先河。

第五节　孔广森的通韵与转韵

孔广森《诗声类·卷一》:"窃尝基于唐韵、阶于汉魏、跻稽于尔雅三颂十五国之风,而绎之、而审之、而条分之、而类聚之,久而得之:有本韵、有通韵、有转韵……本韵分为十八……曰元之属、耕之属、真之属、阳之属、东之属、冬之属、侵之属、蒸之属、谈之属,是为阳声者九;曰歌之属、支之属、脂之属、鱼之属、侯之属、幽之属、宵之属、之之属、合之属,是为阴声者九。此九部者,各以阴阳相配而可以对转。其用韵疏者,或耕与真通、支与脂通、蒸侵与冬通、之宵与幽通。然所谓通者,非可全部混淆,间有数字借协而已。至於入声,则自缉合等闭口音外,悉当分隶自支至之七部而转为去声。"

本韵、通韵、转韵组成孔氏古韵,本节拟说说"本韵"之外的"通韵"与"转韵"。

一　通韵

"其用韵疏者,或耕与真通、支与脂通、蒸侵与冬通、之宵与幽通。然所谓通者,非可全部混淆,间有数字借协而已。"这是孔氏的"通韵"。① 对于"通韵",我们举"耕与真通"为例作个探究。

---

① 耕部与真部分上下合为卷二,支部与脂部分上下合为卷八,冬侵蒸三部分上中下合为卷五,幽宵之三部分上中下合为卷十一,以表明各自之间的特殊关系。通韵孔氏有合用、同用、通合、通为一韵、同协、通协、通用、借协等不同叫法。

（一）孔氏通韵的内涵

《雲汉》首章"倬彼雲汉，昭回于天。王曰於乎，何辜今之人。天降丧乱，饥馑荐臻。靡神不举，靡爱斯牲。圭璧既卒，宁莫我聽。"《诗声分例·两韵例·雲汉》"宁莫我聽"下云："《雲汉》八章，后七章皆通章一韵，唯此章两韵。然耕清古通真谆，则仍可合为一韵。"按照"本韵"，此章"天人臻"属真部，"牲聽"属耕部，两者井水不犯河水。按照"通韵"，"天人臻牲聽"可合为一韵。合为一韵的根据是"耕清古通真谆"。

"本韵"耕真各自为部，怎么又能"古通"？

《烈文》"无竞维人，四方其训之。不显维德，百辟其刑之。"《诗声分例·四句闆韵例·烈文》于训字下云"与人协"，又于刑字下云"与人训协"。人训二字"本韵"真部，刑字"本韵"耕部，依"本韵"，人训可协，人训与刑不可协，所以孔氏在训字下云"与人协"而不云"与人刑协"。可是为什么又在刑字下云"与人训协"呢？孔氏接着云："《唐韵》耕清青及真谆臻文殷魂痕两部《周易》《楚辞》皆通用。"原来"古通"不是"本韵"通而是《周易》《楚辞》用韵通。孔广森认为《周易》《楚辞》的语音系统不同于"本韵"系统，两者异质。

"天人臻牲聽"合为一韵、刑字"与人训协"，如何使之和谐呢？

《定之方中》第三章"灵雨既零，命彼倌人。星言夙驾，说于桑田。匪直也人，秉心塞渊，骒牝三千。"《诗声分例·空韵例·定之方中》"灵雨既零"下云："古通韵，读为鄰。"零，"本韵"耕；人田人渊千，"本韵"真；零与人田人渊千"本韵"不通。因为耕真"通韵"，耕部的零可读为真部之鄰。零与人田人渊千协韵，零字读的不是"本韵"耕部之音而读与耕部"通韵"的真部之音。原来，《诗》"天人臻牲聽"合为一韵、刑字"与人训协"，是牲聽刑读《周易》《楚辞》之音，天人臻训读《诗》本音，赖以相押的读音异质。

这么说来，"其用韵疏者"指《诗》用韵中没有全按《诗》本音押韵，而是《诗》本音与《诗》本音的异质之音押韵。因为不是全以《诗》本音相押，所以谓之"疏"。"所谓通者，非可全部混淆，间有数字借协"，是说"通韵"的某个韵部不可全部用《诗》本音的异质之音，而只是数字借以协韵。比如《诗》中耕部字不是如《周易》《楚辞》那样与真部字"皆通用",而只是在与真部字相押时借《周易》《楚辞》之音以协韵。耕真在《诗》中"通韵",是真部字的本音与耕部字读真部的异质之音押韵。

（二）孔氏"误以古通韵为正韵"

《诗声类·阳声二下》盼字下云:"'巧笑倩兮,美目盼兮'……此章与径韵通协。"《诗声类·阳声二上》在"巧笑倩兮"下云:"青以生得声,倩以青得声,《唐韵》收在四十六径韵是也。其三十二霰又重见,乃误以古通韵为正韵耳。"《硕人》倩盼相押,耕部之倩字读真部的异质之音以韵盼字。倩字读真部是异质之音不是正韵,所以《切韵》收在霰韵一音是以异质之音为正音。

"误以古通韵为正韵",就是在《诗》韵研究中误以异质之音为正音。有清以来,把《诗》用韵中的异质之音误为正音,这种错误已习以为常,孔氏虽有警觉似乎也难以幸免。比如《诗声类·阳声二上》云:

> 此类内令苓零三字,《诗》独多通入真韵。顾氏遂据《邶风》之榛苓、《鄘风》之零人、《齐风》《秦风》之颠令,断为从令之字古唯有鄰音。其实《小宛》"题彼脊令"未尝不与鸣征生同用,而"不宁不令"亦未尝非一句两韵也。顾氏谓《楚词》"悼芳艸之先零"句始误入青韵,殊不然。领字亦从令,"四牡项领"独非入静韵者乎①……大氐真清音本相近,顾氏所谓吴人读耕清青皆作真音者是也。

《诗声类·阳声二下》命字下云:"《唐韵》误入四十三映。"举了《螽斯》《扬之水》《采菽》《大明》《假乐》《卷阿》《韩奕》《江汉》《维天之命》与真部相押之例子后说:"已上经凡九见,并入真韵……至《周颂》'我徂维求定,时周之命',《易·象传》'晋如摧如,独行正也。

---

① 《唐韵正》令字下言"《小宛》四章'题彼脊令'句不入韵。"《节南山》"四牡项领"韵"蹙蹙靡所骋"。

裕无咎，未受命也'，《大招》'曼泽怡面，血气盛只。永宜厥身，保寿命只'，即《召南》'寔命不同'似亦可与上文'星''征'句中隔协，然在古止为通韵，非其正读。"

《切韵》耕清青三韵类组成孔氏的耕部，令苓零命本皆孔氏的耕部字。孔氏批评顾氏据令苓零与真部相押的例子"断为从令之字古唯有鄰音"是"以古通韵为正韵"，可是在批评顾氏的同时同样据命字与真部相押的例子来证明命字古韵入真部、"《唐韵》误入四十三映"，同样"以古通韵为正韵"。

又，孔氏说"《唐韵》耕清青及真谆臻文殷魂痕两部《周易》《楚辞》皆通用"。既然如此，那么举《周易》《楚辞》为例来证明令字命字之读耕读真还有意义吗？

（三）离析尤韵类字归之部是"以古通韵为正韵"

孔氏"误以古通韵为正韵"的情况，不免让人怀疑其"本韵"。我们以之幽相押为例来作个检讨。

《切韵》尤韵类孔氏"本韵"归幽部。可是其中尤訧邮谋丘伾牛求有友右久玖妇负否旧又侑囿疚富等字"本韵"归之部。为什么有这个结论呢？因为这些字《诗》中与之部字相押，根据顾炎武"诗本音"同质相押理论"丝贯绳牵"地系联押韵字，这些字自然与之同部。《切韵》尤韵类因此"离析"入古韵之幽两部。

《诗声类·阴声五下》谓所存三百五篇，"幽与之通者八见"。"幽与之通者八见"中有"《瞻卬》之有收也"一例，其下注云："有字自当读洧为正，惟此一入幽类。"

"幽与之通"，谓幽与之"通韵"。"有字自当读洧为正，惟此一入幽类"，谓有字读之部是正韵，读幽部是通韵。

有字《诗》中有幽类之读，《切韵》又收在有韵，"本韵"怎么就不是幽？尤韵类字与之部字相押读之部之音是不是"以古通韵为正韵"？

查一查先秦两汉古籍中之部字用韵的一些情况。

《易·恒·象传》"恒亨无咎利贞，久于其道也。天地之道，恒久而不已也。利有攸往，终则有始也。"叶道已始。

《易·既济·象传》"三年克之，备也。终日戒，有所疑也。东鄰杀牛，不如西郊之时也。实受其福，吉大来也。濡其首厉，何可久也。"叶备疑时来久。

《易·杂卦传》"咸速也，恒久也。涣离也，节止也。"叶久止。

《老子·第九章》"持而盈之，不如其已。揣而锐之，不可长保。金玉满堂，莫之能守。富贵而骄，自遗其咎。功遂身退，天之道也。"叶已保守咎道。

《老子·第十六章》"天乃道，道乃久，殁身不殆。"叶道久殆。

《老子·第五十二章》"开其兑，济其事，终身不救。"叶事救。

《老子·第五十五章》"物壮则老，谓之不道，不道早已。"叶老道已。

《老子·第五十九章》"治人事天莫若啬。夫为啬，是谓早服。早服谓之重积德。重积德，则无不克。无不克，则莫知其极。莫知其极，可以有国。有国之母，可以长久。是谓深根固柢、长生久视之道。"叶啬服德克极国母久道。

《管子·正》"能服信政，此谓正纪。能服日新，此谓行理。守慎正名，伪诈自止。举人无私，臣德威道。能后其身，上佐天子。"叶纪理止道子。

《庄子·天运》"其卒无尾，其始无首。一死一生，一偾一起。所常无穷，而一不可待。"叶首起待。

《楚辞·怀沙》"眴兮杳杳，孔静幽默。郁结纡轸兮，离慜而长鞠。"叶默鞠。

《楚辞·惜往日》"自前世之嫉贤兮，谓蕙若其不可佩。妒佳冶之芬芳兮，嫫母姣而自好。虽有西施之美容兮，谗妒入以自代。"叶佩好代。

《楚辞·天问》"雄虺九首，儵忽安在？何所不死？长人何守？"叶首在守。

《楚辞·天问》"鷖女采薇，鹿何佑？北至回水，萃何喜？"叶佑喜。

《楚辞·远游》"指炎神而直驰兮，吾将往乎南疑。览方外之荒忽兮，沛罔瀁而自浮。"叶疑浮。

宋玉《笛赋》"命严春，使午子，廷长颈，奋玉手，攡朱唇，曜皓齿，赪颜臻，玉貌起，吟清商，追流徵，歌伐檀，号孤子，发久转，舒积郁。"叶子手齿起徵子郁。

宋玉《招魂》"魂兮归来，北方不可以止些。增冰峨峨，飞雪千里些。归来归来，不可以久些。"叶止里久。

《逸周书·酆保》"七恶：……六，令之有求，遂以生尤；七，见亲所亲，勿与深谋，命友人疑。"叶求尤谋疑。

《逸周书·太子晋》"马之刚矣，辔之柔矣。马亦不刚，辔亦不柔。志气麃麃，取与不疑。"叶柔柔疑。①

《鬼谷子·反应》"未见形，圆以道之。既见形，方以事之。进退左右，以是司之。"叶道事司。

《鹖冠子·世兵》"椭枋一术，奚足以游。往古来今，事孰无邮。舜有不孝，尧有不慈，文王桎梏，管仲拘囚。"叶游邮慈囚。

《鹖冠子·世兵》"列士徇名，贪夫徇财。至博不给，知时何羞。不肖系俗，贤争于时。细故裂蒯，奚足以疑。"叶财羞时疑。

《鹖冠子·世兵》"六六三十六，以为岁式。"叶六式。

《黄帝内经·刺节真邪论》"轻重不得，倾侧宛伏，不知东西，不知南北，乍上乍下，乍反乍复，颠倒无常，甚于迷惑。"叶得伏北复惑。

《黄帝内经·阴阳应象论》"阴在内，阳之守也；阳在外，阴之使也。"叶守使。

《黄帝内经·灵枢·师传》"德泽下流，子孙无忧，传于后世，无所络时。"叶流忧时。

《礼记·月令·孟春》"是月也……兵戎不起，不可从我始。毋变天之道，毋绝地之理，无乱人之纪。"叶起始道理纪。

司马相如《上林赋》"乘镂象，六玉虬。拖蜺旌，靡云旗。前皮轩，后道游。"叶虬旗游。

扬雄《甘泉赋》"于是乘舆乃登夫凤凰兮翳华芝，驷苍螭兮六素虬。"叶芝虬。

《史记·龟筴传》"王若遣之，宋必有咎。后虽悔之，亦无及己。"叶咎己。

---

① 孔广森以为麃字入韵，与柔疑押幽宵之。

《易林》"季子多才，使我不忧。"叶才忧。

《易林》"不见叔姬，使伯心忧。"叶姬忧。

《易林》"寒燠失时，阳旱为灾，虽耗无忧。"叶时灾忧。

《易林》"尅身洁己，逢禹巡狩。锡我玄圭，拜受福祉。"叶己狩祉。

《急就章》"鼻口唇舌断牙齿，颊颐颈项肩臂肘。"叶齿肘。

班捷好《自悼赋》"奉供养於东宫兮，讬长信之末流。共洒扫於帷幄兮，永终死以为期。"叶流期。

冯衍《显志赋》"往者不可攀援兮，来者不可与期。病没世之不称兮，愿横逝而无由。"叶期由。

班彪《闲居赋》"望常山之峨峨，登北岳以高遊。嘉孝武之乾乾，亲释躬於伯姬。"叶遊姬。

班固《西都赋》"行輱路，登龙舟。张凤盖，建华旗。袪黼帷，镜清流。靡微风，澹淡浮。"叶舟旗流浮。

《汉书·叙传》"遭成之逸，政自诸舅。阳平作威，诛加卿宰。"叶舅宰。

《汉书·叙传》"多识博物，有可观采。蔚为辞宗，赋颂之首。"叶采首。

《汉书·叙传》"崇执言责，隆持官守。宝曲定陵，并有立志。"叶守志。

梁竦《悼骚赋》"彼皇麟之高举兮，熙太清之悠悠。临岷川以怆恨兮，指丹海以为期。"叶悠期。

曹大家《东征赋》"贵贱贫富不可求兮，正身履道以俟时兮。"叶求时。

《吴越春秋·王僚使公子光传》"今日甲子，时加于巳。支伤日下，气不相受。君欺其臣，父欺其子。今往方死，何侯之有？"叶子巳受子有。

卞兰《赞述太子赋》"超古人之遐迹，崇先圣之弘基。耽八素之秘奥，遵二仪之大猷。"叶基猷。

在以上例子中，与之部相押的除孔氏认为"本韵"归幽部的道老保好鞠式复等字外，再就是《切韵》尤韵类字。"本韵"之部的尤邮谋久有佑等字与之部相押还可以理解，可是"本韵"幽部的羞忧悠游浮求柔囚流蚘肘遊由猷守首受咎狩救舅等字与之部字相押该怎么解释呢？我们不能说这些字《诗》读尤，先秦两汉读之，六朝又回头读尤。可见不能简单地根据是否与之部字相押分尤韵类字为二。尤韵类字是一个整体，它们在《诗》以及《易》《楚辞》《老子》《管子》《庄子》《逸周书》《鹖冠子》《黄帝内经》等古籍中都可以与之部字相押。

尤韵类字为何可以与之部字相押呢？《尔雅》"鵗，鶝鶰"，郭璞注："今江东呼鵗鶝为鶝鶰。"是尤韵类字于江东读之韵类之音。明陆容《菽园杂记·卷九》："先儒谓《诗传》有本韵不必叶而叶者。今细察之，信然。如《吉日》三章'其祁孔有'、'或群或友'、'悉率左右'，皆叶羽已。然有、友、右皆从又，吴人自来呼又为以音，但不通于天下耳，不必叶也。"① 又字读以是吴地方音，方音"不通于天下"，与正音相押的方音，朱熹谓之叶。陆容不明何谓之叶，但"吴人自来呼又为以音"却合郭注。今莆田方音保佑之佑白读仍呼作以去声。尤韵类字与之部字相押，是尤韵类字不读正音而读江东方音与之部字的正音异质相押。认为与之部字相押的尤韵类字"本韵"归之部，恰恰是"以古通韵为正韵"。

由于人口迁徙、语言接触等原因，幽部的古韵与江东方音就可能共存于一地，形成类似于现代方言文白异读的语音格局。在这一语音格局中灵活运用两种字音，就有不同记录形式的单音词，就有异读合成的双音词，就有异质相押的用韵方式。

道，幽部；治，之部。江东呼道（幽）为治（之），是道字有治的异读；道字有治的异读，治也就可以书作道。《广雅·释诂》"道，治也。"王念孙疏证："《论语·学而篇》'道千乘之国'，包咸注云：'道，治也。'"

道字有治的异读，异读合成便可作"治道""道治"，"治道""道治"即"道"。《楚辞·离骚》"汤禹俨而祗敬兮，周论道而莫差"，洪兴祖补注："道，治道也。"《周礼·夏官·候人》"各掌其方之道治"，《太平御览·道路》"又《夏官·候人》曰：'各掌其方之道'。"洪兴祖用

---

① 《菽国杂记》，（中华书局，1985年5月第1版）。

"治道"释"道",《周礼》的"道治"《太平御览》引作"道"。

道字有治的异读,上述《管子》道字与纪理止子相押,《礼记》道字与起始理纪相押等,道字皆读治与纪理止子起始"异质相押"。

二　转韵

"此九部者,各以阴阳相配而可以对转。"这是孔氏的"转韵"。"各以阴阳相配而可以对转"指歌与元、支与耕、脂与真、鱼与阳、侯与东、幽与冬、宵与侵、之与蒸、合与谈,各各阴阳相配,各各可以对转。

（一）阴阳互转因方音而异

字音的阴阳互转是汉语的事实,但阴阳如"九部"各各"对"着转就不一定了。比如:

《尔雅·释诂》:"酉,终也。"《诗·卷阿》"似先公酉矣",毛传:"酉,终也。"

《尔雅·释诂》:"醜,众也。"《诗·泮水》"屈此群醜",毛传曰:"醜,众也。"《左传·定公四年》"将其类醜",杜预注:"醜,众也。"《礼记·曲礼》"在醜夷不争",郑玄注:"醜,众也。"

《经义述闻·通说上·终周》:"终、周一声之转。故《大戴记·盛德篇》'终而复始'《后汉书·光武纪》注引终作周。《史记·高祖纪赞》'终而复始'《汉纪》作周。"

《广雅·释诂三》:"惆,怅也。"《荀子·礼论》:"则其於志意之情者惆然不嗛",杨倞注:"惆然,怅然也。"陆机《叹逝赋》"心惆焉而自伤",吕延济注:"惆,怅也。"

《说文》"温,从水昷声。"又"媪,从女昷声,读若奥。"

《易·系辞上》"六爻之义易以贡",韩康伯注:"贡,告也。"

《书·牧誓》"昏弃厥遗王父母弟不迪",《史记》迪作用。

《公羊传·僖三十三年》"取叢",《左传》作"取訾娄",《谷梁传》作"取訾楼"。叢为訾娄、訾楼之合音。

《左传·昭公二十八年》"而天钟美於是",杜预注:"钟,聚也。"《国语·周语》"泽,水之钟也",韦昭注:"钟,聚也。"《释名·释形体》:"钟,聚也。"

《易·说卦》"其于木也，为科上槁"，《经典释文》："科，空也。"孔颖达疏："科，空也。"

《说文》："青齐沇冀谓木细枝曰葽。"《方言·卷二》"木细枝谓之杪，青齐充冀之间谓之葽。"《广雅·释诂二》"杪，小也"，"葽，小也"。

孔氏酋醜周惆告迪媼，幽部；终众，冬部；怅，阳部；温，真部；贡用，东部。酋周之于终，醜之于众，幽冬"对"着转。惆之于怅，媼之于温，告之于贡，迪之于用，就不是幽冬"对"着转。叢钟空葽，东部；娄楼聚，侯部；科，歌部；杪，宵部。娄楼之于叢，聚之于钟，侯东"对"着转。告之于贡，迪之于用，科之于空，杪之于葽，就不是侯东"对"着转。

阴阳互转为什么不是如孔氏"九部"各各"对"着转，孔氏自己已经作了回答。《诗声类·卷一》："分阴分阳，九部之大纲；转阳转阴，五方之殊音。"既然转阳转阴是五方之殊音，那么所转之阳之阴就是"九部"正音之外五方方音的读法。"九部"正音之外的方音不止一种，那么面对不同的方音系统自然就有不同的转法。

入转阴也是"转韵"。孔氏说"至於入声，则自缉合等闭口音外，悉当分隶自支至之七部而转为去声"，所谓"分隶"也是各各"对"着来的。比如《阴声五上》幽尤萧三韵类古音合为一部，"而转入入声二沃"。

音转发生在正音与不同的方音系统之间，方音系统的多样性决定了入声转为阴声也不会是一对一的关系，而且未必都转为去声。

《小尔雅·广言》"缩，抽也。"《周礼·春官·司尊彝》"醴齐缩酌"，郑玄注："故书缩为数。"《尔雅·释诂下》"缩，乱也"，郝懿行义疏："缩又通作数。"《方言》"炊爨谓之缩"，《说文》"籔，炊爨也"，《方言》之缩《说文》作籔。《广雅·释诂二》"湑浚盎也"，王念孙疏证："浚湑缩，一声之转，皆谓漉取也。"缩转声为湑。

《白虎通义·姓名》"叔者，少也。"《广雅·释诂三》"叔，少也。"《说文》"仲，中也"，段注："伯仲叔季，为少长之次。叔则少之假借字也。"《释名·释亲属》"仲父之弟曰叔父。叔，少也。"《礼记·曲礼下》"天子同姓谓之叔父"，孔颖达疏："叔，小也。"《经籍籑诂·屋韵》"縠梁名淑，《汉书·艺文志》注作名喜，《论衡》作名実。"

宿声末声之字，孔氏转为幽部去声。可是，抽乃幽部平声，数籔乃侯部上声，湑乃鱼部上声，少小乃宵部上声，喜乃之部上声，実乃支部去声。

《诗声类·阴声六》"入声者，阴阳对转之枢纽而古今迁变之原委也"，以为"之之上为止，止之去为志，志音稍短则为职，由职而转则为證为拯为蒸矣"。照此说，宿声末声之字是幽冬对转之枢纽。可是《尔雅·释诂下》"纵，缩，乱也。"纵缩同训，缩转东部。《尔雅·释器》"绳之谓之缩之。"缩转蒸部。《方言·卷十二》"俶，动也。"俶转东部。《方言·卷一》"愵，忧也。自关而西，秦晋之间或谓之愵。"《方言·卷十二》"愵，怅也。"愵字转阴是幽部，转阳是阳部。

（二）孔氏在音转一事上的失误

孔氏虽有"五方之殊音"的卓识，但在具体问题的处理上往往南辕北辙。

《诗声类·阳声一》谓《切韵》元寒桓删山仙六韵类古音合为一部，"与歌戈笛戈果过麻马祃部可以互收"。《诗声类·阴声一》谓《切韵》歌戈麻三韵类古音合为一部，"与元阮願寒旱翰桓缓换删潸谏山产裥仙狝线部可以互收。"

因为元歌两部具有阴阳对转关系，所以元部字可以收入歌部，歌部字也可以收入元部。脂部之痕西"兼入"真部，真部之珍近讯君"兼入"脂部，惨字侵部兼入宵部，赠字蒸部兼入之部等都出自"互收"理论。既然"转阳转阴，五方之殊音"，那么元部所转歌部之音、歌部所转之元部之音就是"五方之殊音"，痕西转读真部之音、珍近讯君转读脂部之音、惨字转读宵部之音、赠字转读之部之音也都是"五方之殊音"，怎么可以把"五方之殊音"亦作正音看待而一字兼属两部？元部之难"兼入"歌部，《诗声类·阴声一》于难字下云："案，歌戈为寒元之阴声，二部每互相转……《周官》注曰：'献读为摩莎之莎，齐语声之误也'，《汉书音义》如淳曰：'陈宋之俗言桓声如和'。"元部字转读歌部之音，明明是齐鲁陈宋的方音，如何把方音当正音？

《诗声类·阴声二上》鲜字下曰："《唐韵》误入二十八狝。《新臺》

'新臺有泚，河水瀰瀰。燕婉之求，籧篨不鮮'……案，'有兔斯首'，笺云：'今俗语斯白之字作鮮，齐鲁之间声近斯。'"

《阴声二上》为孔氏支部，《切韵》狝韵字孔氏归元部。因为支元不对转，鮮字就不能支元"互收"，鮮字也就不言"兼入"支部而是直接收在支部并以《切韵》入狝韵为误。我们不能把元部字的歌部之读当成正音，同样不能把元部字的支部之读当作正音，因为无论读歌读支都是齐鲁方音。《六书音均表·第十五部·古合韵》"近"字下云："本音在第十三部。《诗·小雅·杕杜》合韵偕迩字。顾氏云近字本在脂微韵，所谓以合韵惑本音也。""鮮"字下云："本音在第十四部。《诗·新台》合韵泚瀰字。"段氏"第十四部"即孔氏的元部。孔氏鮮字本音读支部并以《切韵》狝韵误收者，即段氏所言"以合韵惑本音"。[①]

（三）正确认识音转

《诗声类·卷一》："分阴分阳，九部之大纲；转阳转阴，五方之殊音；则独抱遗经，研求豁悟。於'思我小怨'、'祇自疧兮'、'肆戎疾不殄'等向之不可得韵者，皆　以贯之，无所牵强，无所疑滞。"

《谷风》薆怨相押，孔氏怨字转阴声歌部以韵薆。怨字阳转阴是把正音转读为"五方之殊音"，所以薆怨相押是薆字正音与怨字之"五方之殊音"异质相押。《无将大车》尘疧相押，孔氏疧字转阳声真部以韵尘。疧字阴转阳是把正音转读为"五方之殊音"，所以尘疧相押是尘字正音与疧字之"五方之殊音"异质相押。《思齐》疾殄相押，孔氏殄字转阴声脂部以韵疾。殄字阳转阴是把正音转读为"五方之殊音"，所以疾殄相押是疾字正音与殄字之"五方之殊音"异质相押。[②]"'思我小怨'、'祇自疧兮'、'肆戎疾不殄'等向之不可得韵者"所以能"无所牵强，无所疑滞"，以《诗》有"五方之殊音"入韵故。

王力先生《清代古音学·孔广森的古音学》说："阴阳对转是孔广森的创见……孔氏把阴阳对转看作方言的现象，尤其正确。这说明了《诗》韵的阴阳对转并不是人为的，而是方言的实际读音。这就是说，《诗经》

---

①　段玉裁的合韵，参见上节。

②　《诗声类·阴声二下》殄字下云："疑殄转音即近畛，畛疾古音皆入去声霁韵。"

以'萋'韵'怨'并非歌部与元部通押，而是在诗人的方言里，'怨'字读入歌部去了。"①

"转阳转阴，五方之殊音"，元部怨字所转读歌部之音是"五方之殊音"。王力先生充分肯定孔氏"五方之殊音"的论断，指出"《诗》韵的阴阳对转并不是人为的，而是方言的实际读音"。这"方言的实际读音"就是孔氏的"五方之殊音"。"在诗人的方言里，'怨'字读入歌部去了"，说的应该是"在诗人的方言里，'怨'字有'五方之殊音'歌部"之读。因此《诗经》以'萋'韵'怨'并非歌部与元部通押"，而是诗人以"萋"字的正音与诗人自己方言中"怨"字的歌部之读"异质相押"。

王先生在《汉语音韵》中说："从《诗经》押韵看，《邶风·北门》押敦遗催，是脂真对转。从谐声偏旁看，难声有傩，是歌元对转；禺声有顒，是侯东对转；寺声有等，乃声有仍，是之蒸对转。从一字两读看，能读奴来切，又读奴登切，是之蒸对转。从古音通假看，亡字假借为无是鱼阳对转。诸如此类，不胜枚举。孔广森阴阳对转的理论，对古音拟测的贡献也很大，因为它使人们知道各部元音的对应关系。"

《邶风·北门》押敦遗催，是敦字以"五方之殊音"与遗催之正音"异质相押"。难声之傩，禺声之顒，寺声之等，乃声之仍，能之奴来，亡之读鱼，皆"五方之殊音"。正音与"五方之殊音"之间复杂的语音对应关系决定了"转阳转阴"不可能悉如王先生所举例那样"对"着转，所以，"各部元音的对应关系"也会因"五方之殊音"的不同而不同，不可能是理想单一的。《车攻》调同相押，是幽东相转；昷声有媪，是幽真相转。艘字读子红、口筃二切，是东歌相转；艘，《说文》"从舟，叟声，读若轃"，是东之相转；《方言·卷二》"木细枝谓之杪，青齐兖冀之间谓之篎。"是东宵相转。

古韵东部，在某个大的方言区可对转读侯，在某个小的方言区可对转读宵，各有各的转法。我们现在把东宵相转分解为侯宵旁转，东侯对转，于是有了东宵旁对转一说。东宵旁对转的说法实际上把这一大一小方言区扭成了一体，把"五方之殊音"扭成了"对方之殊音"。

---

① 王力《诗经韵读》云萋怨相韵是"微元合韵"，又云微元合韵是"旁对转"。

　　章炳麟在《国故论衡·成均图》中有正对转、次对转、近旁转、次旁转、交纽转、隔越转等音转名目。这众多的名目，如果不是把"五方之殊音"扭成了"对方之殊音"，是很难想象的。

　　字音之转，不管是阴阳之间，还是阴与阴之间、阳与阳之间，都是正音与"五方之殊音"之间各各的语音对应。如：

　　《尔雅》"萍，蓱"，郭璞注："水中浮萍，江东谓之薸。"是《切韵》青韵类字于江东读宵韵类之音。

　　《方言》"醜，同也，东齐曰醜。"是《切韵》东韵类字于东齐读尤韵类之音。

　　《方言》"遥，窕，淫也。九嶷荆郊之鄙谓淫曰遥，沅湘之间谓之窕。"是《切韵》侵韵类字于九嶷荆郊读宵韵类之音，于沅湘之间读萧韵类之音。

　　《说文》"脉，齐人谓瞳脉也。"是《切韵》虞韵类字于齐地读尤韵类之音。

　　《尔雅》"熮，火也"，郭璞注："熮，齐人语。"是《切韵》戈韵类字齐人读支韵类之音。

　　《淮南子·本经》"牢笼天地"，高诱注："牢读屋霤，楚人谓牢为霤。"是《切韵》豪韵类字楚人读尤韵类之音。

　　《诗声类·阳声三》庚字下云："赵凡夫云：'庚阬盲横彭堂烹兄行等字并以今吴下方音为正是也。'"孔氏庚阬盲横彭堂烹兄行等字收入阳唐部并以吴下方音为证。又《释名·释亲属》"兄，荒也；荒，大也。故青徐人谓兄为荒也。"是《切韵》庚韵类字吴下青徐读阳唐韵类之音。

　　音转是立体的，不是平面的。音转是古韵与不同方音之间的对转，因方音系统不同有不同的转法。不能把古韵与不同方音系统之间的语音对应关系看作古韵与同一方音系统之间的音转关系。音转是古韵与不同方音之间的对转，并不是古韵内部的音变行为。若把音转当成古韵内部的语音变化，就会把"五方之殊音"当成正音而认为《唐韵》所收有误；若把音转当成古韵内部的变化，古韵研究就难免见仁见智的想象和拟测。

三 吴棫孔广森之异同

耕真在《诗》中"通韵",是真部字的本音与耕部字读真部的异质之音押韵。元部转读歌部,是元部有读歌部的"五方之殊音";《诗》元歌相押,并非歌部与元部通押,而是诗人以元部的正音与诗人自己方言中的"五方之殊音""异质相押"。

吴棫的叶韵即不同语音系统的字音异质相押,因此孔氏的"通韵""转韵"其实就是吴棫的叶韵。不同的是,吴棫认识到叶韵是《诗经》押韵的一种方式,孔氏只是试图用"通韵""转韵"来解释《诗经》押韵中"本韵"解决不了的问题。至于"本韵"为什么解决不了《诗》中的押韵问题,是否"本韵"本身有毛病,"本韵"是否有"以古通韵为正韵"、以"五方之殊音"为正韵等情况,孔氏不但没有去追究,还混本韵、通韵、转韵为一谈。

第七章　异质共存与汉语研究

第一节　《切韵》其书与异质共存

陈振寰先生说："《切韵》音系是隋唐（唐初）的雅言音系；这个音系是以当时洛阳为中心的中原音系为基础形成的。我们相信我国古代确实存在着雅言体系，在普通话形成前，它起着各方言区域间官绅士子、商贾之人交际工具的作用。'诗书执礼皆雅言也'（论语），'君子安雅'（荀子），和《方言》所谓'凡语''通语'就是它。"（1988：140）周祖谟先生在《切韵的性质和它的音系基础》一文中说："《切韵》是根据刘臻、颜之推等八人论难的决定，并参考前代诸家音韵、古今字书编定而成的一部有正音意义的韵书，它的语音系统是就金陵、邺下的雅言，参酌行用的读书音而定的。"又说："陆序所谓'南北'实际指的就是'江东'与'河北'，而江东以金陵为主，河北以邺下为主。"（1966：440－445）二位先生的判断给了笔者许多有益的启示。

《论语·述而》"子所雅言，诗书执礼皆雅言也。"诵诗读书，皆用雅言。雅言又叫通语，就是我们现在所说的读书音。从《切韵·序》"凡有文藻，即须明声韵""欲广文路，自可清浊皆通；若赏知音，则须轻重有别"看，《切韵》确实是读书音系统。《切韵》既然是读书音系统，那么《切韵》的工作就是围绕读书音开展的。

读书音系统先得有个标准。这个标准读书音在哪里？颜真卿《颜氏家训·音辞》说："共以帝王都邑，参校方俗，考核古今，为之折衷。权而量之，独金陵与洛下耳。"因此，《切韵》读书音的标准是自古延续发展而来的"帝王都邑"的读书音系统，即金陵与洛下两地读书音系统。既然《切韵》读书音的标准是自古延续发展而来的金陵与洛下两地读书音系统，那么《切韵》的"参校方俗，考核古今，为之折衷"的工作就主要是围绕金陵与洛下两地读书音开展的。

古无韵书，但读书音却口耳相传，源远流长。孔子周游列国，苏秦游说秦王，张仪连横齐楚，说的大概就是读书音。受白话音的制约以及社会变迁的影响，各地的读书音虽然不至于无法交际，但各有参差。金陵与洛下两地读书音也不例外。

各地读书音有哪些参差呢？《切韵·序》说："论及音韵，以今声调既自有别，诸家取舍亦复不同。吴楚则时伤轻浅，燕赵则多伤重浊。秦陇则去声为入，梁益则平声似去。支脂、鱼虞共为一韵，先仙、尤侯俱论是切……吕静《韵集》、夏侯咏《韵略》、阳休之《韵略》、周思言《音韵》、李季节《音谱》、杜台卿《韵略》等各有乖互。江东取韵与河北复殊。"

"以今声调既自有别"，即"吴楚则时伤轻浅，燕赵则多伤重浊。秦陇则去声为入，梁益则平声似去。支脂、鱼虞共为一韵，先仙、尤侯俱论是切。"此语指出当时各地读书音的三个主要差别：第一，同韵类的字读音有开合洪细阴阳韵尾之别；第二，同调类的字各地调值不同；第三，韵类的分合各地参差不一。"诸家取舍亦复不同"，即"吕静《韵集》、夏侯咏《韵略》、阳休之《韵略》、周思言《音韵》、李季节《音谱》、杜台卿《韵略》等各有乖互"，此语指出晋以来的韵书都夹杂着上述差别；"江东取韵与河北复殊"，江东泛指南方，河北泛指北方。此语指出代表南方的金陵与代表北方的洛下，其读书音在上述各方面又有自己的特点。

针对上述差别，《切韵》做了哪些工作？第一，"论南北是非，古今通塞"；第二，"捃选精切，除削疏缓"。这两项工作实际上就是"共以帝王都邑，参校方俗，考核古今，为之折衷"的工作。

《切韵》读书音的标准既然是自古延续发展而来的金陵与洛下两地读书音系统，为何还要"论南北是非，古今通塞"？历史的积淀，人口的迁徙，种种原因使得金陵与洛下两地读书音系统之外的读音掺杂在金陵与洛下，与金陵、洛下两地读书音并行共存。所以在论金陵与洛下两地读书音之前，首先得"论南北是非，古今通塞"，得辨识与金陵、洛下两地读书音并行共存的异质读音。金陵与洛下两地读书音系统本身在字音、调值、分韵上的差别，也得要"论南北是非，古今通塞"，在自古延续发展而来的金陵与洛下两地读书音系统中指出哪些是南北古今之非之塞。"论南北是非，古今通塞"之后的工作就是"捃选精切，除削疏缓"。去除与金陵、洛下两地读书音并行共存的异质读音；在金陵与洛下两地读书音中捃选南北古今之是之通、去除南北古今之非之塞。去除的过程就是确立金陵与洛下两地读书音系统标准音的过程。

读音的开合洪细阴阳韵尾之别，如鲜读如斯，东读德真，火读如燬，六读如溜之类，皆去除之。把不同的调值对应归入四个调类，"去声为入"，去之（不把调值似入的去声字收入入声）；"平声似去"，去之（不把调值似去的平声字收入去声）。所谓"捃选精切"是。韵类的分合，以金陵与洛下两地读书音系统为主参校韵书，只要有所徵，便从分不从合。支脂、鱼虞共为一韵，分之；先仙、尤侯俱论是切，分之；前文提及的之尤合、清真合之类，皆分之。所谓"除削疏缓"是。从分不从合，王韵韵目下某韵之分择自某家韵书之注亦可以为证。各家分韵必有所自，尊重韵书分韵就是尊重古今南北。《切韵》分韵既然从分不从合，我们就不能把这个从分的系统当作单一音系看待，从而认为韵部数目庞大。

这样看来，《切韵》音系当是综合读书音系统。这个异质综合的音系，无论分韵读音都折中兼顾金陵洛下南北古今。因为《切韵》是综合读书音系统，所以古今南北没有哪个读书音音系有《切韵》分韵之细，古今南北的读书音音系都与《切韵》有系统的对应关系。因为古今南北的读书音音系都与《切韵》有系统的对应关系，所以"时俗共重，以为典规"（《刊谬补缺切韵》自序）、"酌古沿今，无以加也"（长孙讷言《切韵笺注·序》）。

《切韵》"捃选精切，除削疏缓"的结果是：各地的白话音以及不同于《切韵》的读书音被排除在《切韵》之外，各地方音特别是南北方音中的某个韵类被《切韵》分别为不同的韵类，这些被排除被分别者皆成了《切韵》综合读书音系统的异质之音。

《切韵》音系是综合读书音系统，这就是说《切韵》音系不能原原本本地视为单一的音系。《切韵》的语音系统还得对《切韵》的分韵读音认真做一番分析归纳。《切韵》之外有其异质之音，这就是说《切韵》不包古今方国之音。《切韵》的异质之音并没有因《切韵》而消失，而是与《切韵》异质共存，或自主发展，或与《切韵》系统的读音共存于一地。不同语音系统的读音共存于一地，或自由使用、长期共处，或自由竞争、彼此取代。

第二节　异质共存与梵汉对音研究

异质共存是汉语的特色。异质共存的语音事实，可以帮助我们分析各种语音现象。今以梵汉对音为例说说这个问题。

汪荣宝《歌戈鱼虞模古读考》主要用几十条梵汉对译材料进行考证，得出如下结论：歌戈唐宋以上读如麻 a，元代以后歌戈读 o 不与麻同读；鱼虞模魏晋以上读如麻 a，宋齐以后读 u 音 y 音。

汪文还认为，汉魏六朝译例，梵书 u 音缀字悉以尤侯韵字相对，而 a 对以鱼虞模，"此鱼虞模与尤侯之别显然可见。"

笔者查阅了俞敏先生的《后汉三国梵汉对音字谱》（见俞敏，1999），上述诸韵类的对音基本情况是：

歌戈主元音一般读 a（ɑ），如：阿和罗那多陀埵他婆波呵摩螺玻颇诃等。

鱼虞模主元音一般读 a（ɑ），如：吁姑呿佉阇荼绪都吐如无卢于疏度屠等。

尤侯主元音一般读 u，如：忧沤优羞修脩鸠究留邱浮负头兜耨周楼娄篓瑠鼬由首授瘦等。

对音的一般情况恰如汪文所说。但是，下列 3 组对音值得重视：

（1）罗：la［o］、ra［d］、rva［d］、lya［d］、（v）ta［c］、lua［j］、lo［c］。①

----

① 依俞文，本小节［　］中的字母分别代表译经师：a 摄摩腾、竺法兰；b 牟融；c 安世高；d 支谶；e 竺佛朔；f 安玄、严佛调；g 支曜；h 康拒；i 康孟祥、竺大力；j 昙果；k 康僧铠；l 昙谛；m 帛延；n 康僧会；o 支谦；p 维祇难；q 竺律炎；x 失译人名。

（2）懼 kra［n］、go［d］；瞿 gu［o］、ko［d］、go［n］、gho［n］；

姑 ka［n］；菩 bhu［d］、bo［a］、bho［k］；鼓 ko［o］；布 po［k］；

俱 gu［o］、go［n］、gro［q］；

须 su［d］、so［o］、sro［a］；

句 ku［o］；拘 kra［o］、ko［o］、go［n］；

渝 yu［o］；俞 yo［d］；踰 yo［d］；

朱 ksu［d］；殊（v）ju［d］。

（3）求 go［n］；裘 go［n］；眸 ho［d］；休 ho［o］；

鸠 ku［d］、kra［o］；

留 ru（o）、ra（d）；

头 tu［o］、du［d］、dhu［j］、ḍo［q］、da［c］、（v）ta［o］、dā［d］；

兜（v）tu［o］、ṭha［d］、（v）ta［o］；

耨 nu［a］、ṇo［j］、na［o］；

楼（v）ḍu［o］、ru［d］、rū［o］、（v）to［d］、ro［d］、lo［d］、rā［o］；

娄 ru［d］、la［o］。

从以上 3 组对音我们可以清楚地看到与汪文的出入。

汪文说"歌戈唐宋以上读如麻 a，元代以后歌戈读 o 不与麻同读"。可是后汉三国时，歌韵罗字的主要元音读 a 外，亦读 o。

汪文说"鱼虞模魏晋以上读如麻 a，宋齐以后读 u 音 y 音"。可是后汉三国时，虽然鱼虞模多与 a 对音，但也不乏与 u 与 o 相对者。如虞韵之瞿俱须渝朱殊、遇韵之句等字对 u 音，虞韵之瞿俱须拘俞踰输、模韵之菩、姥韵之鼓、暮韵之布等字对 o 音。

汪文说"汉魏六朝译例，凡遇梵书 u 音缀字，悉以尤侯韵字相对"。可是后汉三国时，尤侯韵字除对梵文 u 音外，也可以对 a 音 o 音。如尤韵之鸠留、侯韵类之头兜楼娄耨等字对 a 音，尤韵之求裘休、侯韵类之眸头楼耨等字对 o 音。

汪文说"汉魏六朝译例，凡遇梵书 u 音缀字，悉以尤侯韵字相对……从无用鱼虞模韵者。乃若有之，则必其字本当入侯而后人杂入虞模者也。"可是虞韵瞿字并非"入侯"者，其在后汉三国可以对 u 音，与"入侯"之俱须朱拘渝等字的对音没有两样。

对于后汉三国梵汉对音的事实，有几个问题需要思考。

一　为何歌戈对 a 又对 o、鱼虞模与尤侯对 a 对 o 又对 u

汪氏说歌戈唐宋以上读如麻 a，元代以后歌戈读 o 不读 a；鱼虞模魏晋以上读 a，宋齐以后读 u 音 y 音。试图用古今发展变化来解释这种现象。

可是罗字之 la［o］与 lo［c］，懼字之 kra［n］与 go［d］及瞿字之 gu［o］、ko［d］、go［n］，穤字之 nu［a］、no［j］与 na［o］等都是后汉三国所读；句字之 ku［o］与拘字之 kra［o］、ko［o］等还是同一人的对音。这是读音古今发展变化的理论所无法解释的。况且，鱼虞模读 a 与歌戈读 a，为什么前者变为 u、y 而后者变为 o？其间也没有道理可言。

笔者认为，汉语史的问题不能一味以古今变化来解释，而要充分考虑汉语语音异质共存的因素。不同语音系统的读音异质共存，使得同一音类同时同地有不同的读法。同一韵类有两个三个对音，是译经师对汉字读音异质共存的真实写照。

今莆田方音歌戈韵主要元音文读 ɒ，白读 a、o，同时同地共存了不同语音系统的读音。如：何河文读 hɒ，何白读 ua，河白读 o。

乔全生（2008：140）说："到 11 世纪回鹘文汉字译音，歌戈韵开口一等已经变为［o］了。如罗［lo］（聂鸿音，1998）。12 世纪的《掌中珠》汉字注音，［o］韵已经占了绝对上风，与《唐五代西北方音》一书所列歌戈韵 33 个例字，a 韵 31 字，o 韵仅 2 字相比，a→o 的变化十分明显（李范文，1994）。这也只是就歌麻彼此的消长而言的，直到后世的诗文用韵和今天的方言也没有完全分开。"歌戈韵开口一等字后汉三国已经有 o 的对音，可见歌戈韵自后汉至今 a、o 两读一直共存，两读共存就不应以古今变化解释。某时某地读 a 读 o 以及读 a 读 o 的多寡，不是此地 a 变 o 或 o 变 a，而是此地 a、o 共存的读音"彼此的消长"。

所以，歌戈对 a 又可对 o、鱼虞模与尤侯对 a 对 o 还可对 u，不是"古今"之变化，而是异质之共存。异质共存的字音自由使用，便有了同韵类字的不同对音以及不同对音多寡的现象。如果说歌戈前读 a 后读 o、鱼虞模前读 a 后读 u、y 是古今的变化，那么这种变化也只是古今对异质之音的选择不同，而不是同质语音内部古今音值的变异。梵汉对音中歌戈从 a 到 o，不是歌戈音值从 a 变成 o，而是对音分别采用了歌戈读 a 的方音与歌戈读 o 的方音。

二　歌戈与鱼虞模为什么会同读 a

歌戈与鱼虞模都对译梵文 a，从现象上看，歌戈与鱼虞模同类。可是歌戈与鱼虞模，无论古韵或《切韵》，都不同类。因此，如果我们把《切韵》系读音看作正音，那么歌戈与鱼虞模都对译梵文 a 一定不是发生在正音系统内部。

正音系统不同类的韵却可能在某个方音系统中同读。比如正音系统中歌豪不同类，可是后汉二国豪韵毛字对音 ma「o」。支谦，吴人。其毛字对音 ma，罗字对音 la，可见支谦所依据的方音中歌豪对音同。莆田方音歌豪文读同韵，都读 ɒ。《毛诗古音考》"仪音俄"条，以刘向《九叹》"举霓旌之墆翳兮，建黄昏之总旄。躬纯粹而罔衍兮，承皇考之妙仪。"作旁证。旄之韵俄，说明陈第方音歌豪同韵。《古今诗话》"闽士诗赋"条云："真宗朝，试《天德清明赋》，有闽士破题云：'天道如何，仰之弥高。'会考试亦闽人，遂中选。"[①] 闽人何高相押。与支脂、鱼虞、先仙、尤侯、之尤、清真之类一样，歌豪在《切韵》中也从分了。

不同语音系统的读音互相渗透吸收，一方面造成了同一音类同时同地有不同的读法，另一方面也使不同音类在同时同地有相同的读法。莆田方音文读歌戈一般读 ɒ、yɒ，鱼虞一般读 y、模一般读 ou，歌戈与鱼虞模文读系统不同类。鱼虞模白读可读 ɒ、yɒ，如：父 pɒ 师父，摸 mɒ 摸睟，五 kɒ 三五成群，鼓 kɒ 捣鼓，虎 hɒ 做事虎阿虎，糊 kɒ 饮糜糊糊，荼 tɒ 食荼，蜈 kyɒ 蜈蚣，匍 pɒ 匍行等。所读 ɒ、yɒ 之音正是歌戈的文读。《毛诗古音考》"祸，

音虎。"本证:《何人斯》"二人从行,谁为此祸?胡逝我梁,不入唁我?"祸,果韵匣母;我,哿韵疑母。虎,姥韵晓母。陈第口语浊声母字读去声,祸改读虎旨在改祸字之去声为上声以韵我,则明末闽地连江姥韵字有哿韵之音甚明。

文读音与白读音不是同一语音系统的读音,不同语音系统的读音共存于莆田,使得歌戈的文读音与鱼虞模的白读音可以同类。由此,我们可以认为歌戈与鱼虞模一样对译梵文 a,是汉语两种不同语音系统的读音共存于一地的结果。

何书作胡,此系统之胡字读同彼系统之何。我又称吾,文读之我字声韵同白读之吾字。《尔雅·释草》"荷,芙渠也。"芙渠者,荷之合音,此系统之鱼与彼系统之歌同韵。父字扶雨切,此地读 hu,彼地所来之音读 pɒ,于是依彼地所来之音读另造捕可切之爸字。父字书作爸,爸字记录的是父字的白读音。凡此等等,其之始作皆反映了同时同地的语音现象。

三　鱼虞模与尤侯为什么有相同的对音

鱼虞模与尤侯同时对译 u、o、a,这是后汉三国不同语音系统的读法在对音中的反映。鱼虞模与尤侯一样对译 u、o、a,我们得到的信息只能是鱼虞模与尤侯有相同的对音。鱼虞模与尤侯为什么会有相同的对音?道理与歌戈、鱼虞模为什么会同读 a 一样。为了进一步说明问题,兹转引储泰松(2001)所录相关音切如下:

《慧琳音义》:

堆阜:下扶久反,吴楚之音也,《韵英》云音扶武反。

堆阜:下扶有反,吴楚音也,《韵英》音扶武反。

矛矟:上谟侯反,《韵英》云暮蒲反。

浮囊:附无反,《玉篇》音扶尤反,陆法言音薄谋反,下二皆吴楚之音也。

浮囊:上音符,又音符尤反。

枹鼓:上音附牟反,亦音芳无反,并秦音……枹字吴音伏不反,不音福孚反，在尤韵中，与浮同韵。①

　　枹加：上房牛反。

麻杲《切韵》：

　　母：美沽反，古《切韵》用吴音作莫厚反。

　　储文根据上述所引音切云："尤侯韵唇音字，北方读同虞模韵，南方仍同《切韵》。"乔全生（2008：156）更谓："今晋方言犹有尤侯韵非唇音字读为鱼模韵的现象"。是《切韵》的尤侯在北方（至少在秦晋一带）方音中读似鱼虞模。北方的语音传到闽南，以至"在闽南话的读书音里，古侯韵和尤韵的庄组字是整个儿跟模韵合韵的。"（周长楫，1996）

　　阜字之扶久、扶有与扶武，浮字之扶尤、薄谋与附无，一尤一虞；矛字与谟侯与暮蒲，一尤一侯一模；母字之莫厚与美沽，一厚一姥（沽字有模姥二韵）；此殆即《切韵》正音与北方方音之别者。不音福孚反，一尤一虞，此殆北方方音不分尤虞者。浮字音符又音符尤反，枹字秦音附牟反又芳无反，此殆即《切韵》正音与北方方音并存于北方者。枹字之房牛反，此殆即《切韵》正音有取代北方方音之势者。

　　郭璞注《尔雅》"傺，逗也"云："逗即今住字。"住，遇韵；逗，侯韵。《尔雅》的逗郭璞读作住，前者《切韵》音后者北方音。黄仁瑄（2011：240）云："梵音 bu 旧译'浮'，新译'部'"，"梵音 su 旧译'修'，新译'素'"。"新译""旧译"之别殆即北方方音与《切韵》之异。鄹，《汉语大字典》一音侧鸠切，云："春秋鲁邑，孔子的家乡。在今山东省曲阜县东南。"一音慈庾切，云："亭名，在新丰。"新丰在今陕西省新丰县。同一鄹字，山东读尤韵，陕西则虞韵。

　　《切韵》的尤侯在北方方音中读鱼虞模，那么尤侯在北方就可以与鱼虞模有相同的对音。第六章第二节曾说"全少在齐鲁全荆楚的大片土地上虞韵字确有可读尤侯的方音"，那么《切韵》的虞韵字在齐鲁至荆楚的大片土地上就可以与尤侯有相同的对音。语音相互渗透，使得北地与齐鲁荆楚尤侯与鱼虞模都可以有相同的对音。今厦门话尤韵类字文读 iu 白

---

① 不，《广韵》方久切，"又甫鸠甫救二切"，所以云"在尤韵中"。尤韵当作"福浮反"，作"福孚反"者，尤虞不分也。

读可读 u。如：牛 giu/gu，久灸 kiu/ku，就 tsiu/tsu，臼 kiu/khu，舅旧 kiu/ku，丘 khiu/khu，有 iu/u 等。虞韵类文读 u 白读可读 iu。如：珠 tsu/tsiu，住 tsu/tiu，蛀 tsu/tsiu，树 su/tshiu，取 tshu/tshiu，须 su/tshiu 等。是厦门话尤、虞既可对 u 又可对 iu。王力（1980：73）说，汉越语"游""逾"同音，"酉""庾"同音。

第六章第三节证明了《诗》及《诗》前后侯有方音读似模、虞有方音读似尤。侯之侯模两读、虞之虞尤两读都出现在《诗》前后的文献中，出现在后世的南北方言中，是侯韵类两读、虞韵类两读并存于同时同地的现象从《诗经》一直持续至今。

南北语音互相渗透吸收并共存于一地，就形成了有如今天文白异读的语音格局。这个语音格局中的语音自由使用，就会出现尤侯的正音与鱼虞模的方音叶韵或鱼虞模的正音与尤侯的方音叶韵的现象。

乔全生（2008：156）云："金末道士晋南人侯善渊在其杂古《首》351 中相押一次，韵脚字为：牗斗主肘口有……"按：牗斗主肘口有，主字可用其读有之方音与牗斗肘口有之正音叶韵。鱼虞模与尤侯之间没有也不可能"互相转化"。

王力先生（1985：384）云："宋代的屋烛并入了元代的鱼模。其中一小部分字（'轴逐熟竹烛粥宿肉褥六'）并入了元代的尤侯。有些字是一字两读，如'轴逐熟竹烛粥'等。读如鱼模者，应是文言音；读入尤侯者，应是白话音。""轴逐熟竹烛粥"等之鱼模、尤侯两读，来自不同的语音系统。来自不同的语音系统的两种读音共存于元代的通语，就会出现以文言音与通语鱼虞模"同质相押"、以白话音与通语尤侯"异质相押"的用韵现象。作韵书者根据韵文用韵实际分别收入鱼模、尤侯。

尤侯与鱼虞模有方音互读，顾炎武侯与鱼虞模合为古韵一部，江永分出虞韵之半古韵归尤，都是没能辨析《诗》用韵中正音方音的结果。

四 支韵对音的启示

另外，下列一组对音也颇有启发意义：

池 di [o]；蚍 jā [o]；

离 lā [o]，li [o]，ri [o]；

随（v）va［n］，vi［o］；

支（v）hā［a］；诃 ha［a］。

摄摩腾、竺法兰译经于洛阳，所用殆北方某方音。支韵支字与歌韵诃字读音相似殆即北方某方音的读法。康僧会与支谦皆吴人，支韵字 a、i 两个对音中，a 当来自北方某方音，i 则是《切韵》所读。支韵字的 a、i 两个对音，说明支韵字《切韵》之 i 与北北方某方音 a 共存于吴地。支韵若读《切韵》之音，则不能韵歌戈；若读北方似歌之音，与歌戈相押却非常和谐。

不但后汉三国，唐五代读音亦如此。储泰松（2001）："揣：'抟食'条：'音都果反，北人行此音；又初委反，江南行此音。'又卷 72：'《论》文作揣……音初委反……江南行此音；又都果反……关中行此音。'卷 70 '揣触'条：'初委反……江南行此音；又音都果反……北人行此音。'"揣，《切韵》纸韵初委切，江南所行之音正是《切韵》所记音。都果反，果韵；《切韵》纸韵字北人（关中）读果韵。黄仁瑄（2005）集有译经师玄应、慧琳、可洪等译音表，谨录其中部分支韵类字的译音如下：

玄应对音（p89）：

祇 khya/gi

慧琳对音（p163）：

祇 gya　　纸 si/sya　　企 kha

可洪对音（p198）：

岐歧 ga　　祇 ka/ga　　弥 ma/mi　　企 kha/khi

支韵类字唐五代有 i、a 两个对音，莆田方音今纸企等字文读 i 白读 ɒ，前读当是《切韵》所记音，后读当是《切韵》的异质之音。按照传统古韵研究的结果，支纸企等字古韵属支，可是，与那些被认为古韵属歌的支韵字一样，都有读似歌韵的白读音，说明支韵类在古韵中并没有属歌属支之分。《诗》之入韵字有限，不可根据《诗》入韵与否分支韵为二。

第六章第二节谈到支有读似歌的异质之音，歌有读似支的异质之音。以梵汉对音观之，北方某地支有读似歌的异质之音。夫子之柯何波、《楚辞》之歌波、《庄子》之和、《淮南子》之阿苟和、《吴越春秋·渔父歌》之何等字有支韵之读。以是观之，齐鲁吴越荆楚歌有读似支的异质之音。方音的渗透，以致《七月》之火、《玄鸟》之河何、《史记》之和亦有似支韵之读。北方或读支似歌，齐鲁吴越荆楚或读歌似支，则北方某地与齐鲁吴越荆楚支歌皆可韵。不同的是，北方支歌同韵歌，齐鲁吴越荆楚支歌同韵支。支歌同韵与《切韵》支歌分韵异质共存。顾炎武以《切韵》为古韵正音，则《诗》歌支相押是歌、支各据诗之所出，以古韵正音分别与北方某方音、齐鲁吴越荆楚方音"异质相押"。

第三节 异质共存与汉语语音史研究

异质共存不但可以帮助我们研究分析各种语音现象，也可以帮助我们研究汉语语音史。

举两个例子。

一 普通话鱼虞同读直接来自北方通语

《切韵》批评"鱼虞共为一韵"，并分鱼虞为二。王力先生《汉语语音史》把汉语音系分为九段：先秦、汉代、魏晋南北朝、隋 - 中唐、晚唐 - 五代、宋代、元代、明清、现代。先秦、汉代鱼虞合[1]；魏晋南北朝、隋 - 中唐鱼虞分；晚唐 - 五代、宋代、元代、明清、现代鱼虞合。鱼虞从先秦到现代经过了"合→分→合"的演变。

鱼虞在魏晋南北朝、隋 - 中唐真的分吗？

魏晋南北朝韵部例证，王先生分别举谢朓《游东堂咏桐》余疏居墟为韵与范晔《邓寇传赞》谟徒都愚为韵以证鱼虞分部。其实，魏晋南北朝鱼虞常常合用。例如：

曹植《泰山梁甫行》："八方各异气，千里殊风雨。剧哉边海民，寄身于草墅。妻子象禽兽，行止依林阻。柴门何萧条，狐兔翔我宇。"墅

阻，语韵；雨宇，麌韵。

曹植《赠白马王彪》"玄黄犹能进，我思郁以纡。郁纡将何念，亲爱在离居。本图相与偕，中更不克俱。鸱枭鸣衡轭，豺狼当路衢。苍蝇间白黑，谗巧令亲疏。欲还绝无蹊，揽辔止踟蹰。"居疏，鱼韵；纡俱衢蹰，麌韵。

嵇康《幽愤诗》"仰慕严郑，乐道闲居。与世无营，神气晏如。咨予不淑，婴累多虞。匪降自天，实由顽疏。"居如疏，鱼韵；虞，麌韵。

阮籍《咏怀诗八十二首·其四十一》"生命无期度，朝夕有不虞。列仙停修龄，养志在冲虚。飘飘云日间，邈与世路殊。荣名非己宝，声色焉足娱。采药无旋返，神仙志不符。逼此良可惑，令我久踟躇。"虚躇，鱼韵；虞殊娱符，麌韵。

张华《情诗五首·其五》"游目四野外，逍遥独延伫。兰蕙缘清渠，繁华荫绿渚。佳人不在兹，取此欲谁与。巢居觉风飘，穴处识阴雨。未曾远别离，安知慕俦侣。"伫渚与侣，语韵；雨，麌韵。

左思《咏史八首·其四》"济济京城内，赫赫王侯居。冠盖荫四术，朱轮竟长衢。朝集金张馆，暮宿许史庐。南邻击钟磬，北里吹笙竽。寂寂扬子宅，门无卿相舆。寥寥空宇中，所讲在玄虚。言论准宣尼，辞赋拟相如。悠悠百世后，英名擅八区。"居舆虚如，鱼韵；衢竽区，麌韵。

左思《咏史八首·其八》"习习笼中鸟，举翮触四隅。落落穷巷士，抱影守空庐。出门无通路，枳棘塞中途。计策弃不收，块若枯池鱼。外望无寸禄，内顾无斗储。亲戚还相蔑，朋友日夜疏。苏秦北游说，李斯西上书。俯仰生荣华，咄嗟复凋枯。饮河期满腹，贵足不愿馀。巢林栖一枝，可为达士模。"庐鱼储疏书馀，鱼韵；隅，麌韵；途枯模，模韵。

陶渊明《始作镇车参军经曲阿作》"弱龄寄事外，委怀在琴书。被褐欣自得，屡空常晏如。时来苟冥会，宛辔憩通衢。投策命晨装，暂与园田疏。眇眇孤舟逝，绵绵归思纡。我行岂不遥，登降千里馀。目倦川途异，心念山泽居。望云惭高鸟，临水愧游鱼。真想初在襟，谁谓行迹拘。聊且凭化迁，终反班生庐。"书如疏馀居鱼庐，鱼韵；衢纡拘，麌韵。

《南朝乐府民歌·西洲曲》"西洲在何处，两桨桥头渡。日暮伯劳飞，风吹乌臼树。"处御韵；树，遇韵；渡，暮韵。

《北朝乐府民歌·捉搦歌四曲·其二》"天生男女共一处，愿得两个成翁姬。"处，御韵；姬，遇韵。

《北朝乐府民歌·琅琊王歌辞八曲·其一》"新买五尺刀，悬著中梁柱。一日三摩挲，剧于十五女。"女，语韵；柱，麌韵。

隋－中唐韵部鱼虞分立，王先生分别举宋之问《洞庭湖》湖隅无吴徂梧图呼殊娱夫相押和《奉和韦嗣立山庄侍宴》初书车疏虚馀间居相押为例。其实，隋－中唐鱼虞也常常合用。例如：

宋之问《雨从箕山来》"雨从箕山来，倏与飘风度。晴明西峰日，绿缛南溪树。此时客精庐，幸蒙真僧顾。深入清净理，妙断往来趣。意得两契如，言尽共忘喻。观花寂不动，闻鸟悬可语。向夕闻天香，淹留不能去。"语去，御韵；树趣喻，遇韵；度顾，暮韵。

宋之问《景龙四年春祠海》"肃事祠春溟，宵斋洗蒙虑。鸡鸣见日出，鹭下惊涛鹜。地阔八荒近，天回百川澍。筵端接空曲，目外唯雾雾。暖气物象来，周游晦明互。致牲匪玄享，禋涤期灵煦。的的波际禽，沄沄岛间树。安期今何在，方丈蓦寻路。仙事与世隔，冥搜徒已屡。四明背群山，遗老莫辨处。抚中良自慨，弱龄忝恩遇。三入文史林，两拜神仙署。虽叹出关远，始知临海趣。赏来空自多，理胜孰能喻。留楫竟何待，徙倚忽云暮。"虑处署，御韵；鹜澍雾煦树屡遇趣喻，遇韵；互路暮，暮韵。

白居易《秦中吟十首·其十·买花》"帝城春欲暮，喧喧车马度。共道牡丹时，相随买花去。贵贱无常价，酬直看花数。灼灼百朵红，戋戋五束素。上张幄幕庇，旁织笆篱护。水洒复泥封，移来色如故。家家习为俗，人人迷不悟。有一田舍翁，偶来买花处。低头独长叹，此叹无人喻。一丛深色花，十户中人赋。"去处，御韵；数喻赋，遇韵；度素护故悟，暮韵。

白居易《长恨歌》"姊妹弟兄皆列土，可怜光彩生门户。遂令天下父母心，不重生男重生女。""风吹仙袂飘飘举，犹似霓裳羽衣舞。玉容寂寞泪阑干，梨花一枝春带雨。""回头下望人寰处，不见长安见尘雾。唯将旧物表深情，钿合金钗寄将去。"女，语韵；土户，姥韵。举，语韵；舞雨，麌韵。处去，御韵；雾，遇韵。

白居易《琵琶行》"大弦嘈嘈如急雨，小弦切切如私语。""自言本是京城女，家在虾蟆陵下住。十三学得琵琶成，名属教坊第一部。曲罢常教善才服，妆成每被秋娘妒。五陵年少争缠头，一曲红绡不知数。钿头云篦击节碎，血色罗裙翻酒污。今年欢笑复明年，秋月春风等闲度。弟弟从军阿姨死，暮去朝来颜色故。门前冷落车马稀，老大嫁作商人妇。商人重利轻别离，前月浮梁买茶去。"语，语韵；雨，麌韵。去，御韵；住数，遇韵；部妒污（汙）度故，暮韵。妇，有韵。（妇字读去。此即《切韵》尤侯读同北方通语之鱼虞模者。）

《颜氏家训·音辞篇》的"北人以庶为戍，以如为儒"，明确指出北方通语鱼虞同韵。《切韵》鱼虞分韵，根据的是鱼虞分韵的南方通语。同者自同，分者自分。北方通语并没有因《切韵》而分鱼虞为二，而是作为《切韵》的异质之音始终活跃在自己的地盘并向别的方言区渗透。鱼虞分韵与"鱼虞共为一韵"异质共存，反映在诗文中便有鱼虞分韵与鱼虞合用两种现象。

现在的汉语语音史，认为普通话鱼虞同韵，是《切韵》鱼虞二韵语音演变合流的结果。鱼虞同韵，从先秦到现代没有断过。如果只着眼于《切韵》，那么《切韵》前后的语音系统就得如王力先生鱼虞分韵，普通话鱼虞同韵自然就是《切韵》鱼虞二韵的合流；如果认识到《切韵》鱼虞分韵与北方通语"鱼虞共为一韵"异质共存，普通话鱼虞同韵为什么就不是直接来自北方通语呢？认识了异质共存，我们就不会认为在汉语语音发展的行程中《切韵》是必经的一个驿站。

二 《中原音韵》支思部非出自《切韵》

《切韵》支脂之的齿头音在闽南方言中有两种读法。[①]

一读 i，与支脂之的非齿头音同读。如晋江：

资 tsi 姿 tsi 私 si 斯 si 思 si 词 si 咨 tsi 餈 tsi 子 tsi 梓 tsi 死 si 字 tsi 辞 si 刺 tshi 饲 tshi 四 si。

---

① 本节记音，厦门、建瓯据北京大学中国语言文学系语言学教研室编之《汉语方音字汇》，晋江、崇安据李如龙《福建县市方言志 12 种》。记音一律省去声调。

支 tsi 知 ti 脂 tsi 饥 ki 之 tsi 狸 li 纸 tsi 彼 pi 旨 tsi 鄙 phi 止 tsi 喜 hi 智 ti 寄 ki 至 tsi 示 si 志 tsi 意 i。

一读 u，与鱼虞同读，与模音近。如厦门：

资 tsu 姿 tsu 私 su 斯 su 滋 tsu 雌 tshu 思 su 司 su 词 su 祠 su 慈 tsu 瓷 tsu 辞 su 此 tshu 子 tsu 似 su 祀 su 死 su 次 tshu 饲 su 四 su 肆 su 自 tsu 字 tsu 赐 su。

鱼 gu 区 khu 趋 tshu 鼠 tshu 女 lu 举 ku 武 bu 主 tsu 虑 lu 据 ku 趣 tshu 誉 lu；姑 kɔ 胡 hɔ 苦 khɔ 房 lɔ 顾 kɔ 库 khɔ。

i 之读与支脂之的非齿头字同音，与《切韵》音类相符。u 之读与鱼虞同韵，此音《切韵》未载，与《切韵》异质。i 与 u 异质共存于闽南，共存于闽南的 i 与 u 或形成文白异读，厦门子字辞撕私司死四等字 u 为文读 i 为白读；或自由竞争、彼此取代，闽南各地读 i 读 u 便此消彼长，厦门姊紫刺丝寺等少数字读音已被 i 取代。

支脂之齿头音与鱼虞同韵之读，《切韵》不载，却古已有之。此事吴棫早有成说。

《韵补》纸韵子字下说："子：奖礼切。……古子有二读。与纸叶者声近济水之济，与语叶者如今读。"

《韵补》语韵子字下说："子：子本奖礼切，经旧又有一音如今世俗所读而与语韵相叶。《太玄》'去于父子，去于臣主。'《韩非子》'慈母有败子，严家无格虏。'《易林》'道逢淑女，与我骥子'，又曰'文母圣子，为天下主。'此类尤多。"

"古子有二读"，一读奖礼切，一读与语同韵。

《切韵》子字即里切，吴棫注奖礼切。即奖子皆精母，里字止韵，礼字荠韵，上声纸旨止尾荠吴棫同部，所以奖礼切即《切韵》即里切。

《韩非子》以子韵虏（姥），《易林》以子韵主（麌）女（语），《太玄》以子韵主（麌）等，皆发生在秦汉。"开漳圣王"陈元光（657—711），其祖河东（今山西永济）。周长楫（1996）举出其诗韵"特例"，其中《语州县诸公敏续·其二》一例云："韵脚字：儒途资虚鱼舒都书孤。"资字脂韵类齿头音，与鱼虞模三韵类相押。宋季姜夔《长亭怨慢》"渐吹尽、枝头香絮，是处人家，绿深门户。远浦萦回，暮帆零乱向何许？阅人多矣，谁得似长亭树？树若有情时，不会得青春如此。"支韵类齿头之此字亦与絮户许树相韵。元代周权《百字谣·登临》有诗句云："世事茫茫，山川历历，不尽凭阑思。城头今古，黄河日夜东去。"之韵类齿头音思字韵去字。若韩非、焦赣、扬雄、陈元光、姜夔、周权皆不足信，则可以《诗》证之：《载芟》"匪且有且"，毛传："且，此也。"毛读且为此。且字鱼部，则此字不读语韵乎？

支脂之齿头音与鱼虞同韵之读于古有证，可是吴棫是怎么获得此音"今读"的第一手材料的？朱熹为什么会信吴棫呢？

《韵补》在"韵补书目"后自署"武夷吴棫"，武夷在福建崇安（今武夷山市）。朱熹生于福建尤溪，14 岁定居崇安五里夫。我们看看崇安方言的相关读音：

鱼虞一般读 əu，如：箸 təu 厨 thəu 女 nəu 驴缕 ləu 疽 tsəu 序须 səu 居矩 kəu 去区 khəu 鱼虞 ŋəu 虚 xəu 芋 əu。少数字读 y，如：猪朱主 tsy 竖恕戍 sy。模韵一般读 u，如：布 pu 甫 phu 模 mu 都 tu 粗 thu 奴 nu 卢 lu 租 tsu 苏 su 姑 ku 苦 khu 吴 ŋu 呼 xu。

支脂之三韵类非齿头音字读 i 读 ei，如：支脂之 tsi 齿 tshi 施时 si 基寄 ki 欺企 khi 疑宜 ŋi 縻 mi 喜 xi 移 ji；卑比 pei 知 tei 你 nei 离里 lei。少数读 y，如皮 ŋy。

支脂之三韵类齿头音字有读 u 韵者，如斯私师思司词祠辞似巳祀伺事 su；有读 ei 者，如瓷姊自 tsei，丝死四 sei，字寺 lei；有读 ie 者，狮 sie。

崇安支脂之三韵类齿头音字与非齿头音字读音有交叉，与鱼虞也不相韵。

闽北方言以建瓯为代表，我们再看看建瓯的读音情况：

支脂之三韵类齿头音字大多读 u，如：资姿滋紫子自字瓷慈辞词祠 tsu，雌此刺次 tshu，斯私司思似祀饲师狮史士事 su，其中刺私司饲士事有白读音 i（所记子字白读音疑是崽字之读）；少数读 i，如：姊寺 tsi，撕丝死四 si。

支脂之三韵类非齿头音字读 i：支脂之纸旨止至志 tsi，知置池迟持 ti，诗时始 si，鼻皮 phi，彼 bi，你 ni，离里利 li，基肌己奇 ki，欺企起 khi，牺 xi，疑宜 ŋi 移夷意 i。个别读 y：屁 phy 季 ky。

鱼虞：诸朱徐 tsy，除 ty，储 thy，处蛆趋 tshy，书输 sy，女 ny，吕缕 ly，居驹 ky，去区 khy，虚 xy，鱼虞 ŋy，余于雨 y；初 tshu，疏 su，如 lu，夫 xu。模：布 pu 普 phu 暮 mu 都 tu 土 thu 奴 nu 鲁 lu 祖 tsu 粗 tshu 苏 su 古 ku 枯 khu 呼互 xu 乌舞 u 吴 ŋu。

建瓯支脂之三韵类齿头音字大多读 u，韵模可，韵鱼虞亦可。

厦门话鱼虞两韵类读 u，模韵类读 ɔ。较之支脂之三韵类齿头音，鱼虞两韵类与之同读，模韵类开口度稍大。《韵补》所举秦汉支脂之三韵类齿头音读如鱼虞的音证中，与支脂之三韵类齿头音相韵者明明有鱼虞模三韵的字，如上述子字之韵女主房，可是在表述时概不提模韵。比如：支韵兹字下"今俗读此二音几与鱼虞等韵相叶"、鱼韵资字下"古资雌疵思词一类多与鱼虞等韵叶用"、语韵子字下"经旧又有一音如今世俗所读而与语韵相叶"、语韵士字下"古有一音如今世俗所读而与举武为音"等。士字例证，《礼记》与举所相押，《国策》与武相押，吴棫只说"与举武为音"而不提所字，厦门所字文读不读 su 而读 sɔ（鱼韵庄组字读同模），与 u 不甚叶。殆吴朱时代的厦门音，支脂之三韵类齿头音亦读同鱼虞两韵类，与模不甚叶。

《朱子语类》卷第八十有如下记载："或问吴氏叶韵何据？曰，他皆有据。泉州有其书，每一字多者引十余证，少者亦两三证。他说，元出更多，后删去，姑存此耳。"

宋代的泉州辖同安、晋江等七县，厦门是同安的属地。吴棫曾通判泉州，朱熹曾任同安县主簿。

吴棫、朱熹同是闽北人，当熟悉建瓯方言。他们同有闽南工作的经历，当熟悉厦门方言。看来，支脂之三言句类齿头音的"今读"，他们有坚实的语言根据。

王力先生《朱熹反切考》一文中考得南宋韵部中有个"资思部"，收有斯雌刺私师资死姊兕秭骊四思丝兹矗子氾俟涘耜梓籽祀似寺字等字。[①]王先生说："这个韵部后来发展为《中原音韵》的支思。……为什么知道

---

①　师字是庄组声母字，我们在上述方言读音中也收了少数庄组字。

朱熹的资思是独立的韵部呢？这是因为资思韵字如果和支齐没有分别，那么它们和支齐韵字押韵就用不着读叶音。"①

王先生在《汉语语音史》"第六章宋代音系"中同样根据朱熹反切列有"资思〔ʅ〕部"，言"开三→开一〔ʅ〕支纸寘（精系），脂旨至（精系），之止志（精系）"；"凡读叶音然后与支齐韵叶者，都是资思韵字"。

"资思部"字与支齐韵字押韵读叶音，仅仅是改闽南方言中如鱼虞之读为《切韵》之音以叶《切韵》支齐韵字，不能作为立部的依据。

"开三→开一〔ʅ〕"，说的是"资思部"从《切韵》支脂之开口字变化发展而来。"资思部"所收字如鱼虞之读与《切韵》异质。这就是说"资思部"非《切韵》所记音。"资思部"所收字《中原音韵》皆收在"支思"部，那么《中原音韵》的"支思"部也非出自《切韵》所记音。

汉语随着移民带到闽地后，"异质共存"于闽地。今天丰富复杂的文白异读中，有《切韵》所记音，有《切韵》的异质之音。支脂之齿头音字如鱼虞之读从某个方言区移植到闽地后，偏安一隅，口耳相传，至今仍保留与鱼虞同韵之读。在发展为《中原音韵》支思部的过程中，这些字是否曾独立成部，要看这些字在原方言区的读音是否与鱼虞分道扬镳。

假如不了解"异质共存"，就会在"资思"是否独立成部的问题上拿错标准；假如不了解"异质共存"，就会把异质读音的取代看作同质读音的变化，在 i、u 两音之间作 i→u、u→i 之类的遐想。

第四节　异质共存与诗文用韵研究

不同语音系统的读音互相押韵是异质相押，异质相押就是吴棫朱熹的叶韵。异质共存以及共存的异读自由运用给诗文叶韵提供了语音基础。

叶韵这一传统，至今仍盛行于民间。闽地的民谣谚语曲艺等用韵往往文白相押。文读与白读异质，异质读音共存是文白异质相押的语音基础。

---

① 笔者曾有过同样的认识。参见《朱熹用韵考》，《龙岩师专学报》第 10 卷第 1 期，1992 年 6 月。

从《诗经》到现代，韵文常常叶韵。王力先生在《汉语音韵》中说："从《诗经》押韵看，《邶风·北门》押敦遗催，是脂真对转……"孔广森《诗声类·卷一》说："转阳转阴，五方之殊音。""五方之殊音"即古韵的异质之音。《邶风·北门》押敦遗催，真部敦字用了脂部的异质之音，敦与遗催叶韵。《汉语语音史》敦字古韵收在文部，遗催古韵收在微部。敦与遗催押韵，敦字读微部之音才和谐。说明敦字除古韵文部之读外，还存在与古韵异质的微部之读，诗人用韵时敦字不用正音而用上异质之音微部之读与遗催的正音异质相押。敦与遗催能叶韵，因为敦字的正音文部之读与异质之音微部之读异质共存。

《诗·螮蝀》母与雨相押，为何《切韵》厚韵字与麌韵字能押韵呢？因为母字有美沽反一读（见上节），诗人用韵时母字不用《切韵》所记音而用了《切韵》的异质之音与雨字的《切韵》所记音异质相押。闽南泉州有谚语"清明谷雨，寒死虎母。"《切韵》的异质之音移植到闽南，现代泉州的母字依旧如《诗·螮蝀》与雨字相押。美沽反与《切韵》所记音异质，这个《切韵》的异质之音与《切韵》所记音异质共存。

《唐韵正》据《七月》火衣相押证明火字古音毁，以《切韵》果韵之读为误。

火字《切韵》果韵之读真的误了吗？《切韵·序》说："遂取诸家音韵，古今字书，以前所记者，定之为《切韵》五卷。"《切韵》的分韵有"开皇初"所记之纲纪。纲纪既定，各韵类的属字则据"诸家音韵，古今字书"。"夜永"至天亮也就几个钟头时间，能为自古延续发展而来的金陵与洛下两地读书音系统的标准音"论南北是非，古今通塞"并确定纲纪已经很不容易了，各韵类的属字不可能也不必要一个字一个字地讨论通过。以萧颜等八人的智慧与学识，加上各韵类的属字已有所本，这个标准音系各韵类收字很难出现错误。《古韵标准·例言》说："六朝人之音学非后人所能及，同文之功拟之秦篆当矣。今为三百篇考古韵，亦但以今韵合之著其异同斯可矣，必曰某字后人误入某韵、混入某韵，此顾氏之过论，余则不敢。"《古韵标准·平声第二部总论》又说："《唐韵正》一书考音之流变甚详，而凡今韵不合古音者一例以为讹误，恐周颙、沈约、陆法言诸人不任受其咎。"① 火字莆田白读 hue，这个 hue 是齐鲁方音，是《切韵》的异质之音（毁字莆田方音读 hue），非《切韵》正音。

《桑柔》四章东字与慇辰瘵相押，顾炎武《诗本音》于《桑柔》四章下注曰："此章东字不可韵。此见古人之文以意为主而不屑屑於音节之疏密。小有出入，终不以韵而害意也。" 王力先生据江有诰、朱骏声改"自西徂东"为"自东徂西"，以西字韵慇辰瘵。《古韵标准·平声第一部》东字下注："德红切。○《桑柔》四章'自西徂东'韵慇辰瘵，其音稍转似德真切，乃从方音偶借，非本音。" 江永东字古韵德红切，依古韵，东不可韵慇辰瘵。为什么东字能韵慇辰瘵呢？江永说，东字古韵德红切，又有方音读似德真切，东慇辰瘵不是用古韵相押，而是东字用古韵的异质之音德真切与慇辰瘵的古韵异质相押。东字古韵德红切，入韵以古韵的异质之音德真切，是东字德红切、德真切异质共存于《诗》。如果火字《切韵》果韵之读是误读，为何不说东字《切韵》误收入东韵，而要说东字以方音德真切入韵呢？

江有诰仿效《唐韵正》作《唐韵四声正》以止《切韵》四声。如何正的呢？举个例子：《唐韵四声正·上平声·五支》"规，居隋切。按，古有去声，当与寘部并收。扬雄《校猎赋》'豐茂世之规'与帝至叶；《三国志·魏文帝诔文》'勳命视规'与地柴音恣帝叶。" 因为规字能与去声押韵，所以规字除平声之外，还应有去声一读，《切韵》只收入平声是错误的，应当收入平声支与去声寘两部。字之异读，发生在不同语音系统之间。同字同义在同一语音系统中没必要也不可能有两个读音。所以标准音系中规字的平去两读是不存在的。平去两读是异质共存。"梁益则平声似去"，规字与帝至地相押是规字用"平声似去"的异质之音与帝至地的标准音异质相押。把异质相押当作标准音同质相押，得出的结论就是规字有去声一读。江有诰把调值当成了调类，把异质相押当成了同质相押，结果把《切韵》282 个字都增加了声调。

王先生于《龙蟲並雕斋文集·黄侃古音学述评》中说："《大雅·

---

① 江氏指《唐韵正》为"顾氏之过论"甚是，但言"《唐韵正》一书考音之流变甚详"则过誉。实际上《唐韵正》所用的音证材料常常是有所选择的。

縣》叶'止右理亩事',而《大雅·崧高》叶'事式','事'若归之部则《崧高》押韵不够和谐,归德部则《縣》押韵不够和谐。在这种地方有两种可能的解释:一种解释是认为一种不完全韵……另一种解释是认为存在着一字两读的情况……前几年我倾向于前一种解释,现在我倾向于后一种解释。江有诰主张古四声不同于今四声,事实上正是承认一字两读。"一字一义多调是江有诰的错误,王先生晚年在《汉语语音史·先秦音系》中对《唐韵四声正》作了批评,言其"表面上承认古有四声,实际上是说每字古无定声。"其实,"秦陇则去声为入",事字阴声韵之读是正音,入声韵之读是异质之音;阴声韵之读与入声韵之读异质共存,正音与之部正音同质相押,异质之音则与德部正音异质相押。《音学十书·古韵凡例》说:"两汉魏晋固有一字数音者,若三代之文则无此也。"三代之文无"一字数音者",《诗》中事字不正有去入两读吗?不明白事字古韵之外又有古韵的异质之音,对《縣》《崧高》的用韵就会感到困惑。不明白古韵与古韵的异质之音共存的语音事实,是江有诰《唐韵四声正》"表面上承认古有四声,实际上是说每字古无定声"的原因所在。从《唐韵四声正》的失误,我们似乎可以看到《唐韵正》的毛病。

明白《诗》有叶韵,对《诗》韵古今音出入的问题洞若观火;不明白《诗》有叶韵,常常会在具体问题的处理上各说各话。比如《新台》一章"新臺有泚,河水瀰瀰。燕婉之求,蘧篨不鲜。"泚瀰二字读正音,鲜字不读正音而读齐鲁方音,泚瀰鲜三字叶韵。泚瀰鲜三字之所以叶韵,因为鲜字的正音"相然切"(《切韵》所记音)与齐鲁方音"声近斯"(《切韵》未载之音)异质共存。可是,顾炎武鲜字古音犀(上声则先礼切),江永鲜字古音想止切,皆以泚瀰鲜为古韵正音同质相押,结果把齐鲁方音证成了正音。段玉裁鲜字本音在元部,与泚瀰合韵读如脂部之师,认为泚瀰鲜相押,泚瀰二字读本音,鲜字不读本音而读合韵,批评顾炎武、江永"以合韵惑本音"。顾江以方音惑正音是不对的,但段氏把鲜字读师当成了元部本音在与泚瀰相押时的临时转读也是不对的。孔广森把鲜字收入支部,言"'有兔斯首'笺云:'今俗语斯白之字作鲜,齐鲁之间声近斯'",又明明白白地把"齐鲁之间声近斯"当成了鲜字之正音。《音学十书·古韵总论》:"(鲜)仍从段氏入元部而以《新台》为合韵。"

《音学十书·诗经韵读》于鲜字下注"叶音玺"。江有诰亦以《新台》鲜字为合韵，但他的合韵与"叶"并举，有别于段氏。《音学十书·古韵凡例》说"两汉魏晋固有一字数音者，若三代之文则无此也。至通韵合韵则不得不迁就其音，故以叶别之"。段氏的临时改读不能算是一个固定的音，没有"一字数音"的毛病。江氏以鲜字入古韵元部，又注"叶音玺"。"叶音玺"是古韵的异质之音，江氏把古韵的异质之音说成"以叶别之"的"迁就"之音，正犯了"一字数音"的毛病。王力先生于其《诗经韵读》中批评江有诰，认为讲合韵就不要讲叶音。所以注《新台》泚瀰鲜相押为"脂元合韵"。但只言合韵而不言读音，读者对泚瀰鲜如何相押终不能了了。

《中原音韵》有不少一字兼属两部者，如崩繃棚鹏等字既在东钟部又在庚青部。崩繃棚鹏等字正音读庚青，读东钟是正音的异质之音。由于正音与正音的异质之音异质共存，在北曲用韵中自由运用共存之异读，正音与庚青押韵、正音的异质之音与东钟叶韵，周德清不分正音与异质之音，根据用韵实际兼收之。

顾炎武《音论·古诗无叶音》说："愚以古诗中间有一二与正音不合者，如：兴，蒸之属也，而《小戎》末章与音为韵，《大明》七章与林心为韵……此或出于方音之不同，今之读者不得不改其本音而合之，虽谓之叶亦可。"兴，蒸之属也；音林心，侵之属也。兴与音林心相押之所以"与正音不合"，因为或有方音兴读侵韵，或有方音音林心读蒸韵，"今之读者不得不"依兴之方音韵音林心之正音，或依音林心之方音韵兴之正音，此种以方音与正音相押的情况"虽谓之叶亦可"。

兴，蒸之属也，蒸部之外或有方音读侵韵；音林心，侵之属也，侵部之外或有方音读蒸韵。因此，"改其本音"，当言"不用其本音而用其与本音共存之异质之音"。尽管认识上与吴棫稍有出入，但道出了叶韵"异质相押"的本质。泚瀰与鲜为韵，为何就不是"虽谓之叶亦可"？顾氏为了他的古音理论，或言无韵，或言古音，尽量做了不同的处理，其随意性后人多有诟病。"异质相押"直接挑战了"诗本音"同质相押理论，所以传统古韵学家言及古韵研究必先批评叶韵。

异质共存是汉语的语音事实。有了异质共存就有了诗文叶韵。不讲叶韵，以"诗本音"同质相押理论研究古韵，结果并不如人意。本书第六章对顾炎武、江永、段玉裁、孔广森古韵学一些问题的探讨已经说明了这一点。

第五节　异质共存：汉语研究不可或缺的基础理论

异质共存是汉语研究不可或缺的基础理论，除了分析复杂的语音现象，助力汉语语音史的研究，了解叶韵的用韵机制，还关系到汉语研究的方方面面。

有了异质共存，就有了声符异类的形声字。《说文》"驱，驱马也。"段注："俗作駈。"区，虞韵；丘，尤韵。虞有读尤的方音（参见第六章第三节），驱的虞尤两读异质共存，使得驱駈异体有了语音基础。

有了异质共存，就有了异类汉字之间的通假。我们现在说通假的原则是"音同音近"，其实，同音类的字通假，比如早之与蚤，可以说"音同音近"；《伐檀》"胡取禾三百廛兮"，何之与胡异类，并不"音同音近"，模韵之胡假作歌韵之何是异质共存使然（参见本章第二节）。

有了异质共存，就有了异读合成词。《诗·甘棠》"蔽芾甘棠"，蔽有芾的异读（芾茀异文。《诗·硕人》"翟茀以朝"，毛传："茀，蔽也。"《诗·采芑》"簟茀鱼服"，郑笺："茀之言蔽也"），蔽芾异读合成。《说文》"蔽，蔽蔽，小草也。""蔽芾"犹"蔽蔽"，所以毛传训"蔽芾"为"小貌"。上文所提到的"雕龙""雕蟲""枝柯""道治（治道）"等都是异读合成词。异读合成是古代汉语由单音词发展为双音词的重要途径。

有了异质共存，就有了异读的分工。莆田方言中，父亲读 hu，师父读 pɒ；寒露读 haŋ，寒天读 kua；草原读 tshɒ，草包读 tshao；血肉读 hœ，猪血读 he；寄托读 ki，寄批读 kyɒ；……皆异读的分工。《公羊传·庄公二十八年》"伐者为客"，何休注："伐人者为客，读伐长言之。齐人语也。"又"伐者为主"，何休注："见伐者为主，读伐短言之。齐人语也。"伐字之"长言"者《切韵》无载，却与《切韵》所记之"短言"者共存于齐地。齐人以"长言"呼"伐人者"，以"短言"呼"见伐者"，分工明确。何休的注恐不是"强生分别"，而应当是记录了异读分工的语言事实。中国社会科学院语言研究所《方言调查字表》（商务印书馆，1983 年 5 月北京第 2 次印刷）于"用法"中说："有时候同一个字因为意义或用法不同，语音也有区别。这类字……在方言里常常读音不同。"一个字的不同读音，来自不同的方言。异质共存于一地，才可能有异读的分工。大概不会因为"强生分别"而影响到不同方言的读音。

有了异质共存，就有了"异质相押"。异质共存现象常常生动地反映在方言中的文白异读中。莆田方音文读多数能与《切韵》韵类对应，往往是《切韵》所记，白读往往《切韵》不载。莆田谚语"钱空人平安"，空字文读 khɔŋ 白读 khaŋ，安字文读 aŋ 白读 ua，空之与安，非以文读相押，亦非以白读相押，是以空字的白读与安字的文读"异质相押"。

《诗·七月》一章"同我妇子，馌彼南亩，田畯至喜。"子字喜字都是《切韵》止韵字，它们相押是《切韵》之音"同质相押"。同篇第五章"嗟我妇子，曰为改岁，入此室处。"朱熹叶子兹五反，把《切韵》不载的鱼部之音（见本章第三节）用于《诗》韵，以韵《切韵》语韵之处字，它们相押是《切韵》之音与《切韵》不载之音"异质相押"。

莆田方音支韵类字文读 i（齿头音除外），白读 yɒ。如奇寄 ki/kyɒ，骑企 khi/khyɒ，曦 hi/hyɒ，蚁 ki/hyɒ，施徙 ɬi/ɬyɒ，纸 tsi/tsyɒ，蛇 i/ɬyɒ 等等。歌韵文读 ɒ、yɒ，与支韵之白读同韵。支韵类支歌两音异质共存于今天的莆田。

前文说了，俞敏先生《后汉三国梵汉对音字谱》记录了支谦的两组对音：池 di，虵 jā；离 lā，li。支韵字后汉三国也有如今天莆田的支歌两读。黄仁瑄先生集有译经师玄应、慧琳、可洪等译音，其中部分支韵类字的译音如下：玄应对音（p89）：祇 khya/gi；慧琳对音（p163）：纸 si/sya；可洪对音（p198）：弥 ma/mi，企 kha/khi。支韵类字支歌两音同样共存于唐五代。纸字慧琳对之以 si 与 sya，与莆田方言文读 tsi 白读 tsyɒ、厦门方言文读 tsi 白读 tsua，非常相似。今莆田、厦门分别以 tsitsyɒ、tsuatsi（后一个音节之 ts 两地皆连读音变为 l）呼纸，tsitsyɒ、tsuatsi 即纸字之异读合成词。

如果认为《诗》歌支相押，支用上了《切韵》的异质之音与《切韵》歌韵"异质相押"，那还能"离析"支韵吗？尤韵南方（齐鲁吴楚）

有方音读似之，为何把南方的尤韵之读也视为古韵而"离析"尤韵？支韵之歌韵读音，尤韵之之韵读音，都是方音。"离析"支韵字入歌部，"离析"尤韵字入之部，都是把《切韵》古韵正音读成古韵的异质之音。

叶韵与传统古韵研究不同者在于：《诗》中是否有古韵的异质之音入韵，即《诗》中是否存在异质相押。吴棫认为《诗》中有古韵的异质之音入韵，《诗》中存在异质相押。顾炎武认为《诗》中只有古韵，没有古韵的异质之音入韵；《诗》中只有古韵同质相押，不存在古韵与古韵的异质之音异质相押；即便有古韵的异质之音入韵，亦"特百中之一二耳"。

《切韵》不包古今方国之音，《切韵》之外还有《切韵》的异质之音。同样的，古韵之外有古韵的异质之音。异质之音是汉语语音研究不可或缺的材料。异质共存给了异质相押的语音基础，某诗文押韵系统中出现的出韵字，其之所以入韵，其实就是用上了该押韵系统的异质之音。研究古韵，如果单纯依靠《切韵》而忽视《切韵》的异质之音，那么，当《诗》用韵不合《切韵》韵类时，自然认为《切韵》分类有误并"离析唐韵"；如果既依靠《切韵》又顾及《切韵》的异质之音，那么，当《诗》用韵不合《切韵》韵类时，就会对《诗》是否异质之音入韵进行考辨并把异质之音排除在古韵之外。

叶韵源自六朝的取韵、合韵、协韵等。当时《切韵》未出，但自古就有一套约定俗成的读书音系统，尽管各地的读书音系统有参差。取（合）韵，是否是取（合）某读书音系统之外的读音以协其韵的意思不得而知，但从所用之音看，当时的文士对与某读书音系统共存的异质之音以及韵文异质相押的用韵方式是谙熟的。

传统古韵学已走过了三百多年历程，其间有顾炎武、江永、段玉裁、孔广森、江有诰等一连串闪光的名字。可是郑玄、徐邈、沈重、陆德明、颜师古等之取韵、协韵、合韵等方法也延续了上千年。是南宋之前的文士更了解汉语及汉语韵文用韵实际呢，还是清季以降的学者更善于思辨？笔者不揣浅陋，对《诗》中的异质之音以及异质相押反复进行了论述，对传统古韵研究的一些理论及具体操作中的问题客观进行了辨正。

闭门造车，出门未必合辙；一得之见，还请读者正之。

主要参考文献

著作：

［1］陈振寰．音韵学［M］．长沙：湖南人民出版社，1986．

［2］陈振寰．韵学源流注评［M］．贵阳：贵州人民出版社，1988．

［3］陈振寰．王力文选［C］．桂林：广西师范大学出版社，2000．

［4］陈彭年等．宋本广韵（据张氏泽存堂本影印）［M］．北京：北京市中国书店，1982．

［5］陈第．毛诗古音考（康瑞琮点校）［M］．北京：中华书局，1988．

［6］陈鸿儒．朱熹《诗》韵研究［M］．北京：社会科学文献出版社，2012．

［7］丁度等．集韵（据扬州使院重刻本影印）［M］．北京：北京市中国书店，1983．

［8］段玉裁．说文解字注［M］．上海：上海古籍出版社，1981．

［9］段玉裁．说文解字注后附之《六书音均表》［M］．上海：上海古籍出版社，1981．

［10］丁惟汾．方言音释［M］．济南：齐鲁书社，1985．

［11］顾炎武．音学五书［M］．北京：中华书局，1982．

［12］顾炎武．韵补正［M］．文渊阁《四库全书》本．

［13］郝懿行．尔雅义疏（据咸丰六年刻本影印）［M］．北京：北京市中国书店，1982．

［14］黄仁瑄．唐五代佛典音义研究［M］．北京：中华书局，2001．

［15］江永．古韵标准［M］．北京：中华书局，1982．

［16］江有诰．音学十书［M］．北京：中华书局，1983.

［17］纪昀等．四库全书总目提要［M］．石家庄：河北人民出版社，2000.

［18］孔广森．诗声类［M］．文渊阁《四库全书》本.

［19］刘熙．释名［M］．台北：育民出版社，1970.

［20］陆德明．经典释文［M］．北京：中华书局，1983.

［21］罗常培．汉语音韵学导论［M］．北京：中华书局，1956.

［22］李无未．台湾汉语音韵学史［M］．北京：中华书局，2017.

［23］乔全生．晋方言语音史研究［M］．北京：中华书局，2008.

［24］王力．诗经韵读［M］．上海：上海古籍出版社，1980.

［25］王力．汉语音韵［M］．北京：中华书局，1980.

［26］王力．清代古音学［M］．北京：中华书局，2013.

［27］王力．汉语语音史［M］．北京：中国社会科学出版社，1985.

［28］王力．龙蟲并雕斋文集（第三册）［M］．北京：中华书局，1982.

［29］王质．诗总闻［M］．文渊阁《四库全书》本.

［30］王念孙．广雅疏证（钟宇讯点校）［M］．北京：中华书局，1983.

［31］吴棫．韵补［M］．文渊阁《四库全书》本.

［32］杨简．慈湖诗传［M］．台北：商务印书馆，1983.

［33］俞敏．俞敏语言学论文集［C］．北京：商务印书馆，1999.

［34］朱熹．诗集传［M］．上海：上海古籍出版社，1980.

［35］朱熹．楚辞集注［M］．上海：上海古籍出版社，1979.

［36］周祖谟．问学集（上册）［M］．北京：中华书局，1966.

［37］章太炎．国故论衡［M］．上海：上海古籍出版社，2006.

论文：

［1］陈鸿儒．汉语异读合成词例说［J］．古汉语研究，1992（4）.

［2］陈鸿儒．异读合成词在训诂学上的运用［J］．华侨大学学报，1995（3）.

［3］陈鸿儒．陈第古音思想及考音方法检讨——述评《毛诗古音考》所考字音的说解文字［J］．东南学术，2008（5）.

［4］陈鸿儒．陈第古音思想及考音方法再检讨——述评《毛诗古音考》所考字音的本证旁证［J］东南学术，2009（3）.

［5］陈鸿儒．赖江基《韵补》研究的几个问题［J］．黄典成教授百年诞辰纪念文集，2013．

［6］陈鸿儒．吴棫通转与吴棫古韵［J］．语言科学，2014（2）．

［7］陈鸿儒．陈第袭用吴棫音证考［J］．语言研究，2014（3）．

［8］陈鸿儒．谈"补"说"叶"——吴棫对话陈第顾炎武［J］．汉字文化，2015（5）．

［9］陈鸿儒．谈谈段玉裁的叶音说［J］．汉字文化，2015（6）．

［10］陈鸿儒．《诗》韵研究的两桩公案——兼谈雕龙雕蟲［J］．汉字文化，2016（3）．

［11］陈鸿儒．是异质还是同质——厄评吴棫顾炎武江永处理支歌相押的理论方法［J］．汉字文化，2016（6）．

［12］陈鸿儒，赵慧．《诗总闻·闻音》所见宋代性质迥异的两种叶韵［J］．语言研究，2017（3）．

［13］陈鸿儒．今韵侯虞顾江归部考辨［J］．汉字文化，2017（5）．

［14］陈鸿儒．孔广森"通韵""转韵"评析［J］．汉字文化，2018（3）．

［15］陈鸿儒．是南北还是古今：关于梵汉对音的思考［J］．汉字文化，2019（2）．

［16］陈鸿儒．异质共存与汉语研究［J］．汉字文化，2019（5）．

［17］储泰松．唐代的秦音与吴音［J］．古汉语研究，2001（2）．

［18］黄仁瑄．唐五代佛典音义研究［D］．华中科技大学博士学位论文，2005．

［19］赖江基．韵补释例［J］．暨南学报，1985（1）．2005．

［20］赖江基．吴棫所分古韵考［J］．暨南学报，1986（3）．

［21］赖江基．吴棫的古音观［J］．暨南学报，1989（2）．

［22］邵荣芬．吴棫韵补和宋代闽北建瓯方音［J］．中国语文，1995（5）．

［23］邵荣芬．陈第对古韵的分部和韵值的假定［J］．古汉语研究，1988（1）、1989（1）．

［24］汪荣宝．歌戈鱼虞模古读考［J］．国学季刊，1923（2）

［25］周长楫．中古韵部在闽南话读书音里的分合——兼论陈元光唐诗诗作的真伪［J］．语言研究，1996年增刊．

图书在版编目（CIP）数据

　　吴棫陈第古音古韵比较研究：兼评清代古韵学／陈
鸿儒著. -- 北京：社会科学文献出版社，2023.9
　　（华侨大学哲学社会科学文库．文学系列）
　　ISBN 978 - 7 - 5228 - 1025 - 6

　　Ⅰ.①吴… Ⅱ.①陈… Ⅲ.①汉语 - 音韵学 - 研究
Ⅳ.①H11

　　中国版本图书馆 CIP 数据核字（2022）第 206709 号

华侨大学哲学社会科学文库·文学系列
吴棫陈第古音古韵比较研究
　　　　——兼评清代古韵学

著　　者／陈鸿儒

出 版 人／冀祥德
组稿编辑／宋月华
责任编辑／刘　丹　杨春花
责任印制／王京美

出　　版／社会科学文献出版社·人文分社（010）59367215
　　　　　地址：北京市北三环中路甲 29 号院华龙大厦　邮编：100029
　　　　　网址：www.ssap.com.cn
发　　行／社会科学文献出版社（010）59367028
印　　装／三河市龙林印务有限公司

规　　格／开　本：787mm × 1092mm　1/16
　　　　　印　张：26　字　数：410 千字
版　　次／2023 年 9 月第 1 版　2023 年 9 月第 1 次印刷
书　　号／ISBN 978 - 7 - 5228 - 1025 - 6
定　　价／198.00 元

读者服务电话：4008918866